U0513546

国家普及类古籍整理图书专项资助项目

中国古代名著全本译注丛书

国语

译注

邬国义　胡果文　李晓路　译注

图书在版编目(CIP)数据

国语译注 / 邬国义,胡果文,李晓路撰. —上海:
上海古籍出版社,2017.8(2024.6重印)
(中国古代名著全本译注丛书)
ISBN 978-7-5325-8480-2

Ⅰ. ①国… Ⅱ. ①邬… ②胡… ③李… Ⅲ. ①中国历
史—春秋时代—史籍 ②《国语》—译文 ③《国语》—注释
Ⅳ.①K225.04

中国版本图书馆 CIP 数据核字(2017)第 130721 号

中国古代名著全本译注丛书
国语译注

邬国义　胡果文　李晓路　译注
上海古籍出版社出版发行
(上海市闵行区号景路159弄1–5号A座5F　邮政编码 201101)
(1)网址：www.guji.com.cn
(2)E-mail：gujil@guji.com.cn
(3)易文网网址：www.ewen.co
江阴市机关印刷服务有限公司印刷
开本 890×1240　1/32　印张 19.5　插页 5　字数 677,000
2017 年 8 月第 1 版　2024 年 6 月第 3 次印刷
印数 4,201—4,800
ISBN 978 - 7 - 5325 - 8480 - 2

K·2333　定价:58.00 元
如有质量问题,请与承印公司联系

前　言

要了解先秦时代的社会和历史，离不了《国语》。

一般认为，《国语》是我国最早的一部国别史，在唐代刘知幾所撰写的史学理论著作《史通》中，《国语》被列为史体六家之一。据清人浦起龙的疏释，《国语》家乃"国别家也"。然而细玩《国语》各篇文字，就会感到，它似乎不是一部有系统的史著，而是一部古人言论的汇编，只不过它是采取了按国别分编的形式，如果按言论性质分编，它倒近似于后世的《世说新语》。

原来，《国语》的"语"是上古时代的一种著作形式。在《国语·楚语上》中说，楚庄王要教育太子，大夫申叔时提出了九项教育节目，有《春秋》、《世》、《诗》、《礼》、《乐》、《令》、《语》、《故志》、《训典》。其中，《语》的作用是"使明其德，而知先王之务用明德于民也"。以之与今本《国语》相比照，大体相近，流传至今的《论语》、《短语》（在《管子》中）、《新语》，实际也是同样性质的"语"书。《语》既是上古时代用以教育贵胄的教科书，当时的本子必不止《国语》一种，可惜由于时代久远、七厄六灾，完整流传至今的《语》书，只有这部经过后人重编的《国语》了。不过，在先秦古籍中，还间或可以看到一些吉光片羽，例如，《尹文子·大道》中就有"语曰：'(佞)辨惑物，舜、禹不能得憎。'""语曰：'禄薄者不可与经乱，赏轻者不可与入难。'"（今人一般把这里的"语"理解为"俗语"、"谚语"，其实是不恰当的。在当时的著述中，另有"里语"、"鄙语"、"谚"之称，因此，这里的"语"绝大部分应当理解为《语》书）西晋时，汲郡的战国魏墓中曾出土过"《国语》三篇，言楚晋事"（《晋书·束皙传》），可惜后来又失传了。20世纪70年代中期，长沙马王堆三号汉墓出土的帛书中有一种残损不全的《语》书，被定名为《春秋事语》，据张政烺先生考定，这是《语》书中的一种初级读本（《〈春秋事语〉解题》，载《文物》1977年第1期）。准此，《国语》的性质其实并非是 History，而是 Discourse，事实上国外的《国语》译本就是译作"Discourses on the States"。由于上古史料的匮乏，人们也把《国语》中的材料作为史料来运用，但这与历史著作应该是有区别的。

　　《国语》还有一个聚讼纷纭的问题是它的作者。著名史学家司马迁的名篇《报任少卿书》中有"左丘失明，厥有《国语》"之说，所以，有很长一段时间，人们认为《国语》是左丘明所作。又因为《左传》相传也出于左丘明之手，于是，就称《左传》为"春秋内传"，《国语》为"春秋外传"。后世更有人发挥说，《国语》是左丘明作《春秋传》的稿本，"时人共传习之，号曰《国语》"（《文献通考·经籍考》引巽岩李氏说）。《国语》因而长期被目录学家列入"经部春秋类"中，以"准经典"的身份流传了近2000年，直到乾隆时代修撰《四库全书》，才把它"贬"入"史部杂史类"（其实，按《国语》的性质，还是作为"准经典"比较恰当）。左丘明的《国语》著作权，很早就有人怀疑，理由是，它与《左传》"事辞或多异同，文体亦不类"（陈振孙《直斋书录解题》）。例如，《晋语》在书中独占九篇，于晋国三卿记事特详赵氏；《晋语六》记鄢陵之战共四条，内容仅有详略之异；《齐语》全同于《管子·小匡》等。然而，《四库提要》仍肯定了左丘明说，认为，"中有与《左传》未符者，犹《新序》、《说苑》同出刘向而时复牴牾。盖古人著书各据所见之旧文，疑以存疑，不似后人轻改也"；"终以汉人所说为近古"。由于《四库提要》是官书，所以左丘明的著作权继续安享了近200年。近代新史学兴起，怀疑说复兴，学者提出了种种假说，却未能形成一致意见，但它非一时一人之作，尤其并非出于左丘明之手大约是可以肯定了。

现在我们见到的《国语》二十一卷本，基本是出于汉人整理编定的本子，计有《周语》二卷，《鲁语》二卷，《齐语》一卷，《晋语》九卷，《郑语》、《楚语》、《吴语》各一卷，《越语》二卷（汉人另外还有一种《国语》的本子，即《汉书·艺文志》所载由刘向编定的《新国语》五十四篇，可惜这一系统的《国语》本子没有流传下来）。记事始于西周穆王，迄于鲁悼公（约公元前967—前453年）。由于《国语》曾经荣列"准经典"的地位，所以，曾经有过一些著名经学家如郑众、贾逵、王肃等为它作过注，但这些注本都没有流传下来，现在能见到的最早，也是最流行的是三国时代吴人韦昭的注本。由于时代较早，其中又保留了许多古音、古训，所以这个注本颇受学者的重视。后人补作的注释，较著名的有两种，一种是清人董增龄的《国语正义》，一种是近人徐元浩的《国语集解》。前一种近年巴蜀书社有影印本，后一种被收入《四部备要》，都不难得见。

《国语》的文辞向以优美著称，有"深闳杰异，固世之所耽嗜而不已"之誉（见柳宗元《非国语》）。在清人编选的《古文观止》中，选入了《国语》的十一篇文章，今人所编的先秦文学选本中，大都少不了要选上几段《国语》的文章。虽然有些前代学者对《国语》的议论颇有微词，如唐代的柳宗元认为"其说多诬淫"，"背理去道而务富其语"；朱熹诋为"委靡繁絮，真衰世之文耳"，但赞赏的还是大多数。《国语》虽不似《尚书》那样诘屈聱牙，但由于时代悬隔，因此，一般人要阅读它，还是有较大的困难。有鉴于此，上海古籍出版社组织了这部《国语》注释全译本。这个译注本虽然还说不上是一个尽善尽美的本子，但任事者的工作态度十分认真，有些较难的篇段甚至数易其稿，因而它较之目下流行的一些所谓名著白话本来说，要可靠得多。希望这个本子能有助于广大读者继承祖先留给我们的这份宝贵遗产。

顾　静

一九九三年十二月

目　录

卷一　周语　上

祭公谏穆王征犬戎

穆王将征犬戎①，祭公谋父谏曰②："不可。先王耀德不观兵。夫兵戢而时动，动则威，观则玩，玩则无震。是故周文公之颂曰③：'载戢干戈，载櫜弓矢④。我求懿德，肆于时夏，允王保之。'先王之于民也，懋正其德而厚其性，阜其财求而利其器用，明利害之乡，以文修之，使务利而避害、怀德而畏威，故能保世以滋大。

"昔我先王世后稷以服事虞夏⑤。及夏之衰也弃稷不务，我先王不窋用失其官而自窜于戎狄之间⑥，不敢怠业，时序其德，纂修其绪，修其训典，朝夕恪勤，守以敦笃，奉以忠信，奕世载德，不忝前人。至于武王⑦，昭前之光明而加之以慈和，事神保民，莫弗欣喜。商王帝辛大恶于民⑧，庶民不忍，欣戴武王，以致戎于商牧⑨。是先王非务武也，勤恤民隐而除其害也。

"夫先王之制，邦内甸服⑩，邦外侯服，侯、卫宾服，蛮、夷要服，戎、狄荒服。甸服者祭，侯服者祀，宾服者享，要服者贡，荒服者王。日祭、月祀、时享、岁贡、终王，先王之训也。有不祭则修意，有不祀则修言，有不享则修文，有不贡则修名，有不王则修德，序成而有不至则修刑。于是乎有刑不祭，伐不祀，征不享，让不贡，告不王；于是乎有刑罚之辟，有攻伐之兵，有征讨之备，有威让之令，有文告之辞。布令陈辞而又不至，则增修于德而无勤民于远，是以近无不听，远无不服。

"今自大毕、伯士之终也⑪，犬戎氏以其职来王。天子曰'予必以不享征之'，且观之兵。其无乃废先王之训而王几顿乎！吾闻夫犬戎树惇，帅旧德而守终纯固，其有以御我矣！"

王不听，遂征之，得四白狼、四白鹿以归，自是荒服者不至。

【注释】

①穆王：西周国君，名满，昭王之子。犬戎：亦称畎戎、昆夷等，当时活动于陕西泾渭流域的一支少数民族，是殷、周西部边地的劲敌。

②祭(zhài)公谋父：字谋父，周公的后代，当时在朝廷中担任卿士。因封于祭(今河南荥阳东北)，故称祭公。

③周文公之颂：周文公指周公。此处所引诗出于《诗·周颂·时迈》，此诗相传是周公为颂扬武王伐纣而作，故称周文公之颂。

④櫜(gāo)：收藏弓箭的袋子。

⑤后稷：上古时掌农事的官名，相传周王室的始祖曾长期担任此职。虞夏：古史传说中商以前的两个朝代名。

⑥不窋：周王室先祖，曾在夏朝末年任农官。

⑦武王：即周武王，名发，文王之子。他曾率诸侯灭商，是西周王朝的开国君主。

⑧商王帝辛：即殷商的末代国君纣王。

⑨商牧：指商都近郊的牧野(今河南淇县)，商王朝军队曾与周武王率领的诸侯联军在此决战。

⑩ 甸服：据《书·禹贡》记载，古代王畿外围的地方，以五百里为率依次分为五等，由王直辖的方圆千里区域为甸服；甸服以外五百里为侯服，由王分封给诸侯；侯服以外的五百里为绥服（此处称宾服），是介于诸侯和边疆之间的区域；宾服之外为要服、荒服，是王朝影响能及的边地。

⑪ 大毕、伯士：据韦昭注说，他们是犬戎族的首领。

【译文】

周穆王将去征讨犬戎，祭公谋父劝阻说："不能这样做。先王以道德昭示天下而不炫耀武力。平时敛藏军队而在适当的时候动用，这样它才会显示出威力，炫耀就会滥用，滥用便失去了威慑作用。所以周公的颂诗说：'收起干戈，藏好弓箭，我只求让美德遍及全国而发扬光大，相信我王定能长保封疆。'先王对于百姓，鼓励他们端正德性和敦厚品行，广开财路以满足需求，使他们有称心的器物使用，明示利害所在，依靠礼法来教育他们，使他们能趋利避害、感怀君王的恩德而畏惧君王的威严。所以先王能使自己的基业世代相延并不断壮大。

"从前我们的先王世代担任农官而尽心为虞、夏做事。到夏朝衰落时废去了农官而置农事于不顾，我们的先王不窋因此而失去官职，只好跑到与戎狄接邻的地方居住下来，但他不敢荒废祖业，常常砥砺自己的德行，继承祖先的业绩，维护他们的教导和典则，时刻勤勉有加，以敦厚自守，以忠信自奉，在立德立业上比前人做得更出色。到了武王时，继续发扬光大先人光明磊落的德行并又增以仁慈和善，敬奉神灵、保护百姓，神人无不欢欣喜悦。而商王帝辛则为民众深恶痛绝，百姓无法忍受他的残暴统治，都乐于拥戴武王，武王才出兵商郊牧野。可见先王并非崇尚武力，只是体恤百姓的忧患而除去他们的祸害。

"先王的制度规定，在王畿内的是甸服，在王畿外的是侯服，侯服之外的是宾服，夷蛮地区是要服，戎狄地区是荒服。属甸服的供日祭，属侯服的供月祀，属宾服的供时享，属要服的供岁贡，属荒服的则有朝见天子的义务。这每天一次的祭、每月一次的祀、每季一次的享、每年一次的贡和一生一次的朝见天子之礼都是先王定下的规诫。如果甸服有不履行日祭义务的,天子就应内省自己的思想;侯服有不履行月祀义务的,天子就要检查自己的号令;宾服有不履行时享义务的,天子就要检查法律规章;要服有不履行岁贡义务的,天子就要检查名号尊卑;荒服有不履行朝见天子义务的,天子就要内省自己的德行,依次做了上述的内省检查后如还有不履行义务的才可以依法处置。因此,才有惩罚不祭、攻伐不祀、征讨不享、谴责不贡、告谕不朝的各种措施,才有惩罚的刑法、攻伐的军队、征讨的武备、谴责的严令、晓谕的文辞。如果颁布了法令、文告后还有不履行义务的,那就再一次内省自己的德行而不轻易劳民远征。正因为如此,近处的诸侯才没有不听从的,远处的诸王也没有不信服的。

"如今,自从大毕、伯士去世以后,犬戎的君长一直按照荒服的职责来朝见,而天子却说'我将以不享的罪名去讨伐他们',并以此向他们炫耀武力。这难道不是废弃先王的遗训而使王业败坏吗?我听说犬戎性情敦厚纯朴,能遵守先人的德行而专一不变,他们是有能力抵御我们的。"

周穆王不听劝告,去征讨犬戎,结果只得到了犬戎进贡的四只白狼、四只白鹿回来,从此荒服地区的诸侯再也不来朝见了。

密康公母论小丑备物终必亡

恭王游于泾上^①，密康公从^②，有三女奔之。其母曰："必致之于王。夫兽三为群，人三为众，女三为粲^③。王田不取群，公行下众，王御不参一族。夫粲，美之物也。众以美物归女，而何德以堪之？王犹不堪，况尔小丑乎？小丑备物，终必亡。"康公不献。一年，王灭密。

【注释】
　　① 恭王：西周国君，名伊扈，穆王之子。泾：水名，源于今宁夏六盘山，东南流入古渭水，西周国都镐京即在两水交汇处附近。
　　② 密：西周诸侯国名，姬姓，地在今河南密县。
　　③ 粲(càn)：极其美好。

【译文】
　　周恭王到泾水边游玩，密康公随从，有三个同姓的女子私自投奔密康公。康公的母亲说："必须把她们献给天子。三只兽在一起就是群，三个人在一起就是众，三个女子在一起就是粲。天子不猎取群兽，诸侯对众人要谦下行事，天子不选三个同族的女子为妃嫔。粲是美好的事物，人们把美好的事物归之于你，你有什么德行来承受呢？天子尚且不能承受，何况你这种小人物呢？小人物得到的东西太多，一定会灭亡。"康公不肯把女子献出去。一年以后，恭王灭了密国。

邵公谏厉王弭谤

厉王虐①，国人谤王②。邵公告曰③："民不堪命矣！"王怒，得卫巫④，使监谤者，以告则杀之。国人莫敢言，道路以目。王喜，告召公曰："吾能弭谤矣，乃不敢言。"邵公曰："是障之也。防民之口，甚于防川。川壅而溃，伤人必多，民亦如之。是故为川者决之使导，为民者宣之使言。故天子听政，使公卿至于列士献诗⑤，瞽献曲⑥，史献书⑦，师箴⑧，瞍赋⑨，矇诵⑩，百工谏⑪，庶人传语，近臣尽规，亲戚补察，瞽、史教诲，耆、艾修之⑫，而后王斟酌焉，是以事行而不悖。民之有口，犹土之有山川也，财用于是乎出；犹其原隰之有衍沃也，衣食于是乎生。口之宣言也，善败于是乎兴，行善而备败，其所以阜财用、衣食者也。夫民虑之于心而宣之于口，成而行之，胡可壅也？若壅其口，其与能几何？"王不听，于是国莫敢出言，三年，乃流王于彘⑬。

【注释】
　①厉王：西周国君，名胡，周恭王的曾孙。

② 国人：当时对居于国都的人的通称。这些人一般是自由民，有参与议论国事的权利。

③ 邵公：亦作"召公"。西周初召公奭的后代，名虎，当时在朝廷中担任卿士。因封于召（今陕西岐山西南），故称召公。

④ 卫巫：卫地（今河南淇县一带）的巫师。

⑤ 公卿：朝廷的高级官员。列士：朝廷的低级官员。

⑥ 瞽（gǔ）：乐官。

⑦ 史：史官。

⑧ 师：师氏的简称，《周礼》以之为教国子之官。

⑨ 瞍（sǒu）：韦昭注谓"无眸子曰瞍"。

⑩ 矇：韦昭注谓"有眸子而无见曰矇"。

⑪ 百工：主管营建制造等事务的官职。

⑫ 耆（qí）、艾：指老年人、老臣。

⑬ 彘：地名，今山西霍县。据记载，这件事发生在公元前 842 年。

【译文】

　　周厉王暴虐无道，国人都指责他。召公报告说："民众承受不了了。"厉王很生气，找来卫地的巫师，派他监视指责天子的人，卫巫报告后便杀掉他们。从此国人没有谁敢说话，路上遇见只用眼色来示意。厉王很高兴，对召公说："我能禁止诽谤了，这些人不敢讲了。"召公说："这是你堵住了他们的嘴巴。堵住民众的嘴巴，比堵塞河流还要可怕。河流若被堵住而决口，伤害的人一定多，民众也是如此。因此治理河道的人要排除堵塞，让水流畅通，治理民众的人要引导百姓说话。所以，天子处理政事，要让列卿列士献呈民间诗歌，乐官献呈民间乐曲，史官献呈史书，师氏进箴言，瞍者朗诵，矇者吟咏，百工劝谏，平民的议论上达，近臣尽心规劝，宗室姻亲补过纠偏，乐官、史官施行教诲，元老重臣劝诫监督，然后天子再斟酌取舍，因此政事才能施行而不与情理相违背。民众有嘴可以说话，好比土地上有山岭河流一样，钱财开支就从这里产生出来；好比高低起伏的大地上有平川沃野一样，衣服食物就从这里产生出来。能口出议论，政事的好与坏能借以反映，才可做好事而防止坏事，方能使财源旺盛、衣食富足。民众心里所考虑的在口头上流露出来，这是很自然的行为，怎么可以强行阻止呢？如果堵住他们的嘴巴，那么还能支撑多久呢？"厉王不听劝告，于是国都里没有人敢说话，过了三年，国人便把厉王放逐到彘地去了。

芮良夫论荣夷公专利

厉王说荣夷公[①]，芮良夫曰[②]："王室其将卑乎！夫荣公好专利而不知大难。夫利，百物之所生也，天地之所载也，而或专之，其害多矣。天地百物，皆将取焉，胡可专也？所怒甚多而不备大难，以是教王，王能久乎？夫王人者，将导利而布之上下者也，使神人百物无不得其极，犹日怵惕，惧怨之来也。故《颂》曰[③]：'思文后稷，克配彼天。立我蒸民，莫匪尔极。'《大雅》曰[④]：'陈锡载周。'是不布利而惧难乎？故能载周，以至于今。今王学专利，其可乎？匹夫专利犹谓之盗，王而行之，其归鲜矣。荣公若用，周必败。"既，荣公为卿士，诸侯不享，王流于彘。

【注释】
① 荣夷公：封地在荣(今陕西户县)的诸侯，"夷"是他死后的谥号，故称。
② 芮良夫：周大夫，其封地在芮(今陕西大荔)。
③《颂》：下引诗句出自《诗·周颂·思文》，这是一首周人祭祀其始祖后稷的乐歌。
④《大雅》：下引诗句出自《诗·大雅·文王》，这是一首颂扬周文王业绩的诗歌。

【译文】

周厉王喜欢荣夷公，芮良夫说："王室将要衰落了！荣夷公只求独占财利而不知道大难。利是由万物中产生出来的，是由天地所养育而成的，假如要独占它，所带来的怨恨会很多。天地万物，人人都要取用，怎么可以独占呢？触怒的人太多而不防备大难，用这些来引导陛下，陛下能长治久安吗？治理天下的人，应该开通利途而分配给上上下下的人，使天神百姓和世间万物无不得到它应得的一份，即使这样尚且天天担忧，害怕招来怨恨。所以《颂》诗说：'文德郁盛的后稷啊，功堪比天；使百姓得以生存，无不受到恩惠。'《大雅》说：'广泛地施德，奠定了周朝。'这不正是布施恩惠仍怀有戒惧之心吗？所以能开创王业并延续至今。现在陛下要效法独占财利，这可以吗？普通人独占财利，尚且被称为盗贼，作为天子这样做的话，归附王室的人就少了。荣夷公若被重用，周朝一定会败亡。"不久，荣夷公当上了卿士，诸侯都不来朝见献享了，厉王被放逐到了彘地。

邵公以其子代宣王死

邵之乱①，宣王在邵公之宫②。国人围之。邵公曰："昔吾骤谏王，王不从，是以及此难。今杀王子，王其以我为怼而怒乎！夫事君者险而不怼，怨而不怒，况事王乎？"乃以其子代宣王。宣王长而立之。

【注释】
① 邵之乱：公元前842年，国人起义，周厉王逃奔到彘。
② 宣王：西周国君，名靖（一作静），厉王之子。厉王出逃后，他躲藏在大臣召公的家中。

【译文】
在周厉王逃奔彘的动乱中，他的儿子宣王在召公家避难，国人包围了召公的住处。召公说："过去我多次劝谏厉王，厉王不听，所以罹受如此的祸难。现在假如太子被杀，厉王将以为我是因为怨愤而在发怒。事奉国君遇到危险不埋怨，有怨气不发怒，何况事奉天子呢？"于是就用自己的儿子顶替宣王去死。宣王长大后召公扶持他继承了王位。

虢文公谏宣王不籍千亩

宣王即位，不籍千亩①。虢文公谏曰②："不可。夫民之大事在农，上帝之粢盛于是乎出③，民之蕃庶于是乎生，事之供给于是乎在，和协辑睦于是乎兴，财用蕃殖于是乎始，敦庞纯固于是乎成，是故稷为大官④。古者，太史顺时覛土⑤，阳瘅愤盈，土气震发，农祥晨正⑥，日月底于天庙⑦，土乃脉发。

"先时九日，太史告稷曰：'自今至于初吉⑧，阳气俱蒸，土膏其动。弗震弗渝，脉其满眚，谷乃不殖。'稷以告王曰：'史帅阳官以命我司事曰⑨：距今九日，土其俱动。王其祗祓⑩，监农不易。'王乃使司徒咸戒公卿、百吏、庶民⑪，司空除坛于籍⑫，命农大夫咸戒农用⑬。

"先时五日，瞽告有协风至，王即斋宫⑭，百官御事，各即其斋三日。王乃淳濯飨醴⑮，及期，郁人荐鬯⑯，牺人荐醴⑰，王裸鬯⑱，飨醴乃行，百吏、庶民毕从。及籍，后稷监之，膳夫、农正陈籍礼⑲，太史赞王，王敬从之。王耕一垼，班三之，庶民终于千亩。其后稷省功，太史监之；司徒省民，太师监之⑳。毕，宰夫陈飨㉑，膳宰监之㉒。膳夫赞王，王歆太牢㉓，班尝之，庶人终食。

"是日也，瞽帅音官以风土㉔。廪于籍东南㉕，钟而藏之，而时布之于农。稷则遍诫百姓纪农协功，曰：'阴阳分布㉖，震雷出滞㉗。土不备垦，辟在司寇㉘。'乃命其旅曰：'徇。'农师一之，农正再之，后稷三之，司空四之，司徒五之，太保六之㉙，太师七之，太史八之，宗伯九之㉚，王则大徇。耨获亦如之。民用莫不震动，恪恭于农，修其疆畔，日服其镈㉛，不解于时，财用不乏，民用和同。

"是时也，王事唯农是务，无有求利于其官以干农功，三时务农而一时讲武㉜，故征则有威、守则有财。若是，乃能媚于神而和于民矣，则享祀时至而布施优裕也。

"今天子欲修先王之绪而弃其大功，匮神乏祀而困民之财，将何以求福用民？"

王不听。三十九年，战于千亩，王师败绩于姜氏之戎㉝。

【注释】

① 籍：指籍田，即古代统治者在每年春季进行象征性耕田的仪式。千亩，天子耕籍田为千亩。又地名千亩，在今山西介休南，当因周天子耕籍田得名。

② 虢（guó）文公：周文王弟弟虢叔的后代，因其被封于虢（今河南荥阳，一说今陕西宝鸡），死后之谥为"文"，故名。

③ 粢盛：供祭祀的谷物。

④ 大官：汪远孙《国语发正》谓当为"天官"。

⑤ 太史：掌管国家典籍、星历和祭祀的官员。

⑥ 农祥：指二十八宿中的房宿（其代表星即天蝎座 π 星）。晨正：指房星在正月中晨出现于南天。古人以此作为立春到来的标志。

⑦ 天庙：指二十八宿中的室宿和壁宿，当时每到正月，日、月都出现在这一带。

⑧ 初吉：农历每月的朔日（初一），一说指初一至初七、八。

⑨ 阳官：指负责祭祀的官员。

⑩ 祓（fú）：除灾祈福的仪式。

⑪ 司徒：掌管国家的土地和人民的官员。

⑫ 司空：掌管工程营造的官员。

⑬ 农用：农耕用具。

⑭ 斋宫：举行祭祀仪式前斋戒的场所。

⑮ 醴：甜酒。

⑯ 郁人：掌管酒器的官员。鬯（chàng）：祭祀用的香酒。

⑰ 牺人：负责供应酒醴的官员。

⑱ 裸（guàn）：酌酒灌地的祭礼。

⑲ 膳夫：负责供应王饮食的官员。

⑳ 太师：负责军事的高级武官，一说是辅弼国君的高级官员。

㉑ 宰夫：负责调制食品的官员。

㉒ 膳宰：掌管膳食的长官。

㉓ 太牢：牛、羊、猪三牲具备的祭品、宴品。

㉔ 风土：韦昭注谓："风土，以音律省土风，风气和则土气养也。"

㉕ 廪：粮仓。东南：古人以东南方为生长的方位，所以把粮仓建于此。

㉖ 阴阳分布：指日夜等长，即后来二十四节气中的春分。

㉗ 出滞：冬眠的动物开始活动。后来二十四节气中的惊蛰即据此命名。

㉘ 司寇：负责刑法的官员。

㉙ 太保：辅弼国君的高级官员。

㉚ 宗伯：掌管礼仪的官员。

㉛ 镈（bó）：翻土的农具。

㉜ 三时：指春、夏、秋三季。下文的"一时"，指冬季。

㉝ 姜氏之戎：当时活动于周西部边地的少数民族之一。

【译文】

周宣王即位后，不去行天子耕籍田一千亩之礼。虢文公劝谏说："不能这样。民众的大事在于农耕，天帝的祭品靠它出产，民众的繁衍靠它生养，国事的供应靠它保障，和睦的局面由此形成，财务的增长由此奠基，强大的国力由此维持，因此稷是很重要的官职。古时候，太史按时令察看土情，当阳气积聚充足，土气开始活动，房星在中晨见于南天，日月都出现于营室，这时土地便可耕耘了。

"开耕前九天，太史告诉稷说：'从现在到月朔，阳气全部上升，土地润泽萌动。若没有动静、没有变化，那就是地脉郁结错乱，作物便不能生长。'稷据此上报天子说：'太史带领农官通知我的下属说：开耕还有九天，土地都已润动。请陛下恭行祓仪，督促农务不致荒废。'于是天子派司徒一一告诫公卿、百吏和庶民百姓，司空在籍田上修治土台，并命令农大夫准备好农具。

"开耕前五天，乐师报告有当令的和风吹来，天子莅临斋官，百官各有其职，都一齐斋戒三天。天子还要沐浴饮醴酒，届时，郁人进献香酒，牺人进献甜酒，天子以酒灌地行礼，然后饮醴酒，众吏、庶民都随从参加。到籍田时，稷负责监察，膳夫、农正安排籍礼，太史在前引导，天子恭敬地跟在后面。天子耕一下，百官依次每人耕三下，轮到庶民就耕完了整片籍田。然后由稷检查质量，太师负责监察；司徒检查民众的耕土，太师负责监察。结束之后，宰夫陈设宴席，膳宰负责监察。膳夫在前引导，天子享用牛羊猪三牲具备的祭品，百官依次品尝，庶民最后进食。

"这一天，乐师带领他的属官审听土风。粮仓建于籍田东南，作物集中收藏在里面，按时令分发给种子。稷就一一告诫百姓要协力耕耘，说：'日夜均等，春雷惊动了蛰伏的虫豸。田地不全部翻遍，将由司寇治罪。'于是命令众人道：'开始干。'农师第一，农正第二，后稷第三，司空第四，司徒第五，太保第六，太师第七，太史第八，宗伯第九，然后天子履行亲耕仪式。收获时也如此。农具都动用起来了，大家都勤奋地从事耕作，整治田界，天天拿着锄具，不错过农时，国家的财物因此而不缺乏，百姓因此而和睦相处。

"当时，天子的事务只注重于农耕，从不要求自己的官员干别的事而妨碍农务，春、夏、秋三季务农而在冬季演习武功，因此征伐则有斗志、守备则有财力。像这样，才能取悦于神灵而得到民众拥戴，祭祀能按时供应而国家用度充裕。

"现在陛下打算继承先王的事业而废弃那最重要的事情，使供神的祭品匮乏而阻塞民众的财路，以后靠什么向神祈福、役使民众呢？"

宣王不听劝谏。三十九年后，在千亩发生战争，王室的军队被姜氏之戎打败。

仲山父谏宣王立戏

鲁武公以括与戏见王①，王立戏，樊仲山父谏曰②："不可立也！不顺必犯，犯王命必诛，故出令不可不顺也。令之不行，政之不立，行而不顺，民将弃上。夫下事上、少事长，所以为顺也。今天子立诸侯而建其少，是教逆也。若鲁从之而诸侯效之，王命将有所壅；若不从而诛之，是自诛王命也。是事也，诛亦失，不诛亦失，天子其图之！"王卒立之。鲁侯归而卒，及鲁人杀懿公而立伯御。

【注释】

① 鲁武公：鲁国的国君，名敖，公元前825至前816年在位。据《史记·鲁世家》，他带括、戏朝见周王在公元前817年。括：武公的长子，亦即后文的"伯御"。据《史记》记载，他于公元前806年被鲁人拥立为君，至公元前796年被周王诛杀。戏：括的弟弟，武公去世后他继位为鲁君，即懿公（前815—前807年）。王：此指周宣王，名静，公元前827至前782年在位。

② 樊仲山父：周大臣，因其封地在樊（今陕西西安市东南），故以樊为氏。"父"是当时对成年男子的美称，亦作"甫"；"仲"是他的排行（次子）。

【译文】

　　鲁武公带着长子括与次子戏朝见周宣王，宣王立戏为鲁太子。樊仲山父劝谏说："不能立戏为太子！不合情理的命令必然被违犯，违犯王命必定要治罪，所以发布命令不可以不合情理。命令得不到执行，政事就无法治理，勉强施行而不合情理，民众将抛弃统治者。位卑者事奉位高者，年少者事奉年长者，就因为这样做是合乎情理的。现在陛下立诸侯而却封少子为太子，是教人去做违反情理的事。如果鲁君服从命令立少子，而诸侯们也仿效的话，那么先王立长子的遗训将得不到执行；如果鲁君不服从命令而被治罪，这样陛下就自己破坏了先王的遗训。这件事，治罪也不恰当，不治罪也不恰当，请陛下慎重处置！"宣王还是将戏立为鲁太子。鲁武公回国后去世，到后来鲁人果然杀了懿公拥立伯御。

穆仲论鲁侯孝

三十二年春①，宣王伐鲁，立孝公②，诸侯从是而不睦。宣王欲得国子之能导训诸侯者③，樊穆仲曰④："鲁侯孝。"王曰："何以知之？"对曰："肃恭明神而敬事耇老，赋事行刑必问于遗训而咨于故实，不干所问，不犯所咨。"王曰："然则能训治其民矣。"乃命鲁孝公于夷宫⑤。

【注释】
　　① 三十二年：指周宣王三十二年(前796)。
　　② 孝公：鲁国君，名称，鲁武公的儿子、括(伯御)的弟弟。公元前796 至前769 年在位。
　　③ 国子：韦昭注云："国子，同姓诸姬也，凡王子弟谓之国子。"导训诸侯：指担任诸侯的伯主(亦称"霸")。从有关记载来看，伯主负有督率各诸侯遵奉王室、讨伐不服从王命之诸侯的责任和权力，王室势力衰微后，伯主由力量强的诸侯自任，性质与意义都有所不同。
　　④ 樊穆仲：即前一篇的樊仲山父，"穆"是他死后的谥。
　　⑤ 夷宫：韦昭注云："夷宫者，宣王祖父夷王之庙。古者，爵命必于祖庙。"

【译文】
　　三十二年春天，宣王讨伐鲁国，立鲁孝公，诸侯从此与宣王不亲近了。宣王想找个能为表率的诸侯来充当伯主，樊穆仲说：
"鲁君有恭顺的德行。"宣王说："你怎么知道的呢？"樊穆仲回答
说："他诚信聪明而敬奉长老，颁令行罚必定请教先王的遗训并查
询过去的成例，使它不触犯遗训，不违背成例。"宣王说："这样
他便能教导和治理自己的民众了。"于是在夷宫任命了鲁孝公。

仲山父谏宣王料民

宣王既丧南国之师①，乃料民于太原②。仲山父谏曰③："民不可料也！夫古者不料民而知其少多，司民协孤终④，司商协民姓⑤，司徒协旅，司寇协奸，牧协职⑥，工协革⑦，场协入⑧，廪协出⑨，是则少多、死生、出入、往来者皆可知也。于是乎又审之以事，王治农于籍，蒐于农隙⑩，耨获亦于籍，狝于既烝⑪，狩于毕时⑫，是皆习民数者也，又何料焉？不谓其少而大料之，是示少而恶事也。临政示少，诸侯避之；治民恶事，无以赋令。且无故而料民，天之所恶也，害于政而妨于后嗣。"王卒料之，及幽王乃废灭⑬。

【注释】

① 丧南国之师：据韦昭注，这是指周宣王与"姜氏之戎"作战时，被消灭了从南方(指今江、汉流域)征调来的军队。

② 料民：清点统计百姓户口数。其用意有不同看法，有的认为是"检查民户，以加强控制"；有的认为是改革赋税制度，增加王室收入等。太原：指今甘肃西部地区，当时是周与西北少数民族接壤的边地。

③ 仲山父：即前面篇章中的"樊仲山父"。

④ 司民：据韦昭注，是"掌登万民之数"的官员。

⑤ 司商：韦昭注云"掌赐族受姓之官"。

⑥牧：掌管畜牧的官员。

⑦工：掌管手工业工匠的官员。

⑧场：韦昭注云"场人掌场圃，委积珍物，敛而藏之也"。

⑨廪：韦昭注云"廪人掌九谷出用之数也"。

⑩蒐（sōu）：春季田猎。

⑪狝（xiǎn）：秋季田猎。既烝（zhēng）：指秋收。

⑫狩：冬季田猎。

⑬幽王：西周国君，名宫涅，宣王之子。公元前781—前771年在位。废灭：指公元前771年，西周被犬戎攻灭。

【译文】

　　周宣王丧失了南方的军队后，就在太原查点百姓。仲山父劝谏说："百姓是不能查点的！古时候不查点就能知道百姓有多少，司民核计年老病死者，司商核计出生受姓者，司徒掌握能征调的兵员，司寇掌握受惩的罪犯，牧人管理从事畜牧的民数，百工之官管理从事手艺的人数，场人敛藏收获的谷物，廪人出纳需用的物资，因此百姓的多少、死生、出入、往来都可知道。同时又在日常政务中审察，天子在藉田上督促农耕，春闲时田猎，锄草、收割时仍去藉田督促，秋收和冬季农事完毕后都要举行大规模的狩猎，这些都是在熟悉了解百姓数目，何必还要查点呢？不说百姓少，却去大事查点，正显示了百姓减少、政事败坏。掌管国政而百姓减少，诸侯就会躲避疏远；治理民众而政事败坏，法令就无法推行。况且无故查点百姓，是上天所憎厌的，既危害政事又不利于子孙后代。"宣王最终还是查点了百姓，到幽王时西周便灭亡了。

西周三川皆震伯阳父论周将亡

幽王二年①，西周三川皆震②。伯阳父曰③："周将亡矣！夫天地之气，不失其序；若过其序，民乱之也。阳伏而不能出，阴迫而不能烝，于是有地震。今三川实震，是阳失其所而镇阴也。阳失而在阴，川源必塞；源塞，国必亡。夫水土演而民用也。水土无所演，民乏财用，不亡何待？昔伊、洛竭而夏亡④，河竭而商亡⑤。今周德若二代之季矣，其川源又塞，塞必竭。夫国必依山川，山崩川竭，亡之征也。川竭，山必崩。若国亡不过十年，数之纪也。夫天之所弃，不过其纪。"是岁也，三川竭，岐山崩⑥。十一年，幽王乃灭，周乃东迁⑦。

【注释】
　　① 幽王二年：公元前 780 年。
　　② 三川：韦昭注云："三川，泾、渭、洛，出于岐山也。"这三条河流是当时关中地区的主要水道。
　　③ 伯阳父：周大臣。
　　④ 伊、洛：韦昭注云："伊出熊耳，洛出冢岭。禹都阳城，伊、洛所近。"这两条河流即今河南境内的洛河和伊河。
　　⑤ 河：指黄河，韦昭注云"商人都卫，河水所经"。
　　⑥ 岐山：在今陕西岐山县东北。

⑦ 东迁：西周于公元前 771 年被犬戎攻灭后，幽王之子宜臼在大臣和诸侯的拥立下继位（即周平王，公元前 770 至前 720 年在位），并将国都东迁洛邑（今河南洛阳），史称东周。

【译文】

周幽王二年，泾水、渭水、洛水流域都发生地震。伯阳父说："周朝将要灭亡了。天地之气，不能错失自己的次序，如果错乱了应有的位置，民众就会大乱。阳气滞留在内不能出来，阴气受到压制不能散发，于是便会发生地震。现在三条河流都发生了地震，就是阳气不在自己的位置而压制了阴气。阳气失位而处于阴气的位置，河流的源头一定会阻塞，水源被堵塞，国家必定灭亡。水流畅通、土地湿润才能生长万物为民取用。水流不畅、土地干枯，百姓就缺乏财用，国家不灭亡还能怎的？过去伊水、洛水枯竭而夏朝灭亡，黄河枯竭而商朝灭亡。现在周的国运如同夏、商二代的末世，而河川的源头又被堵塞，源头堵塞水流必定枯竭。立国一定要依靠山川，山崩水竭，这是败亡的征兆。河流枯竭，山岭一定会崩塌。这样的国家不超过十年便会灭亡，这是数的极限。凡是被上天厌弃的，是不会超过这个极限的。"这一年，泾水、洛水、渭水水流枯竭，岐山崩塌。十一年，幽王被杀，周都因而东迁。

郑厉公与虢叔杀子颓纳惠王

惠王三年[①]，边伯、石速、苪国出王而立子颓[②]。王处于郑三年[③]。王子颓饮三大夫酒，子国为客，乐及遍儛[④]。郑厉公见虢叔[⑤]，曰："吾闻之，司寇行戮，君为之不举，而况敢乐祸乎！今吾闻子颓歌舞不息，乐祸也。夫出王而代其位，祸孰大焉！临祸忘忧，是谓乐祸。祸必及之，盍纳王乎？"虢叔许诺。郑伯将王自圉门入[⑥]，虢叔自北门入，杀子颓及三大夫，王乃入也。

【注释】

① 惠王：东周国君，名阆（一作毋凉），公元前 676 至前 652 年在位。

② 边伯、石速、苪国：周大臣。其中，苪国曾担任过子颓的师（辅弼国子的官员），后文的"子国"亦指他。子颓：亦作"子穨"，惠王的叔父。据《左传·庄公十九年》记载，惠王即位后，先后侵夺了大臣苪国的园圃，边伯的住宅，子禽、祝跪、詹父的土地以及石速的秩禄。惠王二年（前 675 年），苪国等人联合大夫苏氏驱逐惠王而拥戴子颓。

③ 郑：周王室的同姓诸侯国，是春秋初年的强国。

④ 遍儛：指黄帝、尧、舜、禹、殷、周六代的乐舞。韦昭注云："一曰诸侯、大夫遍儛。"

⑤ 郑厉公：郑国君，名突（前 700—前 697 年），公元前 679—前 673 年在位。虢叔：据韦昭注，此指周大臣虢林父。

⑥ 圉(yǔ)门：南门。

【译文】

　　周惠王三年，边伯、石速，芮国驱逐惠王立子颓为天子。惠王客居于郑三年。王子颓设酒宴招待边伯、石速、芮国三位大夫，芮国为上客，奏乐时遍及了黄帝、尧、舜、禹、商、周六代的舞乐。郑厉公见到虢叔说："我听说司寇行刑，国君为之停止娱乐，更何况敢以祸为乐呢！现在我听说子颓歌舞不息，这是以祸为乐啊。驱逐君主而取代其位，还有比这更大的灾祸吗。临祸忘忧，这就叫以祸为乐。灾祸一定会降临到他们头上，何不把惠王送进宫去复位呢？"虢叔同意了。郑伯送惠王从南门入城，虢叔从北门入城，杀了子颓及边伯、石速、芮国三个大夫，惠王于是恢复了王位。

内史过论神

十五年①，有神降于莘②。王问于内史过曰③："是何故？固有之乎？"对曰："有之。国之将兴，其君齐明、衷正、精洁、惠和，其德足以昭其馨香，其惠足以同其民人。神飨而民听，民神无怨，故明神降之，观其政德而均布福焉。国之将亡，其君贪冒、辟邪、淫佚、荒怠、粗秽、暴虐；其政腥臊，馨香不登；其刑矫诬，百姓携贰。明神不蠲而民有远志，民神怨痛，无所依怀，故神亦往焉，观其苛慝而降之祸。是以或见神以兴，亦或以亡。昔夏之兴也，融降于崇山④；其亡也，回禄信于聆隧⑤。商之兴也，梼杌次于丕山⑥；其亡也，夷羊在牧⑦。周之兴也，鸑鷟鸣于岐山⑧；其衰也，杜伯射王于鄗⑨。是皆明神之志者也。"

王曰："今是何神也？"对曰："昔昭王娶于房⑩，曰房后，实有爽德，协于丹朱⑪，丹朱凭身以仪之，生穆王焉。是实临照周之子孙而祸福之。夫神壹不远徙迁，若由是观之，其丹朱之神乎。"王曰："其谁受之？"对曰："在虢土。"王曰："然则何为？"对曰："臣闻之：道而得神，是谓逢福；淫而得神，是谓贪祸。今虢少荒，其亡乎?”王曰:“吾其若之何?”对曰:“使太宰以祝、史帅狸姓^⑫，奉牺牲、粢盛、玉帛往献焉，无有祈也。”

王曰:“虢其几何?”对曰:“昔尧临民以五^⑬，今其胄见，神之见也，不过其物。若由是观之，不过五年。”王使太宰忌父帅傅氏及祝、史奉牺牲、玉鬯往献焉^⑭。内史过从至虢，虢公亦使祝、史请土焉。内史过归，以告王曰:“虢必亡矣，不禋于神而求福焉，神必祸之；不亲于民而求用焉。人必违之。精意以享，禋也；慈保庶民，亲也。今虢公动匮百姓以逞其违，离民怒神而求利焉，不亦难乎!”十九年^⑮，晋取虢。

【注释】

① 十五年:周惠王十五年(前662)。

② 莘(shēn):在今河南陈留东北。当时在虢的境内。

③ 内史过:韦昭注云:“内史，周大夫，过，其名也，掌爵禄废置及策命诸侯、孤、卿、大夫也。”

④ 融:祝融，相传是黄帝的后裔，与夏人同族。古人将之尊为南方的神祇。崇山:即嵩山。

⑤ 回禄:火神。信:古时作战或田猎，临时住两宿为信，两宿以上为次，此处都是停留的意思。聆隧:地名。据《墨子·非攻下》，汤伐夏时有天火降于“夏之城间西北隅”。聆隧当在夏都附近。

⑥ 梼杌(táo wù):据韦昭注，此处的梼杌是指禹的父亲鲧。但据《左传·文公十八年》，梼杌是上古颛顼氏的“不才子”。丕山:地名，韦昭注云“丕山在河东也”。

⑦ 夷羊:韦昭注云“夷羊，神兽”。

⑧ 鸑鷟(yuè zhuó):凤的别名。

⑨ 杜伯:周大夫，其封地在杜(今陕西西安东南)，故名。韦昭注云“陶唐氏之后也”。鄗(hào):即西周国都镐京(今陕西西安以西)。韦昭注云:周宣王曾错杀杜伯，据说，杜伯的鬼魂以“朱弓、朱矢”射宣王，宣王因而去世。

⑩ 昭王：西周国君，名瑕，周康王之子。房：国名，都邑在今河南遂平。

⑪ 丹朱：相传是上古时尧的不肖子。

⑫ 太宰：韦昭注云"太宰，王卿也，掌祭祀之式、玉币之事"。祝：韦昭注云"太祝也，掌祈福祥"。狸姓：丹朱的后代，亦即后文的"傅氏"。

⑬ 尧：传说中原始末期的部落联盟首领，亦称陶唐氏、唐尧。

⑭ 忌父：周公的后代。

⑮ 十九年：周惠王十九年（前658）。

【译文】

　　周惠王十五年，有神降临在莘。惠王问内史过："是什么原因？曾有过这类事吗？"内史过答道："有过。国家将要兴旺，其国君明察一切、中正无邪、精诚廉洁、仁爱谦和，他的德政足以上达神灵，他的恩惠足以团结民众。神灵受礼、民众信从，民神都没有怨恨。因此神灵降临，观察他的德政而布施福祉。国家将要败亡，其国君贪图财利、邪僻不正、纵欲放荡、荒疏怠政、愚秽暴虐，他的政务腐朽败坏无法上达神灵，他的刑法纵恶惩善而使民众涣散。因此神灵不佑、民众离心，民神都怨恨厌恶，无所归依，因此神灵也要降临，观察他的暴虐邪恶而降下灾祸。所以有时出现神灵而国家兴旺，有时则国家败亡。过去夏朝兴起时，祝融降临在崇山；灭亡时，回禄出现于聆隧。商朝兴起时，梼杌降临在丕山；灭亡时，夷羊出现于牧野。周朝兴起时，凤鸟在岐山鸣叫；衰落时，杜伯在镐京射死了宣王。这都是神灵降临的记载。"

　　惠王问："现在降临的是什么神呢？"内史过答道："过去昭王娶了房的女子，称为房后，德行有缺，与丹朱相好，丹朱附身与她相配而生了穆王。这是降临于周室子孙而主宰他们祸福的神。神一心依附于人就不会远迁，若以此看来，大概是丹朱之神降临了吧。"惠王问："那将由谁来承担呢？"内史过答道："神降临在虢国的土地上。"惠王问："那究竟是祸还是福？"内史过答道："我听说正直而遇到神，叫做迎福；淫邪而遇到神，叫做遭祸。如今虢政逐渐荒淫，恐怕要亡了吧？"惠王说："我将怎么办呢？"内史过答道："命太宰率太祝、太史带领丹朱的后裔，捧着牲畜、谷物、玉帛等祭品去献给神灵，不要有所祈求。”

惠王问:“虢国还能存在多久?”内史过回答说:“过去尧帝每五年到各地巡查一次，现在他的后代出现，那么神灵显现不会超过这个数字。若依此来看，虢国的灭亡不会超过五年。”惠王派太宰忌父带领丹朱的后裔傅氏和太祝、太史捧着祭品去献给神灵。内史过跟着到了虢国，虢君也派了太祝、太史去请求土地。内史过回来，把这件事告诉王说:“虢国一定要灭亡了，不诚心祭祀而向神求福，神一定会降祸;不对民亲而使用民力，民众一定会背离他。诚心诚意地祭神，是禋;仁慈和惠地佑护民众，是亲。现在虢君过度动用民力来满足自己的私欲，离弃民众、激怒神灵却想祈求得利，不是太难了吗!”惠王十九年，晋吞并了虢国。

内史过论晋惠公必无后

襄王使邵公过及内史过赐晋惠公命①，吕甥、郤芮相晋侯不敬②，晋侯执玉卑③，拜不稽首④。

内史过归，以告王曰："晋不亡，其君必无后，且吕、郤将不免。"王曰："何故？"对曰："《夏书》有之曰⑤：'众非元后⑥，何戴？后非众，无与守邦。'在《汤誓》曰⑦：'余一人有罪，无以万夫；万夫有罪，在余一人。'在《盘庚》曰⑧：'国之臧，则惟女众。国之不臧，则惟余一人，是有逸罚。'如是则长众使民，不可不慎也。民之所急在大事，先王知大事之必以众济也，是故被除其心以和惠民，考中度衷以莅之，昭明物则以训之，制义庶孚以行之。被除其心，精也；考中度衷，忠也；昭明物则，礼也；制义庶孚，信也。然则长众使民之道，非精不和，非忠不立，非礼不顺，非信不行。今晋侯即位而背外内之赂⑨，虐其处者，弃其信也；不敬王命，弃其礼也；施其所恶，弃其忠也；以恶实心，弃其精也。四者皆弃，则远不至而近不和矣，将何以守国？

"古者，先王既有天下，又崇立上帝、明神而敬事之，于是乎有朝日、夕月以教民事君⑩。诸侯春秋受职于王以临其民，大夫、士日恪位著以儆其官⑪，庶人、工、商各守其业以共其上。犹恐其有坠失也，故为车服、旗章以旌之⑫，为贽币、瑞节以镇之⑬，为班爵、贵贱以列之，为令闻嘉誉以声之。犹有散、迁、懈慢而著在刑辟、流在裔土，于是乎有蛮夷之国⑭，有斧钺、刀墨之民⑮，而况可以淫纵其身乎？

"夫晋侯非嗣也⑯，而得其位，亹亹怵惕，保任戒惧，犹曰未也。若将广其心而远其邻，陵其民而卑其上，将何以固守？

"夫执玉卑，替其贽也；拜不稽首，诬其王也。替贽无镇，诬王无民。夫天事恒象，任重享大者必速及。故晋侯诬王，人亦将诬之；欲替其镇，人亦将替之。大臣享其禄，弗谏而阿之，亦必及焉。"

襄王三年而立晋侯，八年而陨于韩⑰，十六年而晋人杀怀公⑱。怀公无胄，秦人杀子金、子公。

【注释】

①襄王：东周国君，名郑，公元前651至前619年在位。邵公过：周大臣，即西周厉王时大臣邵公的后裔，名过。晋惠公：晋国君，名夷吾，公元前650至前637年在位。命：韦昭注云："命，瑞命也。诸侯即位，天子赐之命圭以为瑞节也。"

②吕甥：亦作"吕省"，晋大夫。后文的"子金"亦指他。郤（xì）芮：亦作"冀芮"，晋大夫。后文的"子公"亦指他。其祖辈的封地在郤（今山西沁水下游一带），而本人的封地在冀（今山西稷山），故名。相：此指随从晋君参加受命礼仪。

③执玉卑：玉指诸侯行礼时所执的玉圭。卑是低下的意思，据当时礼节，执礼器应平正适中。

④ 稽首：跪拜时头触地，这是古人最尊敬的礼节。

⑤《夏书》：它与后文引述的《汤誓》、《盘庚》等都是古代的政府文书，其中一部分被后人编为《尚书》，后来列为儒家经典。此处所引的《夏书》不见于今本《尚书》。

⑥ 后：指君王。

⑦《汤誓》：商王成汤讨伐夏桀时的誓师辞。

⑧《盘庚》：商王盘庚迁都时对官员、百姓的训辞。

⑨ 晋侯即位而背外内之赂：晋献公（前 676—前 651 年）宠爱幼子奚齐，将太子申生杀死，另外两个儿子夷吾（即晋惠公）、重耳（即晋文公）逃奔他国，献公去世后，夷吾贿赂晋大夫里克、丕郑以为内应，在秦国帮助下回国复位，继位后却背弃了原先答应给予秦国土地的诺言，并杀死了里克、丕郑（下文的"虐其处者"亦指此事）。参见本书《晋语》有关篇章。

⑩ 朝日、夕月：早晨祭祀日，晚上祭祀月。

⑪ 位著：韦昭注云"中廷之左右曰位，门屏之间曰著也。"

⑫ 为车服、旗章以旌之：在车辆、服饰和旗帜上区分上下贵贱的等级。

⑬ 贽币、瑞节：贽币是古人见面时所送礼物，瑞节是有官爵者所执的礼器，这两种东西对于不同身份等级的人各有区别。

⑭ 蛮夷之国：泛指边远地区的少数民族和周边的邻国。古人以中央之国自居，认为边远地区的民族和国家都是"化外之地"，文明程度低于中原。

⑮ 斧钺（yuè）、刀墨：泛指古代用以罚罪的刑罚，如大辟（斩首）、墨刑（用刀刻划皮肤涂黑）等。

⑯ 非嗣：重耳比晋惠公年长，根据古人"无嫡立长"的原则，在献公去世、太子申生被杀后，应该由重耳继任国君。

⑰ 八年而陨于韩：指晋惠公在公元前 645 年秦晋韩原之战中战败被秦军俘房。

⑱ 十六年而晋人杀怀公：晋惠公去世后，由其子子圉继位（即怀公），晋人杀死怀公迎纳重耳归国继位。

【译文】

　　周襄王派召公过与内史过向晋惠公颁赐任命，吕甥、郤芮随从晋惠公行礼时不恭敬，晋惠公把礼器拿得很低，跪拜时头不触地。

　　内史过回来，把这件事告诉襄王说："若晋国不亡，他的国君一定会绝后，而且吕甥、郤芮将不能免祸。"襄王问："为什么呢？"内史过答道："《夏书》上说：'民众没有好君王，拥戴谁？君王没有民众，就没有人一起保守基业。'《汤誓》中说：'我君王有罪，不连累百姓；百姓有罪，责任在我君主。'《盘庚》则说：'国家好，全是大家的功劳。国家不好，只是我一人的过失，罪当在我。'据此，做万民之主、役使百姓时，不能不谨慎。民众所关心的是祭祀、战争之类的大事，先王懂得这样的大事必须靠民众才能办到，因此清除心中的邪念来团结民众，将心比心地来处理政务，以明确的准则来教诲他们，施行众人拥护的事情。清除邪念，是精；将心比心，是忠；明确准则，是礼；众人拥护，是信。如此，做万民之主、役使百姓的关键在于：不清除邪念不能团结民众，不将心比心不能处理政务，准则不明确就行不通，众人不拥护就无法行事。现在晋侯刚继位就违背了对与国、大臣许下的诺言，杀害与自己共事的人，是背离了信；不尊重王命，是背离了礼；把自己所厌恶的事施加于人，是背离了忠；心中充满了邪念，是背离了精。这四条都违背了，关系远的就不来交往，关系近的也不相和睦，将凭什么来保全国家？

　　"古时候，先王得了天下，又尊崇上帝、神灵而敬奉他们，于是有祭祀日、月这样的仪式来教导民众事奉君王。诸侯在春、秋两季受命于天子来治理百姓，大夫、士天天在自己的官位上小心供职，庶人、工、商各守其业来为君王效劳。尚且担心有所疏漏，所以制定了舆服、旗帜来区分标志，规定了贽币、瑞节来强调等级，定下了爵位、贵贱来确立秩序，设下了美名、荣誉来表彰功臣。但仍然有散慢、失职、懈怠、懒惰而受到刑法惩处、流放到边地的人，于是就有了蛮、夷这样的国家，有了受到刑罚制裁的罪民，而作为诸侯，自己又怎么可以过分放纵呢？

　　"晋侯本不该继位而得以当上了国君，勤勉地任事、小心地供职，还怕不行呢。假如放纵自己，疏远邻国，欺压人民，不敬天子，将怎么确保基业？

　　"礼器拿得低，是废弃执贽之礼；跪拜不稽首，是欺诈君王。

废弃执贽就无法制约，欺诳君王就会失去百姓。行事往往象征了上天降下的吉凶，责任重大而贪图享受必定很快遭到报应。所以晋侯欺诳君王，别人也将欺诳他；想废弃制约，别人也将废弃他。大臣享受君王的俸禄，不劝谏反而附从，也一定会遭到报应。"

　　周襄王三年晋侯即位，襄王八年就在韩原被俘虏，襄王十六年晋人杀了他的儿子怀公。晋怀公没有后代，秦人杀死了吕甥和郤芮。

内史兴论晋文公必霸

襄王使太宰文公及内史兴赐晋文公命①,上卿逆于境,晋侯郊劳②,馆诸宗庙③,馈九牢④,设庭燎⑤。及期,命于武宫⑥,设桑主⑦,布几筵,太宰莅之,晋侯端委以入⑧。太宰以王命命冕服,内史赞之,三命而后即冕服⑨。既毕,宾、飨、赠、饯如公命侯伯之礼而加之以宴好。内史兴归,以告王曰:"晋不可不善也,其君必霸。逆王命敬,奉礼义成。敬王命,顺之道也;成礼义,德之则也。则德以导诸侯,诸侯必归之。且礼所以观忠、信、仁、义也,忠所以分也,仁所以行也,信所以守也,义所以节也。忠分则均,仁行则报,信守则固,义节则度。分均无怨,行报无匮,守固不偷,节度不携。若民不怨而财不匮,令不偷而动不携,其何事不济!中能应外,忠也;施三服义,仁也;守节不淫,信也;行礼不疚,义也。臣入晋境,四者不失,臣故曰晋侯其能礼矣,王其善之。树于有礼,艾人必丰。"王从之,使于晋者道相逮也。及惠后之难⑩,王出在郑,晋侯纳之。

襄王十六年立晋文公⑪,二十一年以诸侯朝王于衡雍且献楚捷^⑫，遂为践土之盟^⑬，于是乎始霸。

【注释】

① 太宰文公：韦昭注云："王卿士王子虎也。"

② 郊劳：至郊外迎接慰劳。

③ 宗庙：国君祭祀祖先的地方。韦昭注云："舍于宗庙，尊王命也。"

④ 九牢：韦昭注云："牛羊豕为一牢，上公飨饩九牢。"

⑤ 庭燎：厅堂上照明的大火把。这是当时表示隆重的礼节之一，《周礼秋官·司烜氏》："凡邦之大事，共坟烛、庭燎。"

⑥ 武宫：韦昭注云"文公之祖武公庙也。"武公亦称曲沃武公，公元前716至前677年在位，是晋献公的父亲。

⑦ 桑主：桑木做的神主牌位，古代用于死者已葬之后的祭祀。韦昭注云："主，献公之主也。练主用栗，虞主用桑。礼，既葬而虞，虞而作主，天子于是爵命世子，世子即位，受命服也。献公死已久，于此设之者，文公不欲继惠、怀也。故立献公之主，自以子继父之位，行未踰年之礼也。"

⑧ 端委：玄色的礼服（端）、礼帽（委）。这是当时无爵位的士人所穿的服饰，晋文公因未受天子的任命，所以穿戴这样的服饰来接受王命。

⑨ 三命：韦昭注云："三以王命命文公，文公三让而就也。"冕服：有爵位者的礼服。

⑩ 惠后之难：参见下一篇"富辰谏襄王以狄伐郑及以狄女为后"。

⑪ 襄王十六年：公元前636年。

⑫ 二十一年：周襄王二十一年（前631）。衡雍：在今河南原阳以西。楚捷：指晋在城濮之战中战胜楚国。

⑬ 践土：地名，在今河南原阳西南。

【译文】

周襄王派太宰文公与内史兴向晋文公颁赐任命，晋国的上大夫在边境上迎接，晋文公到郊外慰劳，住处安排在宗庙，用九牢的宴席来招待，厅堂上安设了照明的大火把。到了吉日，在祖庙武宫接受任命，设立了晋献公的神主，安排了筵席，由太宰主持仪式，晋文公穿戴着端委进入。太宰代表周王赐给晋文公冕服，内史兴赞唱礼仪，晋文公经三次辞让后接受了冕服。礼毕后，对太宰和内史的酬谢、飨食、馈赠、郊送等礼仪都按诸侯的等级进行，态度相当谦和融洽。内史兴回来，把这件事告诉襄王说："晋国是不能不善待的，它的国君一定会称霸诸侯。他们接受王命恭敬，执行礼仪得当。尊敬王命，是讲究上下之分的做法；行礼得当，是具有德行的表现。以德行来作为诸侯的表率，诸侯一定会归附他。而且礼仪就是用来观察忠、信、仁、义的，忠是用于判断，仁是用于施行，信是用于维护，义是用于节制。以忠判断才公正，以仁施行才生效，以信维护才稳固，以义节制才适度。判断公正就没有怨恨，施行生效就没有困乏，维护稳固就不会走样，节制适度就不会离心。如果民众没有怨恨而财用不困乏，命令不走样而执行没有离心，那什么事办不成呢！表里相应，是忠；辞让受命，是仁；守节不越，是信；行礼无误，是义。臣进入晋国，这四项都不见疏漏，所以臣认为晋侯是知礼的，陛下要善待他。立了知礼者，他的报答一定丰厚。"襄王接受了建议，派往晋国的使者接连不断。到了惠后之难时，襄王出奔郑国，晋文公接纳了襄王。

周襄王十六年任命了晋文公，襄王二十一年文公率诸侯在衡雍朝见周天子并呈献所得的楚国战利品，接着主持了践土的会盟，从此开始称霸诸侯。

卷二　周语 中

富辰谏襄王以狄伐郑及以狄女为后

襄王十三年[①]，郑人伐滑[②]。王使游孙伯请滑[③]，郑人执之。王怒，将以狄伐郑[④]。富辰谏曰[⑤]："不可。古人有言曰：'兄弟谗阋、侮人百里。'周文公之诗曰[⑥]：'兄弟阋于墙，外御其侮。'若是则阋乃内侮，而虽阋不败亲也。郑在天子，兄弟也[⑦]。郑武、庄有大勋力于平、桓[⑧]；我周之东迁，晋、郑是依；子颓之乱，又郑之由定。今以小忿弃之，是以小怨置大德也，无乃不可乎！且夫兄弟之怨，不征于他，征于他，利乃外矣。章怨外利，不义；弃亲即狄，不祥；以怨报德，不仁。夫义所以生利也，祥所以事神也，仁所以保民也。不义则利不阜，不祥则福不降，不仁则民不至。古之明王不失此三德者，故能光有天下而和宁百姓，令闻不忘。王其不可以弃之。"王不听。十七年，王降狄师以伐郑。

王德狄人，将以其女为后，富辰谏曰："不可。夫婚姻，祸福之阶也。由之利内则福，利外则取祸。今王外利矣，其无乃阶祸乎？昔挚、畴之国也由大任[⑨]，杞、缯由大姒[⑩]，齐、许、申、吕由大姜[⑪]，陈由大姬[⑫]，是皆能内利亲亲者也。昔鄢之亡也由仲任[⑬]，密须由伯姞⑭，邬由叔妘⑮，聃由郑姬⑯，息由陈妫⑰，邓由楚曼⑱，罗由季姬⑲，卢由荆妫⑳，是皆外利离亲者也。"

王曰："利何如而内，何如而外？"对曰："尊贵、明贤、庸勋、长老、爱亲、礼新、亲旧。然则民莫不审固其心力以役上令，官不易方而财不匮竭，求无不至，动无不济。百姓兆民，夫人奉利而归诸上，是利之内也。若七德离判，民乃携贰，各以利退，上求不暨，是其外利也。夫狄无列于王室，郑伯南也㉑，王而卑之，是不尊贵也。狄，豺狼之德也，郑未失周典，王而蔑之，是不明贤也。平、桓、庄、惠皆受郑劳，王而弃之，是不庸勋也。郑伯捷之齿长矣㉒，王而弱之，是不长老也。狄，隗姓也，郑出自宣王，王而虐之，是不爱亲也。夫礼，新不间旧，王以狄女间姜、任㉓，非礼且弃旧也。王一举而弃七德，臣故曰利外矣。《书》有之曰㉔：'必有忍也，若能有济也。'王不忍小忿而弃郑，又登叔隗以阶狄。狄，封豕豺狼也，不可厌也。"王不听。

十八年㉕，王黜狄后㉖。狄人来诛杀谭伯㉗。富辰曰："昔吾骤谏王，王弗从，以及此难。若我不出，王其以我为怼乎！"乃以其属死之。初，惠后欲立王子带㉘，故以其党启狄人。狄人遂入，周王乃出居于郑，晋文公纳之。

【注释】
　①襄王十三年：公元前 639 年。
　②滑：周同姓诸侯国，其都邑在今河南偃师之南的缑氏城。韦昭注云"先是，郑伐滑，滑人听命，师还，又叛即卫，故郑公子士、泄堵寇

帅师伐滑也"。

③ 游孙伯：周大夫。

④ 狄：此指当时活动在陕西东北部的隗氏之狄（属赤狄别种）。晋文公重耳从晋国出奔时曾到该部族避难，参见本书《晋语》有关篇章。

⑤ 富辰：周大夫。

⑥ 周文公之诗：以下诗句引自《诗·小雅·常棣》，相传此诗为周公所作，故云。

⑦ 兄弟也：郑始封于周宣王时，其国君是周宣王之弟姬友，因此富辰说郑是周的兄弟之国。

⑧ 郑武、庄：指郑武公（名滑突，公元前 770 至前 744 年在位）、郑庄公（名寤生，公元前 743 至前 701 年在位）。平、桓：指周平王、周桓王（名林，公元前 719 至前 697 年在位）。韦昭注云："幽王既灭，郑武公以卿士夹辅周室。平王东迁洛邑，桓王即位，郑庄公为之卿士，以王命讨不庭，伐宋，在鲁隐十年。"

⑨ 挚、畴：任姓诸侯国。挚之都邑在今河南汝南，畴之都邑在今河南平顶山市西南。大任：周文王之母。

⑩ 杞、缯：姒姓诸侯国。杞之都邑在河南杞县，缯（亦作鄫）之都邑在河南方城。大姒：周武王之母。

⑪ 齐、许、申、吕：姜姓诸侯国。齐之都邑在今山东临淄，许之都邑在今河南许昌之东，申、吕之都邑分别在今河南南阳市之北、西。大姜：周先王王季（即周文王的父亲）之母。

⑫ 陈：妫姓诸侯国，其都邑在今河南淮阳。大姬：周武王的长女。据记载，武王灭商后，访得舜的后裔，将自己的女儿许配给他，并封为诸侯，即陈国。

⑬ 隔：亦作鄢，妘姓诸侯国，其都邑在今河南鄢陵西北。东周初年为郑武公所灭。仲任：隔君的夫人。

⑭ 密须：亦称密，商时姞姓诸侯国，其都邑在今甘肃灵台西南。商末为周文王所攻灭。伯姞：密须国的女子。

⑮ 郐：妘姓诸侯国，都邑在今河南新郑西北。东周初年为郑武公所灭。叔妘：韦昭注云"同姓之女为郐夫人。"据《公羊传》，郑武公灭郐是利用了"善乎郐公者通于夫人以取其国"。

⑯ 聃：姬姓诸侯国，都邑在今河南平舆北。春秋时为楚所灭。郑姬：韦昭注云："郑女，为聃夫人。"

⑰ 息：姬姓诸侯国，都邑在今河南息县西。春秋时为楚所灭。陈妫：韦昭注云："陈女，为息侯夫人。"

⑱ 邓：曼姓诸侯国，都邑在今湖北襄樊市附近。春秋时为楚所灭。楚曼：韦昭注云："邓女，为楚武王夫人，生文王。文王过邓而利其国，遂灭邓而兼之也。"

⑲ 罗：熊姓诸侯国，都邑在今湖北宜城附近。季姬：韦昭注云："姬氏女，为罗夫人而亡其国也。"

⑳ 卢：妫姓诸侯国，都邑在今湖北襄樊市西南。荆妫：韦昭注云"卢女，为荆夫人。荆，楚也。"

㉑ 南：韦昭注引贾侍中说云："南者，在南服之侯伯也。"

㉒ 郑伯捷：指郑文公，公元前 672 至前 628 年在位。

㉓ 姜、任：韦昭注云"姜氏、任氏之女世为王妃嫔也。"

㉔《书》：指《尚书》，此处所引不见于今本。

㉕ 十八年：周襄王十八年（前 634 年）。

㉖ 黜狄后：韦昭注云："狄后既立而通王子带，故王废之也。"

㉗ 谭伯：周大夫，其封地在谭（今山东历城东），故称。

㉘ 惠后：周惠王王后，襄王的继母。王子带：惠后所生的儿子，周襄王的异母弟弟。

【译文】

周襄王十三年，郑国讨伐滑国。襄王派大夫游孙伯替滑国说情，被郑人扣留。襄王发怒了，准备利用狄去讨伐郑国。大夫富辰劝阻说："不能这样做。古人有言道：'兄弟之间虽受挑拨而争执，但仍一致抗御外侮。'周公的诗说：'兄弟相争在家内，对外一致抗强暴。'如此说来，兄弟不和是内部的冲突，虽有争执不影响手足之情。郑君与天子有兄弟之亲。郑武公、郑庄公为平王、桓王立过大功，我们王室的东迁也依靠过晋国、郑国，子颓作乱又是郑国帮助平定的。现在由于一点怨恨就遗弃郑国，就是因小怨而忘大德，恐怕不行吧！况且，兄弟之间的纠纷不必牵扯外人插手，否则，利益就会外泄。暴露内怨而让外人得利，是不义；疏远亲族而和狄人来往，是不祥；以怨报德，是不仁。蕴生利益靠义，奉侍神祇靠祥，养护民众靠仁。不义则利不丰厚；不祥则福不降临；不仁则民不归顺。古代的英明君王没有失去这三种德行，所以能有广大的疆域，使百姓和睦安宁，美好的名声至今使人不能忘怀。您不能背弃这些德行啊！"襄王不听劝阻。十七年，襄王用狄人的军队去讨伐郑国。

　　襄王感激狄人，打算娶狄人的女子为王后，富辰劝谏说："不能这样。婚姻是滋生祸福的土壤。因此而有利于自己的是福，让外人得益则有祸。现在您使外人得益，这不是招引祸害吗？从前挚、畴因为大任而得福，杞、缯因为大姒而得福，齐、许、申、吕因为大姜而得福，陈因为大姬而得福，这些都是能使自己获利而和睦亲族的例子。过去隔因仲任而亡，密须因伯姞而亡，郐因叔妘而亡，聃因郑姬而亡，息因陈妫而亡，邓因楚曼而亡，罗因季姬而亡，卢因荆妫而亡，这些都是使外人得益而离弃亲族的例子。"

　　襄王问："怎样才是使自己获利，怎样才是让外人得益呢？"富辰答道："尊重贵族，表彰贤人，起用功臣，恭敬长者，友爱亲族，礼待宾客，亲近故旧。这样，百姓没有不齐心竭力听从上面指挥的，官府不必变更常道而财用不致匮乏，要求没有达不到的，办事没有不成功的。平民百姓人人都将利益奉献给王室，这就是使自己获利。如果以上七件事做得不好，民众就会怀有二心，大家都为自己谋利，国家的要求达不到，这就是让外人得益。狄不是王室的封侯，而郑却位在男服，陛下却瞧不起他，这是不尊重贵族。狄人的所为是豺狼之德，而郑国没有违背周室的典制，陛下却蔑视它，这是不表彰贤人。平王、桓王、庄王、惠王都受过郑国的好处，陛下却离弃它，这是不起用功臣。郑文公年纪已经大了，陛下却把他作为年轻人那样来对待，这是不恭敬长者。狄是隗姓，郑却是宣王的后裔，陛下却苛待它，这是不友爱亲族。根据礼制，新的不可以取代旧的，陛下以狄人之女取代姜氏、任氏为王后，这不仅不符合礼制，而且是抛弃故旧的行为。陛下的一个举措就使七德都丢弃，所以臣认为利为外人所得。《尚书》中说：'有所忍耐才能有所成功。'陛下不能容忍小忿而离弃郑国，还要娶叔隗为后招引狄人。狄像野猪豺狼一样，是不会满足的。"襄王不听。

　　十八年，襄王废黜了狄后。狄人兴师问罪，杀了大夫谭伯。富辰说："以前我屡次劝谏，陛下不听从，所以遭此祸难。如果我不去抵御狄人，陛下可能要认为我有怨气了。"于是率领自己的部属出战而死。原先，惠后想立自己的儿子叔带为王，所以叔带让他的党羽借襄王废黜狄后之机引来了狄人。于是狄人攻入了周都，襄王逃到郑国住了下来，后来由晋文公接纳护送回国。

襄王拒晋文公请隧

晋文公既定襄王于郏[①]，王劳之以地，辞，请隧焉[②]。王不许，曰："昔我先王之有天下也，规方千里以为甸服，以供上帝山川百神之祀，以备百姓兆民之用，以待不庭不虞之患。其余以均分公侯伯子男[③]，使各有宁宇，以顺及天地，无逢其灾害，先王岂有赖焉。内官不过九御[④]，外官不过九品[⑤]，足以供给神祇而已，岂敢厌纵其耳目心腹以乱百度？亦唯是死生之服物采章，以临长百姓而轻重布之，王何异之有？今天降祸灾于周室，余一人仅亦守府，又不佞以勤叔父[⑥]，而班先王之大物以赏私德，其叔父实应且憎，以非余一人，余一人岂敢有爱？先民有言曰：'改玉改行[⑦]。'叔父若能光裕大德，更姓改物，以创制天下，自显庸也，而缩取备物以镇抚百姓，余一人其流辟旅于裔土，何辞之有与？若由是姬姓也，尚将列为公侯以复先王之职，大物其未可改也。叔父其懋昭明德，物将自至，余何敢以私劳变前之大章，以忝天下，其若先王与百姓何？何政令之为也？若不然，叔父有地而隧焉，余安能知之？"文公遂不敢请，受地而还。

【注释】

①郏：在今河南洛阳附近。

②隧：指墓道。古代天子死后灵柩从墓道入葬，诸侯不得用此葬礼。

③公侯伯子男：周代的封爵等级。

④内官：宫中的女官。九御：指九嫔，指天子的妃子。

⑤九品：即九卿，指少师、少傅、少保、冢宰、司徒、宗伯、司马、司寇、司空等官员。

⑥不佞：襄王对自己的谦称。叔父：指晋文公，韦昭注云"天子称九州之长同姓曰叔父也。"

⑦改玉改行：玉指当时贵族佩带的玉饰，韦昭注云"言服其服则行其礼，以言晋侯尚在臣位，不宜有隧也。"

【译文】

晋文公帮助周襄王在郏地复位，襄王以土地作为酬劳，文公谢辞，要求死后用隧礼安葬。襄王不同意，说："过去我们先王拥有天下，划出方圆千里的土地作为甸服，以便供给上帝山川百神的祭品，以备百姓万民的用度，以应付变乱和不能预料的灾患。其余的土地则按规定分配给公、侯、伯、子、男，使他们各有安居的处所，以顺从天地尊卑的等级，不至于遭到灾害，先王哪里有自己的私利呢？他宫中的官只有九御，朝廷上的官只有九卿，不过足以供奉神灵、主持祭祀罢了，哪里敢尽情满足自己的声色口腹之欲而败坏法规制度呢？只是这生前死后服饰器物的色彩和纹饰，则根据地位的高低而有所区别，以表示尊卑贵贱的等级，此外天子与其他人还有什么两样呢？现在上天将灾难降临到周室，我也只能守护住王室的财产而已，又因为我的无能以致劳动了叔父，但是如果改变先王的制度来酬劳我个人所受的恩惠，那么叔父将受到人们的憎恶，因为这不是我个人的财物，否则，我哪敢吝惜呢？前人有言道：'变换佩玉就要改变步伐。'叔父如果能光扬美德，改姓易朝统治天下，创造新的制度来显示功业，从而采用天子的礼法来统抚百姓，我即使流放到边远荒地也没有话可说。如果仍是姓姬的掌有天下，叔父依然将作为诸侯，把恢复先王的规制作为自己的责职，那葬礼这样的体制不可更改。叔父继续努力光扬美德，那样的礼仪自然会得到，我如何敢为了私情就改变先世的体制，以至有愧于天下，那我把先王和百姓放到哪儿去了呢？又怎么制定政令呢？如若不然，叔父有土地而自行隧葬，我怎么能管得了呢？"晋文公于是不敢请求隧葬，接受赐地而回国了。

阳人不服晋侯

王至自郑，以阳樊赐晋文公^①。阳人不服，晋侯围之。仓葛呼曰^②："王以晋君为能德，故劳之以阳樊，阳樊怀我王德，是以未从于晋。谓君其何德之布以怀柔之，使无有远志？今将大泯其宗祊而蔑杀其民人^③，宜吾不敢服也！夫三军之所寻^④，将蛮、夷、戎、狄之骄逸不虔^⑤，于是乎致武。此赢者阳也，未狎君政，故未承命。君若惠及之，唯官是征，其敢逆命，何足以辱师！君之武震，无乃玩而顿乎？臣闻之曰：'武不可觌，文不可匿。觌武无烈，匿文不昭。'阳不承获甸而祗以觌武，臣是以惧。不然，其敢自爱也？且夫阳岂有裔民哉^⑥，夫亦皆天子之父兄甥舅也，若之何其虐之也？"晋侯闻之，曰："是君子之言也。"乃出阳民。

【注释】
① 阳樊：在今河南济源以南。
② 仓葛：人名，阳樊人。
③ 宗祊：韦昭注云："庙门谓之祊，宗祊犹宗庙也。"
④ 三军：指晋的上、中、下三军。
⑤ 蛮、夷、戎、狄：古代对边远少数民族及周边邻国的称呼。

⑥ 裔民：韦昭注云"谓凶恶之民放在荒裔者也。"

【译文】

　　周襄王从郑国回到王城，将阳樊赐给了晋文公。阳樊人不肯归附晋国，晋文公派兵包围了阳樊。仓葛大声喊道："周王因为晋君能布施恩德，所以把阳樊作为犒赏，阳樊人怀念周王的恩德，所以不肯归附晋国。大家都以为君主将布施什么德惠来感化我们，使人们不生叛离之心。现在却要拆毁我们的宗庙，杀戮我们百姓，无怪乎我们不敢服从啊。三军所征讨的应是蛮、夷、戎、狄的骄惰不恭行为，因而要动用武力。我们这些弱小的阳樊人，尚未驯习君主的政令，所以不敢承命称臣。君主如果施给我们恩惠，只要派遣官吏前来晓喻就可以了，谁敢违抗命令，何必调动大军！君主这般耀武扬威，难道不会滥用武力而使将士困顿吗？臣听说：'武力不可炫耀，文德不可藏匿。炫耀武力就没有威严，藏匿文德就无法光大。'阳樊人既失去了为王室承担甸服的义务，又遇到君主炫耀武力，臣因此而寒心。否则，谁敢只顾自己而不服从呢？况且阳樊并无被放逐的恶民，都是周天子的父兄甥舅，君主对他们怎么如此苛待呢？"晋文公听了这些话，说："这是君子所说的话啊！"于是下令放阳樊的百姓出城。

襄王拒杀卫成公

温之会①，晋人执卫成公归之于周②。晋侯请杀之，王曰："不可。夫政自上下者也，上作政而下行之不逆，故上下无怨。今叔父作政而不行③，无乃不可乎？夫君臣无狱，今元咺虽直，不可听也。君臣皆狱，父子将狱，是无上下也。而叔父听之，一逆矣。又为臣杀其君，其安庸刑？布刑而不庸，再逆矣。一合诸侯而有再逆政，余惧其无后。不然，余何私于卫侯？"晋人乃归卫侯。

【注释】
　　① 温：在今河南温县以西。周襄王二十年（前632），晋在此与诸侯会盟。
　　② 卫成公：卫国君，名郑，公元前634至前600年在位。在公元前632年的晋楚城濮之战中，卫国与楚联盟，因而得罪了晋。因此，卫成公不敢参加晋人战胜楚国之后的践土会盟，只派大臣元咺奉摄君叔武出席。事后，卫成公归国，认为叔武要篡位，遂杀死了叔武，元咺因而逃奔晋国。同年冬天，晋在温召集诸侯会盟，向卫问罪，卫成公与元咺在会上各自申辩，成公败诉，晋人便将成公拘留了起来。
　　③ 叔父：指晋文公。

【译文】

　　在温的盟会上，晋人扣押了卫成公送到王都。晋文公请求将卫成公杀了，周襄王说："不行。政事的施行应从上而下，在上者制定政令，而臣下行之不违背礼义，所以君臣无怨。现在叔父主持诸侯事务却使政令不能施行，那怎么行呢？君臣之间不打官司，现在元咺虽然道理充足，但不能听取。若君臣都对簿公堂，那父子也将有诉讼，这就没有尊卑上下了。可是叔父却听取元咺的申辩，这首先违背了礼义。又要为了臣下而杀了他的国君，这哪里用到了刑法？有刑法而不用，这又再次违背了礼义。刚刚与诸侯会盟却有两处违背礼义，恐怕我今后难以号令诸侯。假如不是这样的话，我又何必对卫侯特别照顾呢？"晋人于是放还了卫成公。

王孙满观秦师

二十四年①，秦师将袭郑，过周北门。左右皆免胄而下拜②，超乘者三百乘③。王孙满观之④，言于王曰："秦师必有谪。"王曰："何故？"对曰："师轻而骄，轻则寡谋，骄则无礼。无礼则脱，寡谋自陷。入险而脱，能无败乎？秦师无谪，是道废也。"是行也，秦师还，晋人败诸崤⑤，获其三帅丙、术、视⑥。

【注释】

① 二十四年：周襄王二十四年（前628）。

② 左右：指车左、车右。古代兵车上的乘员共三人，除车左、车右外，还有站在中间驾车的御。免胄：脱下头盔。这是古代穿戴甲胄的武士行礼的方式。

③ 超乘：韦昭注云："超乘，跳跃上车，无威仪。"

④ 王孙满：韦昭注云："满，周大夫王孙之名也。"

⑤ 崤：山名，在今河南三门峡市以东，是秦至郑的必经之路。

⑥ 丙、术、视：指秦将白乙丙、西乞术、孟明视。

【译文】

周襄王二十四年，秦国的军队要去袭击郑国，经过王都北门。车上的武士都除去头盔下车行礼，然后跳跃上车，前后有三百辆之多。王孙满看到后对襄王说："秦军肯定会吃败仗。"襄王说：

"什么原因呢?"王孙满答道:"秦军轻佻而骄横,轻佻就少谋,骄横就无礼。无礼就没有纪律,少谋就将自陷险境。既入险境又无军纪,能不失败吗?秦军不吃败仗,世上就没有天理了。"这次出师,秦军在归途中被晋人在崤山打败,三员大将白乙丙、西乞术、孟明视被俘。

定王论不用全烝之故

晋侯使随会聘于周①，定王享之肴烝②，原公相礼③。范子私于原公，曰："吾闻王室之礼无毁折，今此何礼也？"王见其语，召原公而问之，原公以告。

王召士季，曰："子弗闻乎，禘郊之事则有全烝④，王公立饫则有房烝⑤，亲戚宴飨则有肴烝。今女非他也，而叔父使士季实来修旧德，以奖王室。唯是先王之宴礼，欲以贻女。余一人敢设饫禘焉，忠非亲礼，而干旧职，以乱前好？且唯戎狄则有体荐。夫戎、狄，冒没轻儳，贪而不让。其血气不治，若禽兽焉。其适来班贡，不俟馨香嘉味，故坐诸门外而使舌人体委与之⑥。女今我王室之一二兄弟，以时相见，将和协典礼，以示民训则，无亦择其柔嘉，选其馨香，洁其酒醴，品其百笾⑦，修其簠簋⑧，奉其牺象⑨，出其樽彝⑩，陈其鼎俎⑪，净其巾幂⑫，敬其祓除，体解节折而共饮食之。于是乎折俎加豆⑬，酬币宴货，以示容合好，胡有孑然其郊戎狄也？

"夫王公诸侯之有饫也，将以讲事成章，建大德、昭大物也，故立成礼烝而已。饫以显物，宴以合好，故岁饫不倦，时宴不淫，月会、旬修、日完不忘。服物昭庸，采饰显明，文章比象，周旋序顺，容貌有崇，威仪有则，五味实气，五色精心，五声昭德，五义纪宜，饮食可飨，和同可观，财用可嘉，则顺而德建。古之善礼者，将焉用全烝？"

武子遂不敢对而退。归乃讲聚三代之典礼⑭，于是乎修执秩以为晋法⑮。

【注释】
① 晋侯：指晋景公，名獳，公元前 599 至前 581 年在位。随会：即士季武子，晋大夫，因其封邑在随（今山西介休），后更受范（今河南范县东南），故亦称随会、士会、范会。

② 定王：东周国君，名瑜，公元前 606 至前 586 年在位。肴烝：古代的一种宴席。当时，凡将烹熟的牲肉切成两半上席者，称"房烝"；全部切成小块，称"肴烝"。牲体越完整，表示礼仪等级越高。

③ 原公：周大臣原襄公。

④ 禘郊：指祭祀天地祖宗的大典。全烝：指用不加烹煮的完整牲体献祭。

⑤ 王公立饫：天子与诸侯设宴。

⑥ 舌人：担任翻译、接待远方使者的官员。

⑦ 笾：韦昭注云："竹器，容四升，其实枣栗糗饵之属也。"

⑧ 簠簋：韦昭注云："黍稷之器也。"

⑨ 牺象：韦昭注云："牺，牺樽，饰以牺牛；象，象樽，以象骨为饰也。"

⑩ 樽彝：酒器。

⑪ 鼎：煮牲的食器。俎：进食时切熟肉的砧板。

⑫ 巾幂：复盖樽彝等食器的巾。

⑬ 加豆：韦昭注："谓既食之后所加之豆也，其实芹菹兔醢之属。"

⑭ 三代：指东周以前的夏、商、西周。

⑮ 执秩：韦昭注云："晋文公蒐于被庐，作执秩之法。自灵公以来，阙而不用，故武子修之，以为晋国之法也。"

【译文】

晋景公派随会出使王室，周定王用肴烝宴请他，大臣原公作陪。随会私下对原公说："我听说王室的礼宴是不毁折牲体的，现在这是什么礼节呢？"定王看到他们在交谈，便叫来原公询问，原公把随会的话告诉了定王。

定王叫来随会，对他说："您没有听说过吗，禘郊祀典有全烝，王公宴享有房烝，招待亲戚则有肴烝。今天您不是外人，是晋侯派来重申晋与王室的友好关系，辅助我们周室。所以用先王的宴饮之礼，作为对您的款待。我怎么敢设全烝、房烝呢，它虽然丰厚却不是亲戚宴享之礼，而且还违背了成例，损害了过去的友好关系。王室只有招待戎狄之人时才用全牲。戎狄之人轻率而不修边幅，贪心而不讲礼让。这种人的素质若不加调教，就像禽兽一样。他们来献纳贡赋时，不必用精致的酒食，所以让他们坐在门外而由舌人把全牲给他们食用。现在你们晋国是王室的兄弟，按规定来朝见天子，所以要用适宜的典礼来招待，以此为人们作个好榜样，因而择取了鲜美的牲肉，选用了芬香的配料，精制了甜醇的酒醴，配备了佐餐的果品，备下了箧笾，捧来了牺象，抬出了樽彝，安放了鼎俎，洗净了巾幂，恭敬地清扫了殿堂，切好了牲肉而一起来宴饮享用。于是就有了待客的礼仪，酬宾的礼物，用以表示亲近友好，怎么能像对待戎狄那样把全牲端出来呢？

"宴请王公诸侯有房烝，是要解决军国大事，建立大功勋、表彰大事物，所以站着享用半牲而已。半牲表示具备礼仪，宴饮表示亲密融洽，所以每年一次聚会不觉厌倦，每季一次宴饮不觉过分，每月的统计、每旬的事务、每天的工作不致荒废。服饰可以表明功绩，色彩可以显示德行，纹饰可以比拟物象，仪节可以序次尊卑，礼容具有尊严，威仪具有法度，肴食的五味充实气志，器物的五色净化心灵，乐舞的五声昭示道德，礼仪的五义纲纪行为，饮食可口，情谊可观，酬礼可嘉，法度得以推行而道德得以建立。古代娴于礼仪的人，哪里要用全牲呢？"

随会于是不敢对答而告退。回国后讲习汇编夏、殷、周三代的典礼，恢复了晋文公所制订的执秩之法作为晋国的法度。

单襄公论陈必亡

定王使单襄公聘于宋①。遂假道于陈，以聘于楚。火朝觌矣②，道茀不可行，候不在疆③，司空不视涂，泽不陂，川不梁，野有庾积，场功未毕，道无列树，垦田若艺，膳宰不致饩，司里不授馆④，国无寄寓⑤，县无施舍，民将筑台于夏氏⑥。及陈，陈灵公与孔宁、仪行父南冠以如夏氏⑦，留宾不见。

单子归，告王曰："陈侯不有大咎，国必亡。"王曰："何故？"对曰："夫辰角见而雨毕⑧，天根见而水涸⑨，本见而草木节解⑩，驷见而陨霜⑪，火见而清风戒寒。故先王之教曰：'雨毕而除道，水涸而成梁，草木节解而备藏，陨霜而冬裘具，清风至而修城郭宫室。'故《夏令》曰⑫：'九月除道，十月成梁。'其时儆曰：'收而场功，待而畚梮⑬，营室之中⑭，土功其始。火之初见，期于司里。'此先王所以不用财贿，而广施德于天下者也。今陈国火朝觌矣，而道路若塞，野场若弃，泽不陂障，川无舟梁，是废先王之教也。

"周制有之曰：'列树以表道，立鄙食以守路。国有郊牧，疆有寓望，薮有圃草，囿有林池，所以御灾也。

其余无非谷土，民无悬耜⑮，野无奥草。不夺民时，不
蔑民功。有优无匮，有逸无罢。国有班事，县有序民。'
今陈国道路不可知，田在草间，功成而不收，民罢于逸
乐，是弃先王之法制也。

"周之《秩官》有之曰⑯：'敌国宾至，关尹以告⑰，
行理以节逆之⑱，候人为导，卿出郊劳，门尹除门⑲，
宗祝执祀⑳，司里授馆，司徒具徒，司空视涂，司寇诘
奸，虞人入材㉑，甸人积薪㉒，火师监燎㉓，水师监
濯㉔，膳宰致饔，廪人献饩㉕，司马陈刍㉖，工人展车，
百官以物至，宾入如归。是故小大莫不怀爱。其贵国之
宾至，则以班加一等，益虔。至于王吏，则皆官正莅
事，上卿监之。若王巡守，则君亲监之。'今虽朝也不
才，有分族于周，承王命以为过宾于陈，而司事莫至，
是蔑先王之官也。

"先王之令有之曰：'天道赏善而罚淫，故凡我造
国，无从非彝，无即慆淫，各守尔典，以承天休。'今
陈侯不念胤续之常，弃其伉俪妃嫔，而帅其卿佐以淫于
夏氏，不亦娎姓矣乎？陈，我大姬之后也。弃衮冕而南
冠以出㉗，不亦简彝乎？是又犯先王之令也。

"昔先王之教，懋帅其德也犹恐殒越。若废其教而
弃其制，蔑其官而犯其令，将何以守国？居大国之间而
无此四者，其能久乎？"

六年，单子如楚㉘。八年，陈侯杀于夏氏。九年，
楚子入陈。

【注释】

① 单襄公：周大夫单朝。宋：子姓诸侯国，都邑在今河南商丘南。

② 火：指大火星，即二十八宿中的心宿，其代表星是天蝎座δ星。根据月令，大火星晨见是在立冬前后。

③ 候：负责迎送宾客的官员。

④ 司里：韦昭注云："里宰也，掌授客馆。"

⑤ 寄寓：招待宾客休息的地方，下文的"施舍"意同。

⑥ 夏氏：指夏姬。她原是郑穆公之女，嫁给了陈大夫御叔为妻，生有儿子夏征舒。御叔死后，她与陈灵公、大夫孔宁、仪行父等有私情往来，因而激怒了当时已是大夫的夏征舒。征舒伺机杀死了陈灵公，自立为陈国君，孔宁、仪行父逃奔楚国，导引楚军攻入陈国，向夏氏复仇。

⑦ 陈灵公：陈国君，名平国，公元前613至前599年在位。南冠：楚人常戴的一种冠帽。按当时的礼仪，国君和大夫是不可以随便穿戴他方服饰的。

⑧ 辰：此指清晨。角：指二十八宿中的角宿，其代表星是室女座α星。根据月令，角宿晨见约在寒露前后。

⑨ 天根：指二十八宿的亢宿（代表星为室女座κ星）与氐宿（代表星为天秤座α²星）之间的部位。

⑩ 本：指二十八宿中的氐宿。

⑪ 驷：指二十八宿中的房宿，其代表星为天蝎座π星。根据月令，它约在霜降前后晨见。

⑫《夏令》：夏代的法令。一说，即月令。

⑬ 畚梮：韦昭注云："畚，器名，土笼也；梮，举土之器。"

⑭ 营室之中：指二十八宿的室宿（代表星为飞马座α星）和壁宿（代表星为飞马座γ星）黄昏时出现于中天。根据月令，它约在小雪时昏见。

⑮ 耜：翻耕土地的农具。

⑯《秋官》：记载典制的文献。

⑰ 关尹：韦昭注云："关尹司关，掌四方之宾客，叩关则为之告。"

⑱ 行理：负责接待宾客的官员。节：代表国君执行使命的信物。

⑲ 门尹：看守门户的官员。

⑳ 宗祝：宗伯的属官，主管祭祀、祈祷。

㉑ 虞人：管理山泽的官员。

㉒ 甸人：韦昭注云："掌薪蒸之事也。"

㉓ 火师：负责殿堂照明的官员。

㉔ 水师：韦昭注云："掌水，监涤濯之事也。"

㉕ 廪人：管理粮仓的官员。

㉖ 司马：韦昭注云"掌帅圉人养马，故陈刍。"

㉗ 衮冕：此指礼服。

㉘ 六年：周定王六年(前601)。

【译文】

周定王派单襄公出使宋国，此后又借道陈国去访问楚国。已是清晨能见到大火星的季节了，道路上杂草丛生无法通行，负责接待宾客的官员不在边境迎候，司空不巡视道路，湖泽不筑堤坝，河流不架桥梁，野外堆放着谷物，谷场还没有修整，路旁没有种植树木，田里的庄稼稀稀拉拉，膳夫不供应食物，里宰不安排住处，都邑内没有客房，郊县里没有旅舍，百姓将去为夏氏修筑台观。到了陈国都城，陈灵公与大臣孔宁、仪行父穿戴着楚地流行的服饰到夏氏家玩乐，丢下客人不会见。

单襄公回朝后告诉周定王说："陈侯如果不遭凶灾，国家也一定要灭亡。"周定王问："为什么呢？"单襄公答道："角星在早晨出现时表示雨水结束，天根在早晨出现时表示河流将干枯，氐星在早晨出现时表示草木将凋落，房星在早晨出现时便要降霜了，大火星在早晨出现时表示天气已冷，该准备过冬了。所以先王的教诲说：'雨季结束便修整道路，河流干枯便修造桥梁，草木凋谢便储藏谷物，霜降来临便备好冬衣，寒风吹起就修整城郭宫室。'所以《夏令》说：'九月修路，十月架桥。'届时又提醒人们说：'结束场院的农活，备好土箕和扁担，当营室之星见于中天时，营造工作就要开始。在大火星刚出现时，到司里那儿去集合。'这正是先王能够不费钱财而向民众广施恩惠的原因啊。现在陈国早晨已能见到大火星了，但是道路已被杂草堵塞，农村的谷场已被废弃，湖泊不筑堤坝，河流不备舟桥，这是荒废了先王的遗教。

"周代的制度规定：'种植树木以标明道路，郊外提供食宿以款待旅客。国家有专设的牧场，边境有接待宾客的设施，洼地里有茂盛的水草，园苑中有林木和水池，这都是用来防备灾害的。其余的地方无不是农田，百姓没有闲置的农具，田野没有丛生的杂草。农时不被耽误，劳力不被浪费。生活富裕而不穷困，百姓安逸而不疲惫。都城中各类人员职责分明，郊外的民众劳作井然有序。'如今陈国的道路无法辨认，农田埋没在杂草丛中，庄稼熟了无人收割，百姓为国君的享乐而疲于劳作，这是抛弃了先王的法度。

"周的《秩官》上说：'地位相等国家的宾客来访，关尹便向上报告，行理手持符节去迎接，候人引路，卿士到郊外表示慰问，门尹清扫门庭，宗祝陪同客人行祭礼，司里安排住处，司徒调派仆役，司空视察道路，司寇查禁奸盗，虞人供应物品，甸人运送燃料，火师照看火烛，水师料理盥洗，膳宰进送熟食，廪人献奉粮米，司马备齐草料，工人检修车辆，百官各按职责照应，客人来访如同回到了家里。因此大小宾客无不感到满意。如果大国的客人到了，接待的规格就提高一个等级，更加恭敬。至于天子派官员到来，则由各部门的长官接待，上卿加以督察。如果天子下来巡视，就由国君亲临督察。'如今臣虽然没有什么才能，但还是天子的亲族，是奉了天子的使命作为宾客而途经陈国，然而主管的官员却不来照应，这是蔑视先王所制定的官职。

"先王的法令中说：'天道是奖善惩恶的，所以凡由我们周室治国，不允许违背法令，不迁就怠惰放纵，各自遵守你们的职责，以接受上天的赐福。'如今陈侯不顾念历代相承的法度，抛弃自己的夫人妃嫔，带领下属到夏氏那里去恣意淫乐，这不是亵渎了姬姓吗？陈侯是我们大姬的后裔，却丢弃正式的礼服而穿戴楚地的服饰外出，这不是简慢了礼制吗？这又违背了先王的政令。

"过去先王的教诲，即使认真遵行还恐怕有所差池。像这样荒废先王的遗教、抛弃先王的法度、蔑视先王的分职、违背先王的政令，那凭什么来保守国家呢？地处大国的中间而不仰仗先王的遗教、法度、分职、政令，能够支持长久吗？"

周定王六年，单襄公到楚国。定王八年，陈灵公被夏征舒杀害。定王九年，楚庄王攻入陈国。

刘康公论鲁大夫俭与侈

定王八年^①，使刘康公聘于鲁^②，发币于大夫。季文子、孟献子皆俭^③，叔孙宣子、东门子家皆侈^④。

归，王问鲁大夫孰贤，对曰："季、孟其长处鲁乎！叔孙、东门其亡乎！若家不亡，身必不免。"王曰："何故？"对曰："臣闻之：为臣必臣，为君必君。宽肃宣惠，君也；敬恪恭俭，臣也。宽所以保本也，肃所以济时也，宣所以教施也，惠所以和民也。本有保则必固，时动而济则无败功，教施而宣则遍，惠以和民则阜。若本固而功成，施遍而民阜，乃可以长保民矣，其何事不彻？敬所以承命也，恪所以守业也，恭所以给事也，俭所以足用也。以敬承命则不违，以恪守业则不懈，以恭给事则宽于死，以俭足用则远于忧。若承命不违，守业不懈，宽于死而远于忧，则可以上下无隙矣，其何任不堪？上任事而彻，下能堪其任，所以为令闻长世也。今夫二子者俭，其能足用矣，用足则族可以庇。二子者侈，侈则不恤匮，匮而不恤，忧必及之，若是则必广其身。且夫人臣而侈，国家弗堪，亡之道也。"王曰："几何？"对曰："东门之位不若叔孙而泰侈焉，不可以事二君；叔孙之位不若季、孟而亦泰侈焉，不可以事三君。若皆蚤世犹可，若登年以载其毒，必亡。"

十六年⑤，鲁宣公卒⑥。赴者未及，东门氏来告乱，子家奔齐。简王十一年⑦，鲁叔孙宣伯亦奔齐，成公未殁二年⑧。

【注释】

① 定王八年：公元前 599 年。

② 刘康公：周大夫，因其封邑在刘(今河南偃师以南)，死后之谥为康，故名。

③ 季文子：韦昭注云："季友之孙、齐仲无佚之子季孙行父。"孟献子：韦昭注云："仲庆父之曾孙、公孙敖之孙、孟文伯歜之子仲孙蔑。"

④ 叔孙宣子：韦昭注云："叔牙之曾孙、庄叔得臣之子叔孙侨如也。"后文的"叔孙宣伯"亦指他。东门子家：韦昭注云："庄公之孙、东门襄仲之子公孙归父也。"

⑤ 十六年：周定王十六年(前 591)。

⑥ 鲁宣公：鲁国君，名倭，公元前 608 至前 591 年在位。

⑦ 简王十一年：周简王十一年(前 575)。

⑧ 成公：指鲁成公，名黑肱，公元前 590 至前 573 年在位。

【译文】

周定王八年，派刘康公出使鲁国，向鲁国的大夫分送礼物。季文子、孟献子都俭朴，而叔孙宣子、东门子家却很奢侈。

回来后，定王询问鲁国的大夫哪位贤德，刘康公答道："季孙、仲孙可以在鲁国长期保持地位，叔孙、东门可能会败亡。即使家族不亡，本人必不能免祸。"定王说："那是什么原因呢？"刘康公答道："我听说，为臣必须遵行臣道，为君必须恪守君道。宽厚、严整、公正、仁爱，是君道；忠敬、谨慎、谦恭、俭朴，是臣道。宽厚用以维护基业，严整用以完成政务，公正用以施行教化，仁爱用以团结民众。基业得到维护就必然稳固，按时机而行动而政务完成就没有荒废的事情，教化施行而公正就流布周遍，用仁爱来团结民众就上下富足。如果基业稳固而政务成就，教化周遍而民众富足，才能够长久地保有百姓，还有什么事做不到呢？忠敬用以承受君命，谨慎用以守护家业，谦恭用以执行公务，俭朴用以丰足财用。以忠敬来承受君命就不会违抗，以谨慎来守护家业就不会荒怠，以谦恭来执行公务就不会犯法，以俭朴来丰足财用就不会担忧。如果承受君命不违抗，守护家业不懈怠，不触犯刑法而又远离忧愁，君臣上下就能够没有嫌隙了，还有什么事胜任不了呢？在上者要施行的政务能办到，在下者能胜任交办的公务，因此国家才能长治久安。现在季孙、仲孙俭朴，他们将财用丰足，因而家族能得到荫护。叔孙、东门奢侈，奢侈就不会体恤贫困，贫困者得不到体恤，忧患必然会降临，这样必然会危及自身。况且作为人臣而奢侈，国家不堪负担，这是在走向败亡。"定王问："他们能维持多久呢？"刘康公答道："东门子家的地位不如叔孙宣子但比叔孙宣子奢侈，所以不可能连续两朝享有俸禄；叔孙宣子的地位不如季孙、仲孙，但也比他们奢侈，所以不可能连续三朝享有俸禄。如果他们死得早倒还罢了，假若他们有长久的年寿来多干坏事，一定会败亡。"

周定王十六年，鲁宣公去世。告丧的使者还没有抵达王都，东门家的人已来报告发生变乱，东门子家逃往齐国。周简王十一年，叔孙宣子也逃奔齐国，这正好是鲁成公去世的前二年。

王孙说请勿赐叔孙侨如

简王八年^①，鲁成公来朝，使叔孙侨如先聘且告^②。见王孙说^③，与之语。说言于王曰："鲁叔孙之来也，必有异焉。其享觐之币薄而言诌，殆请之也；若请之，必欲赐也。鲁执政唯强，故不欢焉而后遣之；且其状方上而锐下，宜触冒人。王其勿赐。若贪陵之人来而盈其愿，是不赏善也，且财不给。故圣人之施舍也议之，其喜怒取与亦议之。是以不主宽惠，亦不主猛毅，主德义而已。"王曰："诺。"使私问诸鲁，请之也。王遂不赐，礼如行人^④。及鲁侯至，仲孙蔑为介^⑤，王孙说与之语，说让。说以语王，王厚贿之。

【注释】

① 简王八年：公元前 578 年。

② 叔孙侨如：即上一篇中的叔孙宣子。

③ 王孙说：周大夫。

④ 行人：负责朝觐聘问的官员。

⑤ 仲孙蔑：即上一篇中的季文子。

【译文】

周简王八年，鲁成公将要朝见周王，派叔孙宣子先去访问并向简王报告这个消息。叔孙宣子会见了王孙说，和他进行了交谈。王孙说对简王说:"鲁国的叔孙宣子这次来，一定另有企图。他进献的聘礼菲薄而言谈阿谀奉承，恐怕是他自己要求来的吧。如是他自己要求来，一定是想得到赏赐。鲁国的当政者惟有他强横，所以尽管不乐意也只得派他前来，再说他的相貌上宽下尖，很容易触犯他人。陛下不要赏赐他。如果贪婪强横的人来朝见却达到了他的愿望，这不是鼓励善行，而且财物也满足不了他的欲望。所以圣人在是否给予的问题上是要考虑的，在喜怒取予上也是要考虑的。因此不主张宽惠，也不主张苛严，只主张赏罚得当而已。"简王说:"好吧!"便派人私下向鲁国打听，果然是叔孙宣子自己要求来的。简王便不给他赏赐，如同一般使节那样接待了他。到了鲁成公来朝时，由季文子陪同，王孙说与他交谈，他很谦和。王孙说将此告诉简王，简王赐给了季文子厚礼。

单襄公论郤至佻天之功

　　晋既克楚于鄢①，使郤至告庆于周②。未将事，王叔简公饮之酒③，交酬好货皆厚，饮酒宴语相说也。明日，王叔子誉诸朝。

　　郤至见邵桓公④，与之语。邵公以告单襄公曰："王叔子誉温季，以为必相晋国，相晋国必大得诸侯，劝二三君子必先导焉，可以树。今夫子见我，以晋国之克也，为己实谋之，曰：'微我，晋不战矣！楚有五败，晋不知乘，我则强之。背宋之盟⑤，一也；德薄而以地赂诸侯⑥，二也；弃壮之良而用幼弱，三也；建立卿士而不用其言⑦，四也；夷、郑从之⑧，三陈而不整，五也。罪不由晋，晋得其民，四军之帅⑨，旅力方刚，卒伍治整，诸侯与之。是有五胜也：有辞，一也；得民，二也；军帅强御，三也；行列治整，四也；诸侯辑睦，五也。有一胜犹足用也，有五胜以伐五败，而避之者，非人也。不可以不战。栾、范不欲⑩，我则强之。战而胜，是吾力也。且夫战也微谋，吾有三伐；勇而有礼，反之以仁。吾三逐楚军之卒，勇也；见其君必下而趋，礼也；能获郑伯而赦之，仁也。若是而知晋国之政，

楚、越必朝。'

"吾曰:'子则贤矣。抑晋国之举也,不失其次,吾惧政之未及子也。'谓我曰:'夫何次之有?昔先大夫荀伯自下军之佐以政⑪,赵宣子未有军行而以政⑫,今栾伯自下军往⑬。是三子也,吾又过于四之无不及。若佐新军而升为政,不亦可乎?将必求之。'是其言也,君以为奚若?"

襄公曰:"人有言曰'兵在其颈',其郤至之谓乎!君子不自称也,非以让也,恶其盖人也。夫人性,陵上者也,不可盖也。求盖人,其抑下滋甚,故圣人贵让。且谚曰:'兽恶其网,民恶其上。'《书》曰⑭:'民可近也,而不可上也。'《诗》曰⑮:'恺悌君子,求福不回。'在礼,敌必三让,是则圣人知民之不可加也。故王天下者必先诸民,然后庇焉,则能长利。今郤至在七人之下而欲上之⑯,是求盖七人也,其亦有七怨。怨在小丑,犹不可堪,而况在侈卿乎?其何以待之?

"晋之克也,天有恶于楚也,故儆之以晋。而郤至侥天之功以为己力,不亦难乎?侥天不祥,乘人不义,不祥则天弃之,不义则民叛之。且郤至何三伐之有?夫仁、礼、勇,皆民之为也。以义死用谓之勇,奉义顺则谓之礼,畜义丰功谓之仁。奸仁为侥,奸礼为羞,奸勇为贼。夫战,尽敌为上,守和同顺义为上。故制戎以果毅,制朝以序成。叛战而擅舍郑君,贼也;弃毅行容,羞也;叛国即仇,侥也。有三奸以求替其上,远于得政矣。以吾观之,兵在其颈,不可久也,虽吾王叔未能违难。在《太誓》曰⑰：'民之所欲，天必从之。'王叔欲郤至，能勿从乎？"

郤至归，明年死难⑱。及伯舆之狱⑲，王叔陈生奔晋。

【注释】

① 克楚于鄢：指周简王十一年（前575）晋在鄢陵（今河南鄢陵西南）击败楚军。

② 郤至：晋大夫，在鄢陵之战中是晋新军的副统帅。后文的"温季"亦指他。

③ 王叔简公：韦昭注云："周大夫王叔陈生也。"

④ 邵桓公：周大夫，可能就是西周末大夫邵公的后裔。

⑤ 背宋之盟：鲁成公十二年（前579）宋、晋、楚会盟和好，鲁成公十六年（前575年）楚联合郑国背盟伐宋。

⑥ 以地赂诸侯：韦昭注云："楚王德薄，郑人不从，楚以汝阴之田赂郑，郑叛晋从楚也。"

⑦ 不用其言：指交战之前，楚内部的主和派曾劝阻楚背盟行为，楚王没有采纳。

⑧ 夷：指楚方参战的少数民族军队，《左传》称"蛮军"。

⑨ 四军：晋当时有上、中、下三军与新军，每军设将（统帅）、佐（副统帅）。

⑩ 栾、范不欲：在决战前，中军统帅栾书、副统帅士燮曾对作战方案提出过不同看法。

⑪ 荀伯自下军之佐以政：指荀林父从下军副帅升任中军统帅。

⑫ 赵宣子：即赵盾，他在晋襄公七年（前621）任中军统帅。

⑬ 栾伯自下军往：指栾书从下军副帅累升为中军统帅。

⑭《书》：此处引文不见今本《尚书》。

⑮《诗》：此处所引见《诗·大雅·旱麓》。

⑯ 七人之下：晋四军的次序是中、上、下、新，每军有将、佐。郤至是新军佐，位居最末，所以说他"在七人之下"。

⑰《太誓》：《尚书》篇名，相传是周武王伐商在孟津向诸侯发布的誓词。

⑱ 死难：指郤至被晋厉公（公元前580至前573年在位）所杀。

⑲ 伯舆之狱：周灵王（名泄心，公元前 571 至前 545 年在位）九年，王叔陈生与周大夫伯舆争政，灵王偏向伯舆，王叔陈生因而逃奔晋国。

【译文】

晋在鄢陵打败楚国后，派郤至向周王告捷。在朝见周王之前，王叔简公设酒宴招待郤至，宾主互赠了厚礼，席间谈笑甚欢。第二天，王叔简公在朝堂上称赞郤至。

郤至会见了邵桓公，与他交谈。邵桓公把谈话的内容告诉单襄公说："王叔简公称赞郤至，认为他一定能在晋国掌权，而且掌权后定能得到诸侯的拥护，因此王叔简公劝我们各位大臣为郤至多说好话，以便今后在晋国能有所照应。现在郤至来见我，认为晋国这次打败楚国，实际是由于他的谋划，他说：'如果不是我，晋国就不会打这场战争了。楚有五个失败的因素，晋却不知道利用它，是我坚持主张开战的。楚国违背与宋的盟约，这是一；楚王德行欠缺却以土地贿赂诸侯，这是二；抛弃强壮优秀的将领而用司马子反那样幼稚懦弱的人，这是三；设置了辅臣谋士却不采纳他们的意见，这是四；纠集了蛮夷、郑国参战，三方面的军阵却又不整肃，这是五。首开战端的责任不在晋国，晋得到民众拥护，四支军队的将帅气盛势强，军容严整，诸侯都站在晋国这一边。因此，晋有五个取胜的因素：与楚开战有正当的理由，这是一；得民心，这是二；将帅精悍，这是三；部队号令严明，这是四；与诸侯关系和睦，这是五。晋有一个取胜因素就足以胜楚，以五胜去攻伐五败却还要躲躲闪闪，那不是有作为的人。这一仗非打不可。栾书、士燮不愿开战，是我强使他们下达作战命令的。结果打胜了，这是我的功劳啊！他们在战斗中没有谋略，我有三大功劳：勇而有礼，并以仁爱为本。我三次追逐楚军，这是勇；遇上楚君必定下车快步上前，这是礼；俘获了郑伯又放了他，这是仁。如果让我主持晋国政事的话，楚、越等国一定会称臣来朝。'

"我对郤至说：'你确实有才干。然而晋国提拔官员不会不论位次，所以我以为晋国的政务恐怕还轮不到你来主持。'他对我说：'有什么位次？已经去世的荀伯是从下军之佐升任主政的，赵宣子没有军功也主持了政事，如今栾伯又从下军之佐升为中军主帅。就这三个人来说，我的才能只有超过他们而没有不及的。我以新军之副将升为正卿而主持政事，有什么不行的呢？我一定想法达到目的。'这是他说的话，您以为如何？"

单襄公说："俗话说'刀架在脖子上'，恐怕就是指郤至这种人吧。君子不自我吹嘘，并非为了谦让，而是厌恶这种行为凌驾于他人之上。人的本性，都想超过在己之上的人，所以是无法凌驾的。要想凌驾他人，反而会被排斥得更厉害，所以圣人崇尚礼让。谚语说：'野兽厌恶捕捉它们的罗网，百姓仇视高高在上的官员。'《尚书》说：'百姓可以亲近，却不能凌驾于他们之上。'《诗》说：'温文尔雅的君子，以礼求得万福。'按照礼仪，地位相等应再三谦让，这正因为圣人知道百姓是不可凌驾其上的。所以统治天下的人必须先得到民心，然后方能安稳，因而能长保福禄。如今郤至位在七人之下而想超过他们，这是要凌驾于七人之上，那也就会有七人的怨恨。被小百姓所怨恨，已经难以忍受，更何况那都是有地位的大臣呢？郤至将凭什么来应付呢？

"晋国的这次胜利，是上天憎恶楚国，因此让晋国来警诫他。然而郤至却贪天之功据为己有，这不是太危险了吗？贪天之功不祥，凌驾他人不义，不祥将被上天遗弃，不义会遭百姓叛离。况且郤至哪里有三件功劳呢？他所说的仁、礼、勇，都是百姓所为。为正义而舍身称为勇，遵奉道义而守法称为礼，积累义举而立功称为仁。玷污了仁是佻，玷污了礼是羞，玷污了勇是贼。作战以消灭敌人为准则，以不战而使敌人顺从正义为上策。所以要用刚毅勇敢来治军，要用位爵尊卑来治政。违背作战的准则而擅自释放郑君，这是贼；放弃奋勇的机会而去对楚君行礼，这是羞；背叛了国家的利益而去亲近仇敌，这是佻。郤至有这三种耻辱的行为却想替代在他之上的大臣，离掌权还远着呢。据我看来，刀已经架在了他的脖子上，他不会长久了，恐怕我们的王叔简公也难以免难。《泰誓》上说：'百姓所希求的，上天必定依从。'王叔简公要连结郤至，能不跟着遭难吗？"

郤至回国后，第二年就被晋厉公杀掉了。后来王叔简公与伯舆争权夺利，因失败而逃奔晋国。

单襄公论晋将有乱

柯陵之会^①，单襄公见晋厉公视远步高；晋郤锜^②，见其语犯；郤犫^③，见其语迁；郤至，见其语伐；齐国佐^④，见其语尽。

鲁成公见，言及晋难及郤犫之谮^⑤。单子曰：“君何患焉！晋将有乱，其君与三郤其当之乎！”鲁侯曰：“寡人惧不免于晋，今君曰‘将有乱’，敢问天道乎，抑人故也？”对曰：“吾非瞽、史，焉知天道？吾见晋君之容而听三郤之语矣，殆必祸者也。夫君子目以定体，足以从之，是以观其容而知其心矣。目以处义，足以步目，今晋侯视远而足高，目不在体而足不步目，其心必异矣。目体不相从，何以能久？夫合诸侯，民之大事也，于是乎观存亡。故国将无咎，其君在会，步言视听，必皆无谪，则可以知德矣。视远，日绝其义；足高，日弃其德；言爽，日反其信；听淫，日离其名。夫目以处义，足以践德，口以庇信，耳以听名者也，故不可不慎也。偏丧有咎，既丧则国从之。晋侯爽二，吾是以云。

“夫郤氏，晋之宠人也，三卿而五大夫，可以戒惧矣。高位实疾颠，厚味实腊毒。今郤伯之语犯，叔迁、季伐。犯则陵人，迁则诬人，伐则掩人，有是宠也而益之以三怨，其谁能忍之！虽齐国子亦将与焉。立于淫乱之国，而好尽言，以招人过，怨之本也。唯善人能受尽言，齐其有乎？吾闻之，国德而邻于不修，必受其福。今君逼于晋而邻于齐，齐、晋有祸，可以取伯，无德之患，何忧于晋？且夫长翟之人利而不义⑥，其利淫矣，流之若何？"鲁侯归，乃逐叔孙侨如。

简王十一年，诸侯会于柯陵。十二年，晋杀三郤。十三年，晋侯弑，于翼东门葬⑦，以车一乘⑧。齐人杀国武子。

【注释】

① 柯陵之会：周简王十一年（前575）诸侯在柯陵（今河南新郑以西）盟会。

② 郤锜：晋大夫，韦昭注云："郤克之子驹伯也。"他与下文提及的郤犫、郤至是晋国有名的"三郤"。

③ 郤犫：晋大夫，韦昭注云："郤锜之族父。"

④ 国佐：齐大夫国武子。下文的"齐国子"亦指他。

⑤ 晋难及郤犫之谮：在盟会之前，晋曾纠集诸侯伐郑，鲁国因内政纠纷未能按期与诸侯会师，遭到晋君的责备。郤犫又接受鲁大夫叔孙宣子的贿赂，在晋侯面前说鲁成公的坏话。

⑥ 长翟之人：指鲁大夫叔孙侨如（亦称叔孙宣子）。他的父亲曾战败狄人（翟，通"狄"），俘虏了长翟侨如，于是就为儿子取名"侨如"。

⑦ 翼：在今山西沁水以西，是晋的别都。葬于别都是指不能和先君同葬。

⑧ 车一乘：指没有按诸侯的等级（车七乘）下葬。

【译文】

在柯陵盟会上，单襄公看到晋厉公走路时眼望远处，脚步抬得很高。又见到晋国的郤锜语多冒犯，郤犫谈吐善绕弯子，郤至则自吹自擂,齐国的大臣国佐说话毫无忌讳。

　　鲁成公会见单襄公时,谈到晋对鲁的责备以及郤犫在晋侯面前诬陷自己的事。单襄公说:"你有什么可担心的呢?晋国很快就要发生内乱,国君和三郤恐怕都要大难临头了。"鲁成公说:"我担心躲不过晋的问罪,如今你说'晋将有内乱',请问这是从占卜得知的天意呢,还是根据人事推测的呢?"单襄公答道:"我不是盲乐师和太史,怎么会知道天意呢?我看到晋君的神态,听到三郤的言谈,觉得他们必将惹来灾祸。君子以目光确定行动的方向,脚步随之配合,所以观察他的神态就可以知道他的内心。用目光来观察怎样行动合适,以脚步与之配合,如今晋侯眼望远处而脚步抬得很高,目光不支配自己的行动而脚步又不与之配合,他的内心一定在想别的。目光和举止不相配合,怎么能长久呢?与诸侯会盟,是国家的大事情,由此可以观察兴亡。所以,国家没有灾祸,它的国君在盟会上的一举一动必定都无可指责,由此可以知道他的德行。眼望远处,常常看不到合适的地方;脚步抬高,常常会失去应有的德行;言谈反复常常会丧失信用;胡乱纳言,常常会削弱自己的名声。眼光用来关注礼仪,行为用来履行道德,言谈用来恪守信用,耳朵用来明辨是非,所以不能不小心啊。这四者疏忽了一个就会带来灾祸,国家也跟着遭殃。晋侯疏失了两个方面,所以我说他将有祸。

　　"郤氏是晋国的宠臣,有三人为卿、五人为大夫,应该自我警惕了。地位高容易垮台,享禄重容易遭祸。如今郤锜言语冒犯,郤犫言谈不直率而郤至则自我吹嘘。言语冒犯会伤害别人,谈吐绕弯子会诬妄别人,自我吹嘘则会掠人之美,郤氏有如此的宠信而加上这三者结怨于人,还有谁能容忍他们呢?即使是齐国的国佐也将受到牵累。他处在淫乱的国家,却喜欢毫无顾忌地言谈,指出他人的过失,这是引来怨恨的根源。只有善良的人才能接受别人的随意指责,齐国有这种人吗?我听说,修德的国家和无德的国家为邻,一定能得到好处。现在你的国家迫近晋国而与齐国为邻,齐、晋一旦有难,你就可以称霸了,问题在于有无德行,对于晋国有什么好担心的呢?叔孙侨如好利而不施仁义,喜好骄奢淫逸,把他放逐出去如何?"鲁成公回国后,就放逐了叔孙侨如。

　　周简王十一年，诸侯在柯陵会盟。十二年，晋厉公杀了三郤。十三年，晋厉公被栾书等人所杀，葬于翼城东门，葬礼只用一车四马。同年，齐灵公杀了国佐。

单襄公论晋周将得晋国

晋孙谈之子周适周①，事单襄公②，立无跛，视无还，听无耸，言无远；言敬必及天，言忠必及意，言信必及身，言仁必及人，言义必及利，言智必及事，言勇必及制，言教必及辩，言孝必及神，言惠必及和，言让必及敌；晋国有忧未尝不戚，有庆未尝不怡。

襄公有疾，召顷公而告之③曰："必善晋周，将得晋国。其行也文，能文则得天地。天地所胙，小而后国。夫敬，文之恭也；忠，文之实也；信，文之孚也；仁，文之爱也；义，文之制也；智，文之舆也；勇，文之帅也；教，文之施也；孝，文之本也；惠，文之慈也；让，文之材也。象天能敬，帅意能忠，思身能信，爱人能仁，利制能义，事建能智，帅义能勇，施辩能教，昭神能孝，慈和能惠，推敌能让。此十一者，夫子皆有焉。

"天六地五，数之常也。经之以天，纬之以地，经纬不爽，文之象也。文王质文，故天胙之以天下。夫子被之矣，其昭穆又近④，可以得国。且夫立无跛，正也；视无还，端也；听无耸，成也；言无远，慎也。夫正，德之道也；端，德之信也；成，德之终也；慎，德之守也。守终纯固，道正事信，明令德矣。慎成端正，德之相也。为晋休戚，不背本也。被文相德，非国何取！

"成公之归也⑤，吾闻晋之筮之也⑥，遇《乾》之《否》⑦，曰：'配而不终，君三出焉。'一既往矣，后之不知，其次必此。且吾闻成公之生也，其母梦神规其臀以墨，曰：'使有晋国，三而畀驩之孙⑧。'故名之曰'黑臀'，于今再矣⑨。襄公曰驩，此其孙也。而令德孝恭，非此其谁？且其梦曰：'必驩之孙，实有晋国。'其卦曰：'必三取君于周。'其德又可以君国，三袭焉。吾闻之《大誓》，故曰：'朕梦协朕卜，袭于休祥，戎商必克。'以三袭也。晋仍无道而鲜胄，其将失之矣。必早善晋子，其当之也。"

顷公许诺。及厉公之乱，召周子而立之，是为悼公。

【注释】

① 晋孙谈：晋襄公的孙子，名谈。周：亦称公子周、公子纠。他在晋厉公死后，被晋大臣拥戴为君，即晋悼公，公元前 572 至前 558 年在位。

② 事单襄公：韦昭注云："晋自献公用骊姬之谗诅，不畜群公子，故孙周适周事单襄公。"

③ 顷公：单襄公的儿子。

④ 昭穆：古代宗庙中的血缘位序名称，韦昭注云："父昭子穆，孙复为昭。"

⑤ 成公之归：晋灵公去世后，晋大臣从周迎还襄公的弟弟黑臀为君，即晋成公，公元前 606 至前 600 年在位。

⑥ 筮：用蓍草占卦。

⑦ 遇《乾》之《否》：得《乾》卦，变卦为《否》卦。《乾》卦的上、下卦都是乾（☰），《否》卦的上卦为乾，下卦为坤（☷）。在占筮中，变卦反映事物发展、演变的趋向。乾代表天、君，变卦《否》的上卦亦为乾，表示成公是能当上国君的；而《否》的下卦变成了代表臣的坤，说明他的子孙不一定仍是国君，所以卜辞说"配而不终"。又因为《否》与《乾》相比变动了下卦的三卦，而晋的制度又是不当国君的公子不能留在国内，所以卜辞说"君三出焉"。

⑧ 骦：晋襄公（晋文公的儿子）的名字。

⑨ 于今再矣：晋成公去世后由其儿子据继位为景公，景公去世后由其子寿曼继位为厉公。即成公的子孙已二次继承国君之位，连成公本人已满三世。

【译文】

晋国孙谈的儿子公子周来到周室，侍奉单襄公。他站不歪身，目不斜视，听不侧耳，言不高声；谈到敬必定连及上天，谈到忠必定连及心意，谈到信必定连及自身，谈到仁必定连及他人，谈到义必定连及利益，谈到智必定连及处事，谈到勇必定连及制约，谈到教必定连及明辨，谈到孝必定连及神灵，谈到惠必定连及和睦，谈到让必定连及同僚；晋国有忧患他总是为之悲戚，有喜庆他总是为之高兴。

单襄公病重，叫来儿子顷公告诉他说："你一定要好好对待公子周，他将来会成为晋国的国君。他的品行可称得上'文'，具有文德就会得到天地的保佑。有了天地的赐福，至少可成为国君。敬，是恭谦的美德；忠，是诚实的美德；信，是信用的美德；仁，是慈爱的美德；义，是节制的美德；智，是德行的寄托；勇，是德行的表率；教，是德行的教化；孝，是德行的源泉；惠，是德行的恩惠；让，是德行的运用。效法上天才能敬，遵循心意才能忠，反躬自省才能信，爱护他人才能仁，处处利人才能义，善于处事才能智，循义而行才能勇，明辨是非才能教，尊奉神灵才能孝，慈爱和睦才能惠，谦待同僚才能让。这十一个方面的优点，公子周都具备了。

"这十一正合天六、地五的常数。以天之六为经，以地之五为

纬，十一与之毫不相差，这正是具备文德的表现啊。周文王具有
文德，所以上天赐予他整个天下。公子周也具备了这样的德行，
而且他与晋君的亲缘又接近，所以能继承君位。他站不歪身，是
正；目不斜视，是端；听不侧耳，是成；言不高声，是慎。正，
是德行的根本；端，是德行的凭据；成，是德行的归宿；慎，是
德行的守护。守护牢固而归宿不偏，根本端正而行事有据，是明
于美德的表现。慎、成、端、正，是德的辅助。为晋国高兴和悲
戚，是不忘祖国。具备了美德又有善行辅助，不继承君位还得什
么呢？

　　"晋成公回国继位时，我听说晋国占了一卦，得《乾》卦而
变卦为《否》卦，卦辞说：'德虽配天而不能长久保有，将有三个
国君从周归国继位。'第一个是成公，已经当了国君，第三个是谁
还不知道，第二个一定是公子周。我听说晋成公出生时，他的母
亲梦见神在他的臀上画了个黑痣，说：'让他成为晋君，三传之后
把君位给予骓的曾孙。'所以给他取名为'黑臀'，成公传下的君
位已经历了两代。晋襄公名为骓，公子周就是他的曾孙。而且他
具有谦恭孝敬的美德，不是他又是谁呢？况且那梦中说：'必定是
骓的曾孙，才能得到晋国。'那个卦辞说：'一定三次从周迎还国
君。'公子周的德行又能够君临国家，梦、卦、德三者都契合了。
我听说周武王伐商誓词中说：'我的梦与我的卦相符，又和吉祥的
预兆相合，讨伐殷商必定能取胜。'也是因为梦、卦、兆三者相契
合。晋厉公屡行不道而子孙稀少，将要失去君位了。你一定要趁
早善待公子周，他将应验预言。"

　　单顷公应承了他父亲的告诫。到晋厉公被弑时，晋人迎回公
子周立为国君，就是晋悼公。

太子晋谏灵王壅谷水

灵王二十二年[①]，谷、洛斗[②]，将毁王宫。王欲壅之，太子晋谏曰[③]："不可。晋闻古之长民者，不堕山，不崇薮，不防川，不窦泽。夫山，土之聚也；薮，物之归也；川，气之导也；泽，水之钟也。夫天地成而聚于高，归物于下，疏为川谷以导其气，陂塘汙庳以钟其美。是故聚不阤崩而物有所归，气不沉滞而亦不散越，是以民生有财用而死有所葬。然则无夭、昏、札、瘥之忧，而无饥、寒、乏、匮之患，故上下能相固，以待不虞，古之圣王唯此之慎。

"昔共工弃此道也[④]，虞于湛乐，淫失其身，欲壅防百川，堕高堙庳，以害天下。皇天弗福，庶民弗助，祸乱并兴，共工用灭。其在有虞[⑤]，有崇伯鲧播其淫心[⑥]。称遂共工之过，尧用殛之于羽山[⑦]。其后伯禹念前之非度[⑧]，厘改制量，象物天地，比类百则，仪之于民而度之于群生。共之从孙四岳佐之[⑨]，高高下下，疏川导滞，钟水丰物，封崇九山，决汨九川，陂鄣九泽，丰殖九薮，汩越九原，宅居九隩，合通四海。故天无伏阴，地无散阳，水无沉气，火无灾燀，神无间行，民无淫心，时无逆数，物无害生。帅象禹之功，度之于轨仪，莫非嘉绩，克厌帝心。皇天嘉之，祚以天下，赐姓曰姒，氏曰有夏，谓其能以嘉祉殷富生物也。祚四岳国，命以侯伯，赐姓曰姜，氏曰有吕，谓其能为禹股肱心膂，以养物丰民人也。

"此一王四伯岂繄多宠⑩？皆亡王之后也。唯能厘举嘉义，以有胤在下，守祀不替其典。有夏虽衰，杞、鄫犹在；申、吕虽衰，齐、许犹在。唯有嘉功，以命姓受祀，迄于天下。及其失之也，必有慆淫之心间之。故亡其氏姓，踣毙不振；绝后无主，湮替隶圉。夫亡者岂繄无宠？皆黄、炎之后也。唯不帅天地之度，不顺四时之序，不度民神之义，不仪生物之则，以殄灭无胤，至于今不祀。及其得之也，必有忠信之心间之。度于天地而顺于时动，和于民神而仪于物则，故高朗令终，显融昭明，命姓受氏，而附之以令名。若启先王之遗训，省其典图刑法而观其废兴者，皆可知也，其兴者，必有夏、吕之功焉；其废者，必有共、鲧之败焉。今吾执政无乃实有所避，而滑夫二川之神，使至于争明，以妨王宫，王而饰之，无乃不可乎！

"人有言曰：'无过乱人之门。'又曰：'佐饔者尝焉，佐斗者伤焉。'又曰：'祸不好，不能为祸。'《诗》曰⑪：'四牡骙骙，旟旐有翩，乱生不夷，靡国不泯。'又曰：'民之贪乱，宁为荼毒。'夫见乱而不惕，所残必多，其饰弥章。民有怨乱，犹不可遏，而况神乎？王将防斗川以饰宫，是饰乱而佐斗也，其无乃章祸且遇伤乎？自我先王厉、宣、幽、平而贪天祸，至于今未弭。我又章之，惧长及子孙，王室其愈卑乎？其若之何？

"自后稷以来宁乱，及文、武、成、康而仅克安民⑫。自后稷之始基靖民，十五王而文始平之⑬，十八王而康克安之，其难也如是。厉始革典，十四王矣。基德十五而始平，基祸十五其不济乎！吾朝夕儆惧，曰：'其何德之修，而少光王室，以逆天休？'王又章辅祸乱，将何以堪之？王无亦鉴于黎、苗之王⑭，下及夏、商之季，上不象天而下不仪地，中不和民而方不顺时，不共神祇而蔑弃五则。是以人夷其宗庙而火焚其彝器，子孙为隶，下夷于民，而亦未观夫前哲令德之则。则此五者而受天之丰福，飨民之勋力，子孙丰厚，令闻不忘，是皆天子之所知也。

"天所崇之子孙或在畎亩，由欲乱民也；畎亩之人或在社稷，由欲靖民也，无有异焉！《诗》云⑮：'殷鉴不远，在夏后之世。'将焉用饰宫？其以徼乱也。度之天神则非祥也，比之地物则非义也，类之民则则非仁也，方之时动则非顺也，咨之前训则非正也，观之《诗》《书》与民之宪言则皆亡王之为也。上下议之，无所比度，王其图之！夫事大不从象，小不从文，上非天刑，下非地德，中非民则，方非时动而作之者，必不节矣。作又不节，害之道也。"

王卒壅之。及景王多宠人⑯，乱于是乎始生。景王崩，王室大乱。及定王⑰，王室遂卑。

【注释】

① 灵王二十二年：周灵王（名泄心，公元前 571 至前 545 年在位）二十二年（前 550）。

② 谷、洛：在今河南境内的两条古河流。谷水经今河南渑池、新安东流，洛水经今河南宜阳东北流，在王都（今河南洛阳市）附近汇合东流，汇合伊水后逐渐转向东北，流入黄河。

③ 晋：周灵王的儿子。

④ 共工：古史传说人物。据说他是炎帝的后裔，后来被黄帝的后裔颛顼所战胜。

⑤ 有虞：即虞，传说中夏以前的朝代。据说舜即是该朝代的开创者。

⑥ 鲧：传说中上古时代的诸侯，因封地在崇（约在今河南嵩县一带），故称"崇伯鲧"。

⑦ 尧：传说中的古代帝王，晚年选定舜为继承人，因而他死后由舜继位。羽山：相传在今山东郯城东北。

⑧ 伯禹：即大禹，相传他是鲧的儿子。

⑨ 四岳：传说中尧舜时的四方部落首领，尧时曾推荐舜为继承人，舜时又推举禹为继承人。

⑩ 一王四伯：指禹与四岳。

⑪《诗》：此处所引出于《诗·大雅·桑柔》。

⑫ 文、武、成、康：指周文王姬昌、武王姬发、成王姬诵、康王姬钊。文王、武王是西周的开国君王，成王是武王之子、康王是成王之子，他们的统治被称为"成康之治"。

⑬ 文始平之：指文王姬昌开创了伐纣定天下的事业。

⑭ 黎、苗：指九黎、三苗，他们都是传说中乱政的诸侯。

⑮《诗》：此处所引出于《诗·大雅·荡》。

⑯ 景王：东周国君，名贵，周灵王之子、太子晋的弟弟，公元前 544 至前 520 年在位。

⑰ 定王：亦称"贞王"，东周国君，名介，公元前 468 至前 441 年在位。

【译文】

周灵王二十二年，谷水与洛水争流，水位暴涨，将要淹毁王宫。灵王打算堵截水流，太子晋劝谏说："不能。我听说古代的执政者，不毁坏山丘，不填平沼泽，不堵塞江河，不决开湖泊。山丘是土壤的聚合，沼泽是生物的家园，江河是地气的宣导，湖泊是水流的汇集。天地演化，高处成为山丘，低处形成沼泽，开通出江河、谷地来宣导地气，蓄聚为湖泊、洼地来滋润生长。所以土壤聚合不离散而生物有所归宿，地气不沉滞郁积而水流也不散乱，因此百姓活着有万物可资取用而死了有地方可以安葬。既没有夭折、疾病之忧，也没有饥寒、匮乏之虑，所以君民能互相团结，以备不测，古代的圣明君王惟有对此是很谨慎小心的。

"过去共工背弃了这种做法，沉湎于享乐，在肆意胡为中葬送了自身，还准备堵塞百川，坠毁山陵，填塞池泽，为害天下。皇天不赐福给他，百姓不帮助他，祸乱一起发作，共工因此而灭亡。在有虞氏时，崇地的诸侯鲧肆意胡为，重蹈共工的覆辙，尧在羽山惩治了他。他的儿子禹知道过去的做法不对，改弦易辙，效法天地，类比万物，取则于民众，顺应于群生。共工的后裔四岳帮助他，顺应地形的高低，疏通河道，去除淤塞，蓄积流水繁殖生物，保全了九州的高山，畅通了九州的河流，围住了九州的湖泊，丰满了九州的沼泽，平整了九州的原野，安居了九州的民众，沟通了四海之内的交往。因此，天无反常之候，地无失时之物，水无郁积之气，火无烈焰之灾，鬼神不作乱，百姓不放纵，四季不混乱，万物不受害。按照大禹的做法，顺应自然的法则，才能建功立业，使天帝满意。上天嘉奖他，让他统治天下，赐姓为姒，称有夏氏，表彰他能作福保民、生育万物。同时分封给四岳土地，让他们督率诸侯，赐姓为姜，称有吕氏，表彰他们能像手足心腹一样帮助大禹，使百物生长、人民丰足。

"大禹和四岳的成功，难道是由于上天的眷宠吗？他们都是亡国之君的后裔，只是因他们能行大义，所以能遗泽于后代，使家族的香火不被革除而世代延续。夏的统治虽然衰微了，但杞、鄫二国仍然存在；申、吕的四岳虽然衰落了，但齐、许二国仍然存在。只有立下大功，才能受封土传祭祀，以至于领有天下。至于后来又失去天下，必定是过度享乐之心取代了建功立业，所以失掉了姓氏，一蹶不振，祖先无人祭奠，子孙沦为奴仆。这些家族的衰亡难道是由于上天不眷宠他们吗？他们都是黄帝、炎帝的后裔，只是因为他们不遵循天地的法度，不顺应四季的时序，不度量民神的需求，不取法生物的规则，所以绝灭无后，至今连主持祀祖的人都没有了。至于后来又得到天下，必定是以忠信之心取代了邪乱之行，效法天地而顺应时序，契合民神需求而取则于生物，因而能显贵有后，光耀祖宗，赐姓受氏，并随以好的名声。只要遵循先王的遗训，考查典礼刑法，并了解兴盛、衰亡者的业绩，完全能明白其中的道理。兴盛者必有夏禹、四岳那样的功绩，衰亡者必有共工、伯鲧那样的过失。现在我们的施政恐怕有违背天理之处，从而扰动了谷、洛二水的神灵，使它们争流相斗，以致为害王宫，陛下要堵塞掩饰，恐怕是不行的。

"俗话说：'不要经过昏乱者的家门。'又说：'帮厨者得食，助斗者受伤。'还说：'不生贪心不惹祸。'《诗》上说：'四马战车不停跑，五彩军旗空中飘，战乱发生不太平，没有哪国不纷扰。'又说：'民不堪命起祸乱，怎能束手遭荼毒。'看见祸乱而不知戒惧，所受伤害必定多，掩饰终究会暴露。民众的怨恨与乱行尚且无法遏止，更何况神灵呢？陛下为了应付河流激斗而修葺加固王宫，犹如掩饰祸乱而帮人争斗，这不是扩大祸乱并伤害自身吗？自从我们的先祖厉王、宣王、幽王、平王四代不知自惕而惹怒了上天，天降之灾至今不断。如今我们又要去扩大这些祸害，恐怕将连及子孙，王室会更加衰落，这如何是好呢？

"自从先公后稷消除祸乱以来，到了文王、武王、成王、康王时才基本安定了百姓。从后稷开始安民，经过十五王到了文王时才平定天下，到了第十八代康王时终于安抚了百姓，可见它有多么艰难。从厉王开始变更先王的法度，已经历了十四王。修德平天下要十五王才能成功，招祸乱天下有十五王还不够吗？我日夜戒惧担忧，总是说'不知如何修德，才能光扬王室，以此迎纳上天的福祉。'陛下还要助长祸乱，那怎么得了？陛下也应对照一下九黎、三苗的君王，乃至夏、商的末世，他们上不效法于天，下不取则于地，中不安和百姓，不顺应时节，不尊奉神灵，完全抛弃了这五个准则。因而被他人毁掉了宗庙，焚烧了祭器，子孙沦为奴仆，连在下面的百姓也遭祸害。陛下再看看前贤们行事的法度，他们都做到了这五个方面而得到了天赐的大福，受到民众的拥戴，子孙延续繁衍，美名传之久远，这些都是做天子的应该知道的。

"祖先门第显赫的子孙有的沦为农夫，是祸害了百姓的缘故；而农夫平民有的担当了治国的重任，则是安抚了百姓的缘故，这没有例外。《诗》上说：'殷商的教训并不遥远，就在夏代的末年。'何必去修葺加固王宫呢！那样做会招致祸乱的。对于天神来说是不祥，对于地物来说是不义，对于民情来说是不仁，对于时令来说是不顺，对于古训来说是不正，比照一下《诗》、《书》和百姓的舆论则都是亡国之君的行为。上上下下衡量下来，没有理由这样做，陛下请好好考虑一下！任何事情，若大的方面不遵从天象，小的方面不遵从典籍，上不合天道，下不合地利，中不合民众的愿望，不顺应四季的时序行事，必然没有法度。既要办事而又没有法度，这是致害之道啊。"

周灵王终于堵塞了水流。到了周景王时朝内多宠臣，祸乱由此开始萌生。景王去世后，王室大乱。到了周定王时，王室就衰微了。

晋羊舌肸聘周论单靖公敬俭让咨

晋羊舌肸聘于周[1]，发币于大夫及单靖公[2]。靖公享之，俭而敬；宾礼赠饯，视其上而从之；燕无私，送不过郊；语说《昊天有成命》[3]。

单之老送叔向[4]，叔向告之曰："异哉！吾闻之曰：'一姓不再兴。'今周其兴乎！其有单子也。昔史佚有言曰[5]：'动莫若敬，居莫若俭，德莫若让，事莫若咨。'单子之贶我，礼也，皆有焉。夫宫室不崇，器无彤镂，俭也；身耸除洁，外内齐给，敬也；宴好享赐，不逾其上，让也；宾之礼事，放上而动，咨也。如是而加之以无私，重之以不淆，能避怨矣。居俭动敬，德让事咨，而能避怨，以为卿佐，其有不兴乎！

"且其语说《昊天有成命》，《颂》之盛德也。其诗曰：'昊天有成命，二后受之[6]，成王不敢康。夙夜基命宥密，於，缉熙！亶厥心肆其靖之。'是道成王之德也。成王能明文昭，能定武烈者也。夫道成命者而称昊天，翼其上也。二后受之，让于德也。成王不敢康，敬百姓也。夙夜，恭也。基，始也。命，信也。宥，宽也。密，宁也。缉，明也。熙，广也。亶，厚也。肆，固也。靖，和也。其始也，翼上德让，而敬百姓；其中也，恭俭信宽，帅归于宁；其终也，广厚其心，以固和之。始于德让，中于信宽，终于固和，故曰成。单子俭敬让咨，以应成德。单若不兴，子孙必蕃，后世不忘。

"《诗》曰⑦：'其类维何？室家之壸⑧。君子万年，永锡祚胤。'类也者，不忝前哲之谓也。壸也者，广裕民人之谓也。万年也者，令闻不忘之谓也。胤也者，子孙蕃育之谓也。单子朝夕不忘成王之德，可谓不忝前哲矣。膺保明德，以佐王室，可谓广裕民人矣。若能类善物，以混厚民人者，必有章誉蕃育之祚，则单子必当之矣。单若有阙，必兹君之子孙实续之，不出于他矣。"

【注释】

①羊舌肸：晋大夫叔向。羊舌是他的氏，肸是名。因其封地在杨（今山西洪洞），故亦称杨肸。

②单靖公：周大夫，单襄公之孙、单顷公之子。

③《昊天有成命》：《诗·周颂》篇名，相传是成王时郊祀天地的乐歌。韦昭注云"昊天，天大号也"。

④单之老：单氏的家臣。

⑤史佚：西周初年的大史尹佚。

⑥二后：指周文王、周武王。

⑦《诗》：此处诗句出自《诗·大雅·既醉》，意为：他的族类如何啊，像宫中道路那样绵长，君子留芳万年，永赐后代幸福。

⑧壸(kǔn)：指宫室之内。

【译文】

晋国的叔向出使周室，向朝廷的大夫分送礼物，单靖公也收到一份。单靖公宴请叔向，俭朴而恭敬；招待馈赠的规格，都按自己的长官所为而仿行；宴席上不拉私人交情，送行不出城郊；

席间只谈论《昊天有成命》这首诗。

　　单氏的家臣送叔向时，叔向对他说："奇怪啊！我听人说：'一姓的统治不会兴盛第二次。'如今周大概要兴盛了！因为有单公这样的人。过去史官尹佚曾说过：'举动以恭敬为最，治家以俭朴为最，品德以谦让为最，处事以多问为最。'单公待我以礼，这些都做到了。他的房屋不高大，器物不华丽，是俭朴；行为谨慎小心，内外整洁齐备，是恭敬；宴饮和馈赠都不超过上官的规格，是谦让；宴请的礼仪都仿照上官所为而施行，是多问。像这样，再加上不拉私人交情，不附和众人送出城郊，就能避免招致怨恨。治家俭朴而举动恭敬，品德谦让而处事多问，并能避免招致怨恨，用这样的大夫来辅佐朝政，还能不兴盛吗？

　　"他所谈论的《昊天有成命》，是弘扬德行的《颂》诗。诗中说：

　　昊天有成命，二后受之。

　　成王不敢康，夙夜基命宥密。於，缉熙！亶厥心肆其靖之。这是阐述成就王业的德行。所谓成就王业，就是能发扬文德、奠定武功。阐述成命而尊称上天为昊天，是尊敬它至高无上。文、武两王能接受天命，是向有德行者谦让的缘故。既成就王业而不敢享乐，是示敬于百姓。夙夜，表示谦恭。基，表示始。命，表示信。宥，是宽的意思。密，是宁的意思。缉，是明。熙，是广。亶，是厚。肆，是固。靖，是和。诗的开始是说先王尊敬上天、谦让有德，并敬百姓；中间说他们谦恭俭朴，诚信宽厚，归根到底是为了安抚民众；结尾说他们加深自己的德行，来维护安靖的局面。全诗从谦让有德开始，中间讲到诚信宽厚，最后归结为维护安定，所以称为成。单公俭朴恭敬、谦让多问，与先王的美德相当。单公这一代若不兴盛，其子孙必定蕃衍，后世不会忘记。

　　"《诗经》上说：'其类维何？室家之壶。君子万年，永锡祚胤。'所谓类，是说不辱前贤。所谓壶，是比喻德行广被民众。所谓万年，是说美名永远传扬。所谓胤，是指子孙生息繁衍。单公朝夕不忘成就王业的美德，可算是不辱前贤了；保有正大的德行，用以辅佐王室，可算是广被民众了。像这样能学习前人的嘉言懿

行，使民众敦厚淳朴，必定有声名显赫、子孙昌盛的福祉，单公
一定会得到的。即使单公得不到，那他的子孙后代必定会得到，
而不会是他人。"

单穆公谏景王铸大钱

景王二十一年①，将铸大钱②。单穆公曰③："不可。古者，天灾降戾，于是乎量资币，权轻重，以振救民。民患轻，则为作重币以行之，于是乎有母权子而行，民皆得焉。若不堪重，则多作轻而行之，亦不废重，于是乎有子权母而行，小大利之。

"今王废轻而作重，民失其资，能无匮乎？若匮，王用将有所乏，乏则将厚取于民。民不给，将有远志，是离民也。且夫备有未至而设之，有至而后救之，是不相入也。可先而不备，谓之怠；可后而先之，谓之召灾。周固赢国也，天未厌祸焉，而又离民以佐灾，无乃不可乎？将民之与处而离之，将灾是备御而召之，则何以经国？国无经，何以出令？令之不从，上之患也，故圣人树德于民以除之。

"《夏书》有之曰④：'关石和钧⑤，王府则有。'《诗》亦有之曰⑥：'瞻彼旱麓，榛楛济济⑦。恺悌君子，干禄恺悌。'夫旱麓之榛楛殖，故君子得以易乐干禄焉。若夫山林匮竭，林麓散亡，薮泽肆既，民力雕尽，田畴荒芜，资用乏匮，君子将险哀之不暇，而何易乐之有焉？

"且绝民用以实王府，犹塞川原而为潢汙也，其竭也无日矣。若民离而财匮，灾至而备亡，王其若之何？吾周官之于灾备也，其所怠弃者多矣，而又夺之资，以益其灾，是去其藏而翳其人也。王其图之！"

王弗听，卒铸大钱。

【注释】

① 景王二十一年：周景王二十一年(前 524 年)。

② 大钱：面值大的铸币。

③ 单穆公：周大夫，单靖公的曾孙。

④《夏书》：此处所引不见于今本《尚书》。

⑤ 关石：指称量的衡器。韦昭注云："言征赋调钧，则王之府藏常有也。"

⑥《诗》：此处所引出于《诗·大雅·旱麓》。

⑦ 榛楛：韦昭注云："榛，似栗而小。楛，木名。"

【译文】

周景王二十一年，准备铸造大钱。单穆公说："不能这样做。古时候，天灾降临，于是才统计财货，权衡钱币的轻重，以便赈济百姓。若百姓嫌钱轻物重，就铸造大钱来行用，于是有大钱辅佐小钱流通，百姓都有得益。若百姓嫌钱重物轻，就多铸小钱来行用，同时也不废止大钱，于是有小钱辅佐大钱流通。这样，无论是小钱、大钱，百姓都不感到吃亏。

"如今陛下废除小钱而铸造大钱，百姓手头的小钱成了无用之物，能不感到困窘吗？如果百姓困窘，陛下的财用将因此而缺乏，财用缺乏了就会设法重敛于民。民众无法负担，将会萌生逃亡之心，这是在离散民众啊。国家有防灾的措施，也有救灾的措施，互相不能替代。可以预加防范而不事先准备，这是疏忽；用于事后应急的措施却在灾害前采用了，这是招灾。周王朝已经是弱国了，上天接连不断地降灾，而陛下又要离散民众来助长灾难，这样做恐怕不行吧？应该与民众和睦相处却要离散他们，可以预防的灾害却要把它招来，这样还怎么治国？治国无方，凭什么下达政令？政令不被听从，是君主的忧患，所以圣人施予百姓恩德以消除不服从政令的隐患。

"《夏书》中说：'赋税均平，王室的库藏才会充盈。'《诗》上也说：'看那旱山的脚下，长满了茂盛的林木。平和欢愉的君子，平和欢愉地收获。'旱山脚下的林木茂盛，所以君子能平和欢愉地得到禄米。如果山林匮竭，林麓散亡，湖泊干涸，民力凋敝，农田荒芜，财用缺乏，君子连忧虑危亡都来不及，哪有什么祥和欢乐可言呢？

"用搜刮民众的财产来充实王室，如同堵塞河流的源头来蓄积水池，很快就会导致干涸。如果百姓离散而财用匮乏，灾害降临又无防备，陛下将怎样办呢？我们周室的官员对于预防灾害，所疏漏的地方已经很多了，现在又要侵夺民众的资财来助长灾祸，这是抛弃善政而置民于死地啊。君王可要仔细酌酚啊！"

周景王不听劝阻，结果还是铸了大钱。

单穆公谏景王铸大钟

二十三年^①，王将铸无射而为之大林^②。单穆公曰："不可。作重币以绝民资，又铸大钟以鲜其继。若积聚既丧，又鲜其继，生何以殖？且夫钟不过以动声，若无射有林，耳弗及也。夫钟声以为耳也，耳所不及，非钟声也。犹目所不见，不可以为目也。夫目之察度也，不过步武尺寸之间^③；其察色也，不过墨丈寻常之间^④。耳之察和也，在清浊之间^⑤；其察清浊也，不过一人之所胜。是故先王之制钟也，大不出钧^⑥，重不过石^⑦。律度量衡于是乎生^⑧，小大器用于是乎出，故圣人慎之。今王作钟也，听之弗及，比之不度，钟声不可以知和，制度不可以出节，无益于乐而鲜民财，将焉用之！

"夫乐不过以听耳，而美不过以观目。若听乐而震，观美而眩，患莫甚焉。夫耳目，心之枢机也，故必听和而视正。听和则聪，视正则明。聪则言听，明则德昭。听言昭德，则能思虑纯固。以言德于民，民歆而德之，则归心焉。上得民心以殖义方，是以作无不济，求无不获。然则能乐。夫耳内和声，而口出美言，以为宪令，而布诸民，正之以度量，民以心力，从之不倦，成事不贰，乐之至也。口内味而耳内声，声味生气。气在口为言，在目为明。言以信名，明以时动。名以成政，动以殖生。政成生殖，乐之至也。若视听不和，而有震眩，则味入不精，不精则气佚，气佚则不和。于是乎有狂悖之言，有眩惑之明，有转易之名，有过慝之度。出令不信，刑政放纷，动不顺时，民无据依，不知所力，各有离心。上失其民，作则不济，求则不获，其何以能乐？三年之中，而有离民之器二焉，国其危哉！"

王弗听，问之伶州鸠⑨。对曰："臣之守官弗及也。臣闻之，琴瑟尚宫⑩，钟尚羽，石尚角⑪，匏竹利制，大不逾宫，细不过羽。夫宫，音之主也，第以及羽。圣人保乐而爱财，财以备器，乐以殖财，故乐器重者从细，轻者从大。是以金尚羽，石尚角，瓦丝尚宫，匏竹尚议，革木一声。

"夫政象乐，乐从和，和从平。声以和乐，律以平声。金石以动之，丝竹以行之，诗以道之，歌以咏之，匏以宣之，瓦以赞之，革木以节之。物得其常曰乐极，极之所集曰声，声应相保曰和，细大不逾曰平。如是，而铸之金，磨之石，系之丝木，越之匏竹，节之鼓而行之，以遂八风⑫。于是乎气无滞阴，亦无散阳，阴阳序次，风雨时至，嘉生繁祉，人民和利，物备而乐成，上下不罢，故曰乐正。今细过其主妨于正，用物过度妨于财，正害财匮妨于乐。细抑大陵，不容于耳，非和也。听声越远，非平也。妨正匮财，声不和平，非宗官之所司也。

"夫有和平之声，则有蕃殖之财。于是乎道之以中德，咏之以中音，德音不愆以合神人，神是以宁，民是以听。若夫匮财用、罢民力以逞淫心，听之不和，比之不度，无益于教而离民怒神，非臣之所闻也。"

王不听，卒铸大钟。二十四年⑬，钟成，伶人告和⑭。王谓伶州鸠曰："钟果和矣。"对曰："未可知也。"王曰："何故？"对曰："上作器，民备乐之，则为和。今财亡民罢，莫不怨恨，臣不知其和也。且民所曹好，鲜其不济也。其所曹恶，鲜其不废也。故谚曰：'众心成城，众口铄金。'三年之中而害金再兴焉，惧一之废也。"王曰："尔老耄矣，何知？"二十五年，王崩，钟不和。

【注释】

① 二十三年：周景王二十三年（前522）。

② 无射：古代十二音律之一，此指能发出这一音声的乐钟。十二音律的名称，由低到高依次为：黄钟、大吕、太蔟、夹钟、姑洗、仲吕、蕤宾、林钟、夷则、南吕、无射、应钟。大林：指低音的林钟乐钟。

③ 步武：古代称半步为武，此指距离不远。

④ 墨丈寻常：古代称半丈为墨，两寻（八尺为寻）为常。

⑤ 清浊：此指音声的高低。

⑥ 钧：指乐音的标准。

⑦ 石：古代以120斤为一石。

⑧ 律度量衡：古代以标准定音管（律管）来定义度量衡单位，又以标准度量衡来校正音律。

⑨ 伶州鸠：伶是乐官名，以官职为氏，州鸠是人名。

⑩ 宫：古代五声音阶之一。五声音阶与现代乐音的对应关系为：宫→1、商→2、角→3、徵→5、羽→6。后来又增加了变徵（相当于4）、变宫（相当于7），合称七音或七律。

⑪ 石：古代把乐器分成八类（称八音），金为钟、镈，石为磬，丝为琴、瑟，竹为箫，匏为笙、竽，土（亦称瓦）为埙、缶，革为鼓，木为柷。

⑫ 八风：指八方之风。古人认为，八音分别与八方之风相应和。

⑬ 二十四年：周景王二十四年（前521）。

⑭ 伶人：乐工。

【译文】

　　二十三年，周景王为了铸造无射乐钟而打算先造个大的林钟乐钟。单穆公说："不行啊。铸造大钱已经夺去了民众的资财，又要铸大钟来加重民众的负担。如果民众的积蓄都被夺走，又加重他们的负担，他们怎么活下去？钟不过是用来奏乐的，如果无射按大林钟这样的大钟来造，耳朵无法听到它的声音。钟声是让耳朵听的，耳朵听不见，就不算钟声了。犹如眼睛看不清楚的东西，不能硬让眼睛去看。眼睛所能观察的范围，不过几尺之间；其所能分辨的颜色，也不过一两丈的距离。耳朵所能听到的和声在清音与浊音之间；其所能分辨的清、浊之音，不超过个人的能力所及。所以先王铸造乐钟，大小不超过乐音的标准，重量不超过一百二十斤。音律、长度、容量、重量都因此确定，锱铢分寸、斤两丈尺的单位都由此产生。所以，圣人对此十分慎重。现在陛下所铸造的钟，耳朵无法听到声音，大小不符合规制，钟声中听不出和声，规格上不能成为标准，既无益于乐又浪费民众财产，那有什么用呢？

　　"乐音不过是让耳朵能听见，美物不过是让眼睛能看到。如果乐音听起来震耳欲聋，美物看起来眼花缭乱，还有什么比这更糟的呢。耳朵和眼睛是心灵的枢纽，所以必须听和谐之音而看正当之物。所听和谐才能耳聪，所看正当才能目明。耳聪才能言语动听，目明才能德行磊落。言语动听而德行磊落，才能思虑纯正。用这些来对待民众，民众才心悦诚服地感恩戴德，就能归附于君王。君王有民众的拥护来建功立业，因而能事无不成、求无不得，于是才能讲求音乐。耳听和谐之音而口说动听之言，以此来制订法令颁布于民众，并用度、量来规范，民众就会忘我劳作，不急惰地服从，不走样地完成事务，这是音乐所起的最大作用。口尝味道而耳听声音，声音和味道产生精气。精气在口为言语，在眼为视觉。言语用来申明号令，视觉用来观时导行。用号令来修明政事，用行动来增殖财富。政治清明而财富增加，这是音乐所起的最大作用。如果视听不和谐，出现耳鸣眼花，味入于口就不会精美，味不精美则精气涣散，精气涣散则无法和谐。于是就会有狂乱背理的言论，有糊涂混乱的看法，有错乱不定的号令，有谬误邪恶的准则，发布的政令失掉信用，刑法政事混乱不堪，行动违背季节，百姓失去依据而不知该如何出力，各自都有离散之心。君王失去了民众，要做的完不成，要求的得不到，那还怎么能愉悦快乐呢？陛下在三年之中就做了两件使民众离心的事，国家可就危险了。"

景王不听劝阻，去问乐官伶州鸠。伶州鸠答道："臣的职责无法知道这些。臣听说，琴瑟宜于演奏宫调，乐钟宜于演奏羽调，磬石宜于演奏角调，笙箫是取其音声悠扬，乐音低弘不逾越宫声，尖细的不超过羽声。宫声，是乐音的主音，由它依次到羽声。圣人保有音乐而珍惜生财，资财用来置备器用，音乐用来增殖财富，所以质重的乐器演奏尖细的音声，质轻的乐器演奏低弘的音声。因而乐钟宜于演奏羽调，磬石宜于演奏角调，埙缶琴瑟宜于演奏宫调，笙箫取其音声悠扬，鼓柷则音声不变。

"施政就像奏乐，奏乐要求和谐，和谐要求均平。五音用来和谐乐调，十二律用来均平音声。钟磬奏出乐音，琴瑟笙箫衍成曲调，诗句用以表达，歌声用以咏唱，笙竽发出和声，埙缶加以装饰，鼓柷规范节拍。各种乐器都能发挥作用称为乐极，所发出的声响汇集在一起称为乐音，乐音和谐相应称为和，高低音声不相干扰称为平。就像这样，用金属铸成钟，把石磨成磬，组合丝木为琴瑟，穿凿匏竹为笙箫，用鼓声调节而演奏起来，以与八方之风相应。于是阴气不郁积，阳气不散乱，阴阳有次序，风雨按时降，福祉频临，民众多利，品物齐备而乐音和谐，上下逸乐，这就叫乐正。现在尖细的音声越过了主音而干扰了乐律，耗费过度而损害了财用，乐律受到干扰而财用感到缺乏就有害于音乐。无射尖细的音声为大林钟低弘的音声所抑制凌掩，不能动听入耳，就不是和谐。听起来低沉迂远，就不是均平。既干扰乐律使财用缺乏，其音声又不和谐均平，就不是乐官所能管辖的了。

"有和谐均平的音声，便有繁衍增殖的财物。于是表达它的诗句符合道德，咏唱它的歌声符合音律，道德和音律都没有差池，用来沟通神人，神灵因此而安宁，百姓因此而顺从。如果耗费财物、疲惫民众来放纵个人的淫欲之心，入耳之音既不和谐，所奏之乐又不合法度，不仅无益于教化，而且离散民众、激怒神灵，这就不是臣所得知的事了。"

景王不听劝谏，终于铸造了大钟。景王二十四年，大钟铸成，乐工报告说乐音和谐。景王告诉伶州鸠说："钟声不还是和谐了吗。"伶州鸠答道："陛下不明瞭其中的缘故。"景王说："为什么呢？"伶州鸠说："君王制作乐器，百姓非常高兴，这才是和谐。现在花费了财物而民众疲惫，无不怨恨，臣不认为这是和谐。百姓都喜好的事情，很少有不成功的；百姓都厌恶的事情，很少有不失败的。所以，谚语说：'众志成城，众口铄金。'三年里面耗费钱财的事情做了两件，恐怕至少有一件是要失败的。"景王说："你老糊涂了，懂得什么？"二十五年，景王去世，大钟所奏的音声不和谐。

景王问钟律于伶州鸠

王将铸无射，问律于伶州鸠。对曰："律所以立均出度也。古之神瞽考中声而量之以制[①]，度律均钟，百官轨仪，纪之以三，平之以六[②]，成于十二，天之道也。夫六，中之色也，故名之曰黄钟，所以宣养六气、九德也[③]。由是第之：二曰太蔟，所以金奏赞阳出滞也；三曰姑洗，所以修洁百物，考神纳宾也；四曰蕤宾，所以安靖神人，献酬交酢也；五曰夷则，所以咏歌九则，平民无贰也；六曰无射，所以宣布哲人之令德，示民轨仪也。为之六间，以扬沉伏而黜散越也。元间大吕，助宣物也；二间夹钟，出四隙之细也；三间仲吕，宣中气也；四间林钟，和展百事，俾莫不任肃纯恪也；五间南吕，赞阳秀也；六间应钟，均利器用，俾应复也。

"律吕不易，无奸物也。细钧有钟无镈[④]，昭其大也。大钧有镈无钟，甚大无镈，鸣其细也。大昭小鸣，和之道也。和平则久，久固则纯，纯明则终，终复则乐，所以成政也，故先王贵之。"

王曰："七律者何？"对曰："昔武王伐殷，岁在鹑火[⑤]，月在天驷[⑥]，日在析木之津[⑦]，辰在斗柄[⑧]，星在天鼋⑨。量与日、辰之位皆在北维，颛顼之所建也⑩，帝喾受之⑪。我姬氏出自天鼋，及析木者，有建星及牵牛焉⑫，则我皇妣大姜之姪、伯陵之后逄公之所凭神也⑬。岁之所在，则我有周之分野也。月之所在，辰马农祥也，我太祖后稷之所经纬也。王欲合是五位三所而用之，自鹑及驷七列也⑭，南北之揆七同也⑮。凡人神以数合之，以声昭之，数合声和，然后可同也。故以七同其数而以律和其声，于是乎有七律。

　　"王以二月癸亥夜陈，未毕而雨。以夷则之上宫毕⑯，当辰。辰在戌上，故长夷则之上宫，名之曰羽，所以藩屏民则也。王以黄钟之下宫⑰，布戎于牧之野，故谓之厉，所以厉六师也。以太蔟之下宫⑱，布令于商，昭显文德，底纣之多罪，故谓之宣，所以宣三王之德也。反及嬴内⑲，以无射之上宫⑳，布宪施舍于百姓，故谓之嬴乱，所以优柔容民也。"

【注释】
　　① 神瞽：韦昭注曰："古乐正，知天道者也。死以为乐祖，祭于瞽宗，谓之神瞽。"
　　② 平之以六：古人把十二音律分成六律（黄钟、太蔟、姑洗、蕤宾、夷则、无射）、六吕（林钟、仲吕、夹钟、大吕、应钟、南吕）二组，以律配阳，以吕配阴。王光祈《中国音乐史》认为，当时标准律声之产生，可能是先设定黄钟、姑洗、夷则，然后均分为六律（即"平之以六"），再平均插入六吕（即"成于十二"）。
　　③ 六气、九德：韦昭注云："六气，阴、阳、风、雨、晦、明也。九德，九功之德，水、火、金、木、土、谷、正德、利用、厚生。"
　　④ 镈：一种平口的乐钟。一说，钟与镈之区别在于形状的大小。
　　⑤ 岁在鹑火：古代曾依据岁星（即木星）的运行来纪年，每十二年一

个循环。鹑火的位置在正南，"岁在鹑火"相当于后来所说的午年。

⑥ 天驷：指二十八宿中的房宿。驷亦指马，所以后文说这是"辰马"。

⑦ 析木之津：析木是标志岁星行度的名称之一，其位置大致在东北偏东。津即现在所说的银河。

⑧ 辰在斗柄：日、月在斗柄附近交会。

⑨ 星：指辰星，即现在所说的水星。天鼋：即玄枵，标志岁星行度的名称之一，其位置在正北。

⑩ 颛顼：传说中古代部族的首领。据说他是黄帝的后裔，后人将之奉为北方的天神。

⑪ 帝喾：传说中古代部族的首领。据说他也是黄帝的后裔，在颛顼之后统领中原各部族，他还是周族与商族的共同祖先。

⑫ 建星：星名，在二十八宿中的斗宿附近。牵牛：指现今所说的天鹰座 a 星，它在古代所分二十八宿中位于北方的女宿附近。

⑬ 妣：古代对去世的母亲的称呼。伯陵：韦昭注云："大姜之祖有逢伯陵也。"下文的"逢公"即伯陵的后裔，据说他在殷代曾被封于齐地为诸侯。

⑭ 自鹑及驷七列也：从鹑火到天驷，中间相距七个岁星行度标志，古称"七列"。

⑮ 南北之揆七同也：鹑火在南方午位，天鼋在北方子位，中间相距正好也是七位。

⑯ 夷则之上宫：其确切含义不详，据有关资料推测，可能是指日期或时辰。《史记·律书》说，武王伐纣时曾"吹律听声"以测度战争胜负；《周礼·春官·大师》谓其"执同律以听军声而诏吉凶"，可与此处记载相印证。上、下宫之分，可能与前述生律有关。当时可能把初设之黄钟、姑洗、夷则（即"纪之以三"）分名为上、中、下，在"平之以六"时，遂称黄钟、太蔟为下宫，姑洗、蕤宾为中宫，夷则、无射为上宫。

⑰ 黄钟之下宫：据《书·牧誓》，武王在甲子日"昧爽"布阵于商郊牧野。黄钟对应于子，与此合。

⑱ 太蔟之下宫：周武王在牧野决战之次日进入商都。太蔟对应于寅，与之合。

⑲ 嬴内：地名，今所在不详。一说嬴指宗周所在的关中。

⑳ 无射之上宫：《书·武成》之逸文云，武王在同年四月庚戌"燎于周庙"。无射对应于戌，与之合。

【译文】

　　周景王打算铸造无射大钟，向乐官伶州鸠询问音律。伶州鸠答道："音律是用来确定音调和量度的标准。古代的神瞽核定中和的音声而加以量度作为标准，根据律度调和钟音，定出各种行事的法则。以三为纲，平分为六律，相间成十二音律，这是自然的规律。六处于正中，所以把与它对应的律称为黄钟，用以颐养六气、九德。依次排列，第二律为太蔟，用以演奏乐钟，辅助阳气而散发积滞；第三律为姑洗，用以洁洗万物，合神迎宾；第四律为蕤宾，用以安静神人，宴饮宾客；第五律为夷则，用以赞颂万物的成长，安定民心；第六律为无射，用以弘扬前贤的美德，为民众树立榜样。六律之间分出六吕，用以宣畅沉滞而斥逐散乱。第一间为大吕，以辅助阳气而助长万物；第二间为夹钟，以诱导四时之间的细微之气；第三间为中吕，以宣散阳气；第四间为林钟，以平衡百事的发展，使之无不尽职成功；第五间为南吕，以辅助阳气之成就；第六间为应钟，使器用完备，以配合时序的周而复始。

　　"六律六吕不改变它的常规，就没有邪恶灾祸发生。音声高细的乐调中有钟而无镈，是要显示钟声的低宏；在音声低宏的乐调中有镈而无钟，更低的乐调中连镈都没有，是要表现弦乐的悠扬。低宏、高细的音声都得到显示，是和谐的做法。音声和谐均平才能持久，持久稳固才能纯正，纯正显明才能完善，完善复始才能成乐，懂得这个道理可以使政事有成，因此先王很重视律吕。"

　　景王问："七律是怎么回事呢？"伶州鸠答道："当年武王讨伐殷商，岁星在鹑火之位，月亮在天驷之宿，太阳在析木之方，日月交会于斗柄，辰星出现在天鼋。辰星、太阳及日月交会的方位都在北方，这是颛顼所主的方位，帝喾继承了。我们姬氏出自天鼋的分野，而析木之次附近的建星和牵牛则是先祖母太姜的侄儿、伯陵的后裔逄公所主的吉星。岁星所在的星次，则是我们周地的分野。月亮所在的宿位，则是标志农事祥瑞的天马，乃是我们太祖后稷所经营的事业。先王打算汇合这岁、月、日、辰、星的五个方位和天鼋、岁星、月亮所在的三种祥瑞而建立功业，从鹑火到天驷有七宿，而南、北的相距则有七位。人和神灵以数相交会，以音声来相通，数字相合而音声和谐，然后才能协同。所以用七来协同其数而以律来和谐其声，于是就有了七律。

　　"武王在二月癸亥晚上排阵，还未完毕就下起了雨。在夷则律相应的时辰上排阵完毕，正好与辰星相应。其时辰星在戌位之上，所以就以夷则律为主，称之为羽，用以佑护民众的法度。武王在与黄钟律相应的日子里陈兵于商郊牧野，所以称之为厉，用以激励六军。在与太蔟律相应的日子里颁令于商都，弘扬文德，指斥纣王的罪状，所以称之为宣，用以赞颂先王的美德。返回故土后，在与无射律相应的日子里，发布政令施惠于百姓，所以称之为嬴乱，用以宽容优厚地对待百姓。"

宾孟见雄鸡自断其尾

景王既杀下门子①。宾孟适郊②，见雄鸡自断其尾，问之，侍者曰："惮其牺也③。"遂归告王，曰："吾见雄鸡自断其尾，而人曰'惮其牺也'，吾以为信畜矣。人牺实难，己牺何害？抑其恶为人用也乎，则可也。人异于是。牺者，实用人也。"王弗应。田于巩④，使公卿皆从，将杀单子⑤，未克而崩。

【注释】
　　① 下门子：周景王之子子猛的师傅。景王之嫡子早亡，遂立庶出长子子猛为太子，此时想改立另一个庶子子朝为太子，故先杀了子猛的师傅。
　　② 宾孟：子朝的师傅，亦称宾起。
　　③ 牺：祭祀时所杀的牲畜，亦称牺牲。用作牺牲的牲畜必须毛羽完具。
　　④ 巩：在今河南巩县西南。
　　⑤ 单子：指单穆公。韦昭注云："王欲废子猛，更立子朝，恐其不从，故欲杀之。"

【译文】
　　周景王处死了下门子。宾孟来到城郊，看见公鸡啄断自己的尾羽，便询问这是怎么回事，仆役说："那是怕被尊为牺牲。"于是赶快回去告诉景王，说："臣看见公鸡啄断自己的尾羽，人们说是'怕被尊为牺牲'，臣认为那是牲畜的本性。把外人像牺牲那样尊宠确实有祸患，但把自己人像牺牲那样尊宠有什么祸害呢？牲畜大概是讨厌为人所用才那么做，那倒也罢了。但人与牲畜在这一点上是不同的。所谓像牺牲那样尊宠，就是要起用自己人。"景王没有应声。他到巩去田猎时，让大臣们一起去，打算杀了单穆公，还没动手就死了。

刘文公与苌弘欲城周

敬王十年^①，刘文公与苌弘欲城周^②，为之告晋。魏献子为政^③，说苌弘而与之，将合诸侯。

卫彪傒适周^④，闻之，见单穆公曰："苌、刘其不殁乎？周诗有之曰：'天之所支，不可坏也。其所坏，亦不可支也。'昔武王克殷而作此诗也，以为饫歌，名之曰支，以遗后之人，使永监焉。夫礼之立成者为饫，昭明大节而已，少典与焉。是以为之日惕，其欲教民戒也。然则夫《支》之所道者，必尽知天地之为也，不然不足以遗后之人。今苌、刘欲支天之所坏，不亦难乎？自幽王而天夺之明，使迷乱弃德，而即慆淫，以亡其百姓，其坏之也久矣。而又将补之，殆不可矣！水火之所犯犹不可救，而况天乎？谚曰：'从善如登，从恶如崩。'昔孔甲乱夏^⑤，四世而陨；玄王勤商^⑥，十有四世而兴；帝甲乱之^⑦，七世而陨；后稷勤周，十有五世而兴。幽王乱之十有四世矣，守府之谓多，胡可兴也？夫周，高山、广川、大薮也，故能生是良材，而幽王荡以为魅陵、粪土、沟渎，其有俊乎？"

单子曰:"其咎孰多?"曰:"苌叔必速及,将天以道补者也。夫天道导可而省否,苌叔反是,以诳刘子,必有三殃:违天,一也;反道,二也;诳人,三也。周若无咎,苌叔必为戮,虽晋魏子亦将及焉。若得天福,其当身乎?若刘氏,则必子孙实有祸。夫子而弃常法,以从其私欲,用巧变以崇天灾,勤百姓以为己名,其殃大矣。"

是岁也,魏献子合诸侯之大夫于狄泉⑧,遂田于大陆⑨,焚而死。及范、中行之难⑩,苌弘与之,晋人以为讨,二十八年,杀苌弘。及定王⑪,刘氏亡。

【注释】

① 敬王:周敬王,东周国君,名匄,公元前 519 至前 476 年在位。周敬王十年为公元前 510 年。

② 刘文公:周大夫,名卷。苌弘:周大夫。城周:东周的王都是周公所营建的洛邑,亦称"王城"。王子朝叛乱时,敬王避居王城东郊,至此打算为避居处修建城墙。

③ 魏献子:晋国大夫魏舒。

④ 彪傒:卫国大夫。

⑤ 孔甲:夏代国君。《史记·夏本记》说他"好方鬼神,事淫乱。夏后氏德衰,诸侯叛之"。

⑥ 玄王:传说中商族的始祖契。

⑦ 帝甲:商代国君。《史记·殷本纪》说他"淫乱,殷复衰"。

⑧ 狄泉:在东周王城(今河南洛阳市)附近。

⑨ 大陆:晋的一处湖泊,在今河北隆尧、巨鹿、任县三县之间,今已淤为平地。

⑩ 范、中行之难:周敬王二十三年(晋定公十五年,前 497),晋大夫范吉射、中行寅作乱,被荀、韩、魏氏击败。因周王室卿士刘氏与范氏联姻,所以周人曾声援过范、中行氏。周敬王二十八年(前 492),晋人平定叛乱后以此责备周人,敬王被迫处死了"事刘文公"的苌弘。

⑪ 定王：周定王（亦称贞定王），东周国君，名介，公元前468至前441年在位。

【译文】

周敬王十年，刘文公与苌弘打算为周王居处筑建城墙，为此求助于晋国。当时晋国的政务由魏献子主持，他对苌弘有好感而答应了他要求，预备邀集诸侯共同营筑。

卫国的彪傒来到周，听说了这件事，谒见单穆公说："苌弘、刘文公将不得好死了吧。周诗上说：'上天所支持的，谁也破坏不了；上天想毁坏的，谁也支持不住。'过去武王灭亡商朝而作了这首诗，把它作为王公宴飨时的乐歌，名为'支'，以留传后代，使他们永远记住这个道理。王公们站着宴饮的礼仪为饫，主要显扬大的节度，所配的乐曲不多。因此为之天天戒惧，这是要教育民众警惕。可见，《支》这首诗所说的，就是一定要完全领会天地的意图，否则不足以留传于后人。现在苌弘、刘文公要支持上天所破坏的，不是很困难吗？自从周幽王被上天剥夺了辨别是非的能力，使他迷惑淫乱而毁弃德行，耽于享乐，丧失了自己的百姓，王室遭到毁坏已经很久了。他们又要来补救，恐怕是不行的。水火所造成的灾祸尚且不能挽救，何况是上天所降的灾祸呢？谚语说：'行善若登山，作恶如土崩。'过去孔甲扰乱夏政，传了四代就灭亡了；玄王振兴商族，传了十四代才成功；帝甲扰乱殷政，传了七代就灭亡了；后稷振兴周族，传了十五代才成功。幽王扰乱周政以来已经十四代了，能守住现有的家当已属幸甚，怎么会兴盛呢？周室犹如高山、长河和大泽，所以能产生出优秀的人才，而幽王把它破坏成秃陵、水沟和浅潭，还会培养出俊杰来吗？"

单穆公说："他俩谁的罪过多？"彪傒说："苌弘必定会很快遭殃，因为他要修补上天所毁坏的东西。天道是支持可行而排斥不可行的，苌弘的行为与此相反，而且还谄惑刘文公，因而必定会遭到三方面的灾殃：一是违背上天，二是逆转常度，三是谄惑他人。周若要免除灾难，苌弘必定会被处罚，即使是晋国的魏献子也将受牵累。如果得到天降福祉，恐怕其自身仍不能幸免。至于刘文公，必定是他的子孙来承当灾祸。作为王公大夫而抛弃常法，以顺从他们的私欲，耍小手腕来加重天灾，劳顿百姓来为自己树立名望，这罪过可大了。"

这一年，魏献子在狄泉召集各诸侯的大夫，于是到大陆泽田猎，被火烧死。到范氏、中行氏作乱时，苌弘参与此事，晋人以此向周问罪。周敬王二十八年，苌弘被杀。到了周定王时，刘氏被灭族。

卷四 鲁语 上

曹 刿 问 战

长勺之役①，曹刿问所以战于庄公②。公曰："余不爱衣食于民，不爱牲玉于神。"对曰："夫惠本而后民归之志，民和而后神降之福。若布德于民而平均其政事，君子务治而小人务力；动不违时，财不过用；财用不匮，莫不能使共祀。是以用民无不听，求福无不丰。今将惠以小赐，祀以独恭。小赐不咸，独恭不优。不咸，民不归也；不优，神弗福也。将何以战？夫民求不匮于财，而神求优裕于享者也，故不可以不本。"公曰："余听狱虽不能察，必以情断之。"对曰："是则可矣。知夫苟中心图民，智虽弗及，必将至焉。"

【注释】
　① 长勺：地名。今山东省曲阜县境内。
　② 曹刿：鲁国武士，又名曹沫。庄公：鲁庄公。公元前693 至前662 年在位。

【译文】
　　鲁国将和齐国的军队在长勺交锋，曹刿问鲁庄公凭什么来作战。庄公说："我对百姓从不吝啬衣服和食物，对神灵从不吝啬牛羊和玉器。”曹刿回答说:"只有从根本上树德施惠百姓才会归附,百姓齐心然后神灵才会降福。如果你能向百姓广施恩德并公平地处理政事,使君子热心于协助治国,小民热心于贡献力量;同时你的举动不违背时令,耗费不超过常度,这样百姓的日用就不会匮乏,大家才有能力供奉神灵。所以你动员百姓没有不听从的,求神降福没有不应验的。现在你只是到了临战关头才给百姓施点小惠,独自向神灵供奉祭品。小惠不可能普遍,独自供奉也不可能丰裕。不普遍施恩德百姓不会归附,供奉不丰,神灵不会降福,你还凭什么去作战呢?百姓所求的是日用不感到匮乏,神灵所求的是祭品的丰裕,所以不可以不从根本上着眼。"庄公说:"我处理百姓的诉讼时虽然不能做到体察一切,但总是力求以情理判断。"曹刿回答说:"这就可以了。假如内心确实为百姓考虑,智慧即使有所不及,也一定能达到目的。"

曹刿谏庄公如齐观社

庄公如齐观社[1]。曹刿谏曰:"不可。夫礼,所以正民也。是故先王制诸侯,使五年四王、一相朝。终则讲于会,以正班爵之义,帅长幼之序,训上下之则,制财用之节,其间无由荒怠。夫齐弃太公之法而观民于社[2],君为是举而往观之,非故业也,何以训民?土发而社,助时也。收攟而蒸,纳要也。今齐社而往观旅,非先王之训也。天子祀上帝,诸侯会之受命焉。诸侯祀先王、先公,卿大夫佐之受事焉。臣不闻诸侯相会祀也,祀又不法,君举必书,书而不法,后嗣何观?"公不听,遂如齐。

【注释】

① 社:祭祀土地神的节日。公元前 671 年,齐国借社祭为名举行阅兵,以炫耀国威。

② 太公:齐国的始祖太公望,以吕为氏,姜姓。

【译文】

鲁庄公要到齐国去观看社祭。曹刿劝阻说:"不能去。礼,是用来端正百姓的。所以先王为诸侯订下制度,规定诸侯每五年要派使臣聘见天子四次，诸侯亲自朝见天子一次。事毕就集中在一起讲习礼仪，用以厘正爵位的尊卑，遵循长幼的次序，讲求上下的法度，确定纳贡的标准，在这期间不能缺席或怠慢。现在齐国废弃始祖太公望的法制，让大家去观看社祭，你为这事也前去参观，这是没有先例的，今后怎么训导百姓呢？春天举行社祭，是祈求农事得到上天的赐福；冬天收获以后举行社祭，是为了向土神贡献五谷。现在齐国组织社祭让大家去观看阅兵，这不是先王的法度。天子祭祀上帝，诸侯要参加助祭以听受政令；诸侯祭祀先王先公，卿大夫要襄助料理并接受任务。我没有听说过诸侯之间可以互相观看祭祀的，这种祭祀显然不合法度。国君的一举一动都是要记载下来的，记载不合法度的事，后世子孙们将会怎么看呢？"庄公不听劝阻，还是去了齐国。

匠师庆谏庄公丹楹刻桷

庄公丹桓宫之楹^①，而刻其桷。匠师庆言于公曰^②："臣闻圣王公之先封者，遗后之人法，使无陷于恶。其为后世昭前之令闻也，使长监于世，故能摄固不解以久。今先君俭而君侈，令德替矣。"公曰："吾属欲美之。"对曰："无益于君，而替前之令德，臣故曰庶可已矣。"公弗听。

【注释】
① 桓宫：鲁庄公父亲鲁桓公的宗庙。
② 匠师庆：即鲁国掌管工匠事务的大夫御孙，名庆。

【译文】
　　鲁庄公要把先父桓公宗庙的楹柱涂上红漆，并在屋椽上雕刻花纹。匠师庆对庄公说："我听说先王国公中那些创基立业的圣人，给后代人遗留下典法，使之不致陷于邪恶，为的是让后代光大前人的美名，并长久引以为鉴，所以他们的业绩才能保持牢固不懈而绵延久远。现在，先君桓公节俭而你却奢侈，美德就要泯灭了。"庄公说："我们做小辈的正是想美化先君啊。"回答说："这对你没有益处，反而会泯没了先君的美德，所以我说，这件事应该停下来了。"庄公不听。

夏父展谏宗妇觌哀姜用币

哀姜至①，公使大夫、宗妇觌用币②。宗人夏父展曰③：“非故也。”公曰：“君作故。”对曰：“君作而顺则故之，逆则亦书其逆也。臣从有司，惧逆之书于后也，故不敢不告。夫妇贽不过枣、栗，以告虔也。男则玉、帛、禽、鸟，以章物也。今妇贽币，是男女无别也。男女之别，国之大节也，不可无也。”公弗听。

【注释】

① 哀姜：鲁庄公娶自齐国的夫人。哀是谥号，姓姜。
② 币：古人相见时所拿的礼物，如玉帛之类。
③ 宗人：又称宗伯，周代掌管宗庙祭祀的官。夏父：复姓。展：人名。

【译文】

哀姜来到鲁国，庄公让同宗大夫的妻子们带上玉、帛之类的礼物去拜见她。宗人夏父展说：“这不是先王的规矩。”庄公说：“国君可以创制规矩。”夏父展回答说：“国君的创制合乎礼就可以成为规矩，违反礼也将在史书上记载他违礼。我服从自己的职守，生怕这违礼的事情被记载下来传于后世，所以不敢不告诉你。女人进见的礼物不过是枣、栗之类，用以表示诚敬。男人进见的礼物则有珠玉、丝帛、禽鸟之类，用以表明尊卑不同的身份和等级。现在女人拿着玉、帛一类的礼物，这样男女之间没有差别了。男女的区别，是国家的大礼节，不可以没有的啊。"庄公不听。

臧文仲如齐告籴

鲁饥，臧文仲言于庄公曰^①："夫为四邻之援，结诸侯之信，重之以婚姻，申之以盟誓，固国之艰急是为。铸名器，藏宝财，固民之疹病是待。今国病矣，君盍以名器请籴于齐！"公曰："谁使？"对曰："国有饥馑，卿出告籴，古之制也。辰也备卿，辰请如齐。"公使往。

从者曰："君不命吾子，吾子请之，其为选事乎？"文仲曰："贤者急病而让夷，居官者当事不避难，在位者恤民之患，是以国家无违。今我不如齐，非急病也。在上不恤下，居官而惰，非事君也。"

文仲以鬯圭与玉磬如齐告籴^②，曰："天灾流行，戾于弊邑，饥馑荐降，民羸几卒，大惧乏周公、太公之命祀^③，职贡业事之不共而获戾。不腆先君之币器，敢告滞积，以纾执事；以救弊邑，使能共职。岂唯寡君与二三臣实受君赐，其周公、太公及百辟神祇实永飨而赖之！"齐人归其玉而予之籴。

【注释】
①臧文仲：鲁国的卿，名辰。

②　珤圭：祭祀宗庙时用的名贵的器具。玉磬：宫廷演奏雅乐时用的一种乐器。

③　周公：鲁国始祖。太公：齐国始祖。

【译文】

鲁国发生饥荒，臧文仲对鲁庄公说："与邻国结好，取得诸侯的信任，用婚姻关系来加强它，以盟约誓言来巩固它，乃是为了应付国家的急难。铸造钟鼎宝器，贮藏珠玉财物，乃是为了救助百姓的困苦。现在国家遇到了困难，国君为何不抵押钟鼎宝器向齐国要求购买粮食呢？"庄公说："派谁前去？"臧文仲回答说："国家遇到饥荒而由卿大夫外出求购粮食，是古代的制度。臣充列卿位，请派臣去齐国。"于是庄公派遣臧文仲赴齐。

臧文仲的侍从说："国君没有指派你，你却主动要求，这不是自己挑选差事去干吗？"文仲说："贤明的人应该争当危难而谦让平易的事务，当官者应该敢于任事而不逃避危难，在高位者应该体恤百姓的忧患，这样国家才能安定。现在我不去齐国，就不是争当危难了。处于上位而不体恤百姓，当了官而又懒于理事，不是臣子侍奉国君所该做的。"

臧文仲去到齐国后，用珤圭和玉磬向齐国求购粮食，说："天灾流行，殃及敝国，饥荒又降临到人民中间，百姓瘠瘦赢弱，生命受到威胁。对周公、太公的祭祀无法保证，给王室的贡品也难以操办，我们国君很担心因此而获罪。所以不敢再珍惜先君的宝器，请求交换贵国积余的陈粮。这既可减轻贵国管粮人的负担，也可解救敝国的饥荒，使我们能担当向王室朝贡的职守。不但我们的国君和臣子能领受到贵国国君的恩惠，就是周公、太公和天地间的所有神祇也靠这可以继续得到祭祀。"齐人于是把粮食借给了鲁国，并退还了宝器。

展禽使乙喜以膏沐犒师

齐孝公来伐鲁[1]，臧文仲欲以辞告。病焉，问于展禽[2]。对曰："获闻之，处大教小，处小事大，所以御乱也，不闻以辞。若为小而崇，以怒大国，使加己乱，乱在前矣，辞其何益？"文仲曰："国急矣！百物唯其可者，将无不趋也。愿以子之辞行赂焉，其可赂乎？"

展禽使乙喜以膏沐犒师[3]，曰："寡君不佞，不能事疆埸之司，使君盛怒，以暴露于弊邑之野，敢犒舆师。"齐侯见使者曰："鲁国恐乎？"对曰："小人恐矣，君子则否。"公曰："室如悬磬，野无青草，何恃而不恐？"对曰："恃二先君之所职业。昔者成王命我先君周公及齐先君太公曰：'女股肱周室，以夹辅先王。赐女土地，质之以牺牲，世世子孙无相害也。'君今来讨弊邑之罪，其亦使听从而释之，必不泯其社稷；岂其贪壤地，而弃先王之命？其何以镇抚诸侯？恃此以不恐。"齐侯乃许为平而还。

【注释】
　　① 齐孝公：齐桓公之子，名昭。公元前 642 至前 633 年在位。

② 展禽：即柳下惠，鲁国大夫。姓展，名获，字禽。
③ 乙喜：即展喜，鲁国大夫。

【译文】

　　齐孝公出兵讨伐鲁国，臧文仲想写一篇文辞谢罪，请求齐国退兵，但找不到适当的措辞，求问于展禽。回答说："我听说，大国要做好小国的表率，小国要事奉好大国，这样才能防备祸乱，没听说用言辞就能解决问题的。倘若作为小国却自高自大，激怒大国，使它把祸乱加到自己身上，那么大难当头，言辞又有什么用处？"文仲说："国家已经危急了，各种贵重的物品，只要可以送礼的，没有舍不得割爱的。希望凭着你的说辞去给齐国送礼，能否试一试呢？"

　　展禽让乙喜带着不值钱的润发膏去慰劳齐国军队，说："我们国君不才，没有侍奉好贵国边界上的官员，让您非常生气，以至带兵来到我国的郊野经受风雨，所以派我斗胆前来慰劳贵国的大军。"齐孝公接见使者问道："鲁国害怕了吗？"回答说："小人倒是怕了，但君子并不怕。"孝公说："你们国库空虚，农村大旱，凭仗什么不怕？"回答说："我们凭仗着周公和太公的职守。从前周成王命令我们两国的始祖周公和太公说：'你们要全力支持王室，辅佐先王。赐给你们土地，你们要用牺牲祭祀天地，立誓以为质信，世世代代、子子孙孙不互相侵害。'现在你来讨伐我国的过失，目的也是让我们知错顺从就宽恕了，一定不会灭亡鲁国。难道还会贪图我们的土地，而抛弃先王的遗命吗？那样还怎么能称霸诸侯？凭仗这个所以不怕。"齐孝公于是同意讲和，退兵而还。

臧文仲说僖公请免卫成公

温之会，晋人执卫成公归之于周①，使医鸩之，不死，医亦不诛。

臧文仲言于僖公曰②："夫卫君殆无罪矣。刑五而已③，无有隐者，隐乃讳也。大刑用甲兵，其次用斧钺，中刑用刀锯，其次用钻笮，薄刑用鞭扑，以威民也。故大者陈之原野，小者致之市朝，五刑三次，是无隐也。今晋人鸩卫侯不死，亦不讨其使者，讳而恶杀之也。有诸侯之请，必免之。臣闻之：班相恤也，故能有亲。夫诸侯之患，诸侯恤之，所以训民也。君盍请卫君以示亲于诸侯，且以动晋？夫晋新得诸侯，使亦曰：'鲁不弃其亲，其亦不可以恶。'"公说，行玉二十瑴，乃免卫侯。

自是晋聘于鲁，加于诸侯一等，爵同，厚其好货。卫侯闻其臧文仲之为也，使纳赂焉。辞曰："外臣之言不越境，不敢及君。"

【注释】

①　温之会：公元前632年，诸侯在温地（今河南省温县西南）盟会。

卫成公不服从晋国的盟主地位，所以晋国逮捕了他，并把他押送到周关了起来。卫成公：卫国国君，公元前634年至前600年在位。

② 僖公：鲁国国君，名申。公元前659年至前627年在位。

③ 刑五：指古代的甲兵、斧钺、刀锯、钻笮、鞭扑五种刑罚。

【译文】

诸侯在温地盟会时，晋国逮捕了卫成公，把他押送到周，指使医生用毒酒暗害他，没有成功，医生也没有受到报复。

臧文仲对鲁僖公说："卫君大概没有罪了。刑不过五种，没有用毒死的方法去暗害的。暗害就得避嫌疑。大刑是用甲兵讨伐，其次是用斧钺杀戮，中刑是用刀锯断肢，其次是用钻笮毁容，最轻的是鞭打，用来威吓百姓。所以用甲兵、斧钺杀死的在野外执行，用刀锯处死的在市、朝执行，五种刑法三个场所，这些都没有隐蔽地执行的。现在晋人毒死卫侯不成功，也没有报复医生，是想避去暗害的嫌疑。倘若有诸侯出面替卫君求情，一定会得到赦免。我听说：地位相同的人互相体恤，所以能够关系亲近。诸侯有了患难，其他诸侯去体恤他，这样才能教育百姓互相帮助。你何不替卫君求情以在诸侯间显示你的爱心，并且以此感动晋侯呢？晋侯刚刚成为诸侯间的盟主，让他也认为：鲁国不背弃他亲近的诸侯，我们不可以待他不好。"僖公很高兴，用二十对白玉送给周王和晋侯，于是卫侯得到赦免。

自此以后晋国遣使到鲁国聘问，规格要比其他诸侯高一等，送的礼物也比和鲁国同等爵位的要好。卫侯听闻臧文仲对自己被释放的作用，派人送礼给他。臧文仲推辞说："别国臣子的话不越境，不敢和你有交往。"

臧文仲请赏重馆人

晋文公解曹地以分诸侯①。僖公使臧文仲往，宿于重馆②，重馆人告曰："晋始伯而欲固诸侯，故解有罪之地以分诸侯。诸侯莫不望分而欲亲晋，皆将争先；晋不以固班，亦必亲先者，吾子不可以不速行。鲁之班长而又先，诸侯其谁望之？若少安，恐无及也。"从之，获地于诸侯为多。反，既复命，为之请曰："地之多也，重馆人之力也。臣闻之曰：'善有章，虽贱赏也；恶有衅，虽贵罚也。'今一言而辟境，其章大矣，请赏之。"乃出而爵之。

【注释】
① 晋文公：晋献公之子，名重耳。公元前 636 至前 628 年在位。
② 重馆：重，鲁地，今山东省鱼台县西北。馆，候馆，公家接待宾客的房舍。韦昭注："《周礼》，五十里有市，市有候馆也。"

【译文】
晋文公削减曹国的封地，分给各诸侯国。鲁僖公派臧文仲前去受领，途中宿在重邑的馆舍。馆舍的看守人对他说："晋国刚刚称霸，想加固诸侯对它的信服，所以削减得罪霸主的曹国之地分给诸侯。诸侯无不希望分到土地，一定会争先恐后地去亲近晋国。

晋国未必按照诸侯间原来的等级次序来分配，一定会给先去的人占便宜，您不能不火速前去。鲁国按等级次序本来就排在前面，又能抢先到达，诸侯谁还敢企望与鲁国相比？倘若您稍稍歇息，恐怕就失去机会了。"文仲听从了看守人的建议，果然在诸侯中所分得的土地最多。回到鲁国复命后，他为看守人请功说："土地分得这么多，是重邑馆舍看守人的功劳啊。我听说：'一个人的善德彰明昭著，即使身份低下，也应该给予奖赏；一个人的恶行得到证实，即使地位高贵也应该给予惩罚。'现在由于看守人的一句话而扩大了国家的疆土，他的功劳再明显不过了，请国君奖赏他。"僖公于是把这个看守人从仆隶中提拔出来，赐给他大夫爵位。

展禽论祭爰居非政之宜

海鸟曰"爰居"，止于鲁东门之外三日，臧文仲使国人祭之。展禽曰："越哉，臧孙之为政也！夫祀，国之大节也；而节，政之所成也。故慎制祀以为国典。今无故而加典，非政之宜也。

"夫圣王之制祀也，法施于民则祀之，以死勤事则祀之，以劳定国则祀之，能御大灾则祀之，能扞大患则祀之。非是族也，不在祀典。昔烈山氏之有天下也[1]，其子曰柱，能殖百谷百蔬；夏之兴也，周弃继之[2]，故祀以为稷。共工氏之伯九有也[3]，其子曰后土[4]，能平九土，故祀以为社。黄帝能成命百物，以明民共财，颛顼能修之[5]。帝喾能序三辰以固民[6]，尧能单均刑法以仪民[7]，舜勤民事而野死[8]，鲧鄣洪水而殛死[9]，禹能以德修鲧之功，契为司徒而民辑[10]，冥勤其官而水死[11]，汤以宽治民而除其邪[12]，稷勤百谷而山死，文王以文昭，武王去民之秽。故有虞氏禘黄帝而祖颛顼，郊尧而宗舜[13]；夏后氏禘黄帝而祖颛顼[14]，郊鲧而宗禹；商人禘舜而祖契，郊冥而宗汤；周人禘喾而郊稷，祖文王而宗武王；幕[15]，能帅颛顼者也，有虞氏报焉；杼[16]，能帅禹者也，夏后氏报焉；上甲微[17]，能帅契者也，商人报焉；高圉、大王[18]，能帅稷者也，周人报焉。凡禘、郊、祖、宗、报，此五者国之典祀也。

"加之以社稷山川之神，皆有功烈于民者也；及前哲令德之人，所以为明质也；及天之三辰，民所以瞻仰也；及地之五行，所以生殖也；及九州名山川泽，所以出财用也。非是不在祀典。

"今海鸟至，己不知而祀之，以为国典，难以为仁且智矣。夫仁者讲功，而智者处物。无功而祀之，非仁也；不知而不能问，非智也。今兹海其有灾乎？夫广川之鸟兽，恒知避其灾也。"

是岁也，海多大风，冬煖。文仲闻柳下季之言，曰："信吾过也，季子之言不可不法也。"使书以为三笑。

【注释】
①烈山氏：传说中炎帝的号。
②弃：古代周族的始祖。曾在尧、舜时代做农官，教民耕种。
③共工氏：古代传说中的人物，传为人面蛇身赤发。九有：九州、全国。
④后土：传说中黄帝的土官，名句龙。
⑤颛顼：传说中黄帝的孙子。
⑥帝喾：传说中黄帝的曾孙。
⑦尧：传说中帝喾的庶子，名放勋。
⑧舜：颛顼六世孙，名重华。
⑨鲧：颛顼之后代，禹的父亲。
⑩契：传说中商族的始祖，被尧封为司徒。
⑪冥：传说中契的六世孙，夏代的水官。
⑫汤：商朝的建立者。

⑬ 有虞氏：古部落名，舜为其首领。禘：祭祀名，古代天子祭祀祖先的大祭。即在始祖宗庙内对始祖所自出之天帝的祭祀。祖：祭祀名，古代天子对始祖的祭祀。郊：祭祀名，古代天子对天的祭祀。宗：祭祀名，古代天子对族长的祭祀。

⑭ 夏后氏：古部落名，禹为其首领。

⑮ 幕：人名，舜的后人。报：祭祀名，古人为报恩德而举行的祭祀。

⑯ 杼：人名，禹的后人。

⑰ 上甲微：人名，传说中契的八世孙。

⑱ 高圉：人名，传说中后稷的十世孙，周部落的首领。大王：人名，周文王的祖父，高圉的曾孙。

【译文】

　　一只叫"爰居"的海鸟，停留在鲁国都城东门外已经三天了，臧文仲让都城里的人去祭祀它。展禽说："真是太迂阔了，文仲竟这样管理国政！祭祀，是国家的重要制度，而制度又是行政得以成功的保证。所以应该慎重地制定祭祀礼节作为国家的典章。现在无缘无故地增加祭典，不是处理政事的适宜的做法。

　　"圣王制定祭祀礼节的原则是：凡是以完善的法规治理人民的就祭祀他；凡是为国事操劳，至死不懈的就祭祀他；凡是有安定国家的功劳的就祭祀他；凡是抵御重大灾祸的就祭祀他。不属这几类的，不能列入祭祀的范围。从前烈山氏管理天下时，他的儿子叫柱，能种植各种谷物和蔬菜；夏朝兴起后，周族的弃继承了柱的事业，所以后人祭祀他们，尊他们为谷神。共工氏称霸九州时，他的儿子叫后土，能治理天下的土地，所以后人祭祀他，尊他为土神。黄帝能给百物命名，使人民明白道理共同占有财富，颛顼能继承他的功业。帝喾能按照日、月和星辰的运行规律制定季节的顺序，教人民安心从事农业生产；尧能尽力使刑法公平，使之成为人民的准则；舜能辛勤治理民事，死在苍梧之野；鲧堵治洪水失败被处死；禹能以崇高的德行继承并改进鲧的事业；契在担任司徒时教化人民使他们和睦；冥当水官勤于职守而死在水中；商汤以宽大的办法治理人民并除掉暴虐的夏桀；后稷为播种百谷死在山上；周文王以文德名扬天下；周武王讨伐纣的暴政为民除害。所以有虞氏禘祭黄帝，祖祭颛顼，郊祭尧，宗祭舜；夏后氏禘祭黄帝，祖祭颛顼，郊祭鲧，宗祭禹；商代人禘祭舜，祖祭契，郊祭冥，宗祭汤；周代人禘祭喾，郊祭后稷，祖祭文王，宗祭武王；幕，是能遵循颛顼功业的人，有虞氏报祭他；杼，是能遵循禹功业的人，夏后氏报祭他；上甲微，是能遵循契功业的人，商代人报祭他；高圉和大王，是能遵循后稷功业的人，周代人报祭他。所有禘、祖、郊、宗、报这五种祭祀都是国家祭祀的典章。

"此外再加上祭祀土地、五谷和山川的神，因为都是对人民有功德的；以及祭祀前代的圣哲、有美德的人，因为都是人民所崇信的；祭祀天上的日、月、星辰，因为都是人民所瞻仰的；祭祀大地的金、木、水、火、土，因为都是人民所赖以生存繁衍的；祭祀九州的名山大川，因为都是人民财用的来源。不属于这些范围的就不能列入祭祀的典章内。

"现在海鸟飞来鲁国，自己弄不清楚什么原因就祭祀它，还把这定为国家的祭典，这实在不能说是仁德和明智的举动。仁德的人讲究功绩的评价，明智的人讲究事理的考察。海鸟对人民没有功绩却祭祀它，不合乎仁德；不知海鸟什么原因飞来又不向别人询问，不是明智的做法。现在海上可能要发生什么灾变了吧？因为那广阔海域里的鸟兽常常会预先知道并躲避灾变的。"

这一年，海上常有大风，冬天则反常的暖和。臧文仲听到柳下惠的议论后说："这的确是我错了。柳下惠的话不能不认真遵守啊。"便让人把柳下惠的话写在三卿的简册上。

文公欲弛孟文子与郈敬子之宅

　　文公欲弛孟文子之宅①，使谓之曰："吾欲利子于外之宽者。"对曰："夫位，政之建也；署，位之表也；车服，表之章也；宅，章之次也；禄，次之食也。君议五者以建政，为不易之故也。今有司来命易臣之署与其车服，而曰：'将易而次，为宽利也。'夫署，所以朝夕虔君命也。臣立先臣之署，服其车服，为利故而易其次，是辱君命也，不敢闻命。若罪也，则请纳禄与车服而违署，唯里人所命次。"公弗取。臧文仲闻之曰："孟孙善守矣②，其可以盖穆伯而守其后于鲁乎③！"

　　公欲弛郈敬子之宅④，亦如之。对曰："先臣惠伯以命于司里⑤，尝、禘、蒸、享之所致君胙者有数矣⑥。出入受事之币以致君命者，亦有数矣。今命臣更次于外，为有司之以班命事也，无乃违乎！请从司徒以班徙次⑦。"公亦不取。

【注释】
　　① 文公：鲁僖公的儿子，名兴。公元前626至前609年在位。孟文子：鲁国大夫，名伯谷。
　　② 孟孙：即孟文子。

③ 穆伯：孟文子的父亲公孙敖。

④ 郈敬子：鲁国大夫，名敬伯同。

⑤ 惠伯：郈敬子的先祖。司里：春秋官名，主管宅里事务。

⑥ 尝、禘、蒸、享：古代四时祭祀的名称。秋祭为尝，夏祭为禘，冬祭为蒸，春祭为享。

⑦ 司徒：官名，主管教化。

【译文】

　　鲁文公打算拆毁孟文子的住宅以扩建自己的宫庭，便派人对孟文子说："我想在外面宽敞的地方给你安排个好住宅。"孟文子说："爵位，是因政事而设立的；官署，是爵位的标志；车和服饰，是标志中显示贵贱的；宅，是有车服官位者所居住的府第；禄，是有府第者所享受的食米。国君讨论决定这五项内容以建立政事，不可随意变动。现在有关部门命令更换我的官署和车服，而且说：'改变你的住宅，是为了你的宽敞便利。'官署，是早晚用来恭敬地执行国君命令的地方。我住先臣的官署，用先臣的车服，为了一点利益而更换地点，是有辱君命的，所以不敢服从。倘若这样做有罪，就请收回我的俸禄和车服，离开我的官署，让里宰来安排我的住处吧。"文公没有取得孟文子的住宅。臧文仲听到这件事后说："孟文子真善于守职啊。他可以超过他父亲穆伯并在鲁国保住后嗣！"

　　文公又打算拆毁郈敬子的住宅，也派人到郈敬子那里说了同样的话。郈敬子说："我的先祖惠伯从司里官那儿得到这处住宅，每年秋祭、夏祭、冬祭、春祭时我从这住宅里送肉给国君，已经多年了；在这住宅里受使出境入国，带着礼物传达国君的命令，也已经多年了。现在命令我迁到外面去居住，如果有司按照位次下达职事，恐怕太远了吧！请让我听从司徒官根据位次来安排搬家。"文公也没有能取得郈敬子的住宅。

夏父弗忌改昭穆之常

夏父弗忌为宗①，烝将跻僖公。宗有司曰："非昭穆也②。"曰："我为宗伯，明者为昭，其次为穆，何常之有！"有司曰："夫宗庙之有昭穆也，以次世之长幼，而等胄之亲疏也。夫祀，昭孝也。各致齐敬于其皇祖，昭孝之至也。故工史书世③，宗祝书昭穆④，犹恐其逾也。今将先明而后祖，自玄王以及主癸莫若汤⑤，自稷以及王季莫若文、武⑥，商、周之烝也，未尝跻汤与文、武，为不逾也。鲁未若商、周而改其常，无乃不可乎？"弗听，遂跻之。

展禽曰："夏父弗忌必有殃。夫宗有司之言顺矣，僖又未有明焉。犯顺不祥，以逆训民亦不祥，易神之班亦不祥，不明而跻之亦不祥，犯鬼道二，犯人道二，能无殃乎？"侍者曰："若有殃焉在？抑刑戮也，其夭札也⑦？"曰："未可知也。若血气强固，将寿宠得没，虽寿而没，不为无殃。"既其葬也，焚，烟彻于上。

【注释】

① 夏父弗忌：鲁国大夫，夏父展的后代。夏父，复姓；弗忌，名。

宗：即宗伯，官名。主掌国家祭祀之礼。

②昭穆：古代宗庙次序，以始祖庙居中，左为昭，右为穆。父为昭，子为穆。祭祀时，子孙也按此种规定排列行礼。

③工史：工，乐师；史，史官。

④祝：即太祝，古官名，掌祭祀祈祷。

⑤玄王：商族的始祖，名契。主癸：商朝开创者汤的父亲。

⑥稷：后稷，周族的始祖，名弃。王季：周文王的父亲。

⑦札：瘟疫。

【译文】

夏父弗忌担任宗伯，冬祭时要把鲁僖公的位次升到鲁闵公之前。手下具体办事的人说："这不合乎昭穆的次序。"夏父弗忌说："我是宗伯，僖公有明德当为昭，不如他的就为穆，有什么固定的次序？"主事人说："宗庙的昭穆次序，是用来排列世系的先后，理顺后人的亲疏关系。祭祀，是表明孝道的。各自向皇天宗祖献上敬意，这是表明孝道的最高礼仪。所以乐师和史官要记载世次的先后，宗伯和太祝要记载昭穆的次序，还生怕出现越礼的现象。现在你要把所谓有明德的僖公排在前，而把世次在前的闵公列在后，那么从玄王到主癸都不及汤的明德，从后稷到王季都不及周文王和周武王的明德，可是商人、周人在冬祭时，并没有因此把汤和文王、武王排列在前，这是为的不越礼啊。鲁国不像商人、周人那样做反而改变常规，这多么不可以啊！"夏父弗忌不听劝告，还是把僖公的位次升到闵公之前。

展禽说："夏父弗忌一定有灾祸。宗庙主事人的话是合乎礼的，况且僖公又没有明德。违犯了礼不吉祥，用违礼的话教育民众也不吉祥，变换神的位次也不吉祥，没有明德反升到前面也不吉祥，前两条违犯了人道，后两条违犯了鬼道，能没有灾祸吗？"旁边的侍者问："如果有灾祸会在哪里呢？是被刑杀，还是因瘟疫而早死？"回答说："这还不能知道。假如这个人身体壮实，将侥幸而尽天年，但即使是寿终而死，也不会没有灾祸。"夏父弗忌死后，下葬的时候棺椁忽然起火，烟气直上天空。

里革更书逐莒太子仆

莒太子仆弑纪公①，以其宝来奔。宣公使仆人以书命季文子曰②："夫莒太子不惮以吾故杀其君，而以其宝来，其爱我甚矣。为我予之邑。今日必授，无逆命矣。"里革遇之而更其书曰③："夫莒太子杀其君而窃其宝来，不识穷固又求自迩，为我流之于夷。今日必通，无逆命矣。"明日，有司复命，公诘之，仆人以里革对。公执之，曰："违君命者，女亦闻之乎？"对曰："臣以死奋笔，奚啻闻之也！臣闻之曰：'毁则者为贼，掩贼者为藏，窃宝者为宄，用宄之财者为奸。'使君为藏奸者，不可不去也。臣违君命者，亦不可不杀也。"公曰："寡人实贪，非子之罪。"乃舍之。

【注释】

① 太子仆：莒国纪公之子。纪公先立仆为太子，后又欲立次子季佗而废掉仆，所以太子仆把纪公杀了。

② 宣公：鲁文公之子，名倭。公元前608至前591年在位，季文子，鲁国正卿季孙行父。

③ 里革：名克，鲁国太史。

【译文】

　　莒国的太子仆杀了纪公，带着宝物来投奔鲁国。鲁宣公派仆人拿着公文去命令季文子说："莒太子为了我无所顾忌地杀了他的国君，并带着他的宝物来投奔，他对我太好了。替我封给他采邑，今天必须执行，不得违抗命令。"里革遇见仆人，把公文的内容改为："莒太子杀了他的国君，并偷窃了他的宝物来投奔，他不认识自己的穷凶顽固还想来接近我们，替我把他放逐到东夷去。今天必须执行，不得违抗命令。"次日，有关官员汇报命令执行情况，宣公责问他们，仆人便把里革的事告诉了宣公。宣公把里革抓来问道："违抗国君命令该当何罪，你听说过吗？"里革回答说："我拼着一死奋笔改写公文，岂止是听说！我还听说过：'破坏法纪的人是乱贼，掩匿乱贼的人是窝主，窃取财宝的人是内盗，用内盗财宝的人是奸邪。'会使国君成为窝主、奸邪的人，是不能不除去的。我违抗了国君的命令，也不能不处死。"宣公说："我确实太贪心，不是你的罪过。"于是赦免了里革。

里革断宣公罟而弃之

宣公夏滥于泗渊，里革断其罟而弃之，曰："古者大寒降，土蛰发，水虞于是乎讲罛罶[1]，取名鱼，登川禽，而尝之寝庙，人行诸国，助宣气也。鸟兽孕，水虫成，兽虞于是乎禁罝罗[2]，猎鱼鳖以为夏犒，助生阜也。鸟兽成，水虫孕，水虞于是乎禁罝麗，设阱鄂，以实庙庖，畜功用也。且夫山不槎蘗，泽不伐夭，鱼禁鲲鲕，兽长麑麌，鸟翼鷇卵，虫舍蚳蝝，蕃庶物也，古之训也。今鱼方别孕，不教鱼长，又行网罟，贪无艺也。"

公闻之曰："吾过而里革匡我，不亦善乎！是良罟也，为我得法。使有司藏之，使吾无忘谂。"师存侍[3]，曰："藏罟不如寘里革于侧之不忘也。"

【注释】
　①水虞：古代管湖、泽的官。
　②兽虞：古代管山林禽兽的官。
　③师存：师，乐师。存，人名。

【译文】
　鲁宣公夏天把渔网投入泗水深处捕鱼，里革割断他的渔网扔在一旁，说："古时候大寒到来，深藏在泥土中的动物开始活动时，掌管湖、泽的官才考虑使用渔网和竹笼，去捕捉大鱼和鳖蜃等水产，用来在寝庙中祭祀祖先。这时让国人捕鱼，是为了帮助地下的阳气宣泄出来。鸟产卵，兽怀胎时，鱼类长成，掌管山林禽兽的官便禁止使用网捕捉鸟兽，只准用矛刺取鱼鳖，晒成肉干供夏天食用，这是为了帮助鸟兽的生长。鸟兽长大了，鱼鳖则开始繁殖，掌管湖泽的官便禁止下网捕鱼，只准设陷阱和鸟网去猎获鸟兽，以供应宗庙和厨房的需要，而把小鱼养在河里等它们长大后再取来享用。此外到山上砍柴时不能伐掉树苗，到水边割草时不能割取没有长成的嫩草，捕鱼时禁止捕幼鱼；捕兽时要留下小鹿和小麋，捕鸟时要保护雏鸟和鸟卵，捕虫时要避免伤害幼虫：这些都是为了使万物生长繁殖，是古人的教导。现在正是雌鱼刚刚和雄鱼分开而开始繁殖的时候，你却不让鱼长大，还要下网捕捞，真是太贪心了！"

宣公听了这番话，说："我错了，有里革纠正我，不也很好吗？这是一副好渔网啊，它让我认识到治理国家的方法。请管事的人把网保存起来，使我永远不忘。"师存正在旁边侍候宣公，说道："与其保存这副渔网，还不如把里革安排在您的身边，就不会忘记他的规劝了。"

子叔声伯辞邑

子叔声伯如晋谢季文子^①，郤犫欲予之邑^②，弗受也。归，鲍国谓之曰^③："子何辞苦成叔之邑，欲信让耶？抑知其不可乎？"对曰："吾闻之，不厚其栋，不能任重。重莫如国，栋莫如德。夫苦成叔家欲任两国而无大德，其不存也，亡无日矣。譬之如疾，余恐易焉。苦成氏有三亡：少德而多宠，位下而欲上政，无大功而欲大禄，皆怨府也。其君骄而多私^④，胜敌而归^⑤，必立新家。立新家，不因民不能去旧；因民，非多怨民无所始。为怨三府，可谓多矣。其身之不能定，焉能予人之邑！"鲍国曰："我信不若子，若鲍氏有衅，吾不图矣。今子图远以让邑，必常立矣。"

【注释】

① 子叔声伯：鲁国大夫。季文子：鲁国正卿季孙行父，当时被晋国扣押作为人质。

② 郤犫：即苦成叔，晋国的卿。与子叔声伯有姻亲。

③ 鲍国：鲁国大夫，鲍叔牙的玄孙。

④ 其君：指晋厉公。

⑤ 胜敌：指公元前 575 年晋国在鄢陵之战中战胜楚国。

【译文】

　　子叔声伯去晋国谢罪并请求放回季文子，郤犨想请晋君封给他城邑以示笼络，子叔声伯不接受。回国后，鲍国问他说："你为什么辞让郤犨为你请封的城邑，是真的要辞让呢，还是知道他办不到？"回答说："我听说，不是粗大的栋梁，不能承担重压。最重的压力莫过于国家，最好的栋梁莫过于有德了。郤犨想插手晋、鲁两个国家的事务却又没有很高的德行，他的地位不会长久，败亡就在眼前。好比得了疫疬，我担心他很快就会垮台的。郤犨有三个败亡的原因：缺少德行却多受晋君宠爱，地位不高却想干预国政，没有大功却要丰厚的俸禄：这些都会招来对他的怨恨。晋厉公为人骄矜，身边有许多奸佞之臣。现在他刚刚战胜楚国回来，一定会论功行赏立新大夫。立了新大夫，却不顺应民众的意愿不能除去他们所厌恶的旧官员。按照民众的意愿，不是招怨多的官员，民众不会首先攻击他。郤犨在三个方面招来怨恨，可以说是够多了。他自身尚且不能保全，怎么还能请封给别人城邑！"鲍国说："我确实不及你。倘若我的家族中有什么祸兆，我是不能算计到的，现在你考虑深远而辞让了城邑，你一定会保持住稳固的地位。"

里革论君之过

晋人杀厉公①，边人以告，成公在朝②。公曰："臣杀其君，谁之过也?"大夫莫对，里革曰："君之过也。夫君人者，其威大矣。失威而至于杀，其过多矣。且夫君也者，将牧民而正其邪者也，若君纵私回而弃民事，民旁有慝无由省之，益邪多矣。若以邪临民，陷而不振，用善不肯专，则不能使，至于殄灭而莫之恤也，将安用之? 桀奔南巢③，纣踣于京④，厉流于彘⑤，幽灭于戏⑥，皆是术也。夫君也者，民之川泽也。行而从之，美恶皆君之由，民何能为焉。"

【注释】

① 晋人杀厉公：指公元前 573 年正月晋国大夫栾书和中行偃派程滑杀死了晋厉公。

② 成公：名黑肱，鲁国国君。公元前 590 至前 573 年在位。

③ 桀：夏桀，夏代的暴君。南巢：古地名，今安徽省巢县西南。

④ 纣：商纣，商代暴君。京：指商纣王时的别都朝歌，在今河南省淇县。

⑤ 厉：周厉王，周代暴君。彘：古地名，今山西省霍县境内。

⑥ 幽：周幽王，周代暴君。戏：戏山，今陕西省临潼市东。

【译文】

　　晋国人杀了晋厉公，鲁国防守边境的官员把这个消息报告给朝廷，鲁成公正好在朝堂上。成公听到后说："臣子杀了他的国君，是谁的过错？"大夫们没有人回答。里革回答说："这是国君的过错。统治民众的人，他的威严是极大的。丧失威严以至于被杀，他的过错一定太多了。而且做国君的，应该治理民众并纠正民众的邪恶。倘若国君放纵自己的私心邪念而放弃了治理民众的事情，民众中间发生的邪恶没有人去了解，就会使邪恶越来越多。倘若用邪恶的办法治理民众，政事就会败坏而不能挽救。施行仁政又不肯专一到底，就不能支配民众。民众到了灭亡的地步也不去体恤，这样还要国君做什么？夏桀出逃到南巢，商纣王死在朝歌，周厉王被流放到彘地，周幽王在戏山身亡，都是由于过错太多失掉威严的缘故。国君就好比养育民众的川泽。君行而民从，好坏都由国君决定，民众怎么能无故弑君呢？"

季文子论妾马

　　季文子相宣、成，无衣帛之妾，无食粟之马。仲孙它谏曰[①]：“子为鲁上卿，相二君矣，妾不衣帛，马不食粟，人其以子为爱，且不华国乎！”文子曰：“吾亦愿之，然吾观国人，其父兄之食粗而衣恶者犹多矣，吾是以不敢。人之父兄食粗衣恶，而我美妾与马，无乃非相人者乎！且吾闻以德荣为国华，不闻以妾与马。”

　　文子以告孟献子[②]，献子囚之七日。自是，子服之妾不过七升之布，马饩不过稂莠。文子闻之，曰：“过而能改者，民之上也。”使为上大夫[③]。

【注释】
　　① 仲孙它：又名子服，鲁国大夫。
　　② 孟献子：仲孙它之父仲孙蔑。
　　③ 上大夫：古职官名。春秋时期国君之下有卿、大夫、士三级，大夫序列内又分为上大夫、中大夫、下大夫。

【译文】
　　季文子在鲁宣公和鲁成公时担任国相，他的妾不穿丝帛，马匹不喂精料。仲孙它劝他说：“您是鲁国的上卿，辅佐过两朝国君，妾不穿丝帛，马匹不喂精料，国人恐怕会以为您吝啬，而且国家不也有失体面吗?"季文子说:"我也愿意华贵一些啊。但是我看国人中,父兄吃粗粮,穿陋衣的还很多,所以我不敢。别人的父兄衣食不丰,而我却优待妾和马匹,这难道是辅佐国君的人该做的吗?况且我只听说高尚的德行可以为国增光,没有听说过以妾和马匹来夸耀的。"

季文子把这件事告诉了仲孙它的父亲孟献子。孟献子为此把仲孙它关了七天。从这以后,仲孙它的妾穿的只是粗布,喂马的饲料也只是稗草。季文子知道后说:"有错误而能改正,是人中之俊杰啊。"于是推荐仲孙它担任上大夫。

叔孙穆子聘于晋

叔孙穆子聘于晋①，晋悼公飨之②，乐及《鹿鸣》之三③，而后拜乐三。晋侯使行人问焉④，曰："子以君命镇抚弊邑，不腆先君之礼，以辱从者，不腆之乐以节之。吾子舍其大而加礼于其细，敢问何礼也？"对曰："寡君使豹来继先君之好，君以诸侯之故，贶使臣以大礼。夫先乐金奏《肆夏樊》、《遏》、《渠》⑤，天子所以飨元侯也；夫歌《文王》、《大明》、《緜》⑥，则两君相见之乐也。皆昭令德以合好也，皆非使臣之所敢闻也。臣以为肄业及之，故不敢拜。今伶箫咏歌及《鹿鸣》之三，君之所以贶使臣，臣敢不拜贶。夫《鹿鸣》，君之所以嘉先君之好也，敢不拜嘉。《四牡》，君之所以章使臣之勤也，敢不拜章。《皇皇者华》，君教使臣曰'每怀靡及，诹、谋、度、询，必咨于周。'敢不拜教。臣闻之曰：'怀和为每怀，咨才为诹，咨事为谋，咨义为度，咨亲为询，忠信为周。'君贶使臣以大礼，重之以六德，敢不再拜。"

【注释】
　　① 叔孙穆子：鲁国的卿。名豹，叔孙得臣之子。

②晋悼公：继晋厉公为晋国国君，公元前572至前558年在位。

③《鹿鸣》：《诗经·小雅》中的一篇。前三篇依次为《鹿鸣》、《四牡》和《皇皇者华》。周代时用来作宴会群臣嘉宾时演奏的乐歌。

④行人：古官名，管朝觐聘问时的迎送宾客之礼，类似礼宾官。

⑤《肆夏樊》、《遏》、《渠》：夏代的三首乐曲。《遏》又名《韶夏》，《渠》又名《纳夏》，均已失传。

⑥《文王》、《大明》、《緜》：《诗经·大雅》《文王》之什前三篇的篇名。

【译文】

　　叔孙穆子到晋国作亲善访问，晋悼公用宴乐款待他。当乐师演奏到《鹿鸣》等三曲时，穆子才三次起身拜谢。悼公让礼宾官问他说："您奉君命来敝国访问，敝国以先君微薄的仪式接待您，并以音乐为您助兴。您置重大的乐曲于不顾却为次要的乐曲拜谢，请问这是什么礼节？"穆子答道："我的国君派我来，为的是继承先君的友好关系。贵国国君出于对诸侯国的尊重，赐我以大礼。先用金钟演奏《肆夏樊》、《遏》、《渠》三首夏曲，这是天子用来招待诸侯领袖的。再演唱《文王》、《大明》、《緜》，这三首曲子是两国国君相见时用来助兴的。这些都是表彰先王美德以加强友好的音乐，都不是像我这种身份所敢听的。我以为是乐师练习时奏到这些曲子，所以不敢拜谢。现在乐师吹箫演唱到《鹿鸣》等三曲，这是国君赐给使臣的乐曲，我怎么敢不拜谢这个恩赐呢。其中第一首曲子《鹿鸣》，是国君用来嘉善先君友好关系的，我岂敢不拜谢这种嘉善；第二首曲子《四牡》，是国君用来表彰使臣勤于国事的，我岂敢不拜谢这种表彰；第三首曲子《皇皇者华》中，国君教导使臣说：'每个人都怀有私心，国事将永远不能办成功。诹、谋、度、询，一定要向忠诚的人咨询。'我岂敢不拜谢这种教导。我听说：'每怀就是怀私的意思，咨问事务叫诹；咨问困难叫谋；咨问礼义叫度；咨问亲戚叫询；向忠信的人咨问叫周。'贵国国君赐我以大礼，又教导我这六德，我岂敢不再三拜谢。"

叔孙穆子谏季武子为三军

季武子为三军①，叔孙穆子曰：“不可。天子作师，公帅之，以征不德。元侯作师，卿帅之，以承天子。诸侯有卿无军，帅教卫以赞元侯。自伯、子、男有大夫无卿②，帅赋以从诸侯。是以上能征下，下无奸慝。今我小侯也，处大国之间，缮贡赋以共从者，犹惧有讨。若为元侯之所，以怒大国，无乃不可乎？”弗从，遂作中军。自是齐、楚代讨于鲁，襄、昭皆如楚③。

【注释】

① 季武子：鲁国的卿，季文子之子季孙夙。三军：按周礼规定，天子可拥有六军，诸侯大国拥有三军，次国二军，小国一军。鲁为大国，原有三军，然后来国势削弱，仅置上、下两军，中军阙如。

② 无卿：按周礼规定，诸侯大国有三卿，都由周天子任命。次国也有三卿，其中二卿由周天子任命，一卿由国君任命。小国有二卿，都由国君任命。此处所指无卿，是说小国没有周天子任命的卿。

③ 襄、昭：指鲁襄公和鲁昭公。

【译文】

季武子打算建立三军，叔孙穆子说：“不可以。天子拥有六军，由在王室为卿的公统率，用来征讨不义之国。大诸侯国的国君拥有三军，由卿统帅，用来随从天子征讨。一般诸侯国的国君有卿而没有三军，由卿统率经过训练的武卫之士来辅助大诸侯国的国君。自伯、子、男以下的小国有大夫而没有周天子任命的卿，只是负责出一些兵车甲士跟随诸侯作战。这样上才能匡正下，下面才没有奸恶。如今我们鲁国是个小国，处在齐、楚等大国之间，即使整治好兵车甲士来供应大国，还恐怕被讨伐。倘若要建立大诸侯国才有权拥有的三军，势必会激怒大国，恐怕不行吧?"季武子没有听从穆子的劝告，于是在原来上军下军的基础上又组建了中军。从此之后齐、楚两大诸侯国轮番攻打鲁国，鲁襄公、鲁昭公被迫先后去楚国表示臣服。

诸侯伐秦鲁人以莒人先济

　　诸侯伐秦①，及泾莫济②。晋叔向见叔孙穆子曰③："诸侯谓秦不恭而讨之，及泾而止，于秦何盖?"穆子曰："豹之业，及《匏有苦叶》矣④，不知其他。"叔向退，召舟虞与司马⑤，曰："夫苦匏不材于人，共济而已。鲁叔孙赋《匏有苦叶》，必将涉矣。具舟除隧，不共有法。"是行也，鲁人以莒人先济，诸侯从之。

【注释】
　　①诸侯伐秦：指公元前559年，晋侯派六卿率领诸侯大夫讨伐秦国，以报栎地战役失败之仇。
　　②泾：水名，渭河的支流。
　　③叔向：晋国大夫，名肸。
　　④《匏有苦叶》：《诗经·邶风》篇名。匏：一种有苦味的葫芦，不能食用，但浮渡深水时，可以系在腰间作浮囊。
　　⑤舟虞：军中掌船只运输的官员。司马：即军司马，主管军政的官员。

【译文】
　　晋国发动诸侯讨伐秦国，军队到达泾水时谁也不肯先渡河。晋国大夫叔向去见鲁国的叔孙穆子，说："诸侯认为秦国对盟主不恭敬而讨伐它，但到达泾水后却停止不前，这对伐秦有什么好处?"穆子说:"我的事,就是诵读《匏有苦叶》,不懂得其他还有什么。"叔向告辞后,召来管理船只和军政的官员,说:"苦匏不能被人食用,只能派渡河的用处。鲁国的叔孙穆子诵读《匏有苦叶》,一定是打算过河了。你们马上准备船只,清除道路,不供给船只要依法论处。"在这次渡河的行动中,鲁国用莒国的部队先过河,诸侯们随后跟着过了河。

襄 公 如 楚

襄公如楚①，及汉，闻康王卒②，欲还。叔仲昭伯曰③："君之来也，非为一人也，为其名与其众也。今王死，其名未改，其众未败，何为还？"诸大夫皆欲还。子服惠伯曰④："不知所为，姑从君乎！"叔仲曰："子之来也，非欲安身也，为国家之利也，故不惮勤远而听于楚；非义楚也，畏其名与众也。夫义人者，固庆其喜而吊其忧，况畏而服焉？闻畏而往，闻丧而还，苟芈姓实嗣⑤，其谁代之任丧？王太子又长矣，执政未改，予为先君来，死而去之，其谁曰不如先君？将为丧举，闻丧而还，其谁曰非侮也？事其君而任其政，其谁由己贰？求说其侮，而亟于前之人，其仇不滋大乎？说侮不懦，执政不贰，帅大仇以惮小国，其谁云待之？若从君而走患，则不如违君以避难。且夫君子计成而后行，二三子计乎？有御楚之术而有守国之备，则可也；若未有，不如往也。"乃遂行。

反，及方城⑥，闻季武子袭卞⑦，公欲还，出楚师以伐鲁。荣成伯曰⑧："不可。君之于臣，其威大矣。不能令于国，而恃诸侯，诸侯其谁暱之？若得楚师以伐鲁，鲁既不违夙之取卞也^⑨，必用命焉，守必固矣。若楚之克鲁，诸姬不获阀焉^⑩，而况君乎？彼无亦置其同类以服东夷^⑪，而大攘诸夏^⑫，将天下是王，而何德于君，其予君也？若不克鲁，君以蛮、夷伐之，而又求入焉，必不获矣。不如予之。夙之事君也，不敢不悛。醉而怒，醒而喜，庸何伤？君其入也！"乃归。

【注释】

① 襄公：鲁襄公，名午。公元前 572 至前 542 年在位。

② 康王：楚国国君，楚恭王之子，名昭。公元前 559 至前 545 年在位。

③ 叔仲昭伯：鲁国大夫，名带。

④ 子服惠伯：鲁国大夫，仲孙它之子，名椒。

⑤ 芈：楚国的姓。

⑥ 方城：楚国北面的山名。在今河南省叶县南，春秋时楚国所筑的长城经过此山东麓。

⑦ 卞：属于鲁国公室的一座城。在今江苏省泗水县东，季武子欲侵削公室据为己有。

⑧ 荣成伯：鲁国大夫，名栾。

⑨ 夙：季武子的名。

⑩ 诸姬：指和周同姓的诸侯。姬为周姓。

⑪ 东夷：指当时东方沿海各族。

⑫ 诸夏：指中原各国。

【译文】

鲁襄公去楚国，到汉水时，听说楚康王死了，打算返回。大夫叔仲昭伯说："国君这次来楚国，不是为了楚康王一个人，而是慑于它的大国盟主的身份和强大的军队。如今楚康王虽然已死，但它的大国身份没有改变，它的军队没有衰败，为什么要返回？"众大夫还是希望回国。大夫子服惠伯说："既然不知如何是好，就姑且听从国君的吧！"叔仲昭伯说："你们这次出行，不是为求个人安身立命，而是为了国家的利益，所以才不怕路遥辛劳来向楚国表示尊崇。你们不是服膺于楚国的正义，而是畏惧它的地位和实力。服膺于别人的正义，固然要庆贺其喜而吊慰其丧，何况是畏惧而慑服于人呢？畏惧楚国而来，听说楚君死了又要返回，如果楚国有了新君，又会有谁代替他主办丧事呢？楚国的王太子现已成年，当政的显贵也未改变，我们为先君而来，他一死就回去，显然是看不起新君，谁能说新君的德行不如先君呢？即使在国内听到楚国有丧也应前去吊慰，现在听到有丧反要回去，谁能说这不是对楚国的侮辱呢？楚国的卿大夫臣事自己的新君，负责本国的政事，谁会愿意在新君当政时别国怀有二心呢？楚国的君臣要除去那些轻侮他们的人，一定会比以前更迫切，这样楚国对我国的仇恨不就更大了吗？楚国为免去侮辱就不会示弱，君臣上下一心，怀着深仇大恨来威胁我们，谁能抵御得了它呢？倘若听从国君的话中途回国而遭致祸患，那还不如违背国君的意见以避免灾难。况且君子凡事考虑周详然后才采取行动，你们大家都认真考虑了吗？有抗御楚国的办法和守护国家的准备，就可以回去，如果没有，不如到楚国去。"于是大家继续前行。

访问完毕回国的路上，到方城山时，听说季武子袭占了卞城，襄公打算返回楚国，请求楚国出兵讨伐季武子。大夫荣成伯说："不行。君对于臣，他的权威是很大的。国君的命令不能在本国被执行，却要依靠别国诸侯的力量，诸侯谁还会亲近你？倘若请到楚国的军队来攻打季武子，而鲁国人当时并未反对季武子夺取卞城的举动，他们一定会听从他的命令，防守一定会牢固。倘若楚国战胜鲁国的季武子，就是周室的王公也见不到什么好处，何况国君您呢？楚国将在鲁国安插其同姓巩固统治，进而征服东夷，全力驱逐中原各国的势力，以称王于天下。他们对国君有什么恩德，会把鲁国白白送给您呢？倘若楚国没有打败鲁国的季武子，那么您用蛮夷的军队讨伐季武子不成，再想返回鲁国的话，一定不会获准。与其这样，不如把卞城赐给季武子。季武子出于感恩事奉国君，也不敢不改过。一个人喝醉时常常会发怒，酒醒后也就回嗔为喜了，又有什么关系呢？国君还是回国吧！"于是襄公回到鲁国。

季冶致禄

襄公在楚，季武子取卞，使季冶逆^①，追而予之玺书^②，以告曰："卞人将畔，臣讨之，既得之矣。"公未言，荣成子曰："子股肱鲁国，社稷之事，子实制之。唯子所利，何必卞？卞有罪而子征之，子之隶也，又何谒焉？"子冶归，致禄而不出，曰："使予欺君，谓予能也。能而欺其君，敢享其禄而立其朝乎？"

【注释】

①季冶：鲁国大夫。

②玺书：玺，印章。春秋时卿大夫之印也称玺，秦始皇始以天子之印曰玺，成为皇帝印章的专用名词。

【译文】

鲁襄公出访楚国时，季武子乘机占有了卞城，他派季冶去迎候襄公，又追赶上季冶交给他一封盖了官印的信转致襄公。信上说："卞城的人将要叛变，我讨伐他们，已经占领了卞城。"襄公阅信后还未发话，荣成子就让季冶转告季武子说："你是鲁国的重臣，国家的事务，实际上是由你裁夺。既然一切听你的便，何况区区一个卞城呢？卞城的人有罪，你去讨伐，这是你职份内的事，又何须来奉告呢？"季冶回去后，交还俸禄辞官不出，说："派我去欺骗国君，认为我有才能。有才能却欺骗自己的国君，还怎么敢享受国君的俸禄为国君做事呢？"

叔孙穆子知楚公子围有篡国之心

虢之会①，楚公子围二人执戈先焉②。蔡公孙归生与郑罕虎见叔孙穆子③，穆子曰："楚公子甚美，不大夫矣，抑君也。"郑子皮曰："有执戈之前，吾惑之。"蔡子家曰："楚，大国也；公子围，其令尹也。有执戈之前，不亦可乎?"穆子曰："不然。天子有虎贲④，习武训也；诸侯有旅贲⑤，御灾害也；大夫有贰车⑥，备承事也；士有陪乘⑦，告奔走也。今大夫而设诸侯之服，有其心矣。若无其心，而敢设服以见诸侯之大夫乎? 将不入矣。夫服，心之文也。如龟焉，灼其中，必文于外。若楚公子不为君，必死，不合诸侯矣。"公子围反，杀郏敖而代之⑧。

【注释】
　　① 虢之会：公元前 541 年，楚、鲁、晋、齐、宋、蔡等国在虢地会盟。虢：古地名，今河南省郑州市北。
　　② 公子围：楚恭王的庶子熊虔，当时是楚国的令尹。
　　③ 公孙归生：蔡国大师子朝之子，字子家。罕虎：郑国大夫，字子皮。
　　④ 虎贲：官名，王宫中卫戍部队的将领。
　　⑤ 旅贲：诸侯出行时护车的勇士。

⑥ 贰车：随从的副车。

⑦ 陪乘：跟车的随从人员。

⑧ 郏敖：楚康王的儿子，名麇。公元前544至541年在楚国执政。

【译文】

在虢地举行的诸侯盟会上，楚国的公子围安排两个卫兵拿着戈在前面开道。蔡国的公孙归生和郑国的大夫罕虎遇见叔孙穆子，穆子对他们说："楚国的公子围穿的服饰太神气了，简直不像是大夫的格局，倒像是国君。"罕虎说："他前面有卫兵拿着戈开道，我对此也感到很奇怪。"公孙归生说："楚国是个大国，公子围是楚国的令尹。有拿着戈的卫兵在前面开道，不也可以吗？"穆子说："这话不对。天子有虎贲，负责教习武功以保卫王宫；诸侯有旅贲，用来防御意外的灾祸；大夫有贰车，可以备差遣；士人有陪乘，供奔走时出力。现在作大夫的却冒用了诸侯的车服规格，有篡国之心啊。倘若没有那种心思，怎么敢用诸侯的车服规格来见诸侯国的大夫呢？他今后不会再当楚国的大夫了。车服，是内心的表露。好比龟甲，在里面烧它，外面一定会有裂纹显现。如果公子围当不上国君，肯定会死，不会再以大夫的身份会见诸侯了。"公子围回国后，果然杀了郏敖并夺取了他的王位。

叔孙穆子不以货私免

虢之会，诸侯之大夫寻盟未退。季武子伐莒取郓①，莒人告于会，楚人将以叔孙穆子为戮。晋乐王鲋求货于穆子②，曰："吾为子请于楚。"穆子不予。梁其胫谓穆子曰③："有货，以卫身也。出货而可以免，子何爱焉？"穆子曰："非女所知也。承君命以会大事，而国有罪，我以货私免，是我会吾私也。苟如是，则又可以出货而成私欲乎？虽可以免，吾其若诸侯之事何？夫必将或循之，曰：'诸侯之卿有然者故也。'则我求安身而为诸侯法矣。君子是以患作。作而不衷，将或道之，是昭其不衷也。余非爱货，恶不衷也。且罪非我之由，为戮何害？"楚人乃赦之。

穆子归，武子劳之，日中不出。其人曰："可以出矣。"穆子曰："吾不难为戮，养吾栋也。夫栋折而榱崩，吾惧压焉。故曰虽死于外，而庇宗于内。可也。今既免大耻，而不忍小忿，可以为能乎？"乃出见之。

【注释】
　①季武子：鲁国正卿，季文子的儿子。莒：古国名。属地在今山东

省安丘县、诸城县、莒县和日照县一带。公元前431年为楚国所灭。郓：古邑名。莒国的一座小城，位于今山东省沂水县北。

② 乐王鲋：晋国大夫，又称乐桓子。

③ 梁其胫：叔孙穆子的家臣。

【译文】

在虢地召开的盟会上，各诸侯国的大夫们谋求弭兵休战的盟约还未完成，鲁国的季武子就攻伐莒国，占领了郓城。莒国向与会各国控告，楚国主张杀掉鲁国的盟使叔孙穆子。晋国的乐王鲋向叔孙穆子索取贿赂，说："我替你向楚国说情。"叔孙穆子拒绝了。他的家臣梁其胫说："有财货，是用来保护自己的。拿出财货就可以免去一死，你为什么吝惜呢？"叔孙穆子说："这不是你所懂得的。我奉国君的命令来参加会盟的大事，现在国家有罪，我却用财货私自免死，这就说明我来会盟是为了自己的私利。如果我这样做了，不就还可以拿财货达到私欲吗？虽然我可免一死，但今后怎么再从事诸侯国之间的外交呢？一定会有别人仿效我的行为，说'某国诸侯的卿就曾这样做过的'。于是我求安身就为诸侯树立了一个行贿免死的榜样。所以君子担忧行事不正，行事不正，将会导致别人也来仿效，这就更加暴露出他的行事不正。我不是吝惜财货，而是讨厌行事不正啊。况且罪过不是由我引起，我就是被杀又何害于义？"楚国人于是赦免了叔孙穆子。

叔孙穆子回鲁国后，季武子前去慰劳，叔孙穆子到中午还不肯出门见他。家人说："可以出门了。"叔孙穆子说："我连被杀都不当作难事，是为了保住鲁国的栋梁。栋梁塌了，椽子也就毁了，我怕被压着。所以说即使死在国外，但庇护了国内的宗室，是值得的。现在既然免掉了国家灭亡的大耻，却不能忍受个人的小忿，可以这样做吗？"于是出门见季武子。

子服惠伯从季平子如晋

　　平丘之会①，晋昭公使叔向辞昭公②，弗与盟。子服惠伯曰③："晋信蛮、夷而弃兄弟④，其执政贰也。贰心必失诸侯，岂唯鲁然？夫失其政者，必毒于人，鲁惧及焉，不可以不恭。必使上卿从之。"季平子曰⑤："然则意如乎！若我往，晋必患我，谁为之贰？"子服惠伯曰："椒既言之矣，敢逃难乎？椒请从。"

　　晋人执平子。子服惠伯见韩宣子曰⑥："夫盟，信之要也。晋为盟主，是主信也。若盟而弃鲁侯，信抑阙矣。昔栾氏之乱⑦，齐人间晋之祸，伐取朝歌。我先君襄公不敢宁处，使叔孙豹悉帅敝赋，踦跂毕行，无有处人，以从军吏，次于雍渝⑧，与邯郸胜击齐之左⑨，掎止晏莱焉⑩，齐师退而后敢还。非以求远也，以鲁之密迩于齐，而又小国也；齐朝驾则夕极于鲁国，不敢惮其患，而与晋共其忧，亦曰：'庶几有益于鲁国乎！'今信蛮、夷而弃之，夫诸侯之勉于君者，将安劝矣？若弃鲁而苟固诸侯，群臣敢惮戮乎？诸侯之事晋者，鲁为勉矣。若以蛮、夷之故弃之，其无乃得蛮、夷而失诸侯之信乎？子计其利者，小国共命。"宣子说，乃归平子。

【注释】

① 平丘之会：平丘，地名，今河南省商丘县东。公元前529年，晋国与齐、宋、卫、郑等国诸侯在此盟会。

② 晋昭公：晋平公的儿子，名夷。公元前531年至前526年在位。叔向：晋国大夫。公元前532年鲁国攻取莒国和邾国的一些地方，莒、邾两国求助于晋，晋欲伐鲁，所以不让鲁国参加盟会。

③ 子服惠伯：鲁国大夫，名椒。

④ 蛮、夷：此处指邾、莒两国，是鲁国对它们的贬称。因鲁国与晋国祖先同为周文王之后，血缘关系近于邾、莒，故称兄弟之国。

⑤ 季平子：鲁国上卿，季武子之孙，名意如。

⑥ 韩宣子：晋国的卿，名起。

⑦ 栾氏之乱：栾氏，指晋大夫栾盈。公元前550年栾盈出逃齐国，在齐的支持下讨伐晋国，占领朝歌。

⑧ 雍渝：古地名，今河南省滑县西北。

⑨ 邯郸胜：晋国大夫须子胜。因其采邑在邯郸，故名。

⑩ 晏莱：齐国大夫。

【译文】

诸侯在平丘盟会时，晋昭公派叔向责备鲁昭公，不让他参加盟会。子服惠伯说："晋国听信蛮夷邾、莒的话而抛弃了兄弟的鲁国，他们的执政者有二心呀。有二心必然会失去诸侯的信赖，又何止只是失去鲁国的信赖呢？一国的国政出现失误，必然要加害于别国，鲁国害怕受到强晋的侵害，不能不对晋国恭敬，应该派上卿去晋国谢罪。"季平子说："这样的话就应该我去啦！只是如果我去，晋国一定会找我的麻烦，谁愿意做我的随从？"子服惠伯说："既然是我出的主意，还能逃避危难吗？请让我作随从。"

晋国人逮捕了季平子。子服惠伯去见韩宣子，说："诸侯盟会，由信义把他们结合在一起。晋国作为盟主，是主持信义于天下的。倘若诸侯盟会而不让鲁国国君参加，那信义就有欠缺了。过去栾盈发动内乱时，齐国乘晋国有祸，攻占了朝歌。我国的先君鲁襄公不敢袖手旁观，派叔孙豹统帅全国的兵甲，包括腿脚有缺陷的残疾人都一起入伍，没有一个人呆在家里，全都随军出征。到达雍渝一带后，与邯郸胜大夫共同攻击齐国的左军，牵制并俘虏了齐国的晏莱，直到齐军从晋国撤退以后才敢率军回国。我说这些并不是为了表白鲁国过去的功劳，而是因为鲁国紧邻齐国，又相对弱小；早晨从齐国驾车晚上就能到达鲁国，但鲁国不惧怕齐国的侵害，而决心与晋国共命运，还说：'只有这样才能有益于鲁国！'现在晋国听信邾、莒之言而抛弃鲁国，对那些尽力于晋国的诸侯，将如何解释呢？如果晋国抛弃了鲁国仍然可以牢固地团结诸侯，那么我们又怎么敢怕死呢？在事奉晋国的诸侯中，鲁国是最尽力的了。如果因为邾、莒两国的缘故而抛弃鲁国，那恐怕会得到邾、莒却失去诸侯信任的吧？你不妨考虑一下利害得失再作决定，我们鲁国一定恭敬从命。"韩宣子对子服惠伯的分析心悦诚服，于是放季平子回国。

季桓子穿井获羊

季桓子穿井①，获如土缶②，其中有羊焉。使问之仲尼曰③：“吾穿井而获狗，何也？”对曰：“以丘之所闻，羊也。丘闻之：木石之怪曰夔、蝄蜽④，水之怪曰龙、罔象⑤，土之怪曰羵羊。”⑥

【注释】
　　① 季桓子：鲁国上卿，名斯，季平子的儿子。
　　② 土缶：陶制的瓦罐。
　　③ 仲尼：孔丘的字。公元前 551 至前 479 年在世，著名的思想家和教育家。
　　④ 夔：又称山�) ，人面猴身的动物。蝄蜽：传说为山间精怪，能仿效人声而迷惑人。
　　⑤ 罔象：又称沐肿，能吃人的一种水中动物。
　　⑥ 羵羊：又称坟羊，传说中外形似羊的土中怪物。

【译文】
　　季桓子家中挖井，得到一个像瓦罐一样的东西，里面有一只外形似羊的动物。派人去试探孔丘说：“我家挖井时得到一只狗，是怎么一回事呢？”回答说：“据我所知，你得到的应该是羊。我听说：山中的怪物叫夔，叫蝄蜽，水中的怪物叫龙，叫罔象，土中的怪物叫羵羊。”

公父文伯之母对季康子问

季康子问于公父文伯之母曰^①："主亦有以语肥也。"对曰："吾能老而已，何以语子。"康子曰："虽然，肥愿有闻于主。"对曰："吾闻之先姑曰^②：'君子能劳，后世有继。'"子夏闻之^③，曰："善哉！商闻之曰：'古之嫁者，不及舅、姑^④，谓之不幸。'夫妇，学于舅、姑者也。"

【注释】
　　① 季康子：鲁国上卿，名肥，季桓子的儿子。公父文伯：鲁国大夫，名歜。母：公父穆伯之妻敬姜。
　　② 先姑：媳妇称婆婆为姑，称已故的婆婆为先姑。
　　③ 子夏：孔子的学生，名卜商。
　　④ 舅、姑：即公婆。

【译文】
　　季康子请教公父文伯的母亲敬姜说："您有什么话可以告诫我吧。"回答说："我不过年老些而已，有什么可以告诫的。"季康子说："就算这样，我还是愿意听到您的教诲。"回答说："我从已故的婆婆处听说过：'君子能勤劳做事，他的子孙就会兴旺发达。'"子夏听到这番对话后说："讲得真好啊！我听说过：'古时候女子出嫁，而公婆已故世的，叫做不幸。'为人妇，是应该向公婆学习的。"

公父文伯饮南宫敬叔酒

公父文伯饮南宫敬叔酒①，以露睹父为客②。羞鳖焉，小。睹父怒，相延食鳖，辞曰："将使鳖长而后食之。"遂出。文伯之母闻之，怒曰："吾闻之先子曰③：'祭养尸④，飨养上宾。'鳖于何有？而使夫人怒也！"遂逐之。五日，鲁大夫辞而复之。

【注释】
①南宫敬叔：鲁大夫，名说。南宫是复姓。
②露睹父：鲁大夫。客：周礼规定，众人饮酒时，尊一人为上客，即上宾。
③先子：古时媳妇对已经故世的公公的称谓，也可叫先舅。
④尸：举行祭祀之礼时，应尊代死者受祭的人。

【译文】
公父文伯在宴请南宫敬叔的酒席上，尊露睹父为上宾。在进鳖这道菜时，鳖小了些，露睹父很生气。相请吃鳖的时候，他退席告辞说："等鳖长大以后我再来吃吧。"于是中途出去了。文伯的母亲听说后，气愤地对儿子说："我听故世的公公说过：'祭祀时要让代死者受祭的人吃得好，宴请时要让上宾吃得好。'你进鳖这道菜时用的什么礼节，使得上宾生气呢！"于是把公父文伯从家里撵走了。过了五天，鲁国的大夫们前来说情，才同意公父文伯回家。

公父文伯之母论内朝与外朝

公父文伯之母如季氏，康子在其朝^①，与之言，弗应，从之及寝门，弗应而入。康子辞于朝而入见，曰："肥也不得闻命，无乃罪乎？"曰："子弗闻乎？天子及诸侯合民事于外朝，合神事于内朝^②；自卿以下，合官职于外朝，合家事于内朝；寝门之内^③，妇人治其业焉。上下同之。夫外朝，子将业君之官职焉；内朝，子将庀季氏之政焉，皆非吾所敢言也。"

【注释】
　① 朝：卿大夫处理事务的厅堂。又分为内外两部分，外面的叫外朝，里面的叫内朝。
　② 神事：祭祀祖宗神灵之类的事务。
　③ 寝门：卿大夫家属居住地与内外朝的界限。

【译文】
　公父文伯的母亲去季氏家，季康子正在厅堂上办事。与她打招呼，不应声。季康子一直跟到居室的门外，她还是不应声就进去了。季康子于是放下工作离开厅堂，进入居室见文伯的母亲，说："我没听到您的教诲，是不是得罪了您？"回答说："你没有听说过吗？天子与诸侯在外朝处理民众的事务，在内朝处理祭祀神灵的事务；卿以下的官员，在外朝处理本职工作，在内朝处理家族内的事情；至于寝门以内家属居住的地方，则由妇女操持安排。君臣上下都是这一个规矩。外朝，是你事奉国君完成职事的；内朝，你要在那儿处理家族的事情，所以这都不是我所敢与你说话的地方啊。"

公父文伯之母论劳逸

公父文伯退朝，朝其母，其母方绩。文伯曰："以歜之家而主犹绩，惧忏季孙之怒也[1]，其以歜为不能事主乎！"

其母叹曰："鲁其亡乎！使僮子备官而未之闻耶？居，吾语女。昔圣王之处民也，择瘠土而处之，劳其民而用之，故长王天下。夫民劳则思，思则善心生；逸则淫，淫则忘善，忘善之恶心生。沃土之民不材，逸也；瘠土之民莫不向义，劳也。是故天子大采朝日[2]，与三公、九卿祖识地德[3]；日中考政，与百官之政事，师尹维旅、牧[4]、相宣序民事；少采夕月[5]，与大史、司载纠虔天刑[6]；日入监九御[7]，使洁奉禘、郊之粢盛[8]，而后即安。诸侯朝修天子之业命，昼考其国职，夕省其典刑，夜儆百工[9]，使无慆淫，而后即安。卿大夫朝考其职，昼讲其庶政，夕序其业，夜庀其家事，而后即安。士朝受业，昼而讲贯，夕而习复，夜而计过无憾，而后即安。自庶人以下，明而动，晦而休，无日以怠。

"王后亲织玄纮，公侯之夫人加之以纮、綖，卿之内子为大带，命妇成祭服[10]，列士之妻加之以朝服[11]，自庶士以下，皆衣其夫。社而赋事，蒸而献功，男女效绩，愆则有辟，古之制也。君子劳心，小人劳力，先王之训也。自上以下，谁敢淫心舍力？今我，寡也，尔又在下位，朝夕处事，犹恐忘先人之业。况有怠惰，其何以避辟！吾冀而朝夕修我曰：'必无废先人。'尔今曰：'胡不自安。'以是承君之官，余惧穆伯之绝嗣也⑫。"

仲尼闻之曰："弟子志之，季氏之妇不淫矣。"

【注释】

① 季孙：指鲁国的上卿季康子。

② 大采：五采的礼服。朝日：朝拜祭祀日神。周礼规定，天子以春分朝日。

③ 地德：土地上生长的五谷。

④ 师尹：大夫官。牧：地方长官。

⑤ 少采：三彩的礼服。夕月：祭祀月神。

⑥ 大史：即太史，主管记载史书。司载：主管天文的官。

⑦ 九御：内宫的女官。

⑧ 粢盛：放在祭器内供祭祀用的谷物。

⑨ 百工：古代官的总称，犹言百官。

⑩ 命妇：大夫的妻。

⑪ 列士：周代的士等级内，又分为上士、中士、下士，上士亦称列士，下士亦称庶士。

⑫ 穆伯：公父文伯的父亲公父穆伯。

【译文】

公父文伯退朝回家，向母亲请安，母亲敬姜正在纺麻。公父文伯说："像我们这样的家庭，主人还要纺麻，恐怕会惹季康子不满，他会以为我公父文伯不能侍奉好母亲呢！"

他的母亲叹息说："鲁国大概要灭亡了！让你这样不懂事的孩

子在朝廷做官，却没有把做官的道理告诉过你吗？坐下，让我来告诉你。过去圣王治理百姓，总是挑选贫瘠的土地来安置他们，使百姓辛勤劳动，把土地耕种好，所以能长久地统治天下。百姓勤劳就会想到节俭，想到节俭就会产生善良的心；安逸则会放荡，放荡就会忘记善良，忘记善良就会产生坏心。生活在肥沃土地上的百姓不能成材，就是因为太安逸了；生活在贫瘠土地上的百姓无不向往仁义，这是因为勤劳的缘故。因此天子在每年春分时穿起五彩的礼服朝拜日神，和三公九卿一起熟习和认识五谷的生长情况；中午要考查朝政的得失和百官政事的勤怠，大夫官和各地方长官辅佐天子按次序全面地处理百姓的事务；每年秋分时天子穿起三彩的礼服祭祀月神，和太史、司载恭敬地观察上天显示的征兆；日落以后监督内宫女官的工作，让她们把祕祭和郊祭的祭品整洁地准备好，这以后才能安寝。诸侯在早上要办理天子交给的任务和命令，白天考察自己封国的事务，晚上检查法令的执行情况，夜间还要监督百官，使他们不敢怠慢，这以后才能安寝。卿大夫在早上要研究自己的本职工作，白天讲习一般例行公事，晚上检查自己经办的事务，夜间处理家内杂事，这以后才能安寝。士人在早上要接受朝廷交办的任务，白天讲习政事，晚上复习，夜间检查自己一天的言行有没有过失，这以后才能安寝。自一般百姓以下，天亮就劳动，天黑了才能休息，没有一天可以怠惰。

"王后要亲自编织王冠两旁悬挂玉瑱的黑色丝绳，公侯的夫人除此之外还要再加上编织系王冠的带子，卿的妻子要亲自编织束身用的黑色腰带，大夫的妻子要亲自做祭祀用的礼服，列士的妻子除此之外还要给丈夫做朝服，自下士以下的妻子都要给丈夫做衣服穿。春祭时要分配农桑的事务，冬祭时要献上收获的果实，男女都各尽其力，有了差错就要治罪，这是自古以来的制度。君子用心力操劳，小人用体力操劳，这是先王的训诫。从上到下，谁敢放纵自己而不用力气？如今我是个寡妇，你也只是个大夫，从早到晚兢兢业业地工作，还生怕败坏了祖先的成业，如存怠惰之念，又怎么躲避罪责呢？我希望你每天早晚都提醒我说：'一定不要毁败先人的成业。'你刚才却说：'为什么不自求安逸？'用这样怠惰的态度来担任国君赋予你的官职，我真担心你父亲穆伯要断绝后代啊！"

　　孔子听到敬姜这番话，说："学生们要记住，季氏家的妇人可算是一个不贪图安逸的人了。"

公父文伯之母别于男女之礼

公父文伯之母，季康子之从祖叔母也。康子往焉，闯门与之言①，皆不逾阈②。祭悼子③，康子与焉，酢不受④，彻俎不宴，宗不具不绎⑤，绎不尽饫则退。仲尼闻之，以为别于男女之礼矣。

【注释】
　　① 闯门：开门。此处的门当指寝门。
　　② 阈：门槛。
　　③ 悼子：季悼子，公父文伯的祖父，敬姜的公公。
　　④ 酢：祭祀时用的肉。
　　⑤ 宗：主祭祀之礼的宗臣。

【译文】
　　公父文伯的母亲，是季康子的叔祖母。季康子去看她，她就开着门和季康子说话，彼此都不越过门槛。祭祀悼子的时候，季康子参加了祭礼。他向主人献上祭肉时，文伯的母亲不亲手接受，祭祀完毕撤下礼器后，也不与季康子一起宴饮。第二天又祭时，宗臣不到齐她就不参加祭祀，祭祀完毕后稍稍饮酒马上退下。孔子听说这些事，认为文伯母亲懂得男女之别的礼节了。

公父文伯之母欲室文伯

公父文伯之母欲室文伯，飨其宗老^①，而为赋《绿衣》之三章^②。老请守龟卜室之族^③。师亥闻之曰^④："善哉！男女之飨，不及宗臣^⑤；宗室之谋，不过宗人^⑥。谋而不犯，微而昭矣。诗所以合意，歌所以咏诗也。今诗以合室，歌以咏之，度于法矣。"

【注释】
① 宗老：主管礼乐的家臣。
②《绿衣》：《诗经·邶风》的篇名。
③ 守龟：占卜之人。
④ 师亥：鲁国一流乐师的名字。
⑤ 宗臣：与国君同姓的臣子。
⑥ 宗人：古代官名，主管祭祀之礼。诸侯、大夫皆有宗人。

【译文】
公父文伯的母亲打算给文伯娶妻，为此宴请了主管礼乐的家臣，并吟诵《绿衣》第三章中的诗句。家臣于是请占卜之人卜问了女方家族的情况。师亥听说这事后说："做得好啊！为了男女婚娶的事举行宴会，不必请宗臣到场；自己家里商量娶媳妇的事情，只要请主管礼乐的家臣参加就行了。像这样谋划婚事不违犯礼节，吟诵古人的诗句能微妙而公开地表明对婚事的态度。诗是用来表明内心想法的，歌则是用来咏唱诗句的。现在用吟诵古人的诗句来促成婚事，用歌来咏唱它，是合于法度的。"

公父文伯卒其母戒其妾

公父文伯卒，其母戒其妾曰："吾闻之：好内，女死之；好外，士死之①。今吾子夭死，吾恶其以好内闻也。二三妇之辱共先者祀，请无瘠色，无洵涕，无搯膺，无忧容，有降服，无加服②。从礼而静，是昭吾子也。"仲尼闻之曰："女知莫若妇，男知莫若夫。公父氏之妇智也夫！欲明其子之令德。"

【注释】
① 士：为春秋时最低级的贵族阶层。
② 服：古代照丧礼规定穿戴一定的丧服以哀悼死者。按与死者关系的亲疏，分为斩衰、齐衰、大功、小功、缌麻五等。

【译文】
公父文伯故世，他的母亲告诫他的妾说："我听说，宠爱妻妾的人，女人为他而死。热心国家大事的人，士为他而死。如今我儿子不幸早死，我讨厌他有宠爱妻妾的名声。你们几个人在供奉亡夫的祭祀仪式上要委屈一下，请不要悲伤得消瘦下来，不要不出声地流泪，不要捶胸，不要容色忧愁，丧服要降一等穿戴，不要提高丧服的等级。遵守礼节静静地完成祭祀，这样才能昭明我儿子的美德。"孔子听到这件事后说："姑娘的见识不及妇人，男孩子的见识不及丈夫。公父家的妇人真明智！她这样做是想显扬她儿子的美德。"

孔丘谓公父文伯之母知礼

公父文伯之母朝哭穆伯，而暮哭文伯。仲尼闻之曰："季氏之妇可谓知礼矣。爱而无私，上下有章。"

【译文】
公父文伯的母亲早晨哭亡夫穆伯，黄昏哭亡子文伯。孔子听到后说："季氏家的妇人可说是懂得礼节了。爱亡去的亲人而没有私情，早晨哭夫，黄昏哭子，上下合乎章法。"

孔丘论大骨

吴伐越，堕会稽^①，获骨焉，节专车。吴子使来好聘^②，且问之仲尼，曰："无以吾命。"宾发币于大夫，及仲尼，仲尼爵之。既彻俎而宴^③，客执骨而问曰："敢问骨何为大？"仲尼曰："丘闻之：昔禹致群神于会稽之山，防风氏后至^④，禹杀而戮之，其骨节专车。此为大矣。"客曰："敢问谁守为神？"仲尼曰："山川之灵，足以纪纲天下者，其守为神；社稷之守者，为公侯。皆属于王者。"客曰："防风何守也？"仲尼曰："汪芒氏之君也，守封、嵎之山者也^⑤，为漆姓。在虞、夏、商为汪芒氏，于周为长狄^⑥，今为大人。"客曰："人长之极几何？"仲尼曰："僬侥氏长三尺^⑦，短之至也。长者不过十之，数之极也。"

【注释】

① 会稽：山名，在今浙江省绍兴县东南。

② 吴子：指吴王夫差。公元前 495 至前 473 年在位。吴国国君自称为王，但诸夷不承认，所以贬称为"子"。

③ 俎：古代祭祀时盛牛羊肉的礼器。

④ 防风氏：相传古代汪芒氏的部落首领。

⑤ 封、嵎：皆山名，在今浙江省德清县东。
⑥ 长狄：汪芒氏在周代时北迁，改称长狄。
⑦ 僬侥氏：古代传说中生活在西南地区的一支矮人部落。

【译文】

　　吴国攻打越国，摧毁了越王勾践在会稽山上的营垒，获得一节很大的骨骼，要用一辆车专门装它。吴王派使者去鲁国作亲善访问，顺便让使者向孔子询问骨骼的事，并且说："不要告诉这是我的命令。"去到鲁国后使者向大夫们分送礼币，送到孔子面前时，孔子回敬他一杯酒。当撤去礼器开始宴饮时，吴国使者拿着桌上吃剩下来的骨头问孔子道："请问什么骨头最大？"孔子说："我听说，从前大禹召集群神到会稽山，防风氏违命后到，大禹杀了他，陈尸示众，他的骨骼一节要用一辆车装，这算是最大的骨头了。"吴国使者问："请问掌管什么才算得上神？"孔子说："山川的精灵，能够兴云降雨以利天下，所以掌管山川的可以称得上神；至于掌管社稷的可以称公侯。他们都从属于王。"吴国使者问："防风掌管的是什么呢？"孔子说："防风是古代汪芒氏的首领，掌管封山和嵎山，姓漆。在虞舜、夏、商时叫汪芒氏，到了周代时改称长狄，它的百姓算是现在身材高大的人。"吴国使者又问："最高的人有多高呢？"孔子答道："僬侥氏的人身高只有三尺，是最矮的。身材高大的不过十倍于他，那就高到顶了。"

孔丘论楛矢

　　仲尼在陈，有隼集于陈侯之庭而死，楛矢贯之，石砮，其长尺有咫①。陈惠公使人以隼如仲尼之馆问之②。仲尼曰："隼之来也远矣！此肃慎氏之矢也③。昔武王克商，通道于九夷、百蛮④，使各以其方贿来贡，使无忘职业。于是肃慎氏贡楛矢、石砮，其长尺有咫。先王欲昭其令德之致远也，以示后人，使永监焉，故铭其栝曰'肃慎氏之贡矢'⑤，以分大姬、配虞胡公而封诸陈⑥。古者，分同姓以珍玉，展亲也；分异姓以远方之职贡，使无忘服也。故分陈以肃慎氏之贡。君若使有司求诸故府，其可得也。"使求，得之金椟⑦，如之。

【注释】
　　① 楛矢：用楛木做杆的箭。石砮：石制的箭头。咫：古代长度单位，周制合八寸。
　　② 陈惠公：陈哀公之孙，名吴。公元前533至前502年在位。
　　③ 肃慎：古代北方部落名。一作息慎、稷慎。商周时居东北地区，从事狩猎。
　　④ 九夷、百蛮：泛指南北方各少数民族。
　　⑤ 栝：箭尾扣弦的地方。
　　⑥ 大姬：周武王的长女。虞胡公：虞舜的后代，封地在陈。

⑦ 金椟：用金带装饰的木盒。

【译文】

孔子在陈国时，有一只鹰坠在陈侯的庭院里死了。楛木做的箭射穿了它的身体，箭头是用尖石做的，箭有一尺八寸长。陈惠公派人带着这只鹰，去到孔子住的馆舍询问。孔子说："这只鹰来得很远呢，它身上的箭是北方肃慎氏制造的。从前周武王打败了商，开通了去南北方各少数民族居住地区的道路，命令他们各自拿出本地的土特产进贡，使他们不忘记各自所从事的职业。于是肃慎氏就向周天子进贡楛矢和石砮，箭长一尺八寸。武王为了公开表明他使远方民族归附的威德，告示后人，让他们永远看到自己的权威，所以在箭尾扣弦处刻上'肃慎国进贡之箭'的字样，送给大女儿，并随嫁给虞胡公而带到他所封的陈国。古时候，帝王把珍玉分给同姓，用来表示血缘的亲近；把远方的贡品分给异姓，使他们不忘事奉天子。虞胡公是异姓，所以把肃慎国的贡品分给了陈国。国君如派管事的去旧府里寻找，大概还能找到。"陈惠公于是派人寻找，果然在用金装饰的木盒里发现了楛矢，像孔子所说的一样。

闵马父笑子服景伯

　　齐闻丘来盟①，子服景伯戒宰人曰②："陷而入于恭。"闵马父笑③，景伯问之，对曰："笑吾子之大也。昔正考父校商之名颂十二篇于周太师④，以《那》为首⑤，其辑之乱曰：'自古在昔，先民有作。温恭朝夕，执事有恪。'先圣王之传恭，犹不敢专，称曰'自古'，古曰'在昔'，昔曰'先民'。今吾子之戒吏人曰'陷而入于恭'，其满之甚也。周恭王能庇昭、穆之阙而为'恭'⑥，楚恭王能知其过而为'恭'⑦。今吾子之教官僚曰'陷而后恭'，道将何为？"

【注释】

　　① 闻丘：名明，齐国大夫。

　　② 子服景伯：子服惠伯之孙，名何，鲁国大夫。宰人：官名，此处指卿大夫的家臣。

　　③ 闵马父：鲁国大夫。

　　④ 正考父：宋国大夫。太师：乐官之长。

　　⑤《那》：《诗经·商颂》第一篇的篇名。

　　⑥ 周恭王：周昭王的孙子，周穆王的儿子。

　　⑦ 楚恭王：楚庄王的儿子。公元前590至前560年在位。

【译文】

　　齐国大夫间丘明来鲁国结盟，子服景伯告诫他的属下说："你们在盟会时如果有失误，就表现得恭敬一些。"闵马父听到后笑了，景伯问他原因，回答说："我笑你太骄傲自满哩。从前正考父从周的太师那儿计点了《商颂》十二篇，首篇是《那》，它在结尾处说：'自古在昔，先民们在祭祀的时候，每天早晚都温和而恭敬，执事者更是恭敬有加。'先圣王教人恭敬，还不敢说是创之于己，声称是'自古'，称古代为'在昔'，称古代的人为'先民'。如今你告诫下属说'有失误就表现出恭敬'，真是自满太甚了。周恭王能遮掩他祖父和父亲的过失，所以才谥号为'恭'，楚恭王能知道自己的过失，所以也谥号为'恭'。现在你教属下官员说'有失误才恭敬'，那么没有失误的恭敬又是怎样的呢？"

孔丘非难季康子以田赋

季康子欲以田赋，使冉有访诸仲尼①。仲尼不对，私于冉有曰：“求来！女不闻乎？先王制土，籍田以力，而砥其远迩；赋里以入，而量其有无；任力以夫，而议其老幼。于是乎有鳏、寡、孤、疾，有军旅之出则征之，无则已。其岁，收田一井，出稯禾、秉刍、缶米②，不是过也。先王以为是。若子季孙欲其法也，则有周公之籍矣③；若欲犯法，则苟而赋，又何访焉！”

【注释】
　　① 冉有：孔子的学生，名求，是季康子的家臣。
　　② 稯：计算谷物的单位，古制六百四十斛为一稯。秉：这里指计算禾把的单位。缶：古制十六斗为一缶。
　　③ 籍：指籍田法，即田赋法。

【译文】
　　季康子打算按田亩增收田赋，派冉有征求孔子的意见。孔子不作正式答复，私下对冉有说：“冉有，你过来，你没听说吗？先王按照土地的肥瘠分配土地，按照劳力的强弱征收田赋，而且根据土地的远近来对田赋加以调整；征收商税按照商人的利润收入，而且估量其财产的多少来对商税加以调整；分派劳役则按照各家男丁的数目，而且要照顾那些年老和幼小的男子。于是就有了鳏、寡、孤、疾的名称，有战事时才征召他们，无战事时就免除。有战事的这年，每一井田要出一稯粮、一秉禾草、一缶米，不超过这个标准。先王认为这样就足够用了。如果季康子想按法办，那已有周公的田赋法了；如果要不顾法规办事，就随意赋税好了，又何必来征求我的意见呢？"

管仲对桓公以霸术

桓公自莒反于齐①，使鲍叔为宰②，辞曰:"臣，君之庸臣也。君加惠于臣，使不冻馁，则是君之赐也。若必治国家者，则非臣之所能也。若必治国家者，则其管夷吾乎③。臣之所不若夷吾者五:宽惠柔民，弗若也;治国家不失其柄，弗若也;忠信可结于百姓，弗若也;制礼义可法于四方，弗若也;执枹鼓立于军门，使百姓皆加勇焉，弗若也。"桓公曰:"夫管夷吾射寡人中钩，是以滨于死。"鲍叔对曰:"夫为其君动也。君若宥而反之，失犹是也。"桓公曰:"若何?"鲍子对曰:"请诸鲁。"桓公曰:"施伯④，鲁君之谋臣也，夫知吾将用之，必不予我矣。若之何?"鲍子对曰:"使人请诸鲁，曰:'寡君有不令之臣在君之国，欲以戮之于群臣，故请之。'则予我矣。"桓公使请诸鲁，如鲍叔之言。

庄公以问施伯⑤，施伯对曰:"此非欲戮之也，欲用其政也。夫管子，天下之才也。所在之国，则必得志于天下。令彼在齐，则必长为鲁国忧矣。"庄公曰:"若何?"施伯对曰:"杀而以其尸授之。"庄公将杀管仲，齐使者请曰:"寡君欲亲以为戮，若不生得以戮于群臣，犹未得请也。请生之。”于是庄公使束缚以予齐使。齐使受之而退。

比至，三衅，三浴之。桓公亲逆之于郊，而与之坐而问焉，曰：“昔吾先君襄公筑台以为高位⑥，田、狩、罼、弋⑦，不听国政，卑圣侮士，而唯女是崇。九妃、六嫔，陈妾数百，食必粱肉，衣必文绣。戎士冻馁，戎车待游车之裔，戎士待陈妾之余。优笑在前，贤材在后，是以国家不日引，不月长，恐宗庙之不扫除，社稷之不血食，敢问为此若何？”管子对曰：“昔吾先王昭王、穆王⑧，世法文、武远绩以成名⑨。合群叟，比校民之有道者，设象以为民纪⑩，式权以相应，比缀以度，𦕈本肇末，劝之以赏赐，纠之以刑罚，班序颠毛，以为民纪统。”桓公曰：“为之若何？”管子对曰：“昔者，圣王之治天下也，参其国而伍其鄙，定民之居，成民之事，陵为之终，而慎用其六柄焉⑪。”

桓公曰：“成民之事若何？”管子对曰：“四民者，勿使杂处，杂处则其言咙，其事易。”公曰：“处士、农、工、商若何？”管子对曰：“昔圣王之处士也，使就闲燕；处工，就官府；处商，就市井；处农，就田野。

“令夫士，群萃而州处，闲燕则父与父言义，子与子言孝，其事君者言敬，其幼者言弟。少而习焉，其心安焉，不见异物而迁焉。是故其父兄之教不肃而成，其子弟之学不劳而能。夫是，故士之子恒为士。

“令夫工，群萃而州处，审其四时，辨其功苦，权节其用，论比协材。旦暮从事，施于四方，以饬其子弟，相语以事，相示以巧，相陈以功。少而习焉，其心安焉，不见异物而迁焉。是故其父兄之权不肃而成，其子弟之学不劳而能。夫是，故工之子恒为工。

"令夫商，群萃而州处，察其四时，而监其乡之资，以知其市之贾，负、任、担、荷，服牛、轺马，以周四方，以其所有，易其所无，市贱鬻贵。旦暮从事于此，以饬其子弟，相语以利，相示以赖，相陈以知贾。少而习焉，其心安焉，不见异物而迁焉。是故其父兄之教不肃而成，其子弟之学不劳而能。夫是，故商之子恒为商。

"令夫农，群萃而州处，察其四时，权节其用，耒、耜、枷、芟⑫。及寒，击草除田，以待时耕；及耕，深耕而疾耰之，以待时雨；时雨既至，挟其枪、刈、耨、镈⑬，以旦暮从事于田野。脱衣就功，首戴茅蒲，身衣袯襫，霑体涂足，暴其发肤，尽其四支之敏，以从事于田野。少而习焉，其心安焉，不见异物而迁焉。是故其父兄之教不肃而成，其子弟之学不劳而能。夫是，故农之子恒为农。野处而不昵，其秀民之能为士者，必足赖也。有司见而不以告，其罪五⑭。有司已于事而竣。"

桓公曰："定民之居若何？"管子对曰："制国以为二十一乡。"桓公曰："善。"管子于是制国以为二十一乡：工商之乡六；士农之乡十五。公帅五乡焉，国子帅五乡焉⑮，高子帅五乡焉⑯。参国起案，以为三官，臣立三宰，工立三族，市立三乡，泽立三虞，山立三衡。

桓公曰："吾欲从事于诸侯，其可乎？"管子对曰：

"未可，国未安。"桓公曰："安国若何？"管子对曰："修旧法，择其善者而业用之；遂滋民，与无财，而敬百姓，则国安矣。"桓公曰："诺。"遂修旧法，择其善者而业用之；遂滋民，与无财，而敬百姓。国既安矣，桓公曰："国安矣，其可乎？"管子对曰："未可。君若正卒伍，修甲兵，则大国亦将正卒伍，修甲兵，则难以速得志矣。君有攻伐之器，小国诸侯有守御之备，则难以速得志矣。君若欲速得志于天下诸侯，则事可以隐，令可以寄政。"桓公曰："为之若何？"管子对曰："作内政而寄军令焉。"桓公曰："善。"

管子于是制国："五家为轨，轨为之长；十轨为里，里有司；四里为连，连为之长，十连为乡，乡有良人焉。以为军令：五家为轨，故五人为伍，轨长帅之；十轨为里，故五十人为小戎，里有司帅之；四里为连，故二百人为卒，连长帅之；十连为乡，故二千人为旅，乡良人帅之；五乡一帅，故万人为一军，五乡之帅帅之。三军，故有中军之鼓，有国子之鼓，有高子之鼓。春以蒐振旅，秋以狝治兵。是故卒伍整于里，军旅整于郊。内教既成，令勿使迁徙。伍之人祭祀同福，死丧同恤，祸灾共之。人与人相畴，家与家相畴，世同居，少同游。故夜战声相闻，足以不乖；昼战目相见，足以相识。其欢欣足以相死。居同乐，行同和，死同哀。是故守则同固，战则同强。君有此士也三万人，以方行于天下，以诛无道，以屏周室，天下大国之君莫之能御。"

【注释】

① 桓公：名小白，齐襄公之弟。齐襄公被杀后，他从莒国回国继承王位，公元前685至前643年在位。

② 鲍叔：鲍叔牙，齐国大夫。宰：太宰，辅佐君主治理国政的官。

③ 管夷吾：即管仲，夷吾是他的名。

④ 施伯：鲁国大夫。

⑤ 庄公：鲁庄公，公元前693至前662年在位。

⑥ 襄公：齐桓公之兄，公元前697至前686年在位。

⑦ 田：指在原野上打猎。狩：指用围守的方法猎取禽类。罿：用网猎取雉兔。弋：用带丝绳的箭射猎物。

⑧ 昭王、穆王：西周初期的两位统治者。

⑨ 文、武：指周王朝的开创者文王昌、武王发。

⑩ 象：即象魏，宫廷外面的阙门。当时政府颁布的法令一般都悬挂在它上面向民众公布，因而"象"又引申为法令。

⑪ 六柄：据《管子·小匡》，六柄指生、杀、贫、富、贵、贱。

⑫ 耒、耜：翻地的农具。枷：用于脱粒的农具。芟：镰刀。

⑬ 枪：掘草的工具。刈：镰刀。耨：除草的小锄。镈：除草的农具。

⑭ 罪五：指古代中国处罚犯法行为的墨（刺刻面额涂墨）、劓（割鼻）、刖（断足）、宫（破坏生殖器）、大辟（死刑）五种刑罚。

⑮ 国子：齐国上卿，国氏。

⑯ 高子：齐国上卿，高氏。

【译文】

齐桓公从莒国返回齐国，任命鲍叔为国相。鲍叔推辞说："我是你的一个庸臣。你照顾我，使我不挨冻受饿，就已经是恩赐了。如果要治理国家的话，那就不是我所擅长的。若论治国之才，大概只有管仲了。我有五个方面不如管仲：以宽厚慈惠来安抚民众，我不及他；治理国家不忘根本，我不及他；为人忠实诚信，能得到百姓的信任，我不及他；制定的礼仪足以使天下效法，我不及他；立在军门之前击鼓指挥，使百姓加倍勇猛，我不及他。"桓公说："管仲曾用箭射中了我的腰钩，使我险些丧命。"鲍叔解释说："那是为他的主子出力啊。你若赦免他，让他回来，他也会那样为你出力的。"桓公问："怎样使他回来呢？"鲍叔说："得向鲁国提出请求。”桓公说：“施伯是鲁君的谋臣，若知道我将起用管仲，一定不会放还给我的。那可怎么办？”鲍叔回答说：“派人去向鲁国要求说：‘我们国君有个不遵守命令的臣子在贵国，想在群臣面前处死他，所以请交还给我国。’这样鲁国就会把他放还我国了。”于是桓公照鲍叔说的那样，派人向鲁国提出要求。

鲁庄公询问施伯如何处置这件事。施伯回答说：“这不是想处死他，而是要起用他来执政。管仲是天下的奇才，他所效劳的国家，一定会称霸于诸侯。让他返齐，必将会长久地成为鲁国的祸患。”庄公说：“那怎么办呢？”施伯答道：“杀了他把尸体交还给齐国。”庄公准备处死管仲，齐国使者要求说：“我们国君想亲自处决他，如果不把他活着带回去在群臣面前施刑示众，还是没能达到要求。请让他活着回去。”于是庄公派人把管仲捆缚起来交给齐国使者。齐使接受之后就回国了。

管仲快到达齐国时，三次薰香沐浴，桓公亲自到郊外迎接，然后请他坐下并问道：“过去，我们的先君襄公修筑高台以示尊荣，成天打猎游乐，不处理国家政事，藐视圣贤，侮辱文士，只看重女色。宫中有九妃六嫔、姬妾数百，吃的一定要是精米鱼肉，穿的一定要是彩衣绣服。将士们挨冻受饿，军车要等游玩的车子破损后才充用，士兵要靠侍妾吃剩的粮食来养活。亲近那些唱歌逗乐的倡优，却把贤德的人才抛在一边。国家因此而不能日有所进、月有所长。这样下去恐怕宗庙将无人清扫，社稷也难以受祭。请问面对这些景况应该怎么处理？”管仲回答说：“过去的先王周昭王、周穆王以效法文王、武王的政绩而成就美名。召集众长老来考察选择百姓中有德行的人，制定法令作为民众行为的准则，同时树立相应的榜样，以此把百姓维系起来。从根本上来解决那些细微末节的问题，用赏赐善行来引导民众，用惩罚罪恶来纠正偏差，使长幼有序，为百姓立下规矩。”桓公说：“那怎样去做呢？”管仲回答说：“过去，圣王治理天下时，曾把都城分为三区、郊野分为五区，以确定百姓的住地，让百姓各就其业，设置葬地作为他们的归宿，并谨慎地运用六种权力。”

桓公问：“怎样使百姓各就其业呢？”管仲回答说：“士、农、工、商，不要让他们混杂居住。混杂居住会使他们相互干扰，工作不安心。"桓公问:"怎样来安排士、农、工、商的住地呢?"管仲回答说:"过去圣王把士人的住处安排在清静的地方;把工匠的住处安排在官府;把商人的住处安排在市场;把农民的住处安排在田野。

"让那些士人聚集在一起居住,空闲时父辈之间谈论礼义,子侄辈之间谈论孝道,侍奉国君的人谈论克尽职守,年幼的则谈论兄弟和睦。从小就受到熏陶,他们的思想就安定了,不再见异思迁。所以父兄的教诲不用督促就能实行,子弟的学习无须费力就能掌握。这样,士人的后代就一直是士人。

"让那些工匠聚集在一起居住,了解不同季节的产品需要,辨别质量的优劣,衡量器材的用处,选用合适的材料。从早到晚做这些事,使产品适用于四方,用这些来教诲子弟,互相谈论工作,互相交流技艺,互相展示成果。从小就受到熏陶,他们的思想就安定了,不再见异思迁。所以父兄的教诲不用督促就能实行,子弟的学习无须费力就能掌握。这样,工匠的后代就一直是工匠。

"让那些商人聚集在一起居住,了解不同季节的营销需要,熟悉本地的货源,掌握市场的行情。或背负肩挑,或车载畜驾,把货物运往四方,用已有的东西来换取缺少的物品,贱价买进高价卖出。从早到晚做这些事,用这些来教诲后代,互相谈论生财之道,互相交流赚钱经验,互相展示经营手段。从小就受到熏陶,他们的思想就安定了,不再见异思迁。所以父兄的教诲不用督促就能实行,子弟的学习无须费力就能掌握。这样,商人的后代就一直是商人。

"让那些农民聚集在一起居住,了解不同季节的农事,根据不同的农事准备耒、耜、枷、镰等农具,到了冬天,要除去枯草,整修田地,以等待春耕;到了耕种季节,要深翻土壤,抓紧耙土复种,以等待春雨;春雨过后,就带着锄头等农具从早到晚在田里劳作。劳动时脱去上衣,头戴草帽,身穿蓑衣,全身沾满泥土,太阳曝晒皮肤,使出全部的力气在田里干活。从小就受到熏陶,他们的思想就安定了,不再见异思迁。所以父兄的教诲不用督促就能实行,子弟的学习无须费力就能掌握。这样,农民的后代就一直是农民。他们居住在郊野而不沾染不良习气,其中能入仕做官的优秀者，一定足以信赖。有关官员见到这样的人才不予推荐，要受到五刑的处罚。他们必须推荐贤才，才可谓之称职。"

桓公问："怎样来确定百姓的住地呢？"管仲答道："把全国分为二十一个乡。"桓公说："好啊。"管仲于是把全国划分为二十一个乡：工匠和商人的乡有六个，士人和农民的乡有十五个，由国君掌管五个乡，国子掌管五个乡，高子掌管五个乡。分国事为三，各种官职也各设置三名：设三卿主管群臣，设三族主管工匠，设三乡主管商人，设三虞主管川泽，设三衡主管山林。

桓公说："我想在诸侯中做一番事业，能行吗？"管仲回答说："不行，国家还不安定。"桓公问："怎样来安定国家呢？"管仲说："整顿已有的法令，选择合用的修订施行。然后繁殖人口，救济贫困，安抚百姓，这样国家就安定了。"桓公说："就这样办。"于是整顿已有的法令，选择合用的修订施行。然后繁殖人口，救济贫困，安抚百姓。国家安定了以后，桓公说："国家已经安定，可以有所作为了吧？"管仲说："还不行。你如果整顿军队、修造盔甲兵器，其他大国也会整顿军队，修造盔甲兵器，我们就难以很快实现志向了。你有进攻的武器，小国诸侯也有防御的准备，我们也难以很快实现志向。你若想迅速在天下诸侯中实现志向，就应该把要做的事情隐蔽起来，把战备寄寓在政令里。"桓公问："怎样去做呢？"管仲回答说："在整顿内政中寄寓军令。"桓公说："很好。"

于是管仲就制定国家的政令："五家为一轨，轨设轨长；十轨为一里，里设有司；四里为一连，连设连长；十连为一乡，乡设良人。其中所寄寓的军令是：五家一轨，所以五人为一伍，由轨长统率；十轨一里，所以五十人为小戎，由里的有司统率；四里一连，所以二百人为一卒，由连长统率；十连一乡，所以二千人为一旅，由乡的良人统率；五个乡是一帅，所以正好是一万人，编成一个军，由卿来统率。全国可编为三军，所以有国君亲自统帅的中军的旗鼓，有国子的旗鼓，有高子的旗鼓。春天用春猎的名义来整编军队，秋天以秋猎的名义来操练军队。这样卒、伍一级的小队伍在里中就已经编就。军、旅一级的大兵团在郊野中得以组成。内政中既已包含了军事组织，就得命令民众不得迁徙。

同一个伍的人祭祀时同享酒肉，死丧时大家哀伤，有了灾祸共同
承担。人与人相伴，家与家相伴，世代同住一地，从小一起游戏。
所以夜间作战能听到声音，就不会发生误会；白天作战能相互看
见，足以认识同伙。那种欢乐的心情，能使他们拼死互助。在家
时共同欢乐，行军时融洽无间，战死时一起哀伤。所以，防守就
坚固不移，作战就英勇顽强。你若能拥有三万名这样的兵士，率
领他们横行天下，讨伐无道，保卫王室，天下的大国诸侯还有谁
能与你对抗。"

管仲佐桓公为政

正月之朝①，乡长复事。君亲问焉，曰："于子之乡，有居处好学、慈孝于父母、聪慧质仁、发闻于乡里者，有则以告。有而不以告，谓之蔽明，其罪五②。"有司已于事而竣。桓公又问焉，曰："于子之乡，有拳勇股肱之力秀出于众者，有则以告。有而不以告，谓之蔽贤，其罪五。"有司已于事而竣。桓公又问焉，曰："于子之乡，有不慈孝于父母、不长悌于乡里、骄躁淫暴、不用上令者，有则以告。有而不以告，谓之下比，其罪五。"有司已于事而竣。是故乡长退而修德进贤，桓公亲见之，遂使役官。

桓公令官长期而书伐，以告且选，选其官之贤者而复用之，曰："有人居我官，有功休德，惟慎端悫以待时，使民以劝，绥谤言，足以补官之不善政。"桓公召而与之语，訾相其质，足以比成事，诚可立而授之。设之以国家之患而不疚，退问之其乡，以观其所能而无大厉，升以为上卿之赞。谓之三选③。国子、高子退而修乡④，乡退而修连，连退而修里，里退而修轨，轨退而修伍，伍退而修家。是故匹夫有善，可得而举也；匹夫有不善，可得而诛也。政既成，乡不越长，朝不越爵，罢士无伍，罢女无家。夫是，故民皆勉为善。与其为善于乡也，不如为善于里；与其为善于里也，不如为善于家。是故士莫敢言一朝之便，皆有终岁之计；莫敢以终岁之议，皆有终身之功。

桓公曰："伍鄙若何？"管子对曰："相地而衰征，则民不移；政不旅旧，则民不偷；山泽各致其时，则民不苟；陆、阜、陵、墐、井、田、畴均，则民不憾；无夺民时，则百姓富；牺牲不略，则牛羊遂。"

桓公曰："定民之居若何？"管子对曰："制鄙。三十家为邑，邑有司；十邑为卒，卒有卒帅；十卒为乡，乡有乡帅；三乡为县，县有县帅；十县为属，属有大夫。五属，故立五大夫，各使治一属焉；立五正，各使听一属焉。是故正之政听属，牧政听县，下政听乡。"桓公曰："各保治尔所，无惑淫怠而不听治者！"

【注释】

① 正月之朝：朝指朝见国君。周礼规定每年正月初一，乡大夫须汇报政事，受教法于大司徒。

② 罪五：五种轻重不等的刑法。即墨、劓、刖、宫、大辟。

③ 三选：春秋时的一种选官制度。通过乡长推荐，官长选拔，国君亲自面试等三道程序确定录用与否。

④ 国子、高子：均为齐国的上卿。

【译文】

正月初一朝见的时候，乡长们汇报工作。桓公亲自咨问他们，说："在你的乡里，发现平日好学、孝敬父母、聪明仁惠、在当地有一定名声的人，就应向上级报告。如果有这样的人却不报告，叫埋没贤明，要判五刑之罪。"主管这方面事务的官员报告后退下。桓公又对乡长们说："在你的乡里，发现勇敢强健、力气出众的人，就应向上级报告。如果有这样的人却不报告，叫埋没贤能，要判五刑之罪。"主管这方面事务的官员报告后退下。桓公还对乡长们说："在你的乡里，发现不孝敬父母、不友爱兄弟、骄横暴戾、不服从君长命令的人，就应向上级报告。如果有这样的人却不报告，叫包庇坏人，要判五刑之罪。"主管这方面事务的官员报告后退下。所以，乡长们回去以后，都修养品德，推荐贤才，桓公亲自接见被推举的人，授他们以官职。

桓公命令官长每年记录有功之臣，以便上报备案，从中遴选出贤能的官员提拔使用。推荐时说："我这里有这样的官员，他功劳卓著，品德高尚，谨慎正派，处事不失时机，能以劝勉的办法治理百姓，制止诽谤，这个人足以替补不称职的官员。"然后桓公就召见被推荐的人，和他谈话，估量审视他的素质，看他是否可以辅助完成国事，确实可提拔当大官的就委以重任。桓公还以国家可能遇到的患难诘问他，如果问不倒，再退而诘问乡里的事情，以观察他的能力，如没有大毛病，就晋升他做上卿的助手。以上乡长推荐，官长选拔，国君亲自面试，叫做三选。国子、高子回去后整治乡政，乡长回去后整治连政，连长回去后整治里政，里有司回去后整治轨，轨长回去后整治伍，伍回去后整治家。所以百姓中凡有好的，可得到推举，百姓中凡有坏的，要受到诛罚。政令定下以后，乡里不逾越长幼的次序，朝中不逾越爵位的等级，没有德行的男人不能入伍，没有德行的女人不能外嫁。这样，百姓因此都努力向善。与其在乡里做好事，不如回到里中做好事；与其在里中做好事，不如回到家中做好事。所以大家都不敢只图一时的便宜，都有一年的计划；都不敢满足于一年的计划，都有终身立功的打算。

桓公问："伍鄙怎样治理？"管子回答说："按照土地的肥瘠逐级降低赋税的标准，那么百姓就不会迁徙；为政不抛弃先君故旧，百姓就不会苟且从事；山林河泽依照时令开放或封禁，百姓就不会随意出入砍柴捕猎；陆地、土山、井田等分配均平，百姓就不会怨恨；不侵夺农时贻误农事，百姓就能富足；祭祀用的牲畜不过度屠杀，牛羊就能繁殖增加。"

桓公问："怎样划定百姓的居处？"管仲回答说："建立郊野之政。规定郊野三十家为一邑，邑有主管的人；十邑为一卒，由卒帅领导；十卒为一乡，由乡帅领导；三乡为一县，由县帅领导；十县为一属，由大夫领导。全国共分五属，所以共设五位大夫，让他们各自治理一属的政事；另外再设五位政长，让他们各自监察一属的政事。所以五位政长的职责就是监察五位大夫的治理情况，五位大夫的职责就是监察县帅的治理情况，县帅的职责就是监察乡帅的治理情况。"桓公说："各自治理好所管辖的地方，不要有人放荡怠慢而不服从治理！"

桓公为政既成

正月之朝，五属大夫复事①。桓公择是寡功者而谪之②，曰："制地、分民如一，何故独寡功？教不善则政不治，一再则宥，三则不赦。"桓公又亲问焉，曰："于子之属，有居处为义好学、慈孝于父母、聪慧质仁、发闻于乡里者，有则以告。有而不以告，谓之蔽明，其罪五。"有司已于事而竣。桓公又问焉，曰："于子之属，有拳勇股肱之力秀出于众者，有则以告。有而不以告，谓之蔽贤，其罪五。"有司已于事而竣。桓公又问焉，曰："于子之属，有不慈孝于父母，不长悌于乡里、骄躁淫暴、不用上令者，有则以告。有而不以告，谓之下比，其罪五。"有司已于事而竣。五属大夫于是退而修属，属退而修县，县退而修乡，乡退而修卒，卒退而修邑，邑退而修家。是故匹夫有善，可得而举也；匹夫有不善，可得而诛也。政既成矣③，以守则固，以征则强。

【注释】

①五属大夫：参见上篇，齐国将边鄙分为五个部分后相应设立的五

个地方首长。

②谪：谴责。古代又指贬官。

③政：此指鄙野之政，与上篇都城之政不同。

【译文】

　　正月初一朝见的时候，五属大夫汇报工作。桓公挑他们中政绩差的加以谴责，说："划定的土地和分配的百姓都是相同的，为什么只有你没有做出好的成绩？教育不善，政事就不能得到很好的治理，一次两次可以原谅，第三次就不能宽赦了。"桓公又亲自过问他们的工作，说："在你所管辖的属里，发现平日行义好学、孝敬父母、聪明仁惠、在当地有一定名声的人，就应向上级报告。如果有这样的人却不报告，叫埋没贤明，要判五刑之罪。"主管这方面事务的官员报告后退下。桓公又对他们说："在你所管辖的属里，发现勇敢强健、力气出众的人，就应向上级报告。如果有这样的人却不报告，叫埋没贤能，要判五刑之罪。"主管这方面事务的官员报告后退下。桓公最后又说："在你所管辖的属里，发现不孝敬父母、不友爱兄弟、骄横暴戾、不服从君长命令的人，就应向上级报告。如果有这样的人却不报告，叫包庇坏人，要判五刑之罪。"主管这方面事务的官员报告后退下。五属大夫于是回到各自的辖地整治属的政事，属退下来就整治县，由县退下来就整治乡，由乡退下来就整治卒，由卒退下来就整治邑，由邑退下来就整治家。所以百姓中凡有好的，可以得到推举；百姓中凡有坏的，要受到诛罚。政令确定以后，用它来守国则固若金汤，用它来进攻则强大无比。

管仲教桓公亲邻国

桓公曰："吾欲从事于诸侯，其可乎？"管子对曰："未可。邻国未吾亲也。君欲从事于天下诸侯，则亲邻国。"桓公曰："若何？"管子对曰："审吾疆埸，而反其侵地；正其封疆，无受其资；而重为之皮币^①，以骤聘眺于诸侯^②，以安四邻，则四邻之国亲我矣。为游士八十人，奉之以车马、衣裘，多其资币，使周游于四方，以号召天下之贤士。皮币玩好，使民鬻之四方，以监其上下之所好，择其淫乱者而先征之。"

【注释】
　　① 皮币：皮毛和帛，是诸侯国交往时相互馈赠的贵重礼物。
　　② 眺：通觌。诸侯国之间互相访问，人数少的叫聘，多的叫觌。

【译文】
　　齐桓公说："我打算在诸侯国之间建立霸业，时机成熟了吗？"管仲回答说："不行。邻国还没有亲近我们。你想建立诸侯国之间的霸业，就要首先和邻国亲近。"桓公说："如何亲近呢？"管仲回答说："审定我国的疆界，归还从邻国夺来的土地，承认邻国疆界的合法性，不占邻国的便宜；还要多多赠给邻国礼物，派出使者经常到周边邻国作亲善访问，以此使它们感到安定，这样周边邻国就会亲近我们了。请选派擅长外交的游说之士八十人,带着车马、衣裘和足够的钱财,让他们周游四方,用来笼络和召纳天下的贤能之士。皮毛、币帛和玩赏之物,让百姓贩卖到各地去,以此来观察各国朝野上下的不同爱好和追求,然后选择其中奢侈腐化的国家首先征伐它。"

管仲教桓公足甲兵

桓公问曰:"夫军令则寄诸内政矣,齐国寡甲兵,为之若何?"管子对曰:"轻过而移诸甲兵。"桓公曰:"为之若何?"管子对曰:"制重罪赎以犀甲一戟[①],轻罪赎以鞈盾一戟[②],小罪谪以金分[③],宥间罪。索讼者三禁而不可上下,坐成以束矢。美金以铸剑戟,试诸狗马;恶金以铸锄、夷、斤、斸[④],试诸壤土。"甲兵大足。

【注释】
① 犀甲:犀皮制作的铠甲。
② 鞈盾:饰以革制花纹的盾牌。
③ 金分:即金钱。
④ 锄、夷、斤、斸:不同的农具名称。

【译文】
齐桓公问道:"军令已经包含在政令中实施了,可是齐国缺少铠甲和武器,怎么筹办呢?"管仲回答说:"减轻对罪犯的惩罚,让他们用铠甲和武器来赎罪。"桓公说:"怎样实施呢?"管仲回答说:"判死刑的罪犯可以用犀皮甲和一枝戟来赎罪,犯轻罪的可以用鞈盾和一枝戟来赎罪,犯普通小罪过的,罚他金钱,有犯罪嫌疑,予以赦免。要求打官司的先禁闭三天,让他们把诉词考虑停当。诉词定下不变后,要交一束箭才给以审理。好的金属用来铸造剑戟,然后用狗马来试验是否锋利;差的金属用来铸造农具,然后用土壤来试验是否合用。"桓公采纳了管仲的建议,于是齐国的铠甲和武器非常充足。

桓公帅诸侯而朝天子

桓公曰："吾欲南伐，何主？"管子对曰："以鲁为主。反其侵地棠、潜①，使海于有蔽，渠弭于有渚，环山于有牢。"桓公曰："吾欲西伐，何主？"管子对曰："以卫为主。反其侵地台、原、姑与漆里②，使海于有蔽，渠弭于有渚，环山于有牢。"桓公曰："吾欲北伐，何主？"管子对曰："以燕为主。反其侵地柴夫、吠狗③，使海于有蔽，渠弭于有渚，环山于有牢。"四邻大亲。既反侵地，正封疆，地南至于䭾阴④，西至于济⑤，北至于河，东至于纪鄙⑥，有革车八百乘。择天下之甚淫乱者而先征之。

即位数年，东南多有淫乱者，莱、莒、徐夷、吴、越，一战帅服三十一国。遂南征伐楚，济汝⑦，逾方城，望汶山⑧，使贡丝于周而反。荆州诸侯莫敢不来服。遂北伐山戎，郮令支⑨，斩孤竹而南归⑩。海滨诸侯莫敢不来服。与诸侯饰牲为载，以约誓于上下庶神，与诸侯戮力同心。西征攘白狄之地⑪，至于西河⑫，方舟设泭，乘桴济河，至于石枕⑬。悬车束马，逾太行与辟耳之溪拘夏⑭，西服流沙，西吴。南城于周，反胙于绛⑮。岳滨诸侯莫敢不来服⑯，而大朝诸侯于阳谷⑰。兵车之属六，乘车之会三，诸侯甲不解累，兵不解翳，弢无弓，服无矢。隐武事，行文道，帅诸侯而朝天子。

【注释】

① 棠、潜：鲁国古邑名。棠在今山东省金乡县东；潜所在地不详。

② 台、原、姑与漆里：卫国古邑名。台在今山东省费县南；原、姑与漆里所在地不详。

③ 柴夫、吠狗：燕国古邑名，所在地不详。

④ 饷阴：地名，在齐国南面边界。

⑤ 济：水名，古代四渎之一。

⑥ 纪鄣：纪为古国名，其地在今山东省寿光县东南，公元前690年为齐所灭。鄣是纪国的城邑。

⑦ 济汝：渡过汝水。汝水即今河南省北汝河。

⑧ 方城：山名，在今河南省叶县南。汶山：岷山之别称。此处汶山系指楚国的某座山名，所在地不详。

⑨ 令支：古国名。其地约在今河北省滦县、迁安县间，公元前664年为齐桓公所灭。

⑩ 孤竹：古国名。其地在今河北省卢龙县，春秋时已亡，此处指攻伐原孤竹国所在地区。

⑪ 白狄：狄族的一支。另有赤狄、长狄两支，活动于我国北方地区。

⑫ 西河：水名，在今河南省汤阴县东。

⑬ 石枕：古地名。在晋国境内。

⑭ 辟耳：古山名。在今山西省平陆县西北。拘夏：辟耳山的溪谷。

⑮ 绛：晋国都城。在今山西省翼城县东南。

⑯ 岳：此处指北岳恒山。

⑰ 阳谷：地名，在今山东省阳谷县北三十里。公元前657年秋天齐桓公在此大会诸侯。

【译文】

齐桓公说："我打算征伐南方，哪个国家可以作东道主供给我们军用？"管仲回答说："用鲁国作东道主。我们归还侵占它的棠和潜两个地方，使我们军队在海边有依托隐蔽的地方，在海湾可以停驻，在山区有牲畜的肉可吃。"桓公说："我打算征伐西方，哪个国家可以作东道主供给我们军用？"管仲回答说："用卫国作东道主。我们归还侵占它的台、原、姑和漆里四个地方，使我们军队在海边有依托隐蔽的地方，在海湾可以停驻，在山区有牲畜的肉可吃。"桓公说："我打算征伐北方，哪个国家可以作东道主供给我们军用？"管仲回答说："用燕国作东道主。我们归还侵占它的柴夫和吠狗两个地方，使我们军队在海边有依托隐蔽的地方，在海湾可以停驻，在山区有牲畜的肉可吃。"于是齐国与周边国家都建立起睦邻关系。归还了侵占邻国的土地，重新厘正了疆界以后，齐国的国土南至㶟阴，西达济水，北到黄河，东临纪国的酅城，拥有兵车八百辆。然后选择当时最腐败的国家首先发动进攻。

齐桓公即位后的最初几年，东南方有很多腐败的国家，如莱、莒、徐夷、吴和越等国，齐国一次出兵就征服了三十一个国家。于是又向南进攻楚国，渡过汝水，翻越方城山，汶山也已经可以望见了，迫使楚国向周王室朝贡丝帛然后才撤军。荆州一带的诸侯小国没有谁敢不服从的。于是又向北进攻山戎，打败令支，击溃孤竹然后才撤军南返，海边一带的诸侯小国没有谁敢不服从的。齐国与这些国家的诸侯缔结盟约放在刷洗干净的牛身上，以此向天地间的神灵发誓，愿永远和诸侯们并力同心。齐国又向西进攻，占领了白狄的土地，到达西河附近，置备了船只和木筏，渡过黄河，直抵晋国的石枕。为了通过当地的高山深谷，齐国军队悬吊起兵车，勒紧马缰翻越了太行山和辟耳山的拘夏峡谷，征服了西面的流沙和西吴。齐国还组织诸侯的军队守卫周的王城，讨伐晋乱，帮助晋惠公回到绛城继承君位。北岳一带的诸侯没有谁敢不服从的，于是齐桓公得以在阳谷这个地方举行大规模的诸侯盟会。总计齐桓公执政期间，共组织过有阅兵仪式的盟会六次，乘车举行盟会三次，诸侯们纷纷休兵卸甲，弓箭入库。在消弭了诸侯国之间的战乱，推行文治之道的基础上，齐桓公率领各诸侯恢复了对周天子的朝见。

葵丘之会天子致胙于桓公

　　葵丘之会①，天子使宰孔致胙于桓公②，曰："余一人之命有事于文、武，使孔致胙。"且有后命曰："以尔自卑劳，实谓尔伯舅③，无下拜。"桓公召管子而谋，管子对曰："为君不君，为臣不臣，乱之本也。"桓公惧，出见客曰："天威不违颜咫尺，小白余敢承天子之命曰'尔无下拜'，恐陨越于下，以为天子羞。"遂下拜，升受命。赏服大辂④，龙旗九旒⑤，渠门赤旗，诸侯称顺焉。

【注释】
　　① 葵丘之会：葵丘，古地名。春秋时属宋国，在今河南省兰考县境内。公元前651年夏齐桓公在此举行诸侯盟会。
　　② 天子：指周襄王公元前651至前619年在位。宰孔：周王朝的公爵。
　　③ 伯舅：因周襄王与齐桓公异姓，而姬姜有联姻关系，故称其伯舅。
　　④ 大辂：诸侯朝见周天子时乘坐的大车。
　　⑤ 龙旗九旒：缀有九条流苏的龙旗。

【译文】
　　诸侯在葵丘这个地方盟会时，周襄王派宰孔送祭肉给齐桓公，说:"我祭祀了文王、武王,让宰孔送祭肉给你享用。"接着又命令说:"因为你谦卑劳苦,加上我应称你伯舅,可不必下拜受赐。"桓公召管仲商量如何处置这事,管仲回答说:"为君者不讲君威,为臣者不讲臣礼,这是造成祸乱的本源啊。"桓公很惶恐,出来接见宰孔说:"天子的威严离我不到咫尺之间,我小白岂敢接受天子'不必下拜'的命令,这样恐怕我会犯过失,给天子带来耻辱。"于是下阶再拜稽首,然后才登堂接受胙肉。周襄王赏给他大辂车、缀有九条流苏的龙旗和渠门大旗,诸侯们都称颂齐桓公的举止顺乎礼仪。

桓公霸诸侯

桓公忧天下诸侯。鲁有夫人、庆父之乱[①]，二君弑死[②]，国绝无嗣。桓公闻之，使高子存之[③]。

狄人攻邢[④]，桓公筑夷仪以封之[⑤]，男女不淫，牛马选具。狄人攻卫[⑥]，卫人出庐于曹[⑦]，桓公城楚丘以封之[⑧]。其畜散而无育，桓公与之系马三百。天下诸侯称仁焉。于是天下诸侯知桓公之非为己动也，是故诸侯归之。

桓公知诸侯之归己也，故使轻其币而重其礼。故天下诸侯罢马以为币，缕綦以为奉，鹿皮四个；诸侯之使垂橐而入，稛载而归。故拘之以利，结之以信，示之以武，故天下小国诸侯既许桓公，莫之敢背，就其利而信其仁、畏其武。桓公知天下诸侯多与己也，故又大施忠焉。可为动者为之动，可为谋者为之谋，军谭、遂而不有也[⑨]，诸侯称宽焉。通齐国之鱼盐于东莱[⑩]，使关市几而不征，以为诸侯利，诸侯称广焉。筑葵兹、晏、负夏、领釜丘[⑪]，以御戎、狄之地，所以禁暴于诸侯也；筑五鹿、中牟、盖与、牡丘[⑫]，以卫诸夏之地，所以示权于中国也。教大成，定三革[⑬]，隐五刃[⑭]，朝服以济河而无怵惕焉，文事胜矣。是故大国惭愧，小国附协。唯能用管夷吾、甯戚、隰朋、宾胥无、鲍叔牙之属而伯功立⑮。

【注释】

　　① 鲁有夫人、庆父之乱：指鲁庄公的夫人哀姜和他的弟弟庆父私通，杀了太子般，又杀了鲁闵公，造成鲁国的动乱。

　　② 二君：指太子般和鲁闵公。

　　③ 高子：齐国上卿高傒敬仲。

　　④ 邢：古国名。姬姓，为周公后代所建。

　　⑤ 夷仪：邢国城邑，在今山东省聊城县。

　　⑥ 卫：古国名。姬姓，周武王之弟康叔所建。

　　⑦ 曹：卫国古邑名，在今河南省滑县旧县城东。

　　⑧ 楚丘：卫国地名，在今河南省滑县东南。

　　⑨ 谭、遂：谭，古国名。其地在今山东省济南市东，公元前684年为齐所灭。遂，古国名。其地在今山东省宁阳县北，公元前681年为齐所灭。

　　⑩ 东莱：齐国地名。

　　⑪ 葵兹、晏、负夏、领釜丘：与少数民族戎、狄接壤地区的四个军事要塞的名字。

　　⑫ 五鹿、中牟、盖与、牡丘：同上注，均为要塞名。五鹿在今河南省濮阳县；中牟在今河南省中牟县；盖与在今山西省和顺县；牡丘在今山东省茌平县。

　　⑬ 三革：指甲、胄、盾。

　　⑭ 五刃：指刀、剑、矛、戟、矢。

　　⑮ 管夷吾、甯戚、隰朋、宾胥无、鲍叔牙：齐国的五位卿、大夫。

【译文】

　　齐桓公关心着天下诸侯的事情。鲁国发生了哀姜和庆父淫乱祸国的事件，两个国君先后被杀，君位没有人继承。桓公听说后，派高子去鲁国立僖公为君，使鲁国得以保存下来。

　　北方的狄人进攻邢国，齐桓公就在夷仪修筑城堡，让邢国迁到那里，使邢国的百姓避免了狄人的奸淫掳掠，牛马如数得到保存。狄人进攻卫国，卫国的百姓被迫出走到曹邑避难，齐桓公就在楚丘这个地方建造城堡让他们重建家园。他们的牲畜在战乱中散失了，无法繁殖恢复，桓公就送给他们养在马厩里的三百匹良马。这样天下诸侯都称赞桓公仁德。于是天下诸侯都知道桓公的这些举动并不是为了自己的私利，所以诸侯们都归附于他。

齐桓公知道天下诸侯归附他，所以就让诸侯们带着轻微的礼物来朝见，而用重礼回赠他们。所以天下诸侯朝见时用劣马做礼物，用麻织的粗布做托玉器的衬垫，送来的鹿皮也不是整张的。诸侯的使者空着口袋而来，却都满载而归。由于齐国用利笼络他们，用信结交他们，用武力威慑他们，所以天下的小国诸侯一旦与桓公缔结盟约，就没有谁敢背弃。这是因为贪图他的好处，相信他的仁义，慑服他的武力。桓公知道天下诸侯都服从自己，所以又大力施展他的忠信，可以采取行动帮助诸侯的就去行动，可以为诸侯谋划的就去谋划。桓公派军队灭掉了不服从他的谭和遂两个小国，但自己不去占有而把它们的土地分给诸侯，所以诸侯们称颂他的宽宏大度。他取消对车夷一带鱼盐的禁运，命令关市对过往的鱼盐只检查而不收税，用这个办法使诸侯得到实利，诸侯们都称颂他能广施恩惠。他下令修筑葵兹、晏、负夏、领釜丘等几个要塞，用以防御戎人和狄人对邻近各诸侯国的侵掠；他还下令修筑五鹿、中牟、盖与、牡丘等几个关隘，用以捍卫诸夏的要地，并向中原各国显示自己的权威。桓公为了霸业而从事的教化终于大见成效，于是甲胄盾和刀剑矛戟矢都封存收藏而不用，穿着朝服西渡黄河与强大的晋国盟会也丝毫不必害怕了，这是文治的成功。所以大国都自惭不及，小国纷纷归附。这一切都是因为齐桓公能重用管仲、宵戚、隰朋、宾胥无、鲍叔牙这批人才，霸业正是因此而建立起来的。

卷七　晋语　一

武公伐翼止栾共子无死

武公伐翼①，杀哀侯②，止栾共子曰③："苟无死，吾以子见天子，令子为上卿，制晋国之政。"辞曰："成闻之：'民生于三④，事之如一。'父生之，师教之，君食之。非父不生，非食不长，非教不知生之族也，故壹事之。唯其所在，则致死焉。报生以死，报赐以力，人之道也。臣敢以私利废人之道，君何以训矣？且君知成之从也，未知其待于曲沃也⑤。从君而贰，君焉用之？"遂斗而死。

【注释】
　　① 武公：晋武公，名称。公元前 678 至前 677 年为晋国国君。翼：晋国都城，在今山西省翼城县东。
　　② 哀侯：晋哀侯，名光。公元前 717 至前 710 年在位。
　　③ 栾共子：又叫共叔成，晋哀侯的大夫。
　　④ 民生于三：此处"三"系指君、师、父。
　　⑤ 曲沃：晋武公的封地，在今山西省闻喜县境内。

【译文】
　　武公讨伐翼城，杀了晋哀侯，劝阻晋哀侯的大夫栾共子说："假如你不为哀侯效忠而死，我将带你去进见天子，让他任命你当上卿，掌管晋国的政务。"栾共子拒绝说："我听说过：'人在世间生活靠的是父亲、师长和国君，要始终如一地事奉他们。'父亲给我生命，师长给我教诲，国君给我食禄。没有父亲就不会来到世间，没有国君的食禄就不会长大，没有师长的教诲就不会知道家族的历史，所以必须一心一意事奉他们。只要是他们的事，就应出死力去办。用死报答他们的养育，用力报答他们的惠赐，这是做人的道理。我岂敢为了一己的私利废弃做人的道理，那样的话你又怎么教我尽忠呢？况且你只知道劝我不为哀侯效忠而死，却不知道我如苟且到曲沃事奉你，就是怀有二心。跟随国君的人却怀有二心，国君要用他干什么？"于是战斗而死。

史苏论献公伐骊戎胜而不吉

献公卜伐骊戎①，史苏占之②，曰："胜而不吉。"公曰："何谓也?"对曰："遇兆，挟以衔骨，齿牙为猾，戎、夏交捽。交捽，是交胜也，臣故云。且惧有口，携民，国移心焉。"公曰："何口之有! 口在寡人，寡人弗受，谁敢兴之?"对曰："苟可以携，其入也必甘受，逞而不知，胡可壅也?"公弗听，遂伐骊戎，克之。获骊姬以归③，有宠，立以为夫人。公饮大夫酒，令司正实爵与史苏④，曰："饮而无肴。夫骊戎之役，女曰'胜而不吉'，故赏女以爵，罚女以无肴。克国得妃，其有吉孰大焉!"史苏卒爵，再拜稽首曰："兆有之，臣不敢蔽。蔽兆之纪，失臣之官，有二罪焉，何以事君? 大罚将及，不唯无肴。抑君亦乐其吉而备其凶，凶之无有，备之何害? 若其有凶，备之为瘳。臣之不信，国之福也，何敢惮罚。"

饮酒出，史苏告大夫曰："有男戎必有女戎。若晋以男戎胜戎，而戎亦必以女戎胜晋，其若之何!"里克曰："何如?"⑤史苏曰："昔夏桀伐有施⑥，有施人以妹喜女焉，妹喜有宠，于是乎与伊尹比而亡夏⑦。殷辛伐有苏⑧，有苏氏以妲己女焉⑨，妲己有宠，于是乎与胶鬲比而亡殷⑩。周幽王伐有褒⑪，褒人以褒姒女焉⑫，褒姒有宠，生伯服，于是乎与虢石甫比⑬，逐太子宜臼而立伯服⑭。太子出奔申⑮，申人、鄫人召西戎以伐周⑯，周于是乎亡。今晋寡德而安俘女，又增其宠，虽当三季之王⑰，不亦可乎？且其兆云：'挟以衔骨，齿牙为猾。'我卜伐骊，龟往离散以应我。夫若是，贼之兆也，非吾宅也，离则有之。不跨其国，可谓挟乎？不得其君，能衔骨乎？若跨其国而得其君，虽逢齿牙，以猾其中，谁云不从？诸夏从戎，非败而何？从政者不可以不戒，亡无日矣！"

郭偃曰⑱："夫三季王之亡也宜。民之主也，纵惑不疚，肆侈不违，流志而行，无所不疚，是以及亡而不获追鉴。今晋国之方，偏侯也。其土又小，大国在侧，虽欲纵惑，未获专也。大家、邻国将师保之，多而骤立，不其集亡。虽骤立，不过五矣。且夫口，三五之门也。是以谗口之乱，不过三五。且夫挟，小鲠也。可以小戕，而不能丧国。当之者戕焉，于晋何害？虽谓之挟，而猾以齿牙，口弗堪也，其与几何？晋国惧则甚矣，亡犹未也。商之衰也，其铭有之曰：'嚣嚣之德，不足就也，不可以矜，而只取忧也。嚣嚣之食，不足狃也，不能为膏，而只罹咎也。'虽骊之乱，其罹咎而已，其何能服？吾闻以乱得聚者，非谋不卒时，非人不免难，非礼不终年，非义不尽齿，非德不及世，非天不离数。今不据其安，不可谓能谋；行之以齿牙，不可谓得人；废国而向己，不可谓礼；不度而迁求，不可谓义；以宠贾怨，不可谓德；少族而多敌，不可谓天。德义不行，礼义不则，弃人失谋，天亦不赞。吾观君夫人也，若为乱，其犹隶农也。虽获沃田而勤易之，将不克飨，为人而已。"

士艻曰[19]："诚莫如豫，豫而后给。夫子诚之，抑二大夫之言其皆有焉。"

既，骊姬不克，晋正于秦，五立而后平。

【注释】

① 献公：晋献公，姬姓，名诡诸，公元前 676 至前 651 年在位。骊戎：古代部族，当时居住在陕西省临潼县一带。

② 史苏：名叫苏的史官，掌管占卜和记事。

③ 骊姬：骊戎首领的女儿。

④ 司正：官名，主宾主之礼。

⑤ 里克：又名里季子，晋国大夫。

⑥ 有施：古国名，喜姓，其所在地不详。

⑦ 伊尹：商汤时的国相。名挚。

⑧ 殷辛：即商纣王，名辛。有苏：古国名，己姓，其所在地不详。

⑨ 妲己：有苏氏的美女。

⑩ 胶鬲：商朝的贤臣，后弃商事周，助武王灭纣。

⑪ 周幽王：名宫涅，公元前 781 年至前 771 年在位。有褒：古国名，姒姓，其所在地不详。

⑫ 褒姒：褒国的美女。

⑬ 虢石甫：虢国国君石甫，又作石父。

⑭ 宜臼：周平王的名字。公元前 770 年至前 720 年在位。

⑮ 申：古国名。其地在今河南省南阳市北，春秋时被楚所灭。

⑯ 鄫：古国名，其地在今河南省方城县。

⑰ 三季之王：即夏桀、商纣和周幽王。

⑱ 郭偃：晋国大夫。

⑲ 士艻：晋国大夫，名子舆。

【译文】

　　晋献公卜问讨伐骊戎的结果，史苏占卜后说："能取胜但不吉利。"献公问："此话怎讲？"史苏回答说："从兆象看是齿牙互相夹持，衔着一块骨头，齿牙咬弄着它，象征骊戎和晋国的互相冲突。齿牙交对，就是交替取胜，所以我才说胜而不吉。况且兆象最怕遇到口，口意味着百姓离弃，国家将会不稳哩。"献公说："哪来什么口！口由我控制，我不接受，谁敢起来说话？"史苏回答说："假如连百姓都可以离弃，那么入耳的甜言蜜语必然会欣然接受。如此任性而不自知，又怎么防止祸患呢？"献公不听，于是讨伐骊戎，打败了它，俘获骊姬并把她带回晋国，骊姬得宠，被立为夫人。献公设酒宴款待大夫们，命司正官斟满酒递给史苏，说："只饮酒不许吃菜。当初讨伐骊戎的战役，你说'胜而不吉'，所以现在只赏你酒，而罚你不许吃菜。打败敌国得到爱妃，还有什么吉利比这更大的！"史苏饮完酒，低头拜谢说："兆象上有的，我不敢隐蔽。隐蔽兆象的内容，就失了做臣子的职责，有了这两项罪，怎么事奉国君呢？大的惩罚将要临头，不只是没有菜下酒了。国君也许是喜欢吉兆而防备凶兆的，虽然凶兆没有出现，防备一下又有什么害处呢？如果真的出现凶险，防备了也可以减轻。我占的卜不灵验，是国家的福气啊，我岂敢害怕受罚。"

　　饮完酒出来，史苏对大夫们说："有男兵必有女兵。如果说晋国以男人的力量战胜了骊戎，那么它也一定会用女人的力量战胜晋国的，怎么办！"大夫里克问："这是怎么一回事？"史苏说："过去夏朝的桀讨伐有施氏，有施氏的人把妹喜进献给桀，妹喜得宠，于是就与伊尹一起使夏朝灭亡。商朝的纣讨伐有苏氏，有苏氏的人把妲己进献给纣，妲己得宠，于是就与胶鬲一起使商朝灭亡。周幽王讨伐褒国，褒国的人把褒姒进献给幽王，褒姒得宠，生了伯服，于是就联合虢石甫赶走了太子宜臼，改立伯服为太子。宜臼出走申国，申国人、鄫国人邀集西戎一起讨伐周，西周由此而灭亡。现在晋君德行不高，而被那个俘虏的女人所迷惑，还增加对她的宠幸，把晋君比作夏、商、西周三朝的末代君王，不也可以吗？况且那兆象上说：'上下挟持衔着骨头，齿牙咬弄着它。'我卜问的是讨伐骊戎的胜败，回答我的结果却是晋国的离散，像这样可是败国的征兆啊。非但我们不能安居下去，国家也有分裂的危险。没有人从外面入据晋国，可以说是挟持吗？没有人得宠于国君，可以说是衔骨吗？如果有人入据晋国而且得宠于国君，干出齿牙咬弄的事情，谁敢不服从？晋国服从骊戎的女人，不是失败又是什么？参预国政的人不能不警戒，亡国没有几天了！"

大夫郭偃说："夏、商和西周三个末代君王的灭亡是合理的。百姓的统治者放纵惑乱而毫不反省，肆意奢侈而毫不忌讳，行动随心所欲，无所不用其极，所以亡了国而且得不到后世的追念。现在晋国是个偏远的小侯国，土地不多，齐、秦等大国就在旁边，即使国君想放纵惑乱，也没有那个条件，国内的上卿和邻国将会教训他，一次次地用新君取代荒淫的旧君，还不至于亡国。虽说会多次改立新君，但也不可能超过五次。因为口在星象上是纪三辰和宣五行的，所以由口而引发的内乱，不过牵涉到三个或者五个国君而已。至于挟，只是小鲠塞，可以造成小的内伤，但不足以亡国。当事者虽受到伤害，对晋国则无大碍。虽说是内外挟持，而且齿牙咬弄，口不能承受，但又能为害多久呢？晋国的恐惧是很严重了，亡国还不至于。商朝衰亡的原因，在钟鼎铭文上是这样记载的：'小小的德行，不足以让世人归心，不可以因此而自夸，那样只会带来忧患。少少的食禄，不值得贪欲，不能肥己，那样只会遭到不幸。'就算骊姬挑起内乱，不过是她自己遭到不幸罢了，又怎么能使人顺从呢？我听说通过动乱聚敛财富邀笼人心的人，没有好的计谋就不能维系长久，得不到民众就不能自免于难，不合礼法就不能坚持到底，违反仁义就不能尽其天寿，缺少德惠就不能得到继嗣，没有天命佑助就不能长盛不衰。现在骊姬不居安而处危，不能算善谋；做齿牙咬弄的事以害人，不能算得民心；毁弃国家而为个人，不能算合乎礼；不考虑利害而以邪夺正，不能算讲究义；自恃得宠而招怨国人，不能算有德；缺少盟友而广树政敌，不能算得天助。不行德义，不效礼法，背弃百姓，缺乏谋略，所以上天也不会帮助她。依我看君夫人如果挑起内乱，将会像农村的奴隶一样，虽然获得一块良田并且勤于耕作，也不够吃的，为人辛劳而已。"

　　大夫士芴说:"与其告诫不如预作准备,有了准备一旦出事就好对付了。您告诫过了,两位大夫的话都是很有道理的。"

　　过后,骊姬的图谋没有得逞,晋国的内乱在秦国的干预下被荡平,先后立了五个国君才安定下来。

史苏论骊姬必乱晋

献公伐骊戎，克之，灭骊子^①，获骊姬以归，立以为夫人，生奚齐。其娣生卓子。骊姬请使申生主曲沃以速悬^②，重耳处蒲城^③，夷吾处屈^④，奚齐处绛^⑤，以儆无辱之故。公许之。

史苏朝，告大夫曰："二三大夫其戒之乎，乱本生矣！日，君以骊姬为夫人，民之疾心固皆至矣。昔者之伐也，兴百姓以为百姓也，是以民能欣之，故莫不尽忠极劳以致死也。今君起百姓以自封也，民外不得其利，而内恶其贪，则上下既有判矣；然而又生男，其天道也？天强其毒，民疾其态，其乱生哉！吾闻君之好好而恶恶，乐乐而安安，是以能有常。伐木不自其本，必复生；塞水不自其源，必复流；灭祸不自其基，必复乱。今君灭其父而畜其子，祸之基也。畜其子，又从其欲，子思报父之耻而信其欲，虽好色，必恶心，不可谓好。好其色，必授之情。彼得其情以厚其欲，从其恶心，必败国且深乱。乱必自女戎，三代皆然。"骊姬果作难，杀太子而逐二公子。君子曰："知难本矣。"

【注释】

① 骊子：骊戎的国君。

② 申生：晋献公的太子。曲沃：晋国的别都，在今山西省闻喜县东北。

③ 重耳：太子申生的异母弟。蒲城：晋国古城名，在今山西省隰县西北。

④ 夷吾：太子申生的异母弟。屈：晋国古城名，在今山西省乡宁县北。

⑤ 奚齐：骊姬与晋献公生的儿子。绛：晋国的都城，在今山西省翼城县东。晋穆侯在位时从曲沃迁都到此，晋献公增筑为都城。

【译文】

晋献公讨伐骊戎，征服了这个国家，杀了它的国君骊子，俘获骊姬回国，立她为夫人。骊姬生了奚齐，她妹妹生了卓子。骊姬请求献公派太子申生去曲沃以逼他速死，另派公子重耳去蒲城，公子夷吾去屈，而把奚齐留在国都绛。她说这是为了防备敌国的入侵，不让晋国受到耻辱。献公同意了她的请求。

史苏上朝时对大夫们说："你们可要戒备哩，晋国内乱的根子已经产生了！当年，国君立骊姬为夫人，民众不满的心态原就达到了极点。古代的明君从事征伐，是发动百姓为百姓除害，所以民众能高兴地拥戴他，无不尽忠竭力甚至不惜一死。现在国君发动百姓却是为的自己丰厚，民众对外攻战得不到利益，又厌恶国内君王的贪欲，所以上下已经离心了。然而骊姬生的又是儿子，难道这是天意？上天加强了晋国的祸害，民众不满这种状况，内乱就要发生了！我听说国君应该喜欢好的事物，憎恶坏的事物，欢乐时就高兴，安定时就放心，这样统治才能持久正常。砍伐树木不从树根开始，必定会重新萌生；堵塞河水不从源头开始，必定会重新流淌；消灭祸乱不从根本着手，必定会重生祸乱。如今国君杀了骊姬的父亲却又留下骊姬，这正是祸乱的根基啊。既留下骊姬，还要顺从她的欲望，她想报杀父之耻就会伸张野心。虽然外貌很美，但内心一定很丑恶，不能算是真正的美。国君喜欢她的美丽外貌，必定会答应她的要求。她得到国君的宠爱会进一步加强政治上的欲望，扩张其野心，这样就必定会使晋国败亡并且造成深重的祸乱。祸乱一定来自女人，夏、商、西周都是这样。"后来骊姬果然作乱，杀了太子申生并驱逐了公子重耳和夷吾。有识之士说:"史苏洞察灾难的根源了。"

献公将黜太子申生而立奚齐

骊姬生奚齐，其娣生卓子。公将黜太子申生而立奚齐。里克、丕郑、荀息相见①，里克曰："夫史苏之言将及矣！其若之何？"荀息曰："吾闻事君者，竭力以役事，不闻违命。君立臣从，何贰之有？"丕郑曰："吾闻事君者，从其义，不阿其惑。惑则误民，民误失德，是弃民也。民之有君，以治义也。义以生利，利以丰民，若之何其民之与处而弃之也？必立太子。"里克曰："我不佞，虽不识义，亦不阿惑，吾其静也。"三大夫乃别。

烝于武公②，公称疾不与，使奚齐莅事。猛足乃言于太子曰③："伯氏不出④，奚齐在庙，子盍图乎！"太子曰："吾闻之羊舌大夫曰⑤：'事君以敬，事父以孝。'受命不迁为敬，敬顺所安为孝。弃命不敬，作令不孝，又何图焉？且夫间父之爱而嘉其贶，有不忠焉；废人以自成，有不贞焉。孝、敬、忠、贞，君父之所安也。弃安而图，远于孝矣，吾其止也。"

【注释】
　①　里克、丕郑、荀息：三人均为晋国大夫。

②蒸：祭祀名。古代冬祭曰蒸。武公：即武宫，晋献公的祖庙。

③猛足：太子申生的家臣。

④伯氏：指晋献公的长子申生。古代兄弟排列次序为伯、仲、叔、季。

⑤羊舌大夫：人名，羊舌职的父亲。

【译文】

　　骊姬生了奚齐，她妹妹生了卓子。晋献公打算废黜太子申生而改立奚齐为太子。里克、丕郑、荀息三人见面时，里克说："史苏的预言将要应验了，怎么办呢？"荀息说："我听说臣事国君的人，应该尽力为之办事，没听说可以违抗君命的。国君定了的事臣子理应服从，怎么可以有二心呢？"丕郑说："我听说臣事国君的人，只能服从正确的决定，不可屈从他的错误。国君的错误会影响民众，民众跟着一起犯错误而丢失德行，无异于抛弃民众。民众所以要有国君，是用来确定上下之间礼义的，礼义是用来生利的，利是用来丰裕民众的。怎么可以与民众共处却要抛弃他们呢？一定要让国君立申生为太子才对。"里克说："我没有才能，虽不懂得义，但也不会屈从国君的错误，我将保持沉默。"三位大夫于是告别了。

　　冬天祭祀武宫祖庙时，献公称病未去参加，而派奚齐主持祭事。猛足为此对太子申生说："不让长子出面，却由奚齐在祖庙主持，你怎么考虑自身地位的安固呢？"太子说："我听羊舌大夫说过：'要以恭敬臣事国君，要以孝顺服侍父亲。'接受君命坚定不移叫做恭敬，按照父亲的意愿去行动叫做孝顺。违抗君命就是不敬，擅自行动就是不孝，我又能为自己考虑什么呢？况且离间父亲的爱却还享受他的赏赐，那就是不忠了；废了别人来成全自己，那就是不贞了。孝、敬、忠、贞，是君父肯定的好品德。抛弃这些好品德而考虑自己的地位，就远离了孝，我只有静待命运的安排了。"

献公伐翟柤

献公田，见翟柤之氛①，归寝不寐。郤叔虎朝②，公语之。对曰："床第之不安邪？抑骊姬之不存侧邪？"公辞焉。出遇士苪③，曰："今夕君寝不寐，必为翟柤也。夫翟柤之君，好专利而不忌，其臣竞谄以求媚，其进者壅塞，其退者拒违。其上贪以忍，其下偷以幸，有纵君而无谏臣，有冒上而无忠下。君臣上下各餍其私，以纵其回，民各有心而无所据依。以是处国，不亦难乎！君若伐之，可克也。吾不言，子必言之。"士苪以告，公悦，乃伐翟柤。郤叔虎将乘城，其徒曰："弃政而役，非其任也。"郤叔虎曰："既无老谋，而又无壮事，何以事君？"被羽先升，遂克之。

【注释】

① 翟柤：古国名。

② 郤叔虎：晋国大夫，名豹。

③ 士苪：晋国大夫。

【译文】

晋献公打猎时，看见翟柤国上空弥漫着凶气，回来后睡不好觉。郤叔虎上朝时，献公告诉他这件事。郤叔虎问："是因为床铺不安适呢？还是因为骊姬不在身旁呢？"献公没作回答。郤叔虎退朝出来遇见士蒍，说："今晚国君睡不好觉，一定是为翟柤国。那翟柤国的国君喜欢独占利益而且毫不顾忌，他的臣下争相拍马屁以求讨好他。那些升官的都是堵塞国君视听的小人，那些遭到排斥的都是进逆耳之言的忠臣。这国君贪婪而不义，臣下则苟且以求侥幸，有放纵的国君而没有直言极谏的臣子，有贪婪的上层而没有忠心耿耿的下属。君臣上下各自满足一己的私欲，放纵他们的邪恶，民众各有自己的想法而无所依靠。像这样治国，不也很困难吗？晋君如要征伐它，准能成功。这些话我不说，你一定要向晋君说。"士蒍把这事告诉了献公，献公很高兴，于是出兵征伐翟柤国。郤叔虎准备登上城墙杀敌，他的部下说："丢下政务去作战，这不是你的职责啊。"郤叔虎答道："我既没有谋略，又不去出力，凭什么事奉国君呢？"于是披着鸟羽率先爬上城墙，打败了翟柤国。

优施教骊姬远太子

公之优曰施[①]，通于骊姬。骊姬问焉，曰："吾欲作大事，而难三公子之徒如何[②]？"对曰："早处之，使知其极。夫人知极，鲜有慢心；虽其慢，乃易残也。"骊姬曰："吾欲为难，安始而可？"优施曰："必于申生。其为人也，小心精洁，而大志重，又不忍人。精洁易辱，重偾可疾，不忍人，必自忍也。辱之近行。"骊姬曰："重，无乃难迁乎？"优施曰："知辱可辱，可辱迁重；若不知辱，亦必不知固秉常矣。今子内固而外宠，且善否莫不信。若外惮善而内辱之，无不迁矣。且吾闻之：甚精必愚。精为易辱，愚不知避难。虽欲无迁，其得之乎？"是故先施谗于申生。

骊姬赂二五[③]，使言于公曰："夫曲沃，君之宗也；蒲与二屈[④]，君之疆也，不可以无主。宗邑无主，则民不威；疆埸无主，则启戎心。戎之生心，民慢其政，国之患也。若使太子主曲沃，而二公子主蒲与屈，乃可以威民而惧戎，且旌君伐。"使俱曰："狄之广莫，于晋为都。晋之启土，不亦宜乎？"公悦，乃城曲沃，太子处焉；又城蒲，公子重耳处焉；又城二屈，公子夷吾处焉。骊姬既远太子，乃生之言，太子由是得罪。

【注释】

① 施：人名，为晋献公乐舞逗趣的艺人。
② 三公子：指太子申生和公子重耳、夷吾。
③ 二五：均为人名，指晋国的下大夫梁五和东关五。
④ 二屈：地名。屈地分为南屈与北屈，故称二屈。

【译文】

晋献公有个为他乐舞逗趣的艺人叫施，与骊姬有私情。骊姬向他请教说："我想办件大事，向三位公子发难，应该怎么做？"施回答说："早点把他们的地位固定下来，使他们认识到自己的地位已经到顶。人若知道自己的地位已经到顶，就不敢再有非分之想。即使有轻慢之心，也能很容易击败了。"骊姬又问："我要发难，先从谁下手呢？"施回答说："必须先从太子申生开始。申生为人胆小怕事，受不得辱，而且年长稳重，又不忍心害人。那受不得辱的人，就容易羞辱；稳重而不灵活的人，就可以找他的毛病；不忍心害人的人，就只能自忍。可以对他最近的行为进行诬蔑。"骊姬说："稳重的人，恐怕难以动摇他吧。"施说："懂得羞耻的人才可以羞辱他，即使性格再稳重也会动摇的。如果一个人不在乎羞辱，也就一定不知道固守常规而容易动摇了。现在夫人内得君心，外受宠爱，你说一个人好话或坏话，国君没有不相信的。如果你表面做出善待申生的样子，私下用不义的罪名羞辱他，那他的意志没有不动摇的。我还听说，过分精明的人近于愚蠢。精明的人容易受辱，就会愚蠢得不知躲避祸难。即使想不动摇，他能办得到吗？"于是骊姬就先对申生施加谗言。

骊姬买通梁五和东关五，叫他们向献公进言说："曲沃，是您的宗庙所在之地；蒲和南北二屈，是您的边疆要地，不能没有人主管。宗庙所在地没有人主管，民众就不会畏惧；边疆要地没有人主管，就会引发戎狄的侵略野心。戎狄产生野心，民众轻慢朝廷，这是国家的大患。如果让太子申生去主管曲沃的宗庙，让公子重耳和夷吾去主管蒲和南北二屈，就可以威服民众并使戎狄惧怕，而且也彰明了您的功绩。"骊姬又指使这两个人一同对献公说:"戎狄有广阔土地，让它成为晋国的下邑，晋国开拓了疆土，不也是一件很好的事吗?"献公听了很高兴，就下令在曲沃筑城，让太子申生住在那里；又下令在蒲筑城，让公子重耳住在那里；又下令在南北二屈筑城，让公子夷吾住在那里。骊姬达到使太子离开国都的目的之后，就开始编造谗言谤语，太子申生从此蒙受了不白之冤。

献公作二军以伐霍

十六年①，公作二军，公将上军，太子申生将下军以伐霍②。师未出，士蒍言于诸大夫曰："夫太子，君之贰也。恭以俟嗣，何官之有？今君分之土而官之，是左之也。吾将谏以观之。"乃言于公曰："夫太子，君之贰也，而帅下军，无乃不可乎？"公曰："下军，上军之贰也。寡人在上，申生在下，不亦可乎？"士蒍对曰："下不可以贰上。"公曰："何故？"对曰："贰若体焉，上下左右，以相心目，用而不倦，身之利也。上贰代举，下贰代履，周旋变动，以役心目，故能治事，以制百物。若下摄上，与上摄下，周旋不动，以违心目，其反为物用也，何事能治？故古之为军也，军有左右，阙从补之，成而不知，是以寡败。若以下贰上，阙而不变，败弗能补也。变非声章，弗能移也。声章过数则有衅，有衅则敌入，敌入而凶，救则不暇，谁能退敌？敌之如志，国之忧也。可以陵小，难以征国。君其图之！"公曰："寡人有子而制焉，非子之忧也。"对曰："太子，国之栋也。栋成乃制之，不亦危乎？"公曰："轻其所在，虽危何害？"

士芴出语人曰："太子不得立矣。改其制而不患其难，轻其任而不忧其危，君有异心，又焉得立？行之克也，将以害之；若其不克，其因以罪之。虽克与否，无以避罪。与其勤而不入，不如逃之。君得其欲，太子远死，且有令名，为吴太伯③，不亦可乎？"太子闻之，曰："子舆之为我谋④，忠矣。然吾闻之：为人子者，患不从，不患无名；为人臣者，患不勤，不患无禄。今我不才而得勤与从，又何求焉？焉能及吴太伯乎？"太子遂行，克霍而反，谗言弥兴。

【注释】

① 十六年，指晋献公十六年，即公元前 661 年。

② 霍：古国名，周武王弟叔武的封国。其地在今山西省霍县西南一带，后为晋所灭。

③ 吴太伯：周文王的伯父。本为太子，为了让位给弟弟而出走吴地。后周武王追封为吴伯，亦叫吴太伯。

④ 子舆：晋国大夫士芴的字。

【译文】

公元前 661 年，晋献公组建上、下两军。献公统领上军，太子申生统领下军去进攻霍国。军队出发前，士芴对诸位大夫说："太子，是国君的继承人。恭敬地等着继承君位，怎么能有官位？现在国君分封给他土地，还给他安排了官职，这是把他当外人看待啊。我要向国君进谏来了解他的态度。"于是对献公说："太子，是国君的继承者，而您却让他去统领下军，恐怕不合宜吧？"献公说："下军，就是上军的副职。我统领上军，申生统领下军，不也是可以的吗？"士芴回答说："下不可以作为上的副职。"献公问："这是为什么？"回答说："正副职的关系就像人的四肢一样，分成上下和左右，用来辅助心和目，所以才能经久使用而不劳倦，给身体带来好处。上肢的左右手交替举物，下肢的左右脚交替走步，轮流变换，用来服务于心和目，人所以才能做事，节制百物。如果下肢去引持上肢，或者上肢去引持下肢，就不能正常地轮流变换，破坏了与心和目的协调，那人就反而要被百物牵制，什么事能做得成？所以古代组建的军队，有左军有右军，缺了可以及时补上，列成阵势后敌方不知道有缺口，所以很少失败。如果以下军作为上军的副职，一旦出现缺口就不能变动补充，失败了也不能补救。没有表示进退的旗鼓指挥，军队是不能移动的。旗鼓的变化超过了规定的数目就会出现队形的空隙，有了空隙敌军就会乘虚而入，敌军突入后，形势就不吉利，想挽回失败已来不及了，谁还能击退敌军呢？敌军一旦得逞，是国家的忧患啊。所以变乱军制，只能侵凌小国，难以征服大国。请国君三思！"献公说："我有儿子，并且已经为他编制了下军，用不着你担心。"士蒍力谏说："太子，是国家的栋梁。栋梁已成，却让他带兵，不也危险吗？"献公说："减轻他的责任，虽然有危险，会有什么害处？"

士蒍出来告诉众人说："太子不能继承君位了。国君改变了他的职位却不考虑他的困难，减轻了他的责任却不担心他的危险，国君既已存异心，太子又怎能继承呢？他此行若能伐霍成功，将会因为得民心而被害；若不成功，也会因此而获罪。无论成功与否，都没有办法躲避罪责。与其辛辛苦苦出力而得不到国君的满意，还不如逃离晋国的好。这样国君得遂其愿，太子也避开了死亡的危险，而且将获得美名，做吴太伯，不也很好吗？"太子听到士蒍的议论后说："子舆为我考虑，可谓是忠心耿耿了。但是我听说：做儿子的，怕不顺从父亲的命令，不怕没有美名；做臣子的，怕不辛勤事奉国君，不怕得不到俸禄。如今我没有才能却得到跟随君父征伐的机会，还能要求什么呢？我又怎么能比得上吴太伯呢？"太子于是率军出征，打败了霍国回来，诽谤他的谗言更多了。

优施教骊姬谮申生

优施教骊姬夜半而泣谓公曰："吾闻申生甚好仁而强，甚宽惠而慈于民，皆有所行之。今谓君惑于我，必乱国，无乃以国故而行强于君。君未终命而不殁，君其若之何？盍杀我，无以一妾乱百姓。"公曰："夫岂惠其民而不惠于其父乎？"骊姬曰："妾亦惧矣。吾闻之外人之言曰：为仁与为国不同。为仁者，爱亲之谓仁；为国者，利国之谓仁。故长民者无亲，众以为亲。苟利众而百姓和，岂能惮君？以众故不敢爱亲，众况厚之，彼将恶始而美终，以晚盖者也。凡民利是生，杀君而厚利众，众孰沮之？杀亲无恶于人，人孰去之？苟交利而得宠，志行而众悦，欲其甚矣，孰不惑焉？虽欲爱君，惑不释也。今夫以君为纣，若纣有良子，而先丧纣，无章其恶而厚其败。钧之死也，无必假手于武王，而其世不废，祀至于今，吾岂知纣之善否哉？君欲勿恤，其可乎？若大难至而恤之，其何及矣！"公惧曰："若何而可？"骊姬曰："君盍老而授之政。彼得政而行其欲，得其所索，乃其释君。且君其图之，自桓叔以来①，孰能爱亲？唯无亲，故能兼翼。"公曰："不可与政。我以武与威，是以临诸侯。未殁而亡政，不可谓武；有子而弗胜，不可谓威。我授之政，诸侯必绝；能绝于我，必能害我。失政而害国，不可忍也。尔勿忧，吾将图之。"

骊姬曰："以皋落狄之朝夕苟我边鄙②，使无日以牧田野，君之仓廪固不实，又恐削封疆。君盍使之伐狄，以观其果于众也，与众之信辑睦焉。若不胜狄，虽济其罪，可也。若胜狄，则善用众矣，求必益广，乃可厚图也。且夫胜狄，诸侯惊惧，吾边鄙不儌，仓廪盈，四邻服，封疆信，君得其赖，不知可否，其利多矣。君其图之！"公悦，是故使申生伐东山③，衣之偏裻之衣，佩之以金玦。仆人赞闻之④，曰："太子殆哉！君赐之奇，奇生怪，怪生无常，无常不立。使之出征，先以观之，故告之以离心，而示之以坚忍之权，则必恶其心而害其身矣。恶其心，必内险之；害其身，必外危之。危自中起，难哉！且是衣也，狂夫阻之衣也⑤。其言曰：'尽敌而反。'虽尽敌，其若内谗何！"申生胜狄而反，谗言作于中。君子曰："知微。"

【注释】
① 桓叔：晋献公的曾祖。
② 皋落狄：狄族的一支。
③ 东山：皋落狄人居住的地区，在今山西省垣曲县附近。
④ 赞：人名，太子申生的仆人。
⑤ 狂夫：古代掌驱疫和墓葬时驱鬼的官属，又叫方相氏。

【译文】
优施献计让骊姬在夜里哭着对献公说："我听说申生为人很仁

义而且势力很大，对百姓又很宽厚慈爱，这些都是有所用心的举动。如今他说国君被我迷惑，一定会因此而乱国，我恐怕他会以国家利益作借口对你施行武力。你还健在，准备怎么应付他呢？何不杀了我，不要为了我一个女人而让百姓遭受动乱。"献公问："他难道会爱百姓而不爱他的父亲吗？"骊姬说："我也正害怕这个啊。我听别人说，施行仁义和效忠国家不一样。施行仁义的人，把爱自己的亲人称作仁；而效忠国家的人，把安定社稷称作仁。所以百姓的领袖没有私亲，而以百姓为亲。倘若他认为对多数人有利又能把百姓团结在自己周围，还怕弑君？为了多数人的缘故而不爱私亲，大家会更加拥戴他，他开始虽有弑君的恶声，可是最终能得到忠于国家的美名，用后来的善行掩盖掉前面的罪恶。民众总是追求利的。杀了国君而让民众得到厚利，民众有谁还会反对他呢？杀了父亲但没有施恶于他人，民众有谁还会背弃他呢？如果大家都得利而受宠，他的志向实现了使大家高兴，大家会更拥戴他，谁能不被他所迷惑？即使想爱国君，可这种迷惑解脱不了啊。现在且把国君比作纣王，如果纣王有个好儿子，先把纣王杀了，这样就不会张扬纣的罪恶而招来周的诛伐。同样是死，就不必借周武王之手了，而且商的国祚不会中断，祖宗至今还得到祭祀，我们怎么会知道纣王其人是善是恶呢？你想不担心这类事的发生，能办得到吗？等到大祸临头时才忧虑，就再也来不及了！"献公害怕地问："怎么办才好呢？"骊姬说："你何不称老退位而把国政交给申生。申生掌握了国政，按自己心愿行事，得到了他追求的东西，就会放过你。你再考虑一下，自你的曾祖桓叔以来，谁能爱过亲人？正因为不爱私亲，所以才能把本家占有的翼地兼并了。"献公说："不能把国政交出去。我凭着武功和威势，才得以驾驭诸侯。没死就丢失国政，不能算有武功；连儿子也制服不了，不能算有威势。我把国政交给他，诸侯必定会和我们断绝关系；能断绝关系，必定会加害于我们。丢失国政而且害了国家，这是不能容忍的。你不必担心，我会有办法对付他。"

骊姬说："皋落狄不分早晚侵扰我国的边境，使那里的边民没有一天可以到田野放牧牛羊。国君的仓库本来就不充实，又担心外族削减我国的疆土。你何不派申生去讨伐狄国，以便观察他是否能带兵，与民众的关系是否确实很和睦。如果他不能战胜狄国，那就自然构成罪名，可以加罪于他；如果胜了狄国，那就说明他很会使用民众，他所要求的会更多，我们就更要想办法对付他。况且战胜狄国，诸侯将会吃惊害怕，我们的边境将不必戒备，国库充实，四邻畏服，疆界不会有争议，你得到这些利益，又可以知道如何去对付申生，好处太多了。你何不谋划一下！"献公听了很高兴，于是决定派申生讨伐东山的狄人，让他穿一件左右颜色各异的衣服，佩戴一块金玦。申生的仆人赞听到后说："太子危险了！国君赐给他奇异的东西，奇就要生怪，怪就要出现反常，反常预示着太子不能继立为君。派他出征，先以此观察他和民众的关系，用左右颜色各异的衣服象征不一致，用金玦暗示冷淡和离心，这就必定是讨厌他的心性而想加害于他的身体了。讨厌他的心性，就必定在内部使他陷于危险；要加害于他的身体，就必定在外面使他陷于绝境。危险从内部产生，难以摆脱哩！而且那件衣服，是要让方相氏诅咒后才能穿的。方相氏的诅咒说：'消灭敌人而返回。'即使消灭了敌人，申生又能对内部的谗言怎么样呢？"申生战胜了狄国回来后，对他的谗言从宫中开始散布。有识之士说："赞这个人知道精微的道理。"

申生伐东山

十七年冬①，公使太子伐东山。里克谏曰："臣闻皋落氏将战，君其释申生也！"公曰："行也！"里克对曰："非故也。君行，太子居，以监国也；君行，太子从，以抚军也。今君居，太子行，未有此也。"公曰："非子之所知也。寡人闻之，立太子之道三：身钧以年，年同以爱，爱疑决之以卜、筮②。子无谋吾父子之间，吾以此观之。"公不说。里克退，见太子。太子曰："君赐我以偏衣、金玦，何也？"里克曰："孺子惧乎？衣躬之偏，而握金玦，令不偷矣。孺子何惧？夫为人子者，惧不孝，不惧不得。且吾闻之曰：'敬贤于请。'孺子勉之乎！"君子曰："善处父子之间矣。"

太子遂行，狐突御戎③，先友为右④，衣偏衣而佩金玦。出而告先友曰："君与我此，何也？"先友曰："中分而金玦之权，在此行也。孺子勉之乎！"狐突叹曰："以庞衣纯，而玦之以金铣者，寒之甚矣，胡可恃也？虽勉之，狄可尽乎？"先友曰："衣躬之偏，握兵之要，在此行也，勉之而已矣。偏躬无慝，兵要远灾，亲以无灾，又何患焉？"至于稷桑⑤，狄人出逆，申生欲战。

狐突谏曰:"不可。突闻之:国君好艾,大夫殆;好内,适子殆,社稷危。若惠于父而远于死,惠于众而利社稷,其可以图之乎?况其危身于狄以起谗于内也?"申生曰:"不可。君之使我,非欢也,抑欲测吾心也。是故赐我奇服,而告我权。又有甘言焉。言之大甘,其中必苦。谮在中矣,君故生心。虽蝎谮,焉避之?不若战也。不战而反,我罪滋厚;我战死,犹有令名焉。"果败狄于稷桑而反。谗言益起,狐突杜门不出。君子曰:"善深谋也。"

【注释】

① 十七年:晋献公十七年,即公元前 660 年。

② 卜、筮:卜,占卜。古人用火灼龟甲,根据龟甲的裂纹推测出行事的吉凶。筮,占卦。古人用蓍草的茎以推测出行事的吉凶。

③ 狐突:狐偃之父,字伯行。

④ 先友:晋国大夫。

⑤ 稷桑:皋落狄国境内的地名,其所在位置不详。

【译文】

公元前 660 年冬天,晋献公派太子申生讨伐东山皋落狄。里克劝谏说:"我听说皋落狄人将拼死作战,国君还是不要派申生去冒险吧!"献公说:"让他去!"里克回答说:"这不是过去的成例。过去国君出征,让太子留守,以监护国家;或者国君出征,让太子同行,以抚慰军心。如今您留守本国,而让太子出征,没有过这样的安排哩。"献公说:"这不是你所知道的。我听说,立太子的原则有三条:德行相同时根据年龄长幼来决定,年龄相同时根据国君的喜爱程度来决定,喜爱谁还有疑惑时根据卜筮的结果来决定。你不必对我们父子关系费心,我要通过这次出征来观察太子的能力。"献公不高兴。里克退下后,遇见太子。太子问:"父君赐给我偏衣和金玦，这是为什么？"里克说："你害怕了吗？国君让你穿偏衣，握金玦，说明对你不薄。你有什么可害怕的！做儿子的，只怕不能尽孝，不怕不能继位。况且我听说：'恭敬胜于请求。'你还是努力孝敬国君吧。"有识之士说："里克善于处理父子之间的关系。"

太子于是出征，狐突掌驭兵车，先友担任车右。太子身上穿着偏衣，佩戴着金玦，离开国都后对先友说："国君赐给我这些东西，意味着什么呢？"先友答道："意味着在这次出征中你分得了一半君权，可以用金玦来决断大事，你好自为之吧！"狐突则叹息道："拿杂色的衣服让纯正的人穿，用寒冷的金属来分离人心，冷酷极了，还有什么可以依赖的？即使太子努力作战，狄人能全部消灭吗？"先友说："穿着偏衣，执掌着军队的指挥权，太子在这次出征中，努力作战就可以了。国君给你偏衣并无恶意，让你掌握兵权可以远离灾害，既无恶意又远离灾害，你还有什么可担忧的呢？"到了稷桑，狄人出兵迎战。申生打算进攻，狐突劝告说："不行。我听说，国君喜欢宠臣，大夫就危险；国君喜欢女色，太子就危险，国家将遭难。如果你顺从父亲的意愿让奚齐做太子可以远离死亡，顺从民心不打仗可以有利于国家，何不考虑一下呢？再说你在狄人的国土上冒危险，而国内却已经出现针对你的谗言了。"申生说："不能这样做。国君派我讨伐东山，不是喜欢我，而是想探测我的心思。所以才赐给我偏衣，又给了我金玦，临行前还说了些好话。说的话太甜，骨子里一定苦。谗言起于宫廷，说明父君对我已生疑心。就像木蠹啃吃树心，我怎能逃避它呢？不如拼死一战。不战而回，我的罪就更大了。我战死的话，还可以有一个孝敬的好名声。"申生果然在稷桑打败了狄人然后回国。这时谗言更加风起，狐突闭门不出。有识之士说："狐突善于深谋远虑。"

骊姬谮杀太子申生

反自稷桑，处五年，骊姬谓公曰："吾闻申生之谋愈深。日，吾固告君曰得众，众不利，焉能胜狄？今矜狄之善，其志益广。狐突不顺，故不出。吾闻之，申生甚好信而强，又失言于众矣，虽欲有退，众将责焉。言不可食，众不可弭，是以深谋。君若不图，难将至矣！"公曰："吾不忘也，抑未有以致罪焉。"

骊姬告优施曰："君既许我杀太子而立奚齐矣，吾难里克，奈何！"优施曰："吾来里克，一日而已。子为我具特羊之飨，吾以从之饮酒。我优也，言无邮。"骊姬许诺，乃具，使优施饮里克酒。中饮，优施起舞，谓里克妻曰："主孟啖我[①]，我教兹暇豫事君。"乃歌曰："暇豫之吾吾，不如鸟乌。人皆集于苑，己独集于枯。"里克笑曰："何谓苑，何谓枯？"优施曰："其母为夫人，其子为君，可不谓苑乎？其母既死，其子又有谤，可不谓枯乎？枯且有伤。"

优施出，里克辟奠，不飨而寝。夜半，召优施，曰："曩而言戏乎？抑有所闻之乎？"曰："然。君既许骊姬杀太子而立奚齐，谋既成矣。"里克曰："吾秉君以杀太子，吾不忍。通复故交，吾不敢。中立其免乎？"优施曰："免。"

　　旦而里克见丕郑②，曰："夫史苏之言将及矣！优施告我，君谋成矣，将立奚齐。"丕郑曰："子谓何？"曰："吾对以中立。"丕郑曰："惜也！不如曰不信以疏之，亦固太子以携之，多为之故，以变其志，志少疏，乃可间也。今子曰中立，况固其谋也，彼有成矣，难以得间。"里克曰："往言不可及也，且人中心唯无忌之，何可败也！子将何如？"丕郑曰："我无心。是故事君者，君为我心，制不在我。"里克曰："弑君以为廉，长廉以骄心，因骄以制人家，吾不敢。抑挠志以从君，为废人以自利也，利方以求成人，吾不能。将伏也！"明日，称疾不朝。三旬，难乃成。

　　骊姬以君命命申生曰："今夕君梦齐姜③，必速祠而归福。"申生许诺，乃祭于曲沃，归福于绛。公田，骊姬受福，乃寘鸩于酒④，寘堇于肉⑤。公至，召申生献，公祭之地，地坟。申生恐而出。骊姬与犬肉，犬毙；饮小臣酒，亦毙。公命杀杜原款⑥。申生奔新城⑦。

　　杜原款将死，使小臣圉告于申生，⑧曰："款也不才，寡智不敏，不能教导，以至于死。不能深知君之心度，弃宠求广土而窜伏焉；小心狷介，不敢行也。是以言至而无所讼之也，故陷于大难，乃逮于谗。然款也不敢爱死，唯与谗人钧是恶也。吾闻君子不去情，不反谗，谗行身死可也，犹有令名焉。死不迁情，强也。守情说父，孝也。杀身以成志，仁也。死不忘君，敬也。孺子勉之！死必遗爱，死民之思，不亦可乎？”申生许诺。

人谓申生曰：“非子之罪，何不去乎？”申生曰：“不可。去而罪释，必归于君，是怨君也。章父之恶，取笑诸侯，吾谁乡而入？内困于父母，外困于诸侯，是重困也。弃君去罪，是逃死也。吾闻之：‘仁不怨君，智不重困，勇不逃死。’若罪不释，去而必重。去而罪重，不智。逃死而怨君，不仁。有罪不死，无勇。去而厚怨，恶不可重，死不可避，吾将伏以俟命。”

骊姬见申生而哭之，曰：“有父忍之，况国人乎？忍父而求好人，人孰好之？杀父以求利人，人孰利之？皆民之所恶也，难以长生！”骊姬退，申生乃雉经于新城之庙。将死，乃使猛足言于狐突曰⑨：“申生有罪，不听伯氏⑩，以至于死。申生不敢爱其死，虽然，吾君老矣，国家多难，伯氏不出，奈吾君何？伯氏苟出而图吾君，申生受赐以至于死，虽死何悔！”是以谥为共君⑪。

骊姬既杀太子申生，又谮二公子曰：“重耳、夷吾与知共君之事。”公令阉楚刺重耳⑫，重耳逃于狄；令贾华刺夷吾⑬，夷吾逃于梁⑭。尽逐群公子⑮，乃立奚齐焉。始为令，国无公族焉。

【注释】

① 主孟：孟，里克妻之字。主，古代对大夫之妻的称呼。

② 丕郑：晋国大夫。

③ 齐姜：申生已去世的母亲。

④ 鸩：古代传说中的一种鸟，其羽毛有剧毒。

⑤ 堇：草药名。又称乌头，其茎和叶、根均有毒。

⑥ 杜原款：申生的师傅的名字。

⑦ 新城：即曲沃，新为太子之城的意思。其地在今山西省闻喜县，是晋的别都。

⑧ 小臣圉：圉，人名。小臣，官名，掌阴事阴命。

⑨ 猛足：申生的家臣。

⑩ 伯氏：即狐突。狐突字伯行，伯氏是其尊称。

⑪ 谥：封建时代在人死后按其生前事迹以示褒贬的称号。帝王之谥，由礼官议上；臣下之谥，由朝廷赐予。共君：按谥法，有过能改叫"共"，共君是当时晋国礼官给申生起的谥号。

⑫ 阉楚：阉，是去势的宫廷侍者。楚，即阉人伯楚，亦叫寺人披。

⑬ 贾华：晋国大夫。

⑭ 梁：古国名，嬴姓。在今陕西省韩城县南。公元前641年灭于秦。

⑮ 群公子：指除了申生、重耳和夷吾之外的其他几个公子。《左传》曰："献公之子九人。"

【译文】

太子申生从稷桑回来后，过了五年，骊姬对献公说："我听说申生谋害你的打算更成熟了。过去，我早就曾告诉你说申生颇得人心。如果他不给民众好处，又怎么能打败狄人？如今他夸耀征伐狄人时善于用兵，他的野心越来越大了。狐突因为太子处境不顺利，所以躲在家里不出来。我听说，申生很讲信用，好争强，他已把夺位的意图流露给众人，即使想罢休，众人也要责备他的。说过的话不能食言，对众人又不能制止，所以他会考虑得更加周密。国君如果不采取对策，大难就要降临了！"献公说："我不会忘记，只是还没有给他加罪的理由。"

骊姬就去告诉优施说："国君已经答应我杀死太子改立奚齐了，但我感到里克很难对付，怎么办呢？"优施说："我把里克请来，一天就能使他就范。你为我准备整羊的宴席，我用来陪他喝酒。我是个戏子，话说过头也没关系。"骊姬答应下来，于是准备了宴席，让优施送去给里克喝酒。喝到半醉时，优施站起来舞蹈，对里克的妻子说："夫人请我吃一顿的话，我会教这位大夫如何轻松愉快地事奉好国君。"随即就唱起来："一心想事奉好国君啊，却不知如何才能愉快而且有闲暇。这个人真是笨啊，他的智慧还不及乌雀乌鸦。别人都往草木丰盛的地方去了，他却独自留在枯朽的枝丫。"里克笑着问："什么叫草木丰盛的地方？什么叫枯朽的枝丫？"优施说："母亲是国君的夫人，儿子将要做国君，能不叫草木丰盛的地方吗？另一个母亲死了，儿子又被人说坏话，能不叫枯朽的枝丫吗？这枯枝还会折断呢。"

优施走后，里克撤去酒菜，饭也不吃就睡下了。半夜时分，他召来优施，问道："刚才你说的话是开玩笑呢？还是听到了什么风声？"优施说："确有其事。国君已经答应骊姬杀掉太子改立奚齐，计划已经定了。"里克说："如果要我顺从国君杀死太子，我不忍心。如果和往常一样仍与太子交往，我也不敢，采取中立的态度大概可以免祸吧？"优施说："可免。"

早晨，里克去见丕郑，说："史苏预言的事快要发生了！优施告诉我，国君的计划已定，将要立奚齐为太子。"丕郑问："你对优施说了些什么？"里克说："我回答他将保持中立。"丕郑说："真可惜啊！不如对他说不相信有这回事而使他们心灰意冷，这样也就加强了太子的地位而分化了他们的党羽。应该多想些办法迫使他们改变计划，他们的计划被拖延下来，就可以找机会离间他们了。现在你说保持中立，越发加强了他们的阴谋，他们准备就绪以后就不容易被离间了。"里克说："我说过的话已无可挽回，况且骊姬的心思肆无忌惮，十分顽固，又怎么能挫败他们呢！不知你将如何对付？"丕郑说："我没有一定的主意。我是事奉国君的人，以国君的意见为我的意见，决定权不在我手里。"里克说："把弑君救太子看作是耿直，夸大这种耿直会产生骄傲，凭这种骄傲之心去裁决人家父子之间的关系，我不敢这么做。但是违心地顺从国君，废了太子而给自己谋私利，或者利用手段与奚齐妥协，我也做不到。我只有隐退了！"第二天，便称病不再上朝。一个月后，骊姬策划的宫廷政变就发生了。

骊姬用国君的名义命令申生说："昨晚国君梦见你母亲齐姜，你必须尽快去祭祀她，然后把祭祀的酒肉送来。"申生答应照办，就去到曲沃的祖庙祭祀，回来后把祭祀的酒肉送到宫中。献公正外出打猎，骊姬收下祭品后，便把鸩毒放入酒中，又把一种叫乌头的毒药放入肉中。献公回来，吩咐申生献上酒肉，献公把酒洒在地上祭地，地马上鼓了起来。申生惊恐地跑出去。骊姬用肉喂狗，狗死了；给近侍喝那酒，也死了。献公下令杀死申生的师傅杜原款，申生逃到曲沃。

杜原款临死前，吩咐一个名叫圉的小臣转告申生，说："我没有才干，智谋少，又迟钝，不能负教导之责，以至被处死。我没能洞察国君的心思，让你及早抛弃太子的地位跑到别国隐伏下来。我又生性拘谨守本分，不敢与你一起走。因此听到对你的诽谤，我没有为你辩解，这才使你陷于危难，遭到骊姬的暗害。我杜原款并不怕死，遗憾的只是跟骊姬共同分担了罪恶的责任。我听说君子不会丢掉忠爱的感情，不会对谗言申辩，遭到谗言陷害而死并无不可，还有好名声留存于世。至死不改变对国君的忠爱之情，是坚强的表现。坚持忠爱的感情让父君高兴，是孝顺的表现。抛弃生命却达到自己的志向，是仁德的表现。临死还想到卫护国君，是恭敬的表现。你这个年轻人努力吧！死后一定会给人民留下爱心，让百姓所思念，不也是值得的吗？"申生答应了。

有人对申生说："不是你犯的罪过，为什么不离开晋国呢？"申生说："不行。我走了虽能解脱罪责，但这件事的责任一定会落在父君身上，这是我在怨恨父君了。暴露父君的罪恶，让诸侯国耻笑，我还能出走到哪儿去呢？内不见容于父母，外不见容于诸侯，这是双重的困厄啊。背弃国君解脱罪责，是为了逃避一死。我听说：'仁爱的人不怨恨国君，睿智的人不内外交困，勇敢的人不逃避死亡。'假如罪名不能解脱，出走必然会使它更重。出走而加重罪名，这是不明智。逃避死亡并且怨恨国君，这是不仁德。有罪名而不敢去死，这是不勇敢。出走会加重罪名，我的罪名不能再增加了。死亡既然不可逃避，我将留在这里等待命运的发落。"

骊姬到曲沃去见申生，哭闹着说："你对父亲都忍心谋害，还会爱国人吗？忍心谋害父亲却还希望国人拥戴，谁能对你有好感呢？想杀害父亲来为国人谋利，国人谁会相信这一套呢？这些都是百姓所憎恶的，这样的人怎能活得长久！"骊姬走后，申生就在曲沃的祖庙里上吊自杀了。临死前，派猛足去告诉狐突说："我有罪，不听你的劝告，以至落到死的地步。我不敢吝惜自己的生命，虽然这样，但是我们国君年纪大了，国家又多难，你不出来辅佐他，我们国君怎么办？你假使肯出来帮助国君谋划，我申生就算是受到你的恩赐才死的，就是死了也没有什么可后悔的！"所以他后来的谥号叫共君。

骊姬逼杀太子申生以后，又诬陷两位公子说："重耳、夷吾都参与并知道申生的阴谋。"于是献公派阉人伯楚去刺杀重耳，重耳逃亡到狄；又派大夫贾华去刺杀夷吾，夷吾逃亡到梁。把其余的公子也都赶跑以后，便立奚齐做了太子。从此制定法令，不准诸公子再回到晋国。

公子重耳夷吾出奔

二十二年^①，公子重耳出亡，及柏谷^②，卜适齐、楚。狐偃曰^③："无卜焉。夫齐、楚道远而望大，不可以困往。道远难通，望大难走，困往多悔。困且多悔，不可以走望。若以偃之虑，其狄乎！夫狄近晋而不通，愚陋而多怨，走之易达。不通可以窜恶，多怨可与共忧。今若休忧于狄，以观晋国，且以监诸侯之为，其无不成。"乃遂之狄。

处一年，公子夷吾亦出奔，曰："盍从吾兄窜于狄乎？"冀芮曰^④："不可。后出同走，不免于罪。且夫偕出偕入难，聚居异情恶，不若走梁。梁近于秦，秦亲吾君。吾君老矣，子往，骊姬惧，必援于秦。以吾存也，且必告悔，是吾免也。"乃遂之梁。居二年，骊姬使奄楚以环释言^⑤。四年，复为君。

【注释】
① 二十二年：晋献公二十二年，即公元前655年。
② 柏谷：晋国地名。其地在今河南省灵宝县西南朱阳镇。
③ 狐偃：狐突的儿子，重耳的舅舅，又叫子犯。
④ 冀芮：晋国大夫，公子夷吾的师傅。

⑤ 奄楚：人名。即前文所注的阉楚。

【译文】

　　晋献公在位的第二十二年，公子重耳被迫出逃。到了柏谷这个地方，占卜求问去齐国或楚国的吉凶。狐偃说："不用占卜了。那齐、楚两个国家离晋国很遥远，而且奢望很大，不能在困厄的情势下投奔它们。道路遥远难以抵达，奢望很大又难以投奔，我们在困厄中去投奔它们肯定会后悔。令我们困厄而且后悔的国家，不能指望投奔后得到帮助。若按我考虑，还是去狄国吧！狄国靠近晋国，但与晋国没有交往。这个国家愚昧落后，和邻国结怨甚多，投奔它很容易到达。狄国与晋国不交往我们正好可以隐蔽下来，与邻国结怨多我们可以与它共担忧患。如今我们如果能在狄国获得休整并为它分忧，从这里静观晋国政局的变化，而且密切注视诸侯国的行动，那么成就大事没有不成功的。"于是重耳就逃亡到了狄国。

　　重耳到狄国一年以后，公子夷吾也被迫出逃，说："何不跟随我哥哥隐蔽在狄国呢？"他的师傅冀芮说："不行。你出逃在后却跟他住在同一个国家，难免有合谋之罪。再说一起进出也不方便，生活在一处你和重耳性格也合不来，不如投奔梁国。梁国亲近秦国，秦国又和我们国君很亲善。我们国君已年迈，你去梁国，骊姬害怕，必定以为我们会向秦国求援。由于我们在梁国可以依靠秦的庇护，她必定很后悔，这样我们也就有免罪的可能了。"于是夷吾逃亡到了梁国。在梁国寄住的第二年，骊姬派奄楚送来玉环，表达愿意让夷吾还国的意思。夷吾在梁国呆了四年后，回国当了国君。

虢将亡舟之侨以其族适晋

虢公梦在庙[1]，有神人面白毛虎爪，执钺立于西阿，公惧而走。神曰："无走！帝命曰：'使晋袭于尔门。'"公拜稽首，觉，召史嚚占之[2]，对曰："如君之言，则蓐收也[3]，天之刑神也，天事官成。"公使囚之，且使国人贺梦。舟之侨告诸其族曰[4]："众谓虢亡不久，吾乃今知之。君不度而贺大国之袭，于己也何瘳？吾闻之曰：'大国道，小国袭焉曰服。小国傲，大国袭焉曰诛。'民疾君之侈也，是以遂于逆命。今嘉其梦，侈必展，是天夺之鉴而益其疾也。民疾其态，天又诳之；大国来诛，出令而逆；宗国既卑，诸侯远己。内外无亲，其谁云救之？吾不忍俟也！"将行，以其族适晋。六年，虢乃亡[5]。

【注释】

①虢公：周文王之弟虢仲的后代，姬姓，名丑。

②史嚚：虢国的太史。

③蓐收：西方神的名称，司秋。

④舟之侨：虢国大夫。

⑤虢乃亡：公元前655年虢国(在今河南省三门峡附近)为晋所灭，虢公逃往京师。

【译文】

　　虢公梦见在宗庙里,有一个神脸上长着白毛还有老虎一样的爪,拿着斧站在西边的屋檐下,虢公吓得逃走了。神说:"不要走!上天命令说:'让晋国进入你的国门。'"虢公下拜磕头后,梦醒,召来史嚚占问这个梦的吉凶。回答说:"像你所叙述的,那么这个神就是西方之神蓐收了。他是天上主管刑杀的神,上天命令的事情都是由神完成的。"虢公下令把史嚚囚禁起来,并且要国人祝贺他这个梦是吉利的。舟之侨告诉他同族的人说:"大家都说虢国不久会灭亡,我今天才知道了这个道理。国君不认真考虑神的意思,反而要国人去祝贺晋国的进入,这难道能减轻自己的灾祸吗?我听说:'大国正义,小国进入叫顺服。小国傲慢,大国进入叫诛伐。'民众痛恨国君的奢侈,就会违拒他的命令。如今他认为自己的梦吉祥,他的奢侈必然会更甚,这是上天夺去他用来省察自己的镜子而加重他的毛病啊。民众痛恨他的所作所为,上天又迷惑他的良知;大国一旦来诛伐,他下的命令没有人服从;公族已经衰败,诸侯又对他疏远。内外都没有人亲近他,还谈得上谁来拯救呢?我不忍心等着看到国家的灭亡!"于是带领他的家族离开虢国到晋国去。过了六年,虢国就灭亡了。

宫之奇知虞将亡

伐虢之役，师出于虞^①。宫之奇谏而不听^②，出，谓其子曰："虞将亡矣！唯忠信者能留外寇而不害^③。除暗以应外谓之忠，定身以行事谓之信。今君施其所恶于人，暗不除矣；以赂灭亲，身不定矣。夫国非忠不立，非信不固。既不忠信，而留外寇，寇知其衅而归图焉。已自拔其本矣，何以能久？吾不去，惧及焉。"以其孥适西山，三月，虞乃亡。

【注释】

① 虞：姬姓国名。其地在今山西省平陆北。
② 宫之奇：虞国大夫。
③ 外寇：指借道虞国的晋国军队。

【译文】

晋国讨伐虢国，向虞国借道出兵。宫之奇劝谏虞公不要答应，虞公不听从。宫之奇出来后对他的儿子说："虞国快要灭亡了！只有以忠信立国的人，才能让外国军队留住在自己的国土上而不受其害。除去自身的愚昧以应付外界的压力叫做忠，坚持正确的立身之道以待人处事叫做信。现在国君把自己所不能接受的祸害加给虢国，就是没有除去自身的愚昧；为了晋国的财礼而让自己的兄弟之帮灭亡，就是没有坚持正确的立身之道。一个国家没有忠就不能自立，没有信就不能稳固。既不讲忠信，又让外寇借道，晋国了解了我们的弱点在回师途中将会算计我国的。自己已经拔掉了立国的根本，怎么能长久存在下去呢？我若不离开虞国，恐怕灾难就要临头了。"于是带着妻子儿女逃避到西山，过了三个月，虞国就灭亡了。

献公问卜偃攻虢何月

献公问于卜偃曰①："攻虢何月也?" 对曰:"童谣有之曰:'丙之晨，龙尾伏辰②，均服振振，取虢之旗。鹑之贲贲③，天策焞焞④，火中成军，虢公其奔!'火中而旦，其九月十月之交乎?"

【注释】

① 卜偃：晋国掌卜大夫郭偃。

② 龙尾：星宿的名称，属二十八宿中的尾宿。辰：中国古代天文学的一个专用名词，指月朔时太阳所在的位置，古称"日月之交会"。

③ 鹑：星宿的名称，即鹑火星，属二十八宿中的柳宿。贲贲：光耀的样子。

④ 天策：星名，又称傅说星属尾宿中的一颗。焞焞：暗淡的样子。

【译文】

晋献公问掌卜大夫郭偃道："攻打虢国应该在哪个月份?" 回答说:"童谣中有这样的话:'丙子日的早晨，日月交会在龙尾星辰，兵士的军服威风齐整，去夺取虢国的旗旌。鹑火星贲贲，天策星焞焞，早晨集合大军去进攻，虢公将要仓皇出奔。'鹑火星在早晨出现在南方，该是九月底到十月初之间吧?"

宰周公论齐侯好示

葵丘之会①，献公将如会，遇宰周公②，曰："君可无会也。夫齐侯好示务施，与力而不务德，故轻致诸侯而重遣之，使至者劝而叛者慕。怀之以典言，薄其要结而厚德之，以示之信。三属诸侯，存亡国三，以示之施。是以北伐山戎③，南伐楚，西为此会也。譬之如室，既镇其薨矣，又何加焉？吾闻之，惠难遍也，施难报也。不遍不报，卒于怨仇。夫齐侯将施惠如出责，是之不果奉，而暇晋是皇，虽后之会，将在东矣。君无惧矣，其有勤也！"公乃还。

【注释】
　①葵丘之会：葵丘，地名，在今河南省兰考县东之盟台乡。齐桓公发起的这次葵丘盟会，在公元前651年。
　②宰周公：名孔，周王室的太宰，食邑在周，故称。
　③山戎：古族名。又称北戎。春秋时分布在今河北省北部一带。公元前663年齐桓公曾讨伐山戎。

【译文】
　齐桓公发起诸侯们在葵丘盟会，晋献公打算前去参加。遇到宰周公，宰周公说："你可以不去参加盟会。那个齐桓公好大喜功，施些小恩小惠，致力于武功而不修德，所以诸侯到他那里只献一些薄礼却满载而归。这是为了让到会的诸侯受到鼓励，而使背叛他的诸侯心怀羡慕。每次盟会时只不过重申一下过去的誓约，同时简化其仪式，而多给诸侯些好处，用以显示他的诚信。他主持过三次盟会，保住过三个快要灭亡的国家，用以显示他的热心助人。为此他北伐山戎，南攻楚国，在西边发起了这次盟会。譬如一间房子，已经在它的栋梁上加盖了屋顶，还能再加什么呢？我听说，施惠难以普遍，受恩难以报答。不普遍不报答，最终会结下怨气和仇恨。那齐桓公施的恩惠好像放出的债希望得到回报，这种想法是行不通的。他哪有功夫来对付晋国？即使是以后的盟会，也将在东边举行了。你不必害怕齐侯，将来有你出力气的时候。"献公就回国了。

宰周公论晋侯将死

宰孔谓其御曰①："晋侯将死矣！景霍以为城②，而汾、河、涑、浍以为渠③，戎、狄之民实环之。汪是土也，苟违其违，谁能惧之！今晋侯不量齐德之丰否，不度诸侯之势，释其闭修，而轻于行道，失其心矣。君子失心，鲜不夭昏。"是岁也④，献公卒。八年，为淮之会⑤。桓公在殡，宋人伐之。

【注释】
① 宰孔：即宰周公。御：赶车的人。
② 景霍：晋国的山名，也称霍太山，位于山西省中部，汾河东岸。
③ 汾：汾河。河：黄河。涑：涑水，在今山西省西南部，源出绛县太阴山。浍：浍水，汾河的支流。源出山西省翼城县东南的浍山。
④ 是岁也：指公元前651年。
⑤ 八年：指葵丘之会后的八年。淮之会：齐桓公发起的又一次诸侯盟会。淮在今江苏省盱眙县。

【译文】
宰孔对他的驾车人说："晋侯快要死了。晋国以霍太山为城垣，以汾河、黄河、涑水和浍水为护城河，戎、狄的人民环绕在它的周围。虽然有如此广大的国土，但如果违背了它所不应违背的准则，谁还会害怕它！如今晋侯不衡量齐侯的德行厚薄，也不分析诸侯的强弱大势，放弃闭门治理，又轻视行仁德，这就失去了人心。君子失去人心，很少有不早死的。"这一年，献公果然死了。齐桓公在葵丘盟会后的第八年，又发起了淮地的盟会。齐桓公刚死，宋国就攻打齐国。

里克杀奚齐而秦立惠公

二十六年①，献公卒。里克将杀奚齐，先告荀息曰②："三公子之徒将杀孺子③，子将如何？"荀息曰："死吾君而杀其孤，吾有死而已，吾蔑从之矣！"里克曰："子死，孺子立，不亦可乎？子死，孺子废，焉用死？"荀息曰："昔君问臣事君于我，我对以忠贞。君曰：'何谓也？'我对曰：'可以利公室，力有所能，无不为，忠也。葬死者，养生者，死人复生不悔，生人不愧，贞也。'吾言既往矣，岂能欲行吾言而又爱吾身乎？虽死，焉避之？"

里克告丕郑曰④："三公子之徒将杀孺子，子将何如？"丕郑曰："荀息谓何？"对曰："荀息曰'死之'。"丕郑曰："子勉之。夫二国士之所图，无不遂也。我为子行之。子帅七舆大夫以待我⑤。我使狄以动之，援秦以摇之。立其薄者可以得重赂，厚者可使无入。国，谁之国也！"里克曰："不可，克闻之，夫义者，利之足也；贪者，怨之本也。废义则利不立，厚贪则怨生。夫孺子岂获罪于民？将以骊姬之惑蛊君而诬国人，谗群公子而夺之利，使君迷乱，信而亡之，杀无罪以为诸侯笑，使百姓莫不有藏恶于其心中，恐其如壅大川，溃而不可救御也。是故将杀奚齐而立公子之在外者，以定民弭忧，于诸侯且为援，庶几曰诸侯义而抚之，百姓欣而奉之，国可以固。今杀君而赖其富，贪且反义。贪则民怨，反义则富不为赖。赖富而民怨，乱国而身殆，惧为诸侯戮，不可常也。"丕郑许诺。于是杀奚齐、卓子及骊姬，而请君于秦。

既杀奚齐，荀息将死之。人曰："不如立其弟而辅之。"荀息立卓子。里克又杀卓子，荀息死之。君子曰："不食其言矣。"

既杀奚齐、卓子，里克及丕郑使屠岸夷告公子重耳于狄⑥，曰："国乱民扰，得国在乱，治民在扰，子盍入乎？吾请为子钺。"重耳告舅犯曰⑦："里克欲纳我。"舅犯曰："不可。夫坚树在始，始不固本，终必槁落。夫长国者，唯知哀乐喜怒之节，是以导民。不哀丧而求国，难；因乱以入，殆。以丧得国，则必乐丧，乐丧必哀生。因乱以入，则必喜乱，喜乱必怠德。是哀乐喜怒之节易也，何以导民？民不我导，谁长？"重耳曰："非丧谁代？非乱谁纳我？"舅犯曰："偃也闻之，丧乱有小大。大丧大乱之剡也，不可犯也。父母死为大丧，谗在兄弟为大乱。今适当之，是故难。"公子重耳出见使者，曰："子惠顾亡人重耳，父生不得供备洒扫之臣，死又不敢莅丧以重其罪，且辱大夫，敢辞。夫固国者，在亲众而善邻，在因民而顺之。苟众所利，邻国所立，大夫其从之，重耳不敢违。"

吕甥及郤称亦使蒲城午告公子夷吾于梁^⑧，曰："子厚赂秦人以求入，吾主子。"夷吾告冀芮曰^⑨："吕甥欲纳我。"冀芮曰："子勉之。国乱民扰，大夫无常，不可失也。非乱何入？非危何安？幸苟君之子，唯其索之也。方乱以扰，孰适御我？大夫无常，苟众所置，孰能勿从？子盍尽国以赂外内，无爱虚以求入，既入而后图聚。"公子夷吾出见使者，再拜稽首许诺。

吕甥出告大夫曰："君死自立则不敢，久则恐诸侯之谋，径召君于外也，则民各有心，恐厚乱，盍请君于秦乎？"大夫许诺。乃使梁由靡告于秦穆公曰^⑩："天降祸于晋国，谗言繁兴，延及寡君之绍续昆裔，隐悼播越，托在草莽，未有所依。又重之以寡君之不禄，丧乱并臻。以君之灵，鬼神降衷，罪人克伏其辜，群臣莫敢宁处，将待君命。君若惠顾社稷，不忘先君之好，辱收其逋迁裔胄而建立之，以主其祭祀，且镇抚其国家及其民人，虽四邻诸侯之闻之也，其谁不惕惧于君之威，而欣喜于君之德？终君之重爱，受君之重赈，而群臣受其大德，晋国其谁非君之群隶臣也？"

秦穆公许诺。反使者，乃召大夫子明及公孙枝^⑪，曰："夫晋国之乱，吾谁使先，若夫二公子而立之？以为朝夕之急。"大夫子明曰："君使縶也^⑫。縶敏且知礼，敬以知微。敏能窜谋，知礼可使；敬不坠命，微知可否。君其使之。"

乃使公子縶吊公子重耳于狄，曰："寡君使縶吊公子之忧，又重之以丧。寡人闻之，得国常于丧，失国常于丧。时不可失，丧不可久，公子其图之！"重耳告舅犯。舅犯曰："不可。亡人无亲，信仁以为亲，是故置之者不殆。父死在堂而求利，人孰仁我？人实有之，我以侥幸，人孰信我？不仁不信，将何以长利？"公子重耳出见使者曰："君惠吊亡臣，又重有命。重耳身亡，父死不得与于哭泣之位，又何敢有他志以辱君义？"再拜不稽首，起而哭，退而不私。

公子絷退，吊公子夷吾于梁，如吊公子重耳之命。夷吾告冀芮曰："秦人勤我矣！"冀芮曰："公子勉之。亡人无狷洁，狷洁不行。重赂配德，公子尽之，无爱财！人实有之，我以侥幸，不亦可乎？"公子夷吾出见使者，再拜稽首，起而不哭，退而私于公子絷曰："中大夫里克与我矣，吾命之以汾阳之田百万⑬。丕郑与我矣，吾命之以负蔡之田七十万⑭。君苟辅我，蔑天命矣！亡人苟入扫宗庙，定社稷，亡人何国之与有？君实有郡县，且入河外列城五⑮。岂谓君无有，亦为君之东游津梁之上，无有难急也。亡人之所怀挟缨纕，以望君之尘垢者。黄金四十镒，白玉之珩六双，不敢当公子，请纳之左右。"

公子絷返，致命穆公。穆公曰："吾与公子重耳，重耳仁。再拜不稽首，不没为后也。起而哭，爱其父也。退而不私，不没于利也。"公子絷曰："君之言过矣。君若求置晋君而载之，置仁不亦可乎？君若求置晋君以成名于天下，则不如置不仁以猾其中，且可以进退。臣闻之曰：'仁有置，武有置。仁置德，武置服。'"是故先置公子夷吾，寔为惠公⑯。

【注释】

①　二十六年：晋献公二十六年，即公元前 651 年。

②　荀息：晋国大夫，奚齐的师傅。

③　三公子之徒：公子重耳、夷吾和申生的党徒。

④　丕郑：晋国大夫。

⑤　七舆大夫：指申生的七个下军大夫共华、贾华、叔坚、骓颢、累虎、特宫和山祁。

⑥　屠岸夷：晋国大夫。

⑦　舅犯：重耳的舅舅。字子犯，名偃。

⑧　吕甥、郤称：公子夷吾的党徒。蒲城午：晋国大夫。

⑨　冀芮：即晋国大夫郤芮，公子夷吾的师傅。因其食邑在冀，故又叫冀芮。

⑩　梁由靡：晋国大夫。秦穆公：名任好。公元前 659 至前 621 年在位。

⑪　子明：秦国大夫孟明视的字。公孙枝：秦国大夫，字子桑。

⑫　絷：秦穆公的儿子，字子显。

⑬　汾阳：晋国地名，在今山西省阳曲县西北。

⑭　负蔡：又作负葵，晋国地名，在今山西省万荣县北的汾河以南地区。

⑮　河外：指属于晋国境内的黄河以西地区。

⑯　惠公：即晋惠公。公元前 650 至前 637 年在位。

【译文】

公元前 651 年，晋献公去世。里克打算杀掉奚齐，事先告诉荀息说："三位公子的党徒将要杀奚齐，你想采取什么态度？"荀息说："我们的国君刚故世就要杀他的儿子，我宁愿死去，也不会听从他们！"里克说："如果因为你的死，奚齐得以立为国君，那不也很值得吗？可是你死了，奚齐照样会被废黜，你又何必去死呢？"荀息说："先君以前曾问过我事奉国君的态度，我回答他忠贞二字。先君问：'什么叫忠贞？'我回答说：'凡可以有利于国家，力所能及而没有不去做的，这叫做忠。埋葬故世的国君，奉养继位的国君，对死而复生的不觉得后悔，对活着的不感到惭愧，这叫做贞。'我的话已经说了，怎么能为实践我的话而又吝惜我的生命呢？即使是死，我又怎么能逃避呢？"

里克又问丕郑："三位公子的党羽将要杀奚齐，你打算怎么办？"丕郑问："荀息怎么说？"里克回答说："荀息说他将为奚齐而死。"丕郑说："你努力干吧。两个国士所筹划的事，没有不成功的。我来帮助你一起行动。你带着申生手下的七位大夫等待我，我让狄国行动起来，并联络秦国动摇奚齐的势力。拥立人望较差的做国君，我们可以从他那儿获得重酬，人望好的我们可以不让他回到晋国。晋国还能是谁的天下！"里克说："不行。我听说，义是利的基础；贪利是产生怨恨的原因。废弃义就谈不上得到利，贪欲深了怨恨就会萌发。那奚齐难道得罪了民众吗？民众的怨恨是因为骊姬迷乱国君并且欺骗了国人。她诬陷群公子，夺去他们原来的利益，使国君失误，听信她的谗言而驱逐群公子，逼杀无辜的申生而被诸侯取笑，使百姓无不将憎恨藏于内心，这恐怕就像堵塞大河一样，溃决了再也无法挽救。所以我们打算杀掉奚齐而拥立逃亡在外的公子为君，是为了安定民心消除忧患，并且可以指望得到诸侯的援助。也许可以说，诸侯认为合乎义的就抚助他，百姓喜欢的就尊奉他，国家才能安定巩固。现在如果企图通过杀了继位的新君来谋取个人的好处，就是贪利而且违背了义。贪利则民众怨恨，背义则好处还会失去。为了一点好处招来民众的怨恨，会乱国而身危，还要害怕被诸侯记载于史，这样做是不合常理的。"丕郑接受了里克的意见。于是杀了奚齐、卓子和骊姬，请求秦国帮助立一个国君。

奚齐被杀后，荀息曾打算随奚齐而死。有人说："不如立奚齐的弟弟辅佐他。"荀息就立了卓子。里克又杀了卓子，荀息终于为之而死。君子说："荀息不说假话。"

杀了奚齐和卓子以后，里克和丕郑让屠岸夷去狄国告诉公子重耳说："国家动乱，民众受到惊扰，动乱时才有得到君位的机会，民众受到惊扰时反而容易治理，你何不回国来呢？让我们为你回国肃清道路。"重耳告诉舅舅子犯说："里克想接纳我回国继承君位。"子犯说："不行。坚固的树木在于开始，开始不培植好根基，终究要枯萎凋落。君临国家的人，必须要知道喜怒哀乐的礼节，用来训导民众。服丧期间不哀痛却想求得君位，难以成功；乘国家动乱之机想回国执政，将有危险。因为国丧而得到君位，就会视国丧为乐事，以国丧为乐事必定会导致悲伤。因为动乱而得以回国，就会把动乱当作喜事，把动乱当作喜事必定会放松道德的修养。这些都显然与喜怒哀乐的礼节相违背，还怎么来训导民众呢？民众不听从我们的训导，还当什么国君？"重耳说："如果不是国丧，谁有机会继承君位？如果不是动乱，谁会接纳我？"子犯说："我听说，丧乱有大小之分。大丧大乱的锋芒，是不可以冒犯的。父母故世是大丧，兄弟间有谗言是大乱，如今你正处于这种境地，所以很难成功。"于是公子重耳出来接见使者，说："承蒙你的好意，来看望我这个逃亡在外的人。父亲在世时，我不能尽洒扫的义务。父亲去世后，又不能回去操办丧事而加重了我的罪过，而且玷辱了大夫们，所以冒昧地辞谢你们的建议。安定国家的人，要亲近民众，处理好邻国的关系，还要体察民众的情绪以顺应民心。如果是民众认为有利，邻国愿意拥立，大夫们都服从，我重耳才不敢违背。"

吕甥和郤称也派蒲城午去梁国对公子夷吾建议说："你用厚礼送给秦国，求他们帮助你回国继位，我们在国内策应你。"夷吾告诉冀芮说："吕甥打算接纳我回国。"冀芮说："你努力吧。国家动乱民众惊扰，大夫们没有主心骨，不能失掉这个好机会。不是动乱哪有机会回国继位？不是民众有危难，何必要立君以安民？幸好你是国君的儿子，所以找到你了。如今正逢国家动乱民众惊扰，谁能抵挡我们？大夫们没有主心骨，如果大家立你为国君，谁能不服从？你何不用晋国所有的财富来收买国外诸侯和国内的大夫，不要吝惜国库会空虚，以求得回国继位，回国后还可设法聚敛财富。"于是公子夷吾出来接见使者，跪拜磕头答应了建议。

吕甥出面告诉大夫们说："国君已死，我们不敢擅自立一个新君。时间拖得太久怕诸侯算计，直接从国外迎来公子，又怕民众意见不一，加重国家的动乱，何不请求秦国帮助我们立君呢？"大夫们同意了。于是就派梁由靡向秦穆公陈述说："上天降灾祸于晋国，谗言蜂起，波及到先君的几位公子。他们为此忧伤害怕，被迫逃亡到国外隐匿民间，无所依托。又加上先君的去世，使国丧和祸乱同时临头。托您的灵威，鬼神发了善心，让有罪的骊姬遭受了报应。现在晋国的大臣们不敢安宁地生活，都在等待您的命令。您如能仁慈地关注晋国的命运，不忘与先君的友好关系，请收留一位逃亡在外的公子并帮助他继承君位，以便让他主持晋国的祭祀，镇抚国家和民众。假使四方的邻国诸侯听到您这样做，谁能不害怕您的威势，同时又赞赏您的仁德？您对晋国始终如一的厚爱，使晋国受到您的重赐，晋国的群臣感受您的大恩大德，谁不愿成为供您驱使的臣子呢？"

秦穆公答应了梁由靡的请求，打发他回晋国。于是召见大夫孟明视和公孙枝，问："晋国动乱，我该选派谁去重耳和夷吾处，观察哪一个适宜立为新君，以解决晋国紧迫的继承问题呢？"大夫孟明视说："国君派公子絷去吧。公子絷聪敏知礼，待人恭敬而且洞察精微的道理。聪敏能够熟谙谋略，知礼适合派作使者；恭敬不会有误君命，洞察精微的道理就能判断立谁为君。你应派他去。"

于是就派公子絷去狄国吊慰公子重耳，说："我的国君派我来慰问你的逃亡之忧，以及丧亲之痛。我听说：得到国家常常在国丧的时候，失掉国家也常常在国丧的关头。时机不可放过，国丧的期限不会太久，请公子好生考虑！"重耳把他的话告诉舅舅子犯。子犯说："不可以。逃亡在外的人没人亲近，只有诚信仁德，才能得到人们的亲近，拥立这样的人做国君才不危险。父亲刚死，灵柩还停在堂上就图利，哪个人会以为我们仁德？别的公子也有继承君位的权利，我们如果凭侥幸之心争先，哪个人会认为我们诚信？不仁不信，又怎么能有长久的利益呢？"于是公子重耳出来见公子絷说："承蒙你来吊慰逃亡之人，又负有帮助我回国的使命。但我重耳是流亡在外之人，父亲死了都不能得到哭丧的位置，又怎么敢有其他想法以玷辱你的义举呢？"说完只跪拜而不磕头，然后站起来哭泣，退下后也不再私下回访公子絷。

公子絷离开狄国，又去到梁国，像吊慰公子重耳一样吊慰公子夷吾。夷吾对冀芮说："秦国要帮助我了！"冀芮说："公子努力吧。逃亡在外的人无所谓洁身自好，洁身自好则办不成大事。应该用厚重的礼物去酬谢帮助你的人的恩德，你尽力去办，不要吝惜财货！别的公子也有继承君位的权利，我们凭侥幸去争一争，不也可以吗？"于是公子夷吾出来见公子絷，跪拜磕头，站起来不哭泣，退下后又私下访问公子絷说："中大夫里克已支持我做国君了，我命令把汾阳一带的百万亩田地赐给他。丕郑也已支持我做国君了，我命令把负蔡一带的七十万亩田地赐给他。秦君如能帮助我，就不再要天命特别眷顾了！我如能回国洒扫宗庙，安定社稷，一个流亡的人还计较什么国土？秦君有的是郡县土地，我再奉上黄河以西的五座城邑，这不是因为秦君没有，而是为秦君东游到黄河的桥梁之上时，就不再会有什么为难着急的事了。我愿意执鞭牵马，跟随在秦君的车尘之后。另外送上黄金八百两、白玉制作的装饰品六双，不敢用来报答公子，请赏给左右的随从。"

公子絷回到秦国，向秦穆公复命。穆公说："我支持公子重耳，重耳仁德。他只跪拜而不磕头，是表示不贪图继承君位。站起来哭泣，是爱他的父亲。退下后不私自拜访，是不汲汲于私利。"公子絷说："国君的话错了。您如果辅立晋君是为了成全晋国，那么立一个仁德的公子未尝不可。您如果辅立晋君是为了在天下成就秦国的威名，就不如立一个不仁德的公子以扰乱晋国，并且可以驾驭它。我听说过这样的话：'有为了实行仁道而辅立别国国君的，有为了显示武威而辅立别国国君的。为了实行仁道就要辅立有德的，为了显示武威就要辅立服从听话的。'"所以秦国就先辅立公子夷吾，这就是晋惠公。

冀芮答秦穆公问

穆公问冀芮曰:"公子谁恃于晋?"对曰:"臣闻之,亡人无党,有党必有仇。夷吾之少也,不好弄戏,不过所复,怒不及色,及其长也弗改。故出亡无怨于国,而众安之。不然,夷吾不佞,其谁能恃乎?"君子曰:"善以微劝也。"

【译文】
秦穆公问冀芮说:"公子夷吾在晋国有谁可以依靠?"回答说:"我听说,逃亡在外的人没有党羽,有党羽必然就有仇人。夷吾小时候,不喜欢游戏,报复不过分,发怒不流露在脸色上,等到他长大后也没有改变。所以出亡后国人对他没有什么怨恨,民众能安然处之。要不然,夷吾没有才能,还有谁能依靠呢?"有识之士说:"冀芮善于微妙地劝谏哩。"

卷九 晋语 三

惠公入而背外内之赂

惠公入而背外内之赂。與人诵之曰：“佞之见佞，果丧其田。诈之见诈，果丧其赂。得国而狃，终逢其咎。丧田不惩，祸乱其兴。”既里、丕死^①，祸，公陨于韩^②。郭偃曰^③：“善哉！夫众口祸福之门。是以君子省众而动，监戒而谋，谋度而行，故无不济。内谋外度，考省不倦，日考而习，戒备毕矣。”

【注释】

① 里、丕：指晋国大夫里克和丕郑。

② 公陨于韩：指晋惠公在韩地作战失败被俘。韩地，又作韩原，其位置一说在今陕西省韩城县西南，一说在今山西省芮城县境内。

③ 郭偃：晋国大夫。掌卜卦事务。

【译文】

晋惠公回国后，背弃了许给国内外帮助过他的人好处的诺言。民众讽刺说：“讨好的被作弄，到底没有得到田地。欺诈的被欺诈，终究没得到好处。那贪心得国的人，到头来将要遭到灾殃。那丢了田地而不去报复的人，祸乱就要临头了。”不久里克、丕郑果然被杀；灾殃到来，惠公也在韩地兵败被俘。大夫郭偃感叹说：“太好了！众人的嘴是祸福的门。因此有见识的人体察民众的愿望后才行动，了解民众的舆论后才谋划，谋划的事经过揣度后才实施，所以没有不成功的。谋划于心而揣度于外，不倦地思考比较，每天反复研究，警戒防备之道就全在于此了。"

惠公改葬共世子

惠公即位，出共世子而改葬之^①，臭达于外。国人诵之曰："贞之无报也。孰是人斯，而有是臭也？贞为不听，信为不诚。国斯无刑，偷居倖生。不更厥贞，大命其倾。威兮怀兮，各聚尔有，以待所归兮。猗兮违兮，心之哀兮。岁之二七，其靡有微兮^②。若狄公子^③，吾是之依兮。镇抚国家，为王妃兮。"郭偃曰："甚哉，善之难也！君改葬共君以为荣也，而恶滋章。夫人美于中，必播于外，而越于民，民实戴之；恶亦如之。故行不可不慎也。必或知之，十四年，君之冢嗣其替乎？其数告于民矣。公子重耳其入乎？其魄兆于民矣。若入，必伯诸侯以见天子，其光耿于民矣。数，言之纪也。魄，意之术也。光，明之曜也。纪言以叙之，述意以导之，明曜以昭之。不至何待？欲先导者行乎？将至矣！"

【注释】

① 共世子：即太子申生。他死后谥号为"共"，所以又称共世子，或恭世子。

② 靡有微：微通尾，指后嗣。《史记·晋世家》："十四年九月，惠公卒，太子圉立，是为怀公。"同年，怀公为国人所杀。此处说惠公将无

后嗣。

　　③ 狄公子：指当时逃亡在狄国的公子重耳。

【译文】

　　晋惠公回国即位后，为申生改葬，而尸臭发散到外面来。国人朗诵道："想按正式的礼节改葬却得不到好报哩，是谁使这股臭气逸出？虽要纠正葬礼却无人听从，虽想标榜信义却不见真诚。国家没有这样的法则，让盗窃君位的人侥幸生存。不改变他的弊政，晋国的命运将会沉沦。畏惧伪君啊怀念重耳，等待重耳的归来，是大家共同的愿望。想摆脱伪君啊远走他乡，又难舍故土而内心哀伤。二七一十四年以后，伪君和他的儿子将要灭亡。远在狄国的公子啊，他是我们的依傍。他将镇抚国家啊，作天子的辅佐最理想。"大夫郭偃说："厉害极了，好事真难做！国君改葬申生原想借此显示荣耀，却使自己的罪恶更加昭著。一个人内心美好，必定会表现于外，并且传扬于民间，受到民众的爱戴。反过来一个人内心丑恶也一样。所以行动时不可不慎重啊。一定有人会知道，十四年后国君的儿子将被诛戮吗？十四这个数字已经为民众所知了。公子重耳会回国吗？民众已经看到迹象了。他如果回国，一定会称霸诸侯而朝见天子，他的光辉已经照耀于民众了。数字是预言的记录，迹象是民意的先导，光辉是贤明品格的闪耀。用记录预言来表述，用阐发民意来引导，用闪耀的光辉来昭示。重耳不回国还等待什么？打算为他作先导的人可以行动了，他将要到了！"

惠公悔杀里克

惠公既杀里克而悔之，曰："芮也^①，使寡人过杀我社稷之镇。"郭偃闻之，曰："不谋而谏者，冀芮也。不图而杀者，君也。不谋而谏，不忠。不图而杀，不祥。不忠，受君之罚。不祥，罹天之祸，受君之罚，死戮。罹天之祸，无后。志道者勿忘，将及矣！"及文公入^②，秦人杀冀芮而施之。

【注释】

① 芮：指晋国大夫冀芮。

② 文公：晋文公重耳。公元前 636 至前 628 年在位。

【译文】

晋惠公杀了里克后感到后悔，说："冀芮呀，是你让我错杀了国家的重臣。"郭偃听到后，说："不为国家打算而劝说除掉里克的，是冀芮。不经过思考就轻易杀人的，是国君自己。不为国家打算而进言，是不忠。不经过自己思考就杀人，是不祥。不忠，要受到国君的惩罚。不祥，将遭到天降的祸难。受到国君惩罚，死了也蒙辱。遭到天降的祸难，会绝后代。通晓事理的人不要忘记，灾祸将要到了！"等到晋文公回国后，秦国人杀了冀芮，并陈尸示众。

惠公杀丕郑

惠公既即位，乃背秦赂。使丕郑聘于秦，且谢之。而杀里克，曰："子杀二君与一大夫[①]，为子君者，不亦难乎？"

丕郑如秦谢缓赂，乃谓穆公曰："君厚问以召吕甥、郤称、冀芮而止之，以师奉公子重耳，臣之属内作，晋君必出。"穆公使泠至报问[②]，且召三大夫。郑也与客将行事，冀芮曰："郑之使薄而报厚，其言我与秦也，必使诱我。弗杀，必作难。"是故杀丕郑及七舆大夫：共华、贾华、叔坚、骓歂、累虎、特宫、山祁，皆里、丕之党也。丕豹出奔秦[③]。

丕郑之自秦反也，闻里克死，见共华曰："可以入乎？"共华曰："二三子皆在而不及，子使于秦，可哉！"丕郑入，君杀之。共赐谓共华曰[④]："子行乎？其及也！"共华曰："夫子之入，吾谋也，将待也。"赐曰："孰知之？"共华曰："不可。知而背之不信，谋而困人不智，困而不死无勇。任大恶三，行将安入？子其行矣，我姑待死。"

丕郑之子曰豹，出奔秦，谓穆公曰："晋君大失其众，背君赂，杀里克，而忌处者，众固不说。今又杀臣之父及七舆大夫，此其党半国矣。君若伐之，其君必出。"穆公曰："失众安能杀人？且夫祸唯无毙，足者不处，处者不足，胜败若化。以祸为违，孰能出君？尔俟我！"

【注释】

①　二君与一大夫：指奚齐、卓子与荀息。
②　泠至：秦国大夫。
③　丕豹：晋国大夫丕郑的儿子。
④　共赐：晋国大夫，共华的同族。

【译文】

晋惠公继承君位后，就违背了给秦国赂地的诺言。他派丕郑到秦国访问，向秦君致歉。同时他又杀了里克，说："你杀了两个国君和一个大夫，做你的国君，不是太难吗？"

丕郑到秦国对不能如期奉上城邑表示歉意，然后对穆公说："您派人用厚礼把吕甥、郤称、冀芮骗到秦国拘留起来。然后派军队护送公子重耳回晋国，我们的人在国内举事策应，这样晋君必定会逃出晋国。"穆公于是派泠至回访晋国，同时召请吕甥、郤称和冀芮三位大夫。丕郑和泠至将要按计划行动，冀芮对惠公说："丕郑出使秦国时带去的礼品菲薄，可是秦国回赠的礼品却很丰厚，大概他在秦国说了我们什么，一定是让秦国来引诱我们。不杀丕郑，肯定会发难。"所以就杀了丕郑和七舆大夫，他们是共华、贾华、叔坚、骓歂、累虎、特宫、山祁。这些人都是和里克、丕郑一党的。丕郑的儿子丕豹出逃到秦国。

丕郑从秦国回来的途中，听说里克被杀，见到共华问他说："我可以回国吗？"共华说："我们几个在国内都没有被株连，你是出使秦国的，可以回来。"丕郑回国后，惠公杀了他。共赐对共华说："你逃走吗？快要轮到你了！"共华说："丕郑回来，是我的主

意，我将等待遭难。"共赐说:"有谁知道这是你的主意?"共华
说:"那也不行。自己知道内疚却昧着良心是不信，为人谋划却使
人遭了厄难是不智，害了别人自己却怕死是不勇。我背着这三项
恶名，又有什么地方可去? 你走吧，我姑且在这里等待死亡。"

　　丕郑的儿子叫豹，出逃到了秦国，对秦穆公说:"晋国的国君
大失民心了。他背信不给你城邑，杀死里克，忌恨周围的人，大
家本来就不满意。如今他又杀死我的父亲和七舆大夫，他的支持
者在国内只剩一半了。您如果讨伐他，他必定会被驱逐出晋国。"
穆公说:"失掉民众怎么还能杀这么多人? 况且他的罪还不到死的
地步，民众就不会造反。罪足以死的人，不会留在晋国。留在晋
国的人，罪还不足死。胜败变化无常，有杀身之祸的人都离开了
晋国，谁还能把晋君赶出国呢? 你还是等我从长计议吧!"

秦荐晋饥晋不予秦籴

晋饥，乞籴于秦。丕豹曰：“晋君无礼于君，众莫不知。往年有难，今又荐饥。已失人，又失天，其有殃也多矣。君其伐之，勿予籴！”公曰：“寡人其君是恶，其民何罪？天殃流行，国家代有。补乏荐饥，道也，不可以废道于天下。”谓公孙枝曰：“予之乎？”公孙枝曰：“君有施于晋君，晋君无施于其众。今旱而听于君，其天道也。君若弗予，而天予之。苟众不说其君之不报也，则有辞矣。不若予之，以说其众。众说，必咎于其君。其君不听，然后诛焉。虽欲御我，谁与？”是故氾舟于河，归籴于晋。

秦饥，公令河上输之粟[1]。虢射曰[2]：“弗予赂地而予之籴，无损于怨而厚于寇，不若勿予。”公曰：“然。”庆郑曰[3]：“不可。已赖其地，而又爱其实，忘善而背德，虽我必击之。弗予，必击我。”公曰：“非郑之所知也。”遂不予。

【注释】

① 河上：指黄河以西，即晋惠公回国前为寻求秦国支持而答应送给

秦国的河西五城之地。

　　② 虢射：晋国大夫。

　　③ 庆郑：晋国大夫。

【译文】

　　晋国发生饥荒，向秦国请求购买粮食。丕豹对穆公说："晋君无礼于您，大家没有不知道的。往年晋君有祸难，如今又连续闹饥荒。已经失去人心，又失去天意，他的灾殃可真多啊。国君应该讨伐他，不要卖给他粮食！"秦穆公说："我是憎恶晋君，但他的百姓有何罪？天灾流行，各国都会轮流出现。救济饥荒，这是正道，不可在天下废弃正道。"说完问公孙枝："给晋国粮食吗？"公孙枝说："您对晋君有过帮助，晋君却对他的百姓不施恩德。现在因旱灾而求援于您，大概是天意吧。您若不给他粮食，而上天也许会援助他。这样，如果晋国民众对他们国君忘恩负义不满的话，晋君就会有托辞了。不如卖给他们粮食，让晋国民众欢喜。民众欢喜我们，就必定会责怪他们的国君。晋君如不听命的话，我们就可讨伐他了。那时他虽想抵抗我们，民众谁会帮助他？"所以就在黄河上排列船只，把粮食运往晋国。

　　秦国后来也发生饥荒。晋惠公命令黄河以西五个城市给秦国运去粮食。虢射说："不给秦国这河西五城之地，却卖给它这五城之地所产的粮食，并不会减轻他们的怨恨，反而会加强他们的力量，不如不给。"惠公说："对。"庆郑劝谏说："不能这样。已经赖下秦国的土地，又吝惜那些粮食，忘记了秦国的善意，又背弃了对我们的恩德，如果我处在秦国的地位必定会来进攻的。不给粮食，秦国一定要打我们。"惠公说："这不是你所能知道的。"于是没有卖给秦国粮食。

秦侵晋止惠公于秦

六年^①，秦岁定，帅师侵晋，至于韩。公谓庆郑曰："秦寇深矣，奈何?"庆郑曰："君深其怨，能浅其寇乎? 非郑之所知也，君其讯射也^②。"公曰："舅所病也?"卜右，庆郑吉。公曰："郑也不逊。"以家仆徒为右^③，步扬御戎^④；梁由靡御韩简^⑤，虢射为右，以承公。

公御秦师，令韩简视师，曰："师少于我，斗士众。"公曰："何故?"简曰："以君之出也处己，入也烦己，饥食其粜，三施而无报，故来。今又击之，秦莫不愠，晋莫不怠，斗士是故众。"公曰："然。今我不击，归必狙。一夫不可狙，而况国乎!"公令韩简挑战，曰："昔君之惠也，寡人未之敢忘。寡人有众，能合之弗能离也。君若还，寡人之愿也。君若不还，寡人将无所避。"穆公衡彫戈出见使者，曰："昔君之未入，寡人之忧也。君入而列未成，寡人未敢忘。今君既定而列成，君其整列，寡人将亲见。"

客还，公孙枝进谏曰^⑥："昔君之不纳公子重耳而纳晋君，是君之不置德而置服也。置而不遂，击而不胜,其若为诸侯笑何?君盍待之乎?"穆公曰:"然。昔吾之不纳公子重耳而纳晋君,是吾不置德而置服也。然公子重耳实不肯,吾又奚言哉?杀其内主,背其外赂,彼塞我施,若无天乎?若有天,吾必胜之。"君揖大夫就车,君鼓而进之。晋师溃,戎马泞而止。公号庆郑曰:"载我!"庆郑曰:"忘善而背德,又废吉卜,何我之载?郑之车不足以辱君避也!"梁由靡御韩简,辂秦公,将止之,庆郑曰:"释来救君!"亦不克救,遂止于秦。

穆公归,至于王城⑦,合大夫而谋曰:"杀晋君与逐出之,与以归之、与复之,孰利?"公子縶曰:"杀之利。逐之恐构诸侯,以归则国家多慝,复之则君臣合作,恐为君忧,不若杀之。"公孙枝曰:"不可。耻大国之士于中原,又杀其君以重之,子思报父之仇,臣思报君之仇。虽微秦国,天下孰弗患?"公子縶曰:"吾岂将徒杀之?吾将以公子重耳代之。晋君之无道莫不闻,公子重耳之仁莫不知。战胜大国,武也。杀无道而立有道,仁也。胜无后害,智也。"公孙枝曰:"耻一国之士,又曰余纳有道以临女,无乃不可乎?若不可,必为诸侯笑。战而取笑诸侯,不可谓武。杀其弟而立其兄,兄德我而忘其亲,不可谓仁。若弗忘,是再施不遂也,不可谓智。"君曰:"然则若何?"公孙枝曰:"不若以归,以要晋国之成,复其君而质其适子,使子父代处秦,国可以无害。"是故归惠公而质子圉⑧,秦始知河东之政⑨。

【注释】

① 六年：晋惠公六年，即公元前 645 年。

② 射：虢射，晋国大夫。

③ 家仆徒：晋国大夫。

④ 步扬：晋国大夫，姬姓，晋公族郤氏的后代。因食邑在步，故名。

⑤ 梁由靡：晋国大夫。韩简：晋国大夫，韩万的孙子。

⑥ 公孙枝：秦国大夫，字子桑。

⑦ 王城：秦地名，在今陕西省大荔县东。

⑧ 子圉：晋惠公的儿子。惠公死后被立为怀公，旋被国人所杀。

⑨ 河东：指黄河以东的晋国部分地区。公元前 645 年为秦所侵占，公元前 643 年归还晋国。

【译文】

　　晋惠公在位的第六年，秦国丰收，民众安定，秦穆公统率军队侵入晋国，一直打到韩原。晋惠公问庆郑说："秦军已经深入国土，如何是好？"庆郑回答："你与秦国结怨很深，能让秦军不深入吗？如何应付这种局面不是我所知道的，国君还是去问虢射吧。"惠公说："你这是在责备我吗？"占卜车右的人选时，庆郑卜得吉卦。惠公说："庆郑对我不恭敬。"于是让家仆徒做他的车右，步扬为他驾驭兵车；另外让梁由靡为韩简驾驭兵车，让虢射担任韩简的车右，跟在惠公的兵车后面。

　　惠公迎战秦国军队，派韩简侦察，韩简说："敌军少于我们，但勇于作战的人却很多。"惠公问："什么原因？"韩简回答说："因为你出亡时依靠过秦国，回国继承君位时烦劳过秦国，饥荒时又吃过秦国卖给我们的粮食，秦国三次给我们恩惠而我们都没有报答，所以他们才来侵犯。如今你又出兵迎战他们，秦军没有人不愤怒，晋军没有人不懈怠，所以秦军中勇于作战的人多。"惠公说："不错。但我现在不迎击，回去后秦国一定会经常来犯。匹夫尚且不可受人轻侮，何况国家呢！"惠公命令韩简派使者向秦军挑战，说："过去秦君的恩惠，我不敢忘记。我有众多的将士，能集合他们作战而不离散。秦君如果退兵回国，正是我所希望的。秦君如果不退兵，我也不会避让。"穆公横握着雕花的战戟出来见晋军的使者，说："过去你们国君不能回国，我曾为他担忧。你们国君回国后地位一时还未安定，我牵挂在心。如今他君位已定，军队编练已成，让他整理好阵列，我要亲自见见他。"

　　晋使回去后，公孙枝劝告穆公说："过去你不接纳公子重耳却接纳晋君，这是你不愿立有德的人而只是立服从你的人。立了却不能如意，打了如果又不能获胜，岂不要遭到诸侯的嘲笑？国君何不等待晋国自己败亡呢？"穆公说："是这样。过去我不接纳公子重耳却接纳夷吾，确实是我不愿立有德的人而想立服从我的人。可是公子重耳事实上也不肯做国君，我又能说什么呢？晋君在国内杀了丕郑和里克，在国外又背弃给我国城邑的许诺，他自私无信而我总是加惠于他，难道没有上天主持公道吗？假如有上天的话，我一定能战胜他。"穆公于是集合大夫们登上战车，亲自击鼓指挥进攻。晋军溃败，战马陷入泥泞之中动弹不得。惠公呼叫庆郑说："快用车来载我逃命！"庆郑说："你忘恩负义，又废了吉卜，不用我做车右，为什么又想搭我的车？我庆郑的战车不值得委屈你来避难！"梁由靡为韩简驾驭战车，迎住秦穆公，将要擒获他，庆郑说："放了他来救国君！"但也未能救出晋君，晋惠公终于被秦军俘获。

　　秦穆公回到王城，召集大夫们商量说："杀掉晋君，或者放逐他，或者让他回国，或者恢复他的君位，哪个办法对我们有利？"公子絷说："杀了有利。放逐他恐怕会激怒诸侯；让他回去国家将多祸患；恢复他的君位，晋国君臣一旦合作，恐将成为你的忧患，不如杀了他。"公孙枝说："不行。我们在韩地的原野上羞辱了晋国的将士，又要杀他们的国君以加重这种羞辱，那么儿子想报杀父之仇，臣下想报杀君之仇，结怨何时得了。这种事即便不是秦国干的，天下人谁不憎恨呢？"公子絷说："我岂是只杀晋君就算完了？我将用公子重耳来代替他为君。晋君的无道谁人不听说，公子重耳的仁德谁人不知道。我们战胜大国，是威武。杀无道之君而立有道，是仁义，胜利后不留后患，是明智。"公孙枝说："羞辱了一国的将士，又说我立有道的国君来管理你们，恐怕行不通吧？倘若行不通，必定被诸侯嘲笑。战胜大国却被诸侯嘲笑，不可以说是威武。杀弟弟而立他的哥哥，哥哥假如感德于我却忘了他的亲人，不可以说是仁义。假如不忘亲人，就是再次施恩而不成功，不可以说是明智。"穆公问："那么怎么办呢?"公孙枝说："不如让他回去，和晋国缔结和约，恢复他的君位，但把他的太子做人质，让他们父子轮流呆在秦国，国家就可以没有祸害了。"穆公因此就这样做了，让惠公回晋国，留下子圉为人质，秦国开始管理河东五城的政事。

吕甥逆惠公于秦

公在秦三月，闻秦将成，乃使郤乞告吕甥①。吕甥教之言，令国人于朝曰："君使乞告二三子曰：'秦将归寡人，寡人不足以辱社稷，二三子其改置以代圉也。'"且赏以悦众，众皆哭，焉作辕田②。

吕甥致众而告之曰："吾君惭焉其亡之不恤，而群臣是忧，不亦惠乎？君犹在外，若何？"众曰："何为而可？"吕甥曰："以韩之病，兵甲尽矣。若征缮以辅孺子③，以为君援，虽四邻之闻之也，丧君有君，群臣辑睦，兵甲益多，好我者劝，恶我者惧，庶有益乎？"众皆说，焉作州兵④。

吕甥逆君于秦，穆公讯之曰："晋国和乎？"对曰："不和。"公曰："何故？"对曰："其小人不念其君之罪，而悼其父兄子弟之死丧者，不惮征缮以立孺子，曰：'必报仇，吾宁事齐、楚，齐、楚又交辅之。'其君子思其君，且知其罪，曰：'必事秦，有死无他。'故不和。比其和之而来，故久。"公曰："而无来，吾固将归君，国谓君何？"对曰："小人曰不免，君子则否。"公曰："何故？"对曰："小人忌而不思，愿从其君而与报秦，是故云。其君子则否，曰：'吾君之入也，君之惠也。能纳之，能执之，则能释之。德莫厚焉，惠莫大焉。纳而不遂，废而不起，以德为怨，君其不然？'"秦君曰："然。"乃改馆晋君，馈七牢焉⑤。

【注释】

① 郤乞：晋国大夫。

② 辕田：古代按休耕需要分配土地的一种办法。晋惠公这时作辕田是借口休耕赏赐国人土地，与原办法有异。

③ 孺子：指晋太子子圉。

④ 州兵：春秋时晋国的兵制。每州二千五百家，由州长自行组织甲兵，以备战争之需。

⑤ 牢：又称太牢，古代以牛、羊、猪三牲具备的宴飨。牛、羊、猪各一头为一牢，以此类推。按周制，馈送七牢为诸侯之礼。

【译文】

晋惠公被秦国关了三个月，听说秦国将要跟晋国讲和，就派郤乞回国告诉吕甥这个消息。吕甥教郤乞一番话，让他对聚集在官门前的国人说："国君派我来告诉大家：'秦国将要放我回来，我辱没了国家不配当国君，你们改立一个国君用子圉来代替吧。'"又代表惠公赏赐土地让大家高兴，大家都感动得哭了，于是晋国就开阡佰把土地分配给国人。

吕甥召集群臣并告诉他们说："我们国君因败亡在外而愧疚，他并不为自己忧愁，而是为群臣担忧，不也很慈惠吗？国君还被关在国外，如何是好？"大家说："我们做些什么才可以让国君回来呢？"吕甥说："韩原会战失败，晋国的武器装备都完了。如果我们增收赋税，修治武器，用来辅佐太子，并作为国君的后援，让四方邻国听到后，知道我们失去国君又有了新的国君，群臣和睦，武器更多，友好的国家就会勉励我们，敌对的国家就会害怕我们，是否会对国君回来有好处呢？"大家都很高兴，于是晋国就改革兵制建置州兵来扩充军力。

　　吕甥去秦国迎接惠公，秦穆公问他说："晋国的人和睦吗？"回答说："不和睦。"穆公问："是什么原因？"回答说："那些小人不考虑国君的罪过，只悼念在韩原之战中死去的父兄子弟，他们不怕征税修武来拥立子圉为新君，说：'一定要报秦之仇，我们宁可事奉齐国和楚国，让齐国和楚国共同援助我们。'那些有见识的君子虽思念自己的国君，但也知道他的罪过，说：'一定要事奉秦国，就是死也不能存二心。'所以彼此不和睦。等到大家统一认识后才来迎接国君，所以拖了很久。"穆公说："你不来，我本来就要送回晋君。晋国的人怎样看待晋君的前途？"回答说："小人认为国君不能免难，君子则不这么认为。"穆公问："为什么？"回答说："小人只是怨恨秦国，不考虑自己国君的罪过，想跟从子圉一起报复秦国，所以这么认为。君子不是这样，他们说：我们国君当初能回国继承君位，是你的恩惠。你能接纳他，能俘虏他，也就能放了他。没有比这再宽厚的仁德了，没有比这再大的恩惠了。让他回国而不成全他，或者废黜而不起用他，使原来的仁德变为仇恨，你大概不会这样做吧？"秦穆公说："是的。"于是改变对晋君的待遇，安排他住在馆舍，又按诸侯之礼，用七牢来款待。

惠公斩庆郑

惠公未至，蛾析谓庆郑曰[①]："君之止，子之罪也。今君将来，子何俟？"庆郑曰："郑也闻之曰：'军败，死之；将止，死之。'二者不行，又重之以误人，而丧其君，有大罪三，将安适？君若来，将待刑以快君志；君若不来，将独伐秦。不得君，必死之。此所以待也。臣得其志，而使君瞢，是犯也。君行犯，犹失其国，而况臣乎？"

公至于绛郊[②]，闻庆郑止，使家仆徒召之，曰："郑也有罪，犹在乎？"庆郑曰："臣怨君始入而报德，不降；降而听谏，不战；战而用良，不败。既败而诛，又失有罪，不可以封国。臣是以待即刑，以成君政。"君曰："刑之！"庆郑曰："下有直言，臣之行也；上有直刑，君之明也。臣行君明，国之利也。君虽弗刑，必自杀也。"蛾析曰："臣闻奔刑之臣，不若赦之以报仇。君盍赦之，以报于秦？"梁由靡曰："不可。我能行之，秦岂不能？且战不胜，而报之以贼，不武；出战不克，入处不安，不智；成而反之，不信；失刑乱政，不威。出不能用，入不能治，败国且杀孺子，不若刑之。"君曰：

"斩郑，无使自杀。"家仆徒曰："有君不忌，有臣死刑，其闻贤于刑之。"梁由靡曰："夫君政刑，是以治民。不闻命而擅进退，犯政也；快意而丧君，犯刑也。郑也贼而乱国，不可失也！且战而自退，退而自杀；臣得其志，君失其刑，后不可用也。"君令司马说刑之③。司马说进三军之士而数庆郑曰："夫韩之誓曰：失次犯令，死；将止不面夷，死；伪言误众，死。今郑失次犯令，而罪一也；郑擅进退，而罪二也；女误梁由靡，使失秦公，而罪三也；君亲止，女不面夷，而罪四也：郑也就刑！"庆郑曰："说！三军之士皆在，有人能坐待刑，而不能面夷？趣行事乎！"丁丑，斩庆郑，乃入绛。

十五年，惠公卒，怀公立④，秦乃召重耳于楚而纳之。晋人杀怀公于高梁⑤，而授重耳，实为文公。

【注释】

① 蛾析：晋国大夫。
② 绛：晋国都城，在今山西省翼城县东南。
③ 司马说：司马，官名，掌管军政和军赋。说，司马的名字叫说。
④ 怀公：晋怀公子圉，公元前636年继位，旋被国人所杀。
⑤ 高梁：古地名，在今山西省临汾市东北。

【译文】

晋惠公还没有回到晋国时，蛾析对庆郑说："国君被秦俘获，是你的罪过。现在国君就要回来了，你还等待什么？"庆郑说："我听说：'军队溃败了，应该为之而死。主将被俘，也应为之而死。'这两样我没有做到，又加上误了别人救国君的机会，致使国君被俘，有这样三条大罪，还能逃到哪里去？国君如果能回来，我准备等待受刑，好让国君感到痛快；国君如果回不来，我将独自率兵讨伐秦国。不救回国君，便把命豁上。这就是我等待的原因。我若逃走而遂了私意，会使国君不高兴，这是背逆的行为。国君的行为背逆，尚且会失去国家，何况做臣子的呢？"

晋惠公到了国都郊外，听说庆郑被捕，就命家仆徒把他召来，问道："你有罪，还留在都城干什么？"庆郑说："我怨恨国君，当初你要是回国时就报答秦国的恩德，不至于使国势下降；国势下降后要是能听取劝谏，也不至于发生战争；战争发生要是能选用良将，也不至于失败。已经战败就要处死有罪的人，如对有罪的人不能伏法，还怎么守卫国家疆土？我因此等待就刑，以成全国君的政令。"惠公说："杀了他。"庆郑说："臣下直言劝谏，是臣子的行为准则；君上刑杀得当，是国君的圣明表现。臣子尽责而国君圣明，是国家的利益所在。国君即使不杀我，我也一定要自杀的。"蛾析说："我听说对主动认罪接受刑罚的臣子，不如赦免他，用他来报仇。国君何不赦免庆郑，叫他去报秦的仇呢？"梁由靡说："不可以。晋国这样做了，难道秦国就不能？况且交战不胜，而用不正当的手段去报仇，不能算勇武；出战不利，回国后又要惹出麻烦，不能算明智；与秦国讲和之后又背弃诺言，不能算诚信；失去刑法乱了国政，不能算威严。若这样做了，对外不能胜敌，对内不能治国，将会败坏国家，而且太子也会被害，不如杀了庆郑。"惠公说："杀了庆郑，不能让他自杀！"家仆徒说："当国君的不计较前嫌，当臣子的甘愿死于刑戮，这样的名声要比杀了庆郑更好。"梁由靡说："国君的政令刑法，是用来治理百姓的。不听命令而擅自进退，就是触犯政令；幸灾乐祸而使国君被俘，就是触犯刑法。庆郑伤害和扰乱了国家，不能让他逍遥法外！再说临战而自退，败退而自杀，臣下可以随心所欲，国君却失去了刑法的威严，以后又怎么用人作战。"于是惠公命司马说执刑。司马说召来三军兵士，当众列举庆郑的罪状说："韩原之战前全军宣过誓，扰乱军阵违抗军令的，处死；主将被俘，部下脸上不挂彩的，处死；散布谣言动摇军心的，处死。现在庆郑扰乱军阵违抗军令，这是第一项罪；擅自进退，这是第二项罪；耽误梁由靡而放跑了秦君，这是第三项罪；国君被俘，你不割破面颊，这是第四项罪；庆郑，你就刑吧！"庆郑说："司马说！三军兵士都在这里，我能坐着等待就刑，难道还怕脸上挂彩吗？赶快用刑吧！"丁丑这天，庆郑被斩首，然后惠公才进入国都绛城。

晋惠公在执政的第十五年上故世，晋怀公继位，秦人于是从楚国接来重耳。晋人在高梁杀了怀公，把君位授与重耳，这就是晋文公。

卷十 晋语 四

重耳自狄适齐

文公在狄十二年①，狐偃曰②："日，吾来此也，非以狄为荣，可以成事也。吾曰：'奔而易达，困而有资，休以择利，可以戾也。'今戾久矣，戾久将底。底著滞淫，谁能兴之？盍速行乎！吾不适齐、楚，避其远也。蓄力一纪③，可以远矣。齐侯长矣④，而欲亲晋。管仲殁矣，多谗在侧。谋而无正，衷而思始。夫必追择前言，求善以终，餍迩逐远，远人入服，不为邮矣。会其季年可也，兹可以亲。"皆以为然。

乃行，过五鹿⑤，乞食于野人。野人举块以与之，公子怒，将鞭之。子犯曰："天赐也。民以土服，又何求焉！无事必象，十有二年，必获此土。二三子志之。岁在寿星及鹑尾⑥，其有此土乎！天以命矣，复于寿星，必获诸侯。天之道也，由是始之。有此，其以戊申乎⑦！所以申土也。"再拜稽首，受而载之。遂适齐。

【注释】
① 文公：晋文公名重耳，晋献公庶子。公元前636至前628年在位，献公宠姬骊姬杀太子申生，立幼子为嗣，重耳自晋国出奔在外。狄：此指邻近晋国的一个少数民族邦国。

② 狐偃：字子犯，重耳的舅父，故又称舅犯。

③ 一纪：古人以十二年为一纪。这种计年方法与岁星纪年有关，参本篇注⑥。

④ 齐侯：指齐桓公。

⑤ 五鹿：卫国封邑，在今河南濮阳南。

⑥ 岁：岁星，即木星。木星每年出现在黄道带中的某一部位，依次运行，每十二年绕天一周，古代曾据以纪年。句中提到的寿星、鹑尾，就是这十二个部位中的两个。

⑦ 戊申：记日的干支。

【译文】

晋公子重耳在狄住了十二年。狐偃说："当初我们到这儿来，不是因为狄地安乐，而是可以成就大事。我曾说过：'狄地出走时容易到达，窘迫中能得到资助，通过休整可以选择有利的时机，因此才居留下来。'现在已经居住很久了，住久了便会停止不前，停止不前再加苟且荒废，谁还能振作有为？为什么不赶快走呢！当初我们不到齐、楚两国去，是怕路途太远。如今养精蓄锐了十二年，可以远行了。齐桓公年纪大了，想亲近晋国。管仲去世后，桓公身边尽是些谗谄小人，谋划没有人来匡正，心里就会怀念当初的盛况。因此他必定会重新考虑采纳管仲的忠告，希望求得一个好结果。齐国与邻国既已相安无事，就会谋求和远方的诸侯搞好关系，我们远方的人去投奔，就不会有什么过错。现在正值桓公的暮年，正是可以亲近他的好时机。"大家都觉得狐偃说得很对。

于是重耳一行便出发了。他们路过五鹿时，向田野里的农夫讨饭吃，农夫却把地里的泥土给他们，重耳很生气，想要鞭打他。狐偃说："这是上天的赏赐啊。民众献土表示顺服，对此我们还别有什么可求的呢？上天要成事必定先有某种征兆，再过十二年，我们一定会获得这片土地。你们诸位记住，当岁星运行到寿星和鹑尾时，这片土地将归属我国。天象已经这样预示了，岁星再次行经寿星时，我们一定能获得诸侯的拥戴，天道十二年一转，征兆就是由此开始的。获得这块土地，应当是在戊申这一天吧！因为戊属土，申是推广的意思。"于是重耳再拜叩头，把泥土收下装在车上。然后，他们一行人便往齐国去了。

齐姜劝重耳勿怀安

齐侯妻之，甚善焉。有马二十乘①，将死于齐而已矣。曰：“民生安乐，谁知其他？”

桓公卒，孝公即位②。诸侯叛齐。子犯知齐之不可以动，而知文公之安齐而有终焉之志也，欲行，而患之，与从者谋于桑下。蚕妾在焉，莫知其在也。妾告姜氏③，姜氏杀之，而言于公子曰：“从者将以子行，其闻之者吾以除之矣。子必从之，不可以贰，贰无成命。《诗》云④：‘上帝临女，无贰尔心。’先王其知之矣，贰将可乎？子去晋难而极于此。自子之行，晋无宁岁，民无成君。天未丧晋，无异公子，有晋国者，非子而谁？子其勉之！上帝临子，贰必有咎。”

公子曰：“吾不动矣，必死于此。”姜曰：“不然。《周诗》曰⑤：‘莘莘征夫，每怀靡及。’夙夜征行，不遑启处，犹惧无及。况其顺身纵欲怀安，将何及矣！人不求及，其能及乎？日月不处，人谁获安？西方之书有之曰：‘怀与安，实疚大事。’《郑诗》云⑥：‘仲可怀也，人之多言，亦可畏也。’昔管敬仲有言⑦，小妾闻之，曰：‘畏威知疾，民之上也。从怀如流，民之下也。见怀思威，民之中也。畏威如疾，乃能威民。威在民上，弗畏有刑。从怀如流，去威远矣，故谓之下。其在辟也，吾从中也。《郑诗》之言，吾其从之。'此大夫管仲之所以纪纲齐国，裨辅先君而成霸者也。子而弃之，不亦难乎？齐国之政败矣，晋之无道久矣，从者之谋忠矣，时日及矣，公子几矣。君国可以济百姓，而释之者，非人也。败不可处，时不可失，忠不可弃，怀不可从，子必速行。吾闻晋之始封也，岁在大火⑧，阏伯之星也⑨，实纪商人。商之飨国三十一王。瞽史之纪曰⑩：'唐叔之世⑪，将如商数。'今未半也。乱不长世，公子唯子，子必有晋。若何怀安？"公子弗听。

【注释】

①乘：古时一车四马为一乘。

②孝公：齐孝公，名昭，齐桓公之子，公元前642至前633年在位。

③姜氏：齐桓公女儿，嫁给重耳，因齐姓姜，故称姜氏。

④《诗》：指《诗经·大雅·大明》。

⑤《周诗》：指《诗经·小雅·皇皇者华》。

⑥《郑诗》：指《诗经·郑风·将仲子》。

⑦管敬仲：即管仲，字仲，谥敬。

⑧大火：星名，即心宿，十二星次之一。

⑨阏伯：传说是陶唐氏（尧）时的火正官，居商丘，主管祭祀大火星的职务。

⑩瞽史：瞽，指以盲人充任的乐师，能背诵史诗，所以与专门记事的史并称纪史之官。

⑪唐叔：周代晋国的始祖。周武王之子，周成王的弟弟，名虞，字子于。封于唐，又称唐叔虞。

【译文】

齐桓公把女儿嫁给重耳为妻，待重耳很好。重耳有马八十匹，便打算老死在齐国了。他说："人生就是为了享乐，谁还去管别的什么呢？"

齐桓公死后，孝公即位。这时，诸侯都纷纷背叛齐国。狐偃知道齐国不可能帮助重耳返国执政，也晓得重耳已安于留在齐国，并准备老死在此的想法，打算离开齐国，又担心重耳不肯走，于是就和随从重耳一起逃亡的人在桑树下商量这件事。齐国宫中一个养蚕的小妾正好在树上采桑叶，但谁也没有发觉她。小妾报告了姜氏，姜氏怕泄露消息，便把她杀了，然后对公子重耳说："你的随从想要同你一起离开齐国，那个偷听到这事的人我已经杀掉了。你一定要听他们的，不能犹豫不决，遇事犹豫不决，就不能成就天命。《诗》上说：'上帝暗中保佑着你，你心里千万不能迟疑不决。'武王知道天命，因此能成大事，犹豫不决怎么能行呢？你因晋国有危难而来到这里。自从你离开以后，晋国没有安宁的岁月，百姓也没有一个稳定的国君。上天还没有要晋国灭亡，晋献公也再没有其他的公子了。能得到晋国的，不是你还有谁？希望你好好努力！上天在保佑你，迟疑不决一定会惹祸遭殃。"

公子说："我是不会被人说动的了，一定要老死在这里。"姜氏说："这样不对。《周诗》上说：'那些风尘仆仆的行人，时常惦念着自己要办的事，唯恐来不及把事情办好。'昼夜奔忙在道路上，连一会儿安坐休息的工夫也没有，这样尚且还怕来不及。更何况那些随意放纵嗜欲、贪恋安逸的人，将怎么来得及呢？一个人不追求及时完成大业，又怎么能达到目的呢？日月如梭，时光不停，一个人哪能只想获得安逸呢？周书上有句话说：'贪图享乐和安逸，是要败坏大事的。'《郑诗》上说：'仲子令我思念，外人的闲话也可畏啊。'以前管仲说的话，小妾也曾听到过。他说：'如果一个人像害怕疾病一样地敬畏天威，是人中的最上者。只知道眷恋私欲随大流，是人中的最下者。看到可眷恋的事物，就想起天威的可畏，是中等人。只有敬畏天威如害怕疾病一样，才能树立权威，统治人民。有声威才能居于民上，对天威无所畏惧，则将受到惩罚。只知贪恋私欲随大流，那离建立声威就很远了，因此说是人中的最下者。照以上引喻的话来看，我是愿做中等人的。《郑诗》上所说的话，我是愿意遵从的。'这就是大夫管仲所以能够治理齐国，辅佐先君成就霸业的原因。现在你要丢弃它，不是太难于成大事了吗？齐国的政治已经衰败了，晋君的无道已经很久了，你随从的谋虑够忠心的了，时候到了，公子得晋国的日子近了。你去当晋国的国君，可以解救百姓，如果放弃这事业，那简直不算人了。齐国的政治败坏不宜久居，有利的时机不可错过，你的追随者的一片忠诚不可丢弃，眼前的安逸不可贪恋，你一定要赶快离开齐国。我听说，晋国最初受封的时候，那年岁星正在大火星的位置，也就是阏伯的星辰，实际上记录着商朝的命运。商代享有天下，一共传了三十一位国君。乐师和史官的记载说：'唐叔的后裔享有晋国，将同商代国君的数目一样。'现在还不到一半。晋国纷乱的局面不会长久下去，公子中只有你还在，你肯定能得到晋国。为什么还要贪恋眼前的安逸呢？"但是，公子重耳仍然不听这些劝告。

齐姜与子犯谋遣重耳

姜与子犯谋^①，醉而载之以行。醒，以戈逐子犯，曰："若无所济，吾食舅氏之肉，其知餍乎！"舅犯走^②，且对曰："若无所济，余未知死所，谁能与豺狼争食？若克有成，公子无亦晋之柔嘉，是以甘食。偃之肉腥臊，将焉用之？"遂行。

【注释】
① 姜：指重耳的妻子姜氏。
② 舅犯：即子犯。

【译文】
姜氏与子犯商量。把重耳灌醉了，用车送走。重耳酒醒后，拿起一把戈就追打子犯，说："假如事业不成功，我就是吃了舅舅你的肉，也不能满足啊！"子犯一边逃一边回答说："假如事业不成功，我还不知道死在哪里，谁又能与豺狼争着吃我的肉呢？假如事业成功的话，那么公子不也就有了晋国最柔脆嘉美的食品，都是你爱吃的。我狐偃的肉腥臊难闻，又怎么吃呢？"于是，他们一行就启程上路了。

卫文公不礼重耳

过卫，卫文公有邢、狄之虞①，不能礼焉。宁庄子言于公曰②："夫礼，国之纪也；亲，民之结也；善，德之建也。国无纪不可以终，民无结不可以固，德无建不可以立。此三者，君之所慎也。今君弃之，无乃不可乎！晋公子善人也，而卫亲也，君不礼焉，弃三德矣。臣故云君其图之。康叔③，文之昭也④。康叔，武之穆也。周之大功在武，天祚将在武族。苟姬未绝周室，而俾守天聚者，必武族也。武族唯晋实昌，晋胤公子实德。晋仍无道，天祚有德，晋之守祀，必公子也。若复而修其德，镇抚其民，必获诸侯，以讨无礼。君弗蚤图，卫而在讨。小人是惧，敢不尽心。"公弗听。

【注释】

① 卫文公：卫国国君，名辟疆，后改名燬，公元前660至前635年在位。邢、狄：卫国旁边的两个小国。

② 宁庄子：卫国正卿，名速。

③ 康叔：周代卫国的始祖。周武王的弟弟，名封。初封于康（今河南禹县西北），故称康叔。

④ 昭：古代宗法制度，宗庙辈次的排列，始祖庙居中，以下父子依次递为昭穆，左为昭，右为穆。父为昭，子即为穆。下文提到的"穆"，也即此意。

【译文】

重耳经过卫国，卫文公因邢人、狄人联合入侵，不能以礼相接待。宁庄子对卫文公说："礼是国家的纲纪，亲是人民团结的纽带，善是立德的基础。国家没有纲纪不可能长存，人民不团结就不可能坚固，不善也不可能立德。这三者，是国君应当谨慎的。如今君王抛弃它，恐怕不行吧！晋公子重耳是个贤人，又是卫国的亲属，君主不以礼相待，就是抛弃了以上所说的三种美德。小臣因此说要请君王认真地考虑考虑。卫国的祖先康叔，是周文王的儿子。晋国的祖先唐叔，是周武王的儿子。为周朝统一天下建立大功的是周武王，上天将保佑周武王的后代子孙。只要姬姓的周朝永世不绝，那么守着上天所聚集的财富和民众的，一定是周武王的后代。周武王的后代中，只有晋国繁衍昌盛，晋国的后代中，公子重耳最有德行。现在晋国的政治仍然无道，上天保佑有德的人，晋国能守住祭祀的人，一定是公子重耳了。如果重耳能够返国复位，修其德行，安抚百姓，必然获得诸侯的拥护，讨伐以前对他无礼的国家。君王如果不早作打算，那卫国就不免要遭到讨伐了。小人因此感到害怕，怎敢不尽心而言呢。"但是，卫文公听不进宁庄子的话。

曹共公不礼重耳而观其骈肋

自卫过曹，曹共公亦不礼焉[①]，闻其骈肋，欲观其状，止其舍，谍其将浴，设微薄而观之。僖负羁之妻言于负羁曰[②]："吾观晋公子贤人也，其从者皆国相也，以相一人，必得晋国。得晋国而讨无礼，曹其首诛也。子盍蚤自贰焉？"僖负羁馈飧，置璧焉。公子受飧反璧。

负羁言于曹伯曰："夫晋公子在此，君之匹也，不亦礼焉？"曹伯曰："诸侯之亡公子其多矣，谁不过此！亡者皆无礼者也，余焉能尽礼焉！"对曰："臣闻之：爱亲明贤，政之干也。礼宾矜穷，礼之宗也。礼以纪政，国之常也。失常不立，君所知也。国君无亲，以国为亲。先君叔振[③]，出自文王，晋祖唐叔，出自武王，文、武之功，实建诸姬。故二王之嗣，世不废亲。今君弃之，不爱亲也。晋公子生十七年而亡，卿材三人从之，可谓贤矣，而君蔑之，是不明贤也。谓晋公子之亡，不可不怜也。比之宾客，不可不礼也。失此二者，是不礼宾，不怜穷也。守天之聚，将施于宜。宜而不施，聚必有阙。玉帛酒食，犹粪土也，爱粪土以毁三常，失位而阙聚，是之不难，无乃不可乎？君其图之。"公弗听。

【注释】

① 曹共公：曹国国君，名襄，公元前652至前618年在位。

② 僖负羁：曹国大夫。

③ 叔振：周代曹国的始祖曹叔振铎，周文王的第六子，封在曹。

【译文】

重耳一行自卫国经过曹国，曹共公也不以礼相待，听说重耳的肋骨生得连成一片，因此就很想看看是什么样子，便将重耳等安排在旅舍里，打听到重耳将要洗澡，张了很薄的帐幕偷偷观看。曹国大夫僖负羁的妻子对她丈夫说："我看晋公子是个贤人，他的随从都是当国相的人才，辅佐晋公子一人，将来必定能回到晋国即位，得到晋国讨伐无礼的国家，那么曹国就是他首先开刀的了。你为什么不早一点表示自己的不同态度呢？"僖负羁便馈赠了一盘食品给重耳，盘底还放着一块璧。重耳接受了食品，退回了璧。

僖负羁对曹共公说："晋公子现在经过此地，和君王的地位相当，难道不应当以礼相待吗？"曹共公回答说："诸侯各国在外逃亡的公子多了，谁不经过此地呢？逃亡的人都没有什么礼节可言，我怎么能一一都以礼相待呢？"僖负羁回答说："我听说，爱护亲属，尊重贤人，是政事的主干。以礼待客，同情穷困，是礼仪的根本。用礼来治理国政，是国家的常道。失去了常道，就不能自立，这是君主所了解的道理。对国君来说没有私亲，只是以国为亲。我们的祖先叔振，是周文王的儿子，晋国的祖先唐叔，是周武王的儿子，周文王、武王的功劳，在于建立了许多姬姓的封国。所以二王的后代，世代都不抛弃相亲相爱的关系。如今国君丢弃了这一传统，是不爱亲属。晋公子十七岁流亡国外，三个具有卿相之才的人追随他，可称得上是贤人了，而君王轻视他，是不尊重贤人。说起晋公子出逃流亡，不可以不加怜悯。即使将他比作宾客，也不可不以礼相待。如果失去了这两者，那就是不以礼待客，不怜悯穷困了。守着上天所聚集的财富，应当施行于符合道义的事。符合道义的事而不能舍施，那么聚敛一定会缺失。玉帛和酒食，如同粪土一般，爱重粪土而毁弃三种立国的常道，那就会失去君位，丢掉聚集起来的财富，这样做是不难的，但恐怕不可以吧？希望国君好好想一想。"曹共公不听从僖负羁的劝告。

宋襄公赠重耳以马二十乘

公子过宋，与司马公孙固相善^①，公孙固言于襄公曰^②："晋公子亡，长幼矣，而好善不厌，父事狐偃，师事赵衰^③，而长事贾佗^④。狐偃其舅也，而惠以有谋。赵衰其先君之戎御，赵夙之弟也^⑤，而文以忠贞。贾佗公族也，而多识以恭敬。此三人者，实左右之。公子居则下之，动则谘焉，成幼而不倦，殆有礼矣。树于有礼，必有艾。《商颂》曰^⑥：'汤降不迟，圣敬日跻。'降，有礼之谓也。君其图之。"襄公从之，赠以马二十乘。

【注释】

① 公孙固：宋庄公之孙，任宋国大司马。
② 襄公：宋襄公，宋国国君，名兹父，公元前650至前637年在位。
③ 赵衰：即赵成子，字子余，也称成季、孟子余。随从重耳在外流亡十九年，并帮助重耳回国即位，成就霸业。
④ 贾佗：狐偃的儿子，名射姑，字季佗，食邑在贾。
⑤ 赵夙：赵衰的哥哥。
⑥《商颂》：指《诗经·商颂·长发》。

【译文】

公子重耳经过宋国，与宋国司马公孙固关系很好。公孙固对宋襄公说:"晋公子流亡在外十几年,已经由孩子长大成人了,喜欢做好事而不自满,像对待父亲一样事奉狐偃,像对待老师一样事奉赵衰,像对待兄长一样事奉贾佗。狐偃是他的舅舅,仁慈而又足智多谋。赵衰是为他先君驾御战车的赵夙的弟弟,富于文采而为人忠贞。贾佗是晋国的公族,见多识广而谦恭有礼。这三个人在左右辅助他。公子平时对他们谦下恭敬,每逢有事都要咨询他们的意见,从年幼到长大成人始终如此,不稍懈怠,可以说有礼了。在礼的方面有所建树,一定会得到善报。《商颂》上说:'商汤急于尊贤下士,圣德天天向上升高。'尊贤下士,就是有礼的表现。请君王好好地考虑考虑。"宋襄公听从了他的意见,送给重耳八十匹马。

郑文公不礼重耳

公子过郑，郑文公亦不礼焉①。叔詹谏曰②："臣闻之：亲有天，用前训，礼兄弟，资穷困，天所福也。今晋公子有三祚焉，天将启之。同姓不婚，恶不殖也。狐氏出自唐叔③。狐姬，伯行之子也④，实生重耳。成而隽才，离违而得所，久约而无衅，一也。同出九人，唯重耳在，离外之患，而晋国不靖，二也。晋侯日载其怨，外内弃之；重耳日载其德，狐、赵谋之，三也。在《周颂》曰⑤：'天作高山，大王荒之⑥。'荒，大之也。大天所作，可谓亲有天矣。晋、郑兄弟也，吾先君武公与晋文侯戮力一心⑦，股肱周室，夹辅平王⑧，平王劳而德之，而赐之盟质，曰：'世相起也。'若亲有天，获三祚者，可谓大天。若用前训，文侯之功，武公之业，可谓前训。若礼兄弟，晋、郑之亲，王之遗命，可谓兄弟。若资穷困，亡在长幼，还轸诸侯，可谓穷困。弃此四者，以徼天祸，无乃不可乎？君其图之。"弗听。

叔詹曰："若不礼焉，则请杀之。谚曰：'黍稷无成，不能为荣。黍不为黍，不能蕃庑。稷不为稷，不能蕃殖。所生不疑，唯德之基。'"公弗听。

【注释】

① 郑文公：郑国国君，名捷，公元前 672 至前 628 年在位。

② 叔詹：郑国大夫。

③ 狐氏：重耳的外祖父。

④ 伯行：狐氏的字。

⑤ 《周颂》：指《诗经·周颂·天作》。

⑥ 大王：指周文王的祖父古公亶父。

⑦ 武公：郑武公，郑国国君，名滑突，公元前 770 至前 744 年在位。晋文侯：晋国国君，名仇，公元前 780 至前 746 年在位。

⑧ 平王：周平王。

【译文】

　　重耳经过郑国，郑文公也不加礼遇。叔詹劝谏说："我听说，亲近上天，遵循先君的教诲，对兄弟以礼相待，资助穷困的人，上天是会保佑他的。如今晋公子有三种天意的吉兆，该是上天要赞助他吧。同姓的男女不结婚，怕的是子孙不会昌盛。狐氏是唐叔的后代，狐姬是伯行的女儿，生了重耳。重耳长大成人，才能出众，虽然逃难离国，但举动得体，长久处于穷困而没有什么毛病，这是一。同生的九个兄弟中，现在只有重耳还活着，虽然遭到陷害而流亡在外，而晋国国内却一直不安定，这是二。百姓对晋侯怨声载道，日甚一日，国内外都抛弃了他；重耳则天天注重提高品德，有狐偃、赵衰等为他出谋划策，这是三。《周颂》上说：'上天生成了岐山，太王大大拓展了它。'荒，就是扩大的意思。扩大上天所生成的，可以称得上是亲近上天了。晋、郑两国是兄弟之国，我国的先王郑武公和晋文侯曾同心协力，捍卫周王室，辅佐周平王，平王感激他们，赐给他们盟信，说：'世世代代互相扶持。'如果说亲近上天的话，获得三种吉兆的人，可以称得上是得天助了。如果说遵循先王的训诲，晋文侯的功劳，郑武公的业绩，可称得上是前训。如果说对兄弟要以礼相待，晋、郑两国同姓相亲，又有周平王的遗命，可称得上是兄弟。如果说要资助贫困，公子从小到大流亡在外，乘车周历各诸侯国，可称得上穷困。抛弃了这四种美德，会招致天祸，恐怕不行吧！请君王好好地想一想。"郑文公没有听从这番劝告。

　　叔詹又说:"君王如果不能以礼相待,那么就请杀了他。有一句谚语说:'黍稷如果不长,就不能开花。黍不能长成黍,就不能茂盛。稷不能长成稷,就不能繁育。种什么得什么,这是没有疑问的,只有立德才是它的根基。'"郑文公还是不听。

楚成王以周礼享重耳

遂如楚，楚成王以周礼享之①，九献②，庭实旅百③。公子欲辞，子犯曰："天命也，君其飨之。亡人而国荐之，非敌而君设之，非天，谁启之心！"既飨，楚子问于公子曰④："子若克复晋国，何以报我？"公子再拜稽首对曰："子女玉帛，则君有之。羽旄齿革，则君地生焉。其波及晋国者，君之余也，又何以报？"王曰："虽然，不穀愿闻之⑤。"对曰："若以君之灵，得复晋国，晋、楚治兵，会于中原，其避君三舍⑥。若不获命，其左执鞭弭，右属橐鞬⑦，以与君周旋。"

令尹子玉曰⑧："请杀晋公子。弗杀，而反晋国，必惧楚师。"王曰："不可。楚师之惧，我不修也。我之不德，杀之何为！天之祚楚，谁能惧之？楚不可祚，冀州之土⑨，其无令君乎？且晋公子敏而有文，约而不谄，三材待之，天祚之矣。天之所兴，谁能废之？"子玉曰："然则请止狐偃。"王曰："不可。《曹诗》曰⑩：'彼己之子，不遂其媾。'郵之也。夫郵而效之，郵又甚焉。郊郵，非礼也。"于是怀公自秦逃归⑪。秦伯召公子于楚⑫，楚子厚币以送公子于秦。

【注释】

① 楚成王：楚国国君，名熊頵，公元前 671 至前 626 年在位。

② 九献：帝王宴请上公的礼节，献酒共九次。

③ 庭实：把礼物陈列在庭中，是诸侯间互相访问的一种礼节。

④ 楚子：即楚成王。

⑤ 不穀：古代君主的一种谦称，有如寡人。

⑥ 三舍：九十里。古代行军三十里后驻扎，称一舍。

⑦ 弨：没有缘饰的弓。櫜鞬：櫜是箭囊，鞬是盛弓的弓袋。全句是表示拿起武器的婉词。

⑧ 令尹：楚国的官名，为楚国的最高官职，掌军政大权。子玉：名成得臣，是楚国若敖的曾孙。

⑨ 冀州：晋所在之地域名，古代九州之一，包括今山西、河北一带。

⑩《曹诗》：指《诗经·曹风·候人》。

⑪ 怀公：晋怀公。

⑫ 秦伯：指秦穆公。

【译文】

重耳一行到楚国去，楚成王用周王室待诸侯的礼节款待他，宴会上献酒九次，院子里陈列的酒肴礼器数以百计。公子重耳想要推辞，子犯说：“这是上天的意志，您还是接受吧。一个逃亡在外的人，竟用国君的礼节来进献，身份地位不相等，却像对待国君那样陈设礼物，若不是上天有灵，谁会使楚成王有这样的想法呢？”宴会之后，楚成王问公子重耳说：“您如果能够回到晋国当国君，用什么来报答我呢？”公子重耳跪拜叩头说：“美女、宝石和丝帛，您有的是。鸟羽、旄牛尾、象牙和犀皮革，贵国的土地上都生产。那些流传到晋国的，已经是君王剩下来的，又叫我用什么来报答您呢？”楚成王说：“虽然这样，我还是想听听您怎样报答我。”重耳回答说：“要是托您的福，我能够回到晋国，将来万一晋、楚两国交战，在中原相遇，我愿避开君王后退九十里。要是这样还得不到您的谅解，那么我只好左手拿着鞭子和弓，右边挂上弓囊箭袋，奉陪您君王较量一番。”

令尹子玉说：“请杀掉晋公子重耳。不杀的话，一旦他回到晋国，必然会对楚军造成忧患。”楚成王说：“不行。楚军有忧惧，那是我们自己不修德的缘故。我们自己不修德，杀了他又有什么用？如果上天保佑楚国的话，谁又能对楚国造成忧患呢？如果上天不能保佑楚国，那么晋国的土地上，难道就不会出现其他贤明的国君吗？而且晋公子为人通达又富于文辞，处在穷困之中，却不肯逢迎谄谀，又有三位卿相之材侍奉他，这是上天在保佑他啊。天意要叫他复兴，谁能够毁掉他呢？"子玉说："那么就请把狐偃扣留起来。"楚成王说："不行。《曹诗》上说：'那个人呀，不能久享优厚的待遇。'这是指责一个人的过失。如果明知是错的再去仿效，那就错上加错了。仿效错的，这不符合礼啊。"正在这时晋怀公从秦国逃回了晋国。秦穆公派人到楚国来召请公子重耳，楚成王便用厚礼把重耳送到了秦国。

重耳婚媾怀嬴

秦伯归女五人，怀嬴与焉①。公子使奉匜沃盥②，既而挥之。嬴怒曰："秦、晋匹也，何以卑我？"公子惧，降服囚命。秦伯见公子曰："寡人之适，此为才。子圉之辱，备嫔嫱焉③，欲以成婚，而惧离其恶名。非此，则无敌。不敢以礼致之，欢之故也。公子有辱，寡人之罪也。唯命是听。"

公子欲辞，司空季子曰④："同姓为兄弟。黄帝之子二十五人⑤，其同姓者二人而已，唯青阳与夷鼓皆为己姓⑥。青阳，方雷氏之甥也⑦。夷鼓，彤鱼氏之甥也⑧。其同生而异姓者，四母之子别为十二姓。凡黄帝之子，二十五宗，其得姓者十四人为十二姓。姬、酉、祁、己、滕、箴、任、荀、僖、姞、儇、依是也。唯青阳与苍林氏同于黄帝，故皆为姬姓。同德之难也如是。昔少典娶于有蟜氏⑨，生黄帝、炎帝⑩。黄帝以姬水成，炎帝以姜水成。成而异德，故黄帝为姬，炎帝为姜，二帝用师以相济也，异德之故也。异姓则异德，异德则异类。异类虽近，男女相及，以生民也，同姓则同德，同德则同心，同心则同志。同志虽远，男女不相及，畏黩敬也。黩则生怨，怨乱毓灾，灾毓灭姓。是故娶妻避其同姓，畏乱灾也。故异德合姓，同德合义。义以导利，利以阜姓。姓利相更，成而不迁，乃能摄固，保其土房。今子于子圉，道路之人也，取其所弃，以济大事，不亦可乎?"

公子谓子犯曰:"何如?"对曰:"将夺其国，何有于妻，唯秦所命从也。"谓子余曰⑪:"何如?"对曰:"《礼志》有之曰:'将有请于人，必先有入焉。欲人之爱己也，必先爱人。欲人之从己也，必先从人。无德于人，而求用于人，罪也。'今将婚媾以从秦，受好以爱之，听从以德之，惧其未可也，又何疑焉?"乃归女而纳币⑫，且逆之。

【注释】

①怀嬴:秦穆公的女儿，姓嬴。晋公子圉入秦为质时，穆公把她嫁给他。后子圉逃归晋国，立为晋怀公，所以称她怀嬴。

②匜:古代一种形制如瓢的盥洗用具。

③嫔嫱:宫廷中的两种女官名。

④司空:官名，六卿之一，负责掌管工程，器物制造，管理工匠。季子:即胥臣臼季，晋国大夫。

⑤黄帝:传说中中华民族的祖先。姬姓，号轩辕氏、有熊氏。

⑥青阳:黄帝之子，传说中古代东夷族的首领少皞，号金天氏。夷鼓:黄帝之子。

⑦方雷:黄帝时西陵氏的姓。

⑧彤鱼:黄帝时国名。

⑨少典:相传是黄帝、炎帝的父亲。有蟜氏:黄帝、炎帝的母亲。

⑩炎帝:传说中上古姜姓部族的首领，号烈山氏，一作厉山氏。

⑪子余:赵衰的字。

⑫纳币:古代婚礼"六礼"之一，男女双方缔结婚约之后，男家把

聘礼送往女家。

【译文】

　　秦穆公把五个女子嫁给重耳，怀嬴也是其中之一。有一次，公子重耳叫怀嬴捧着倒水的匜给他浇水洗手，洗完了，便挥手叫她走开。怀嬴生气说："秦、晋两国是同等的国家，你为什么如此轻视我？"重耳为这件事感到害怕，便解去衣冠，将自己囚禁起来，听候处理。秦穆公会见重耳时，说："寡人将女子嫁给你，怀嬴是其中最有才能的。以前公子圉在秦国作人质时，她任宫中的女官。现在想叫她和公子成婚，恐怕因为她曾是公子圉的妻子，从而遭受不好的名声。除此之外，那就没有其他什么不妥了。我不敢用正式的婚礼把她归于你，是因为喜欢她的缘故。公子这次解衣受辱，是寡人的罪过。如何处置她，完全听凭公子的意见。"

　　重耳想推辞不要，司空季子说："同姓同德的才是兄弟。黄帝的儿子有二十五人，其中同姓同德的只有两个人罢了，只有青阳与夷鼓都姓己。青阳是方雷氏的外甥，夷鼓是彤鱼氏的外甥。其他同父所生而异姓的，四个母亲的儿子分别为十二个姓氏。凡是黄帝的儿子，有二十五宗。其中得姓的有十四人，分为十二姓，那就是姬、酉、祁、己、滕、箴、任、荀、僖、姞、儇和依。只有青阳与苍林氏的道德及得上黄帝，因此都姓姬。德行相同竟这样难。以前少典娶了有蟜氏，生了黄帝和炎帝。黄帝依姬水而成长，炎帝依姜水而成长，长大以后两人的德行不同，因此黄帝姬、炎帝姜，两帝动用武力互相残杀，就是因为德行不同的缘故。姓不同德行就不同，德行不同就不同类。不同类虽然关系接近，男女可以嫁娶成婚，为的是生育儿女。姓相同德行就相同，德行相同心就相同，心相同志向就相同。志向相同虽然关系远，男女不可嫁娶成婚，是怕亵渎了恭敬之情。亵渎就会产生怨恨，怨恨就会产生灾祸，灾祸产生就会消灭同姓。因此娶妻要避开同姓，是害怕祸乱灾难。因此德行不同可以合姓成婚，德行相同可以以义结合。以义结合可以生利，利又可以使同姓相厚。姓和利相互联续，相成而不离散，就能保持稳固，守住土地和住房。现在你和子圉的关系，如同道路上的陌生人那样，取他所抛弃的人，以成就返国的大事，不是也可以吗？"

公子重耳对子犯说："你看如何？"子犯回答说："你将要夺取他的国家，娶他的妻子又有什么呢，只管听从秦的命令吧。"重耳又问赵衰："你看如何？"赵衰回答说："礼书上说：'将要向别人请求，一定要先接受别人的请求。想要别人爱自己，一定要先爱别人。想要别人听从自己，一定要先听从别人。对别人没有恩德，却想有求于人，这是罪过。'现在你要跟秦国联姻以服从他们，接受他们的好意以与他们相亲爱，听从他们以使他们对你施恩德。只怕不能这样，又有什么可怀疑的呢？"于是重耳就向秦国纳聘礼，缔结婚约，并且亲自迎怀嬴成亲。

秦伯享重耳以国君之礼

他日，秦伯将享公子，公子使子犯从。子犯曰:"吾不如衰之文也①，请使衰从。"乃使子余从。秦伯享公子如享国君之礼，子余相如宾。卒事，秦伯谓其大夫曰:"为礼而不终，耻也。中不胜貌，耻也。华而不实，耻也。不度而施，耻也。施而不济，耻也。耻门不闭，不可以封。非此，用师则无所矣。二三子敬乎!"

明日宴，秦伯赋《采菽》②，子余使公子降拜。秦伯降辞。子余曰:"君以天子之命服命重耳③，重耳敢有安志，敢不降拜?"成拜卒登，子余使公子赋《黍苗》④。子余曰:"重耳之仰君也，若黍苗之仰阴雨也。若君实庇庥膏泽之，使能成嘉谷，荐在宗庙，君之力也。君若昭先君之荣，东行济河⑤，整师以复强周室，重耳之望也。重耳若获集德而归载，使主晋民，成封国，其何实不从。君若恣志以用重耳，四方诸侯，其谁不惕惕以从命!"秦伯叹曰:"是子将有焉，岂专在寡人乎!"秦伯赋《鸠飞》⑥，公子赋《河水》⑦。秦伯赋《六月》⑧，子余使公子降拜。秦伯降辞。子余曰:"君称所以佐天子匡王国者以命重耳，重耳敢有惰心，敢不从德?"

【注释】

①衰：赵衰，字子余。

②《采菽》：指《诗经·小雅·采菽》，是周天子赐诸侯命服时奏的乐歌。

③命服：古代不同爵位等级者所穿的不同礼服，此指相应的身份待遇。

④《黍苗》：指《诗经·小雅·黍苗》。

⑤河：黄河。

⑥《鸠飞》：指《诗经·小雅·小宛》之首章。

⑦《河水》："河"为"沔"之误，指《诗经·小雅·沔水》。

⑧《六月》：指《诗经·小雅·六月》。

【译文】

有一天，秦穆公将设宴款待公子重耳，重耳叫子犯随从。子犯说："我不如赵衰那样善于辞令，请让赵衰跟您同去吧。"于是，重耳便叫赵衰随从前往。秦穆公用款待国君的礼节来招待重耳，赵衰做宾相，完全按照宾礼进行。宴会结束后，秦穆公对大夫们说："举行礼仪而不能够善始善终，是耻辱。内在的思想感情和外貌不一致，是耻辱。形式华丽而没有实际内容，是耻辱。不估量自己的能力而施恩德，是耻辱。施德于人而不能助人成功，是耻辱。不关闭这些羞耻之门，不足以立国。不这样，对外用兵就会一无所成。你们在这方面必须恭敬谨慎从事啊！"

在第二天举行的宴会上，秦穆公朗诵了《采菽》这首诗，赵衰让重耳下堂拜谢。秦穆公也下堂辞谢。赵衰说："国君用天子接待诸侯的待遇来接待重耳，重耳怎敢有苟安的想法，又怎敢不下堂拜谢呢？"拜谢完毕后又登堂，赵衰让公子重耳朗诵《黍苗》这首诗。赵衰说："重耳仰望国君，就像久旱的黍苗仰望上天下雨一样。如果承蒙国君庇护滋润，使他能成长为嘉谷，奉献给宗庙，那是依靠国君的力量啊。国君如果能发扬光大先君襄公的荣耀，东渡黄河，整顿军队使周王室再度强大起来，这是重耳所盼望的。重耳如果能得到国君的这些恩惠而归祀宗庙，成为晋国百姓的君主，得到封国，那他一定是会相从的。国君如果能放心大胆地任用重耳，四方的诸侯，谁还敢不小心翼翼地听从您的命令呢？"秦穆公叹息道:"这个人将会获得这些,哪里是单靠我呢!"秦穆公朗诵了《鸠飞》这首诗,重耳也朗诵了《沔水》这首诗。秦穆公又朗诵《六月》这首诗,赵衰让公子重耳下堂拜谢。秦穆公也下堂辞谢。赵衰说:"国君把辅助周天子、匡正诸侯国的使命交付给重耳,重耳怎敢有怠惰之心,怎敢不遵从有德者的命令呢?"

重耳亲筮得晋国

公子亲筮之^①，曰："尚有晋国。"得贞《屯》悔《豫》^②，皆八也。筮史占之^③，皆曰："不吉。闭而不通，爻无为也^④。"司空季子曰^⑤："吉。是在《周易》^⑥，皆利建侯。不有晋国，以辅王室，安能建侯？我命筮曰'尚有晋国'，筮告我曰'利建侯'，得国之务也，吉孰大焉！《震》^⑦，车也。《坎》^⑧，水也。《坤》^⑨，土也。《屯》，厚也。《豫》，乐也。车班外内，顺以训之，泉原以资之，土厚而乐其实。不有晋国，何以当之？《震》，雷也，车也。《坎》，劳也，水也，众也。主雷与车，而尚水与众。车有震，武也。众而顺，文也。文武具，厚之至也。故曰《屯》。其繇曰^⑩：'元亨利贞，勿用有攸往，利建侯。'主震雷，长也，故曰元。众而顺，嘉也，故曰亨。内有震雷，故曰利贞。车上水下，必伯。小事不济，壅也。故曰勿用有攸往，一夫之行也。众顺而有武威，故曰'利建侯'。《坤》，母也。《震》，长男也。母老子强，故曰《豫》。其繇曰：'利建侯行师。'居乐、出威之谓也。是二者，得国之卦也。"

【注释】

① 筮：用蓍草占卦。

② 贞：《易》卦的下体，即下三义。贞为内卦。《屯》：六十四卦之一，震下坎上。悔：《易卦》的上体，即上三义。悔为外卦。《豫》：六十四卦之一，坤下震上。

③ 筮史：专门为国君占卦的官。

④ 爻：构成《易》卦的基本符号。"一"是阳爻，"－－"是阴爻；每三爻合成一卦，可得八卦。两卦(六爻)相重可得六十四卦。

⑤ 季子：胥臣臼季，晋国大夫。

⑥《周易》：也称《易经》，儒家经典之一。

⑦《震》：八卦之一，象征雷震。

⑧《坎》：八卦之一，象征水。

⑨《坤》：八卦之一，象征地。

⑩ 繇：占卜的卦辞。

【译文】

　　公子重耳亲自占卜问卦，起卦说："上有晋国。"内卦得震下坎上的《屯》卦，外卦得坤下震上的《豫》卦，其中两个阴义的数字都是八。筮史据此推断，都说："不吉利。闭塞不通，卦象不发生变化。"司空季子推断说："吉利。这在《周易》上，二卦都称'利于建立侯国'。得不到晋国来辅助周王室，怎么能立为诸侯？我们起卦说'上有晋国'，卦辞告诉我们说'利于建立侯国'，是得到国家的意思，还有什么能比这更吉利的呢！《震》卦，象征隆隆如雷的车声。《坎》卦，象征水。《坤》卦，象征土地。《屯》卦，象征富厚。豫卦，象征喜乐。内卦外卦都有车声，《坤》卦表示顺利的意思，《坎》卦有源泉的资助，土地富厚而有收获的喜乐。如果不能得到晋国，怎么能应合这些卦象呢？《震》卦，代表雷震和车声。《坎》卦，有劳、水和众多的意思。它们主持雷震和车声，还崇尚水和众。车声隆隆如雷震，是威武的象征。众人归顺，是文德的象征。文武都具备，这是最富厚的了。所以称为《屯》卦。它的卦辞说：'元亨利贞，勿用有攸往，利建侯。'《震》卦主雷震，是成长的意思，所以说是'元'。众人归顺，是服善，所以说是'亨'。内卦有雷震，所以说是'利贞'。

《震》卦在上是有威,《坎》卦在下是顺从,象征着必定能称霸。小人的事不能成功,是因为堵塞不通,所以说'勿用有攸往',是指一个人的行动。众人归顺而且有武威,所以说'利建侯'。《坤》卦,指母亲。《震》卦,指长男。母亲年老,儿子强健,所以说《豫》卦安乐。它的卦辞说:'利建侯行师。'就是指平时安乐,出兵威武的意思。这两卦,都是得国的卦象啊。"

秦伯纳重耳于晋

十月①，惠公卒②。十二月，秦伯纳公子。及河，子犯授公子载璧③，曰："臣从君还轸，巡于天下，怨其多矣！臣犹知之，而况君乎？不忍其死，请由此亡。"公子曰："所不与舅氏同心者，有如河水。"沈璧以质。

董因迎公于河④，公问焉，曰："吾其济乎？"对曰："岁在大梁⑤，将集天行。元年始受⑥，实沈之星也⑦。实沈之墟，晋人是居。所以兴也。今君当之，无不济矣。君之行也，岁在大火。大火，阏伯之星也，是谓大辰⑧辰以成善，后稷⑨是相，唐叔以封。瞽史记曰：嗣续其祖，如谷之滋。必有晋国。臣筮之，得《泰》之八⑩。曰：是谓天地配亨，小往大来，今及之矣，何不济之有？且以辰出而以参入⑪，皆晋祥也，而天之大纪也。济且秉成，必霸诸侯。子孙赖之，君无惧矣。"

公子济河，召令狐、臼衰、桑泉⑫，皆降。晋人惧，怀公奔高梁⑬。吕甥、冀芮帅师⑭，甲午，军于庐柳⑮。秦伯使公子絷如师⑯，师退，次于郇⑰。辛丑，狐偃及秦、晋大夫盟于郇。壬寅，公入于晋师。甲辰，秦伯还。丙午，入于曲沃⑱。丁未，入绛⑲，即位于武宫^⑳，戊申，刺怀公于高梁。

【注释】

① 十月：这年是公元前 637 年。

② 惠公：晋惠公。

③ 载璧：祭祀用的璧。

④ 董因：晋国大夫。

⑤ 大梁：十二星次之一。

⑥ 元年：指晋文公即位的第一年。

⑦ 实沈：十二星次之一。又，实沈传说是高辛氏的季子。墟，指实沈所居的故地。

⑧ 大辰：即大火星。

⑨ 后稷：传说中古代周族的始祖，名弃。

⑩ 《泰》：六十四卦之一，乾下坤上。

⑪ 辰：辰星，即水星。参：参星。

⑫ 令狐：晋邑名，在今山西临猗西。臼衰：晋邑名，在今山西解县西北。桑泉：晋邑名，在今山西临晋东北。

⑬ 高梁：晋邑名，在今山西临汾东北。

⑭ 吕甥：晋国大夫，名饴甥，封于阴，故又称阴饴甥。冀芮：即郤芮，晋国大夫，封于冀，故又称冀芮。

⑮ 庐柳：晋邑名，在今山西临猗北。

⑯ 公子絷：秦国大夫。

⑰ 郇：晋邑名，在今山西临猗西南。

⑱ 曲沃：晋邑名，在今山西闻喜东北。

⑲ 绛：晋国都城，在今山西翼城东。

⑳ 武宫：重耳祖父晋武公庙。

【译文】

十月，晋惠公死。十二月，秦穆公把公子重耳送回晋国。到了黄河边上，子犯把祭祀用的璧交给重耳，说："我跟随您乘车周转，在天下巡行，臣的罪过已经太多了。我自己尚且知道，何况您呢？我不忍心因此而死，请公子就此允许臣离开吧。"重耳说："假如我不跟舅舅同心同德，我愿以黄河水赌咒为誓！"说着就把那块璧扔进了黄河里，来表明自己的诚信。

董因在黄河边上迎接重耳，重耳问道："我这次回来能成功吗？"董因回答说："现在太岁星出现在大梁区域，这象征您将要成就大事。您即位的第一年，是在实沈星的位置。实沈的故城，正是晋人居住的地方。晋国因此才兴盛起来的。如今正好应合在您身上，没有不成功的。您出逃的时候，岁星在大火星的位置。大火星，就是阏伯星，也称为大辰星。辰星代表农事吉祥，周的祖先后稷据此以成就农事，晋的始祖唐叔也是岁星在辰的那年受封的。瞽史的记载说：子孙后代继承先祖，如同谷物蓄育滋长。因此必定能得到晋国。我占筮，得到《泰》卦阴爻的数字是八。说：这是指天地亨通，小的去大的来。现在到时候了，怎么会不成功呢？而且您是岁星在辰时出走的，又于岁星在参时回国，这些都是晋国吉祥的征兆，是上天大的历数。成功稳握在手，必定能称霸诸侯。子孙后代都仰赖它，您不必害怕。"

重耳渡过了黄河，召集令狐、白衰、桑泉三个地方的长官，他们都投降了。晋国人感到害怕，晋怀公逃亡到了高梁。吕甥、冀芮率领着军队，甲午那天，驻扎在庐柳。秦穆公派公子絷到晋军去交涉，结果晋军退走，驻扎在郇城。辛丑日，狐偃与秦、晋两国的大夫在郇城会盟订约。壬寅那天，重耳到达晋军中。甲辰日，秦穆公返回秦国。丙午日，重耳进入曲沃。丁未日，进入首都绛城，在晋武公庙即位。戊申日，在高梁刺杀了晋怀公。

寺人勃鞮求见文公

初，献公使寺人勃鞮伐公于蒲城①，文公逾垣，勃鞮斩其袪。及入，勃鞮求见，公辞焉，曰："骊姬之谗，尔射余于屏内，困余于蒲城，斩余衣袪。又为惠公从余于渭滨②，命曰三日，若宿而至。若干二命，以求杀余。余于伯楚屡困③，何旧怨也？退而思之，异日见我。"对曰："吾以君为已知之矣，故人；犹未知之也，又将出矣。事君不贰是谓臣，好恶不易是谓君。君君臣臣，是谓明训。明训能终，民之主也。二君之世，蒲人、狄人，余何有焉？除君之恶，唯力所及，何贰之有？今君即位，其无蒲、狄乎？伊尹放太甲而卒以为明王④，管仲贼桓公而卒以为侯伯⑤。乾时之役⑥，申孙之矢集于桓钩⑦，钩近于袪，而无怨言，佐相以终，克成令名。今君之德宇，何不宽裕也？恶其所好，其能久矣？君实不能明训，而弃民主。余，罪戾之人也，又何患焉？且不见我，君其无悔乎！"

于是吕甥、冀芮畏偪，悔纳文公，谋作乱，将以己丑焚公宫，公出救火而遂杀之。伯楚知之，故求见公。公遽出见之，曰："岂不如女言，然是吾恶心也，吾请去之。"伯楚以吕、郤之谋告公⑧。公惧，乘驲自下⑨，脱会秦伯于王城⑩，告之乱故。及己丑，公宫火，二子求公不获，遂如河上，秦伯诱而杀之。

【注释】

① 献公：晋献公。寺人：宫内的侍卫小臣，即后世的宦官。勃鞮：又称寺人披。蒲城：晋邑名，在今山西隰县西北。

② 惠公：晋惠公。渭：渭水，位于陕西中部。

③ 伯楚：勃鞮的字。

④ 伊尹：商初大臣。太甲：商代国王，商汤的孙子。即位后不理国政，被伊尹放逐。三年后太甲悔过，又被接回复位。

⑤ 桓公：齐桓公。此句指管仲曾为公子纠射中公子小白即后来的齐桓公衣带钩的事。

⑥ 乾时：齐地名，在今山东临淄西南。乾时之役指公子纠和公子小白为争夺君位在乾时的战役。

⑦ 申孙：一种箭的名称。

⑧ 吕、郤：吕甥和郤芮。

⑨ 驲：古代驿站的专用车。

⑩ 秦伯：指秦穆公。王城：秦邑名，在今陕西大荔东。

【译文】

起先，晋献公派寺人勃鞮到蒲城去行刺公子重耳，重耳跳墙逃走，被勃鞮砍断了他的衣袖。到重耳返国即位，勃鞮来求见，晋文公拒绝接见他，说："以前骊姬进谗言陷害我的时候，你在屏门内向我射箭，还到蒲城围困我，砍断了我的衣袖。又为晋惠公追踪我到渭水岸边来谋杀我，惠公命令你三天到达，可是你隔一夜就来了。你两次受献公、惠公的命令，想要杀我。我屡次遭到你的逼迫，我和你又有什么旧怨呢？你回去好好想想，改日再来见我。"勃鞮回答说："我以为您已经懂得君臣之道，因此才返回晋国，原来您到现在还不懂得，那么又将出走了。事奉君主忠心不二，才是人臣；不因私人好恶而改变态度，才算君主。君要像君，臣要像臣，这是历来明确的教诲。能始终守住这一教诲，才可成为百姓的君主。在献公、惠公的时候，你只是蒲人和狄人，跟我有什么关系呢？铲除国君所痛恨的人，尽全力去完成，怎么能说是怀有二心呢？如今君主即位以后，难道说就没有蒲人、狄人了吗？商代的伊尹流放了太甲，终于让他成为贤明的君王。齐国的管仲射伤过齐桓公，最终使桓公称霸于诸侯。在乾时战役中，管仲用申孙之箭射中了桓公的衣带钩，衣带钩比衣袖口更接近要害，而桓公却没有怨言，任他为国相，一直到死，终于成就美名。如今您的德量气度，为什么不能宽大些呢？憎恶您应该喜爱的忠臣，您的君位还能保持长久吗？您实在是不能恪守住前人的教诲，抛弃了做君主的道理。我只是一个有罪的阉人，又有什么可担心的呢？您不接见我的话，难道就不会后悔吗！"

这时吕甥、冀芮害怕受到文公的迫害，后悔当初接纳文公，因此阴谋作乱，打算在己丑那天焚烧文公的宫殿，乘文公出来救火的时候加以杀害。勃鞮知道这一阴谋，因此来求见晋文公。文公马上出来接见，说："难道不是像你所说的那样么，但确实是因我怨恨在心，我请从此改过。"勃鞮就将吕甥、冀芮的阴谋告诉了文公。文公很害怕，乘着驿车走小道，脱身跑到王城会见了秦穆公，告诉了穆公吕、冀作乱的阴谋。等到己丑那天，文公的宫殿果然起火，吕甥、冀芮两人没有捉到文公，于是跑到黄河边上，秦穆公把他们诱骗来杀了。

文公遽见竖头须

文公之出也，竖头须^①，守藏者也，不从。公入，乃求见，公辞焉以沐。谓谒者曰^②："沐则心覆，心覆则图反，宜吾不得见也。从者为羁绁之仆，居者为社稷之守，何必罪居者！国君而雠匹夫，惧者众矣。"谒者以告，公遽见之。

【注释】

① 竖头须：晋文公的小臣，又叫里凫须。在重耳逃出晋国时，他偷了财物潜逃，后用这些钱财设法让文公回国。

② 谒者：为国君掌管传达、通报的人。

【译文】

晋文公出逃的时候，侍臣竖头须是负责管理钱财的，没有跟从流亡。文公回国后，他请求进见，文公推托说正在洗头而拒绝接见。竖头须对传达的人说："洗头的时候心就会倒过来，心倒过来所想的就会反过来，无怪我不能被接见了。跟从流亡的是牵马缰绳效劳的仆人，留在国内的是国家的守卫，何必要怪罪留在国内的人呢！身为国君而跟一个普通人为仇，那害怕的人就多了。"传达的人把这番话转告给文公，文公赶紧接见了他。

文公修内政纳襄王

元年春①，公及夫人嬴氏至自王城②。秦伯纳卫三千人，实纪纲之仆。公属百官，赋职任功。弃责薄敛，施舍分寡。救乏振滞，匡困资无。轻关易道，通商宽农。懋穑劝分，省用足财。利器明德，以厚民性。举善援能，官方定物，正名育类。昭旧族，爱亲戚，明贤良，尊贵宠，赏功劳，事耆老，礼宾旅，友故旧。胥、籍、狐、箕、栾、郤、柏、先、羊舌、董、韩，实掌近官。诸姬之良，掌其中官。异姓之能，掌其远官。公食贡③，大夫食邑，士食田，庶人食力，工商食官，皂隶食职④，官宰食加⑤。政平民阜，财用不匮。

冬，襄王避昭叔之难⑥，居于郑地氾⑦。使来告难，亦使告于秦。子犯曰："民亲而未知义也，君盍纳王以教之义。若不纳，秦将纳之，则失周矣，何以求诸侯？不能修身而又不能宗人，人将焉依？继文之业⑧，定武之功⑨，启土安疆，于此乎在矣，君其务之。"公说，乃行赂于革中之戎与丽土之狄⑩，以启东道。

【注释】

① 元年：晋文公在位第一年，即公元前 636 年。

② 嬴氏：即晋文公夫人文嬴。

③ 贡：贡赋。

④ 皂隶：奴隶。

⑤ 官宰：家臣。加：大夫的加田。

⑥ 襄王：周襄王。昭叔：周襄王的弟弟太叔带，曾封为甘昭公，故称昭叔。昭叔之难指昭叔和周襄王的王后狄隗私通，襄王废狄后隗氏，狄人攻打周，襄王逃到郑国避难。

⑦ 氾：郑邑名，在今河南襄城南。

⑧ 文：指晋文侯。

⑨ 武：指晋武公。

⑩ 革中之戎：指晋国东边的一个少数民族邦国。丽土之狄：也是晋国东边的一个少数民族邦国。

【译文】

晋文公元年春天，文公和夫人嬴氏从王城前来，秦穆公派卫士三千人护送，都是得力的仆从。文公会见百官，授予官职，任用功臣。废除旧的债务，减免赋税，布施恩惠，舍弃禁令，分财给寡少的人，救济贫困，起用有才德而长期没升迁的人，资助没有财产的人。减轻关税，修治道路，便利通商，宽免农民的劳役。鼓励发展农业，提倡互相帮助，节省费用来使资财充足。利器便民，宣扬德教，以培养百姓的纯朴德性。推举贤良，任用有才能的人，制定官员规章，按法办事，确立名分，培育美德。昭显有功勋的旧族，惠爱亲戚，荣耀贤良，尊宠贵臣，奖赏有功劳的人，敬事老人，礼待宾客，亲近旧日的友人。胥、籍、狐、箕、栾、郤、柏、先、羊舌、董、韩等十一族，都担任朝廷近官。姬姓中贤良的人，担任朝廷内务官。异姓中有才能的人，担任边远地方的官。王公享用贡赋，大夫收取采邑的租税，士受禄田，一般平民自食其力，工商之官领受官廪，皂隶按其职务领取口粮，家臣的食用取自大夫的加田。于是政治清明，民生丰安，财用充足。

冬天，周襄王为躲避昭叔之难，住到郑国的氾地，派人到晋国告急，又派人到秦国求援。子犯说："百姓亲近君王，但还不知道道义，您何不送周襄王回国，以此来教导百姓懂得道义呢？如果您不送，秦国就会送襄王回国，那就会失去事奉周天子的机会，还凭什么来求得诸侯盟主的地位呢？如果不能修养品德，又不能尊奉周天子，别人怎么会依附呢？继承晋文侯的业绩，建立晋武公的功德，开拓国土，安定疆界，就在于这次了，请您努力做好这件事。"文公听了很高兴，于是就送钱财给革中之戎和丽土之狄，打开东进的道路。

文公出阳人

　　二年春①，公以二军下，次于阳樊②。右师取昭叔于温③，杀之于隰城④。左师迎王于郑。王入于成周⑤，遂定之于郏⑥。王飨礼，命公胙侑⑦。公请隧⑧，弗许。曰："王章也，不可以二王，无若政何。"赐公南阳阳樊、温、原、州、陉、绨、组、攒茅之田⑨。阳人不服，公围之，将残其民，仓葛呼曰⑩："君补王阙，以顺礼也。阳人未狎君德，而未敢承命。君将残之，无乃非礼乎！阳人有夏、商之嗣典，有周室之师旅，樊仲之官守焉⑪，其非官守，则皆王之父兄甥舅也。君定王室而残其姻族，民将焉放？敢私布于吏，唯君图之！"公曰："是君子之言也。"乃出阳人。

【注释】
　　① 二年：晋文公在位的第二年，公元前635年。
　　② 阳樊：周邑名，在今河南济源东南。
　　③ 温：周邑名，在今河南温县。
　　④ 隰城：周邑名，在今河南武陟县境。
　　⑤ 成周：周朝的东都，即今河南洛阳市。
　　⑥ 郏：周的王城，在今河南洛阳市西北。
　　⑦ 胙：赐给祭肉。侑：侑币。

⑧ 隧：隧地，指墓地。天子在远郊有六隧之地，诸侯仅有三隧。

⑨ 南阳：周地名，在今河南北部沁阳一带。因在黄河之北，太行山之南，故称南阳。原：在今河南济源北。州：在今河南沁阳东南。陉：在今河南沁阳西北。绨：在今河南沁阳西南。组：在今河南滑县东。攒茅：在今河南修武西北。

⑩ 仓葛：阳樊人。

⑪ 樊仲：即仲山甫，周宣王的大臣。封于樊，故称樊仲或樊穆仲。

【译文】

晋文公二年的春天，文公派左、右二军东下，驻扎在阳樊。右军在温地俘虏了昭叔，把他杀死在隰城。左军去郑国迎接周襄王。襄王返回了周的东都，在郏城定居下来。襄王特设甜酒款待，赐给文公祭肉、币帛。文公请求死后用隧道墓葬，襄王没有允许，说："这是天子所用的葬礼，国家不可以有两个天子，否则无法实施政令。"赐给文公南阳地区所属的阳樊、温、原、州、陉、绨、组、攒茅等八邑的田地。阳樊人不愿归服。文公派军队包围了它，准备屠杀阳樊的百姓。仓葛大喊说："你帮助周襄王恢复王位，是为了遵循周礼呀。阳樊人由于不熟悉你的德教，而不接受你的命令。你就要屠杀他们，这不是又违反了周礼吗？阳樊人有夏、商的后代和遗留下来的法典，有周王室的军队和民众，有仲山甫一样的守官，即使不是官员，也都是王室的父兄甥舅。你安定周王室却屠杀周的亲族，百姓怎么会依附呢？我私下斗胆向军吏陈说此情，请您仔细地考虑考虑！"晋文公说："这是君子所说的话啊。"于是就下令放阳樊的百姓出城。

文 公 伐 原

文公伐原①，令以三日之粮。三日而原不降，公令疏军而去之。谍出曰："原不过一二日矣！"军吏以告，公曰："得原而失信，何以使人？夫信，民之所庇也，不可失。"乃去之，及孟门②，而原请降。

【注释】
① 原：姬姓小国，在今河南济源北。
② 孟门：原国地名，在原城附近。

【译文】
晋文公出兵讨伐原国，命令携带三天的口粮。到了三天，原国还不投降，文公就下令晋军撤退。这时探子出城来报告说："原国最多再能支持一两天了！"军吏将这一情况汇报给晋文公，文公说："得到原国而失去信义，那又依靠什么来使唤人民呢？信义是人民赖以生存的保障，因此不可失信。"于是晋军便撤离了原国，到了附近的孟门地方，原国便宣布投降了。

文公救宋败楚于城濮

文公立四年，楚成王伐宋[①]，公率齐、秦伐曹、卫以救宋。宋人使门尹班告急于晋[②]，公告大夫曰："宋人告急，舍之则宋绝，告楚则不许我。我欲击楚，齐、秦不欲，其若之何？"先轸曰[③]："不若使齐、秦主楚怨。"公曰："可乎？"先轸曰："使宋舍我而赂齐、秦，藉之告楚，我分曹、卫之地以赐宋人。楚爱曹、卫，必不许齐、秦。齐、秦不得其请，必属怨焉，然后用之，蔑不欲矣。"公说，是故以曹田、卫田赐宋人。

令尹子玉使宛春来告曰[④]："请复卫侯而封曹，臣亦释宋之围。"舅犯愠曰："子玉无礼哉！君取一，臣取二，必击之。"先轸曰："子与之。我不许曹、卫之请，是不许释宋也。宋众无乃强乎！是楚一言而有三施，子一言而有三怨。怨已多矣，难以击人。不若私许复曹、卫以携之，执宛春以怒楚，既战而后图之。"公说，是故拘宛春于卫。

子玉释宋围，从晋师。楚既陈，晋师退舍，军吏请曰："以君避臣，辱也。且楚师老矣，必败。何故退？"子犯曰："二三子忘在楚乎？偃也闻之：战斗，直为壮，曲为老。未报楚惠而抗宋，我曲楚直，其众莫不生气，不可谓老。若我以君避臣，而不去，彼亦曲矣。"退三舍避楚。楚众欲止，子玉不肯，至于城濮⑤，果战，楚众大败。君子曰："善以德劝。"

【注释】

① 楚成王：楚国国君，名熊頵，公元前671至前626年在位。

② 门尹班：宋国大夫。

③ 先轸：晋国的中军主将，因封于原，故又称原轸。

④ 令尹：官名，楚国所设置的最高官职，掌军政大权。子玉：楚国的令尹，名成得臣，子玉是他的字。宛春：楚国大夫。

⑤ 城濮：卫地名，在今山东甄城西南。一说在今河南开封县陈留附近。

【译文】

晋文公即位第四年，楚成王出兵攻打宋国。文公率领齐、秦两国的军队征伐曹、卫两国，以解救宋都之围。宋国派门尹班到晋国告急，晋文公对大夫们说："宋国来告急，如果丢下宋国不管，那么宋国就会与我国断交。如果请求楚国退兵解围，楚国也不会答应。我想攻打楚国，齐、秦两国又不愿意，你们看怎么办？"先轸说："不如让齐、秦两国都去怨恨楚国。"文公说："那行吗？"先轸回答说："让宋国舍弃我国，而去向齐国和秦国送财物，通过齐、秦去请求楚国退兵。我国将获得的曹、卫二国土地赐给宋国。楚国喜欢曹国和卫国，必定不答应齐国和秦国的请求。齐、秦两国请求不成，必然因此而怨恨楚国，然后我国再叫齐、秦两国参战，两国就不会不愿意了。"晋文公听了很高兴，因此将曹、卫两国的田地赐给了宋国。

楚国的令尹子玉派宛春来传话，说："请你们恢复卫侯的君位，把土地退还曹国，我们也解除对宋国的包围。"子犯发怒说："子玉真无礼啊！晋君只得到一项好处，而子玉却得到两项好处，一定要攻打他。"先轸说："你应该允许他的请求。我们不答应曹、卫两国的请求，等于不允许解除对宋国的包围，宋国投降了楚国，楚国的兵力不是更强大了吗？这样，楚国一句话对三个国家施了恩，而我们一句话却招了三个国家的怨。怨恨已经多了，战争难以打下去。不如私下允许恢复曹、卫两国，以离间他们，然后逮捕宛春来激怒楚国，等战争打起来之后再作打算。"晋文公很高兴，于是把宛春囚禁在卫国。

　　子玉解除了对宋国的包围，转而追逐晋军。楚军摆开战阵之后，晋文公下令退却三十里，军吏请求说："作为国君却避开敌国的臣子，是一种耻辱。而且楚军已经疲劳，必然战败，我军为什么要撤退呢？"子犯说："你们都忘记了以前晋文公在流亡楚国时所作的诺言了吗？我狐偃听说过，用兵作战，理直才会气壮，理曲士气就会低落。我们尚未报答以前楚国对晋文公的恩惠，而来救宋国，这是我方理曲而楚国理直，楚军士气就旺盛，不可认为他们已经疲劳不堪。如果我方做到以国君避开臣子，而楚军还不撤退，那对方也就理曲了。"于是晋军就撤退九十里，避开楚军。楚军将士都主张停止战事，子玉不肯。到了城濮，果然发生了战争，结果楚军被打得大败。君子评论说："这是善于以德来进行勉励。"

郑叔詹据鼎耳而疾号

文公诛观状以伐郑①，反其陴②。郑人以名宝行成，公弗许，曰："予我詹而师还③。"詹请往，郑伯弗许④，詹固请曰："一臣可以赦百姓而定社稷，君何爱于臣也？"郑人以詹予晋，晋人将烹之。詹曰："臣愿获尽辞而死，固所愿也。"公听其辞。詹曰："天降郑祸，使淫观状，弃礼违亲。臣曰：'不可。夫晋公子贤明，其左右皆卿才，若复其国，而得志于诸侯，祸无赦矣。'今祸及矣。尊明胜患，智也。杀身赎国，忠也。"乃就烹，据鼎耳而疾号曰："自今以往，知忠以事君者，与詹同。"乃命弗杀，厚为之礼而归之。郑人以詹伯为将军。

【注释】

① 观状：指重耳流亡到曹国时，曹共公偷看骈胁一事。
② 陴：城上作为防御工事的矮墙。
③ 詹：叔詹，郑国的卿。
④ 郑伯：郑文公。

【译文】

晋文公讨伐偷看他肋骨的曹共公，随后又攻打郑国，摧毁城上的矮墙。郑国用名贵的宝物来乞和，晋文公不答应，说："你们把叔詹交出来，我就退兵。"叔詹请求前往，郑文公不答应，叔詹再三请求说："用我一个人可以救百姓，安国家，君主何必对小臣如此爱惜呢？"郑国将叔詹交给了晋国，晋人将要烹煮叔詹。叔詹说："我希望把话说完而死，那是我的心愿。"晋文公听他陈辞。叔詹说："上天把灾祸降给郑国，如同曹共公偷看肋骨的事那样，抛弃了礼仪，违背了宗亲关系。我劝阻说：'不可以这样。晋公子十分贤明，他的左右随从都具有做卿的才干，如果一旦返国即位，必然得志成为诸侯的盟主，那么郑国的大祸将无法解除。'今天大祸果然到来了。我当初尊重公子的贤明，预先觉察到祸患而加以遏制，这是聪明。现在不避个人的牺牲，挽救国家，这是忠贞。"说罢便去就刑，用手抓住鼎耳大声呼喊："从今以后，忠心耿耿事奉君主的人，都要落得和我叔詹一样的下场。"晋文公于是下令不杀叔詹，待以厚礼，将他送还了郑国。郑文公因此任命叔詹为将军。

箕郑对文公问

晋饥，公问于箕郑曰①："救饥何以？"对曰："信。"公曰："安信？"对曰："信于君心，信于名，信于令，信于事。"公曰："然则若何？"对曰："信于君心，则美恶不逾。信于名，则上下不干。信于令，则时无废功。信于事，则民从事有业。于是乎民知君心，贫而不惧，藏出如入，何匮之有？"公使为箕②。及清原之蒐③，使佐新上军。

【注释】
① 箕郑：即箕郑父，晋国大夫。
② 箕：晋地名，在今山西太谷东。
③ 清原：晋地名，在今山西稷山东南。蒐：检阅军队。

【译文】
晋国闹饥荒，文公问箕郑说："用什么来救饥荒？"箕郑回答说："要守信用。"文公问："怎样才能守信用？"箕郑回答说："国君之心要讲信用，尊卑名分上要讲信用，实施政令要讲信用，安排民事要讲信用。"文公说："讲了信用又会怎样？"回答说："国君之心讲信用，那善恶就不会混淆。尊卑名分上讲信用，那上下就不会侵犯。实施政令讲信用，那就不会误时废功，安排民事讲信用，那百姓从业就各得其所。这样一来，百姓了解国君的心，即使贫困也不害怕，富裕的拿出收藏的财物用来赈济，如同往自己家里送一样，那又怎么会穷困匮乏呢？"文公便任箕郑为箕地大夫。等到清原阅兵的时候，让他担任新上军的副将。

文公任贤与赵衰举贤

文公问元帅于赵衰①，对曰："郤縠可②，行年五十矣，守学弥惇。夫先王之法志，德义之府也。夫德义，生民之本也。能惇笃者，不忘百姓也。请使郤縠。"公从之。公使赵衰为卿，辞曰："栾枝贞慎③，先轸有谋，胥臣多闻④，皆可以为辅佐，臣弗若也。"乃使栾枝将下军，先轸佐之。取五鹿，先轸之谋也。郤縠卒，使先轸代之。胥臣佐下军。公使原季为卿⑤，辞曰："夫三德者，偃之出也。以德纪民，其章大矣，不可废也。"使狐偃为卿，辞曰："毛之智⑥，贤于臣，其齿又长。毛也不在位，不敢闻命。"乃使狐毛将上军，狐偃佐之。狐毛卒，使赵衰代之，辞曰："城濮之役，先且居之佐军也善⑦，军伐有赏，善君有赏，能其官有赏。且居有三赏，不可废也。且臣之伦，箕郑、胥婴、先都在⑧。"乃使先且居将上军。公曰："赵衰三让。其所让，皆社稷之卫也。废让，是废德也。"以赵衰之故，蒐于清原，作五军⑨。使赵衰将新上军，箕郑佐之；胥婴将新下军，先都佐之。子犯卒，蒲城伯请佐⑩，公曰："夫赵衰三让不失义。让，推贤也。义，广德也。德广贤至，又何患矣。请令衰也从子。”乃使赵衰佐新上军。

【注释】

① 元帅：军队的统帅，职位是上卿。赵衰：晋国的卿，字子余。

② 郤縠：晋国大夫。

③ 栾枝：晋国大夫，谥贞子，栾共子的儿子。

④ 胥臣：晋国大夫，又名臼季、司空季子。

⑤ 原季：即赵衰。

⑥ 毛：狐毛，狐偃的哥哥，晋国大夫。

⑦ 先且居：先轸的儿子。

⑧ 胥婴、先都：都是晋国大夫。

⑨ 五军：晋国原有中军、上军、下军三军。清原阅兵时，又增新上军、新下军二军，共为五军。

⑩ 蒲城伯：即先且居。

【译文】

晋文公问赵衰谁可担任元帅，赵衰回答说：“郤縠可以。他已经五十岁了，还坚持学习，而且更加重视。先王制定的法规典籍，是道德信义的宝库。道德和信义，是人民的根本。能够重视的人，是不会忘记老百姓的。请让郤縠担任此项职务。”文公采纳了赵衰的建议。文公又任命赵衰为卿，赵衰推辞说：“栾枝这个人忠贞谨慎，先轸足智多谋，胥臣见闻很广，都可以担任辅佐，小臣不如他们。”于是文公任命栾枝统帅下军，由先轸为副将辅助他。后来攻取五鹿，便是出于先轸的计谋。郤縠死后，又派先轸接替他任中军统帅。由胥臣担任下军副将。文公又让赵衰任下卿，赵衰推辞说：“三桩有功德的事情，都是狐偃出的计谋。用德行来治理人民，成效十分显著，不可不任用他。”文公便任命狐偃为下卿，狐偃推辞说：“狐毛的智慧超过小臣，他的年龄又比我大。狐毛如果不在其位，小臣不敢接受此项任命。”文公于是派狐毛统帅上军，由狐偃为副将辅助他。狐毛死后，文公派赵衰代替他任上军统帅，赵衰又推辞说：“在城濮之战中，先且居辅佐治军干得很好，有军功的应当得到奖赏，以正道帮助君王的应当得到奖赏，能完成自已职责的应当得到奖赏。先且居有这样三种应当得到的奖赏，不可不加重用。而且像我这样的人，箕郑、胥婴、先都等都还在。"文公于是派先且居统帅上军。文公说："赵衰三次辞让，他所推让的，都是些国家得力的捍卫者。废除辞让，便是废除德行。"因为赵衰的缘故，文公在清原地方举行阅兵，把原来的三军扩充为五军。任命赵衰担任新上军的统帅，由箕郑为副将辅助他；胥婴担任新下军的统帅，由先都为副将辅助他。狐偃死后，蒲城伯先且居请求委派副将，文公说："赵衰三次推让，都不失礼义。谦让是为了推荐贤人，礼义是为了推广道德。推广道德，贤才就来了，那还有什么可忧虑的呢！请让赵衰随从你做副将。"于是，晋文公便派赵衰担任上军的副将。

文公学读书于臼季

　　文公学读书于臼季①，三日，曰："吾不能行也咫，闻则多矣。"对曰："然而多闻以待能者，不犹愈也?"

【注释】
　　① 臼季：即胥臣，晋国大夫。

【译文】
　　晋文公向臼季学习读书，学了三天，说："书上所说的我一点点也做不到，但听到的道理倒很多了。"臼季回答说："那么，多知道些道理，以等待有才能的人来实行，岂不比不学习好吗?"

郭偃论治国之难易

文公问于郭偃曰①:"始也,吾以治国为易,今也难。"对曰:"君以为易,其难也将至矣。君以为难,其易也将至焉。"

【注释】

① 郭偃: 晋国大夫,掌管占卜,也称卜偃。

【译文】

晋文公对郭偃说:"开始的时候,我以为治理国家很容易,现在才知道是很困难的。"郭偃回答说:"您以为容易,那么困难就要来了。您以为艰难,那么容易也就快来了。"

胥臣论教诲之力

文公问于胥臣曰："我欲使阳处父傅讙也而教诲之①，其能善之乎？"对曰："是在讙也。蘧蒢不可使俯，戚施不可使仰，僬侥不可使举，侏儒不可使援，矇瞍不可使视，嚚瘖不可使言，聋聩不可使听，童昏不可使谋。质将善而贤良赞之，则济可竢。若有违质，教将不入，其何善之为！臣闻昔者大任娠文王不变②，少溲于豕牢，而得文王不加疾焉。文王在母不忧，在傅弗勤，处师弗烦，事王不怒③，孝友二虢④，而惠慈二蔡⑤，刑于大姒⑥，比于诸弟。《诗》云⑦：'刑于寡妻，至于兄弟，以御于家邦。'于是乎用四方之贤良。及其即位也，询于八虞⑧，而谘于二虢，度于闳夭而谋于南宫⑨，诹于蔡、原而访于辛、尹⑩，重之以周、邵、毕、荣⑪，亿宁百神，而柔和万民。故《诗》云：'惠于宗公，神罔时恫。'若是，则文王非专教诲之力也。"公曰："然则教无益乎？"对曰："胡为文，益其质。故人生而学，非学不入。"公曰："奈夫八疾何！"对曰："官师之所材也，戚施直镈⑫，蘧蒢蒙璆⑬，侏儒扶卢⑭，矇瞍修声，聋聩司火。童昏、嚚瘖、僬侥，官师之所不材也，以实

裔土。夫教者，因体能质而利之者也。若川然有原，以
印浦而后大。"

【注释】

　　① 阳处父：晋国大夫，也称阳子。讙：晋文公的儿子，即后来的晋
襄公。

　　② 大任：周文王的母亲。文王：周文王。

　　③ 王：指周文王的父亲王季。

　　④ 二虢：指周文王的弟弟虢仲和虢叔。

　　⑤ 二蔡：周文王的两个儿子。

　　⑥ 大姒：周文王的妻子。

　　⑦《诗》：指《诗经·大雅·思齐》。

　　⑧ 八虞：指周代八位掌管山泽的官员，即伯达、伯括、仲实、仲忽、
叔夜、叔夏、季随、季骗。

　　⑨ 闳夭：周初大臣。南宫：南宫括，周初大臣。

　　⑩ 蔡：蔡公。原：原公。辛：辛甲。尹：尹佚。都是同代的太史。

　　⑪ 周：周文公。邵：邵康公。毕：毕公。荣：荣公。都是周代的
大臣。

　　⑫ 镈：古代一种青铜制的乐器，形状似钟。

　　⑬ 璆：玉磬。

　　⑭ 扶卢：古代的一种杂技，以攀缘矛戟为戏。

【译文】

　　晋文公问胥臣说："我想叫阳处父做讙的老师来教育他，能教
育好吗？"胥臣回答说："这主要取决于讙。直胸的残疾人不能让
他俯身，驼背不能让他仰头，小种人不能让他举重物，矮子不能
让他攀高，瞎子不能让他看东西，哑巴不能让他说话，聋子不能
让他听音，糊涂人不能让他出主意。本质好而又有贤良的人教导，
就可以期待他有所成就。如果本质邪恶，教育他也听不进去，怎
么能使他为善呢！我听说，以前周文王的母亲怀孕时身体没有变
化，小便的时候在厕所里生下文王，没有添加任何痛苦。文王不
让母亲增添忧虑，无需保傅多操心思，未让师长感到烦扰，事奉

父王不让他生气，对两个弟弟虢仲和虢叔很友爱，对两个儿子大蔡和小蔡很慈惠，为自己的妻子大姒做出榜样，与同宗的兄弟也很亲近。诗上说：'为自己的妻子做出表率，进而及于兄弟，以此来治理家庭和国家。'这样就能任用天下的贤良之士。到他即位之后，有事咨询掌管山泽的八虞，与虢仲、虢叔两兄弟商量，听取闳夭、南宫括的意见，咨访蔡公、原公、辛甲、尹佚四位太史，再加上有周文公、邵康公、毕公和荣公的帮助，从而让百神安宁，使万民安乐。因此诗上说：'孝敬祖庙里的先公，神灵都没有怨恨。'像这样的话，那么周文王就不单单是教诲的作用了。"晋文公说："这样说来，那教育就没有用了吗？"胥臣回答说："要文采干什么呢，就是为了使本质更加美好。所以人生下来就要学习，不学习就不能进入正道。"文公说："那对先前所说的八种残疾人怎么办呢？"胥臣回答说："这就要看官长因材而用了，驼背的让他俯身敲钟，直胸的让他戴上玉磬，矮子让他表演杂技，瞎子让他演奏音乐，聋子让他掌管烧火。糊涂的、哑巴和小种人，官长认为难以因材而用的，就让他们去充实边远的地区。教育，就是根据他内在的性能、本质加以因势利导，就像河川有它的源头，迎它到江河里然后让它汇成大流。"

文 公 称 霸

文公即位二年，欲用其民，子犯曰："民未知义，盍纳天子以示之义？"乃纳襄王于周①。公曰："可矣乎？"对曰："民未知信，盍伐原以示之信？"乃伐原。曰："可矣乎？"对曰："民未知礼，盍大蒐，备师尚礼以示之。"乃大蒐于被庐②，作三军。使郤縠将中军，以为大政。郤溱佐之③。子犯曰："可矣。"遂伐曹、卫，出谷戍④，释宋围，败楚师于城濮，于是乎遂伯。

【注释】
① 襄王：周襄王。
② 被庐：晋地名，今所在地不详。
③ 郤溱：晋中军副将。
④ 谷：齐邑名，在今山东东阿，原被楚国占领，派兵戍守。

【译文】
晋文公即位的第二年，就想使用他的人民进行征战，子犯说："人民还不懂得大义，何不把周天子护送回去，以此显示大义呢？"于是文公就派军护送周襄王返回周都。文公又问："现在可以了吧？"子犯回答说："人民还不懂得信用，何不攻打原国，以此显示信用呢？"于是文公就出兵征伐原国，示信于民。文公又问："现在可以了吧？"子犯回答说："人民还不懂得礼仪，何不举行一次大规模的阅兵，整顿军队，崇礼尚武，来显示礼仪呢?"于是文公便在被庐举行大规模的阅兵，建立了上、中、下三军。任命郤縠统帅中军，执掌国家大政，由郤溱辅佐他。子犯这时才说："现在可以兴兵征伐了。"于是文公便发兵攻打曹、卫两国，赶走戍守谷地的楚军，解救宋国之围，在城濮之战中打败了楚国军队，因此而称霸诸侯。

卷十一 晋语 五

臼季举冀缺

臼季使^①，舍于冀野^②。冀缺薅^③，其妻馌之。敬，相待如宾。从而问之，冀芮之子也，与之归，使复命，而进之曰："臣得贤人，敢以告。"文公曰："其父有罪，可乎？"对曰："国之良也，灭其前恶，是故舜之刑也殛鲧^④，其举也兴禹。今君之所闻也。齐桓公亲举管敬子^⑤，其贼也。"公曰："子何以知其贤也？"对曰："臣见其不忘敬也。夫敬，德之恪也。恪于德以临事，其何不济！"公见之，使为下军大夫。

【注释】

① 臼季：即胥臣。

② 冀：晋邑名，在今山西河津东。

③ 冀缺：即郤成子，晋国大夫冀芮（即郤芮）的儿子。

④ 鲧：大禹的父亲，因治水无功被舜处死。

⑤ 管敬子：即管仲，敬子是他的谥号。

【译文】

臼季奉命出使，在冀邑郊外住了一宿。冀缺正在田中锄草，他的妻子给他送饭来，夫妻俩相敬如宾。臼季上去问他，才知道他就是冀芮的儿子，就和他一起回到了国都。臼季汇报了完成使命的情况，进而推荐冀缺，说："我得到一个贤能的人，冒昧地向您报告。"文公说："冀缺的父亲有罪，是否可以重用他呢？"臼季回答说："作为国家的贤良之才，应该不计较他前辈的罪恶。因此以前舜惩治罪人，处死了鲧；后来举拔人才，却起用了鲧的儿子大禹。当今您所听到的，齐桓公亲自选拔了管仲，那是害过他的仇敌啊。"文公问道："你凭什么知道冀缺的贤能呢？"臼季回答说："我见到他们夫妇在田间都不忘恭敬。恭敬有礼是有品德的表现，严守德行而谨慎从事，那还有什么事情干不成功的呢！"文公接见了冀缺，任命他为下军大夫。

宁嬴氏论貌与言

阳处父如卫，反，过宁①，舍于逆旅宁嬴氏②。嬴谓其妻曰："吾求君子久矣，今乃得之。"举而从之，阳子道与之语，及山而还③。其妻曰："子得所求而不从之，何其怀也！"曰："吾见其貌而欲之，闻其言而恶之。夫貌，情之华也；言，貌之机也。身为情，成于中。言，身之文也。言文而发之，合而后行，离则有衅。今阳子之貌济，其言匮，非其实也。若中不济，而外强之，其卒将复，中以外易矣。若内外类，而言反之，渎其信也。夫言以昭信，奉之如机，历时而发之，胡可渎也！今阳子之情谲矣，以济盖也，且刚而主能，不本而犯，怨之所聚也。吾惧未获其利而及其难，是故去之。"期年，乃有贾季之难④，阳子死之⑤。

【注释】
　　① 宁：晋邑名，在今河南修武。
　　② 宁嬴氏：旅店的主人。
　　③ 山：温山，在今河南修武北。
　　④ 贾季：晋国大夫，狐偃的儿子狐射姑，贾季是他的字。贾季之难：指鲁文公六年（前 621），晋国在夷地举行阅兵，狐射姑任中军元帅，赵

盾任副元帅，后阳处父向晋襄公建议，改在董地进行，由赵盾任中军元帅，狐射姑任副元帅。狐射姑因此怨恨阳处父，派人杀了他。

⑤ 阳子：即阳处父。

【译文】

阳处父到卫国访问，返回晋国时，路过宁邑，住宿在宁嬴氏的旅店里。宁嬴氏对妻子说："我很久以来一直在寻求有德行的君子，今天总算遇到了。"便起身跟他走了。阳处父在路上与宁嬴谈话，宁嬴到了河内温山又返回了家。他的妻子问道："你得到了所求的人，却又不随从他，你为什么这样想家呀？"宁嬴回答说："我看到他的外貌想跟他去，听到他的言辞后又厌恶他。外貌，是人性情的华采；言辞，是外貌的枢机。人的身体产生性情，是在心中形成的。言辞，是身体的文饰。言辞文质彬彬才能说出来，和性情、外貌相符合才能办事，互相背离就会出毛病。现在阳子外貌堂堂，但是他的言辞贫乏，不副其实。如果中情不足，而外貌硬要装得很足，最后仍将归于不足，因为中情和外貌不一致。如果中情和外貌相类，而言辞却与之相反，那就使诚信受到了亵渎。言辞是用来表明诚信的，应当奉它如枢机，思考成熟了才能说出来，怎么可以亵渎它呢！如今阳子的中情是很辨察的，因此形成他的外貌掩盖了他的缺点，而且他的性情刚愎，自以为才能超群，不本着仁义办事而触犯别人，就会招致众人的怨恨。我担心不但得不到他的好处，反而会蒙受他的祸害，所以才离开他。"第二年，就发生了贾季发难的事件，阳子就死于这一事件。

赵宣子论比与党

赵宣子言韩献子于灵公①，以为司马②。河曲之役③，赵孟使人以其乘车干行，献子执而戮之。众咸曰："韩厥必不没矣。其主朝升之，而暮戮其车，其谁安之！"宣子召而礼之，曰："吾闻事君者比而不党。夫周以举义，比也；举以其私，党也。夫军事无犯，犯而不隐，义也。吾言女于君，惧女不能也。举而不能，党孰大焉！事君而党，吾何以从政？吾故以是观女。女勉之。苟从是行也，临长晋国者，非女其谁？"皆告诸大夫曰："二三子可以贺我矣！吾举厥也而中，吾乃今知免于罪矣。"

【注释】
① 赵宣子：晋国正卿，赵衰的儿子，名盾，又称赵孟，谥宣子。韩献子：名厥，谥献子。灵公：晋灵公，晋文公之孙，名夷皋，公元前620至前607年在位。
② 司马：官名，掌军大夫。
③ 河曲：晋邑名，在今山西永济。河曲之役：指鲁文公十二年（前615）秦、晋两国发生在河曲一带的战役。

【译文】
赵宣子把韩献子推荐给晋灵公，任命他为司马。河曲之战时，赵宣子让人用他乘坐的战车去干扰军队的行列，韩献子把赶车的人抓了起来，并且杀掉了他。大家都说："韩厥一定没有好结果。他的主人早晨刚让他升了官，晚上他就杀了主人的车夫，谁还能使他保住这个官位呢？"赵宣子召见了韩厥，并且以礼相待，说："我听说事奉国君的人以义相结，而不结党营私。出于忠信，为国推举正直的人，这是以义相结。举荐人才而徇私情，这是结党营私。军法是不能违犯的，犯了军法而不包庇，这叫做义。我把你推荐给国君，怕的是你不能胜任。推举的人不能胜任，还有什么结党营私比这更严重的呢！事奉君主却结党营私，我还凭什么来执政呢？我因此借这件事情来观察你。你努力吧。假如能坚持这样去做，那么将来掌管晋国的，除了你还有谁呢？"赵宣子遍告大夫们说："你们诸位可以祝贺我了！我推荐韩厥非常合适，我现在才知道自己可以不犯结党营私的罪了。"

赵宣子请师伐宋

宋人弑昭公①，赵宣子请师于灵公以伐宋②，公曰：
"非晋国之急也。"对曰："大者天地，其次君臣，所以
为明训也。今宋人弑其君，是反天地而逆民则也，天必
诛焉。晋为盟主，而不修天罚，将惧及焉。"公许之。
乃发令于太庙③，召军吏而戒乐正④，令三军之钟鼓必
备。赵同曰⑤："国有大役，不镇抚民而备钟鼓，何也？"
宣子曰："大罪伐之，小罪惮之。侵袭之事，陵也。是故
伐备钟鼓，声其罪也；战以錞于、丁宁⑥，儆其民也。
袭侵密声，为暂事也。今宋人弑其君，罪莫大焉！明声
之，犹恐其不闻也。吾备钟鼓，为君故也。"乃使旁告
于诸侯，治兵振旅，鸣钟鼓，以至于宋。

【注释】
① 昭公：宋昭公，宋国国君，名杵臼，公元前619至前611年在位。
② 灵公：晋灵公。
③ 太庙：帝王的祖庙。
④ 乐正：乐官之长，主管钟鼓。
⑤ 赵同：晋国大夫，赵盾的弟弟。
⑥ 錞于：古代一种青铜制的军乐器，形如圆筒，用槌击之而鸣。丁
宁：古代一种乐器，也叫钲，形状如钟而较小。

【译文】

宋国人杀了宋昭公，赵宣子请求晋灵公出兵讨伐宋国，灵公说："这并不是晋国的当务之急。"赵宣子回答道："最大的是天地之间的关系，其次是君臣之间的关系，这是一种明确的规定。现在宋国人杀了自己的国君，这是违反天地人伦的事情，一定要遭受天的惩罚。晋国作为盟主，而不执行天的惩罚，恐怕祸患就要到来了。"灵公答应了这一请求。于是在太庙里发布号令，召集军吏并且告戒乐官，命令三军的钟鼓必须齐备。赵同问道："国家有重大行动，不去镇定安抚人民却准备钟鼓，这是为什么呢？"宣子回答说："大罪讨伐它，小罪威吓它，偷袭、入侵这类事，是欺凌他人。所以讨伐要有钟鼓，以便声讨它的罪行。打仗要用镎于和丁宁两种乐器，是为了警告他的人民。偷袭和入侵要秘而不宣，是为了让对方暂时没有防备。现在宋国人杀了他们的国君，没有比这罪更大的了。明白声讨它，还怕他们听不到呢。我备齐钟鼓，是为了尊重君道的缘故呀。"于是派人到各处去告诉诸侯，整顿军队，振饬军容，一路上鸣钟击鼓，去攻打宋国。

灵公使鉏麑杀赵宣子

灵公虐①，赵宣子骤谏，公患之，使鉏麑贼之②，晨往，则寝门辟矣，盛服将朝，早而假寐。麑退，叹而言曰："赵孟敬哉③！夫不忘恭敬，社稷之镇也。贼国之镇不忠，受命而废之不信，享一名于此，不如死。"触庭之槐而死。灵公将杀赵盾，不克。赵穿攻公于桃园④，逆公子黑臀而立之⑤，实为成公。

【注释】
① 灵公：晋灵公。
② 鉏麑：晋国的大力士。
③ 赵孟：即赵盾。
④ 赵穿：晋国大夫，赵盾的堂兄弟。桃园：晋灵公的园林。
⑤ 黑臀：晋文公的儿子，晋襄公的弟弟。

【译文】
晋灵公暴虐无道，赵盾多次劝谏，以致灵公很讨厌他，于是派力士鉏麑去暗杀赵盾。清晨鉏麑前往赵府，看见卧室的门已经开了，赵盾把朝服穿得端端正正，正准备上朝，因为时间还早，坐在那里闭目养神。鉏麑立刻退了出来，感叹地说："赵盾真恭敬啊！不忘恭敬的人，是国家的栋梁。杀害国家的栋梁，就是不忠；接受了国君的命令而不执行，就是失信。要蒙受不忠、不信两个罪名中的一个，还不如自己死了好。"就一头撞死在院子里的槐树上。灵公又再次打算谋杀赵盾，也没成功。后来赵穿在桃园杀死了晋灵公，迎回晋文公的儿子公子黑臀，将他立为国君，那就是晋成公。

范武子退朝告老

郤献子聘于齐^①，齐顷公使妇人观而笑之^②。郤献子怒，归，请伐齐。范武子退自朝^③，曰："燮乎^④，吾闻之，干人之怒，必获毒焉。夫郤子之怒甚矣，不逞于齐，必发诸晋国。不得政，何以逞怒？余将致政焉，以成其怒，无以内易外也。尔勉从二三子，以承君命，唯敬。"乃老。

【注释】
① 郤献子：即郤克，晋国的卿。是一个跛子。
② 齐顷公：齐国国君，名无野，公元前 598 至前 582 年在位。
③ 范武子：晋国正卿，名士会。
④ 燮：范武子的儿子范燮，又称范文子。

【译文】
郤献子出使齐国，齐顷公让宫女们躲在帐幔后面偷看并讥笑他。郤献子大为愤怒，回到晋国以后，就请求发兵攻打齐国。范武子从朝中退下，对儿子说："燮儿呀，我听说，触犯了别人的愤怒，必然要获得报复。郤子的愤怒够大了，他不能在齐国得逞，那么一定要在晋国发泄出来。如果他不能在晋国执政，又怎么能宣泄他的愤怒呢？我准备辞职让位，以便郤子能够满足他的愿望，不要用国内的矛盾来代替国外的矛盾。我希望你努力随从众卿，以完成国君的命令，一切都恭敬从事。"于是就告老辞职了。

范武子杖文子

范文子暮退于朝①。武子曰②："何暮也?"对曰："有秦客廋辞于朝,大夫莫之能对也,吾知三焉。"武子怒曰："大夫非不能也,让父兄也。尔童子,而三掩人于朝。吾不在晋国,亡无日矣。"击之以杖,折委笄③。

【注释】

① 范文子:即范燮。
② 武子:范武子。
③ 委:委貌冠,又称玄冠,是一种礼帽。笄:簪子。

【译文】

范文子很晚才退朝回来,武子问道:"为什么回来这么晚啊?"文子回答说:"有位秦国来的客人在朝中讲隐语,大夫中没有一个能够回答出来,我晓得其中的三条。"武子发怒说:"大夫们不是不能回答,而是出于对长辈父兄的谦让。你是个年轻的孩子,却在朝中三次抢先,掩盖他人。如果不是我在晋国,你早就遭殃了!"说着武子就用手杖打儿子,把他玄冠上的簪子都给打断了。

郤献子分谤

　　靡笄之役①，韩献子将斩人②。郤献子驾③，将救之，至，则既斩之矣。郤献子请以徇，其仆曰："子不将救之乎？"献子曰："敢不分谤乎！"

【注释】
　　① 靡笄：齐国山名，一说即今山东济南东南的历山。一说即今济南东北的华不注山。鲁成公二年（前589）齐、晋两国在鞌地交战，齐军大败，晋军追至靡笄山下。
　　② 韩献子：即韩厥。
　　③ 郤献子：即郤克。在这次战役中他任晋军主帅。

【译文】
　　靡笄战役时，韩献子将要按军法斩人。郤献子驾车前往，想要营救那人，等他赶到，那人已被斩了。郤献子要陈尸示众，他的仆从说："您原先不是想要救他吗？"郤献子说："我岂敢不分担对韩将军的一些谤言呢！"

张侯御郤献子

摩笄之役，郤献子伤，曰：“余病喙。”张侯御[①]，曰：“三军之心，在此车也。其耳目在于旗鼓。车无退表，鼓无退声，军事集焉。吾子忍之，不可以言病。受命于庙，受脤于社[②]，甲胄而效死，戎之政也。病未若死，祗以解志。”乃左并辔，右援枹而鼓之[③]，马逸不能止，三军从之。齐师大败，逐之，三周华不注之山[④]。

【注释】
　　① 张侯：晋国大夫，又称解张。
　　② 脤：古代祭祀社稷用的生肉。社：土地神。
　　③ 枹：鼓槌。
　　④ 华不注：山名，在今山东济南东北。

【译文】
　　在靡笄战役中，郤献子负了伤，说：“我喘不过气了。”解张为他驾车，说：“三军将士的心，都集中在我们这辆战车上。他们眼睛都盯着我们车上的旗，耳朵都听着我们车上的鼓。只要车上不挥撤退的旗帜，不打退兵的鼓，战事就可以成功。您忍一忍吧，不可以讲受伤了。出征前在祖庙接受了命令，在土地神前接受了祭肉，身披盔甲而为国牺牲，这是军人的职责。虽然负了伤，所幸还没有死，这样只会松懈我们的斗志。"说完就用左手拉起马缰绳，用右手拿起鼓槌打战鼓，战马狂奔不停，三军将士也都跟着向前冲杀。齐军大败，晋军猛追，环绕华不注山追了三圈。

师胜而范文子后入

靡笄之役，郤献子师胜而返，范文子后入。武子曰^①:"燮乎，女亦知吾望尔也乎?"对曰:"夫师，郤子之师也，其事臧。若先，则恐国人之属耳目于我也，故不敢。"武子曰:"吾知免矣。"

【注释】
① 武子:范武子，范文子范燮的父亲。

【译文】
靡笄战役，郤献子打了胜仗班师回国。范文子最后入城。范武子说:"燮儿呀，你也知道我天天在盼望你早点回来吗?"文子回答说:"军队，是主帅郤献子所统帅的军队，打了胜仗。假如我率先凯旋归来，那恐怕国内的人们将会把注意力集中到我身上，所以我不敢这样做。"武子说:"我知道可以免祸了。"

郤献子等各推功于上

麇笄之役，郤献子见，公曰^①：“子之力也夫！”对曰：“克也以君命命三军之士^②，三军之士用命，克也何力之有焉？”范文子见，公曰：“子之力也夫！”对曰：“燮也受命于中军^③，以命上军之士，上军之士用命，燮也何力之有焉？”栾武子见^④，公曰：“子之力也夫！”对曰：“书也受命于上军，以命下军之士，下军之士用命，书也何力之有焉？”

【注释】

① 公：晋景公，名獳，公元前599至前581年在位。

② 克：郤克，即郤献子。

③ 燮：范燮，即范文子。

④ 栾武子：名书，在麇笄战役中任下军的主将。

【译文】

麇笄之战胜利后，郤献子来进见晋景公，景公说：“这次是你的功劳啊！”献子回答说：“我郤克以君主的命令命令三军将士，三军将士听从命令勇敢战斗，我郤克有什么功劳可言呢？”接着范文子来朝见晋景公。景公说：“这是你的功劳啊！”文子回答说：“我范燮从中军元帅那里接受命令，用来命令上军的将士，上军将士服从命令拼命奋战，我范燮又有什么功劳可言呢?"最后，栾武子也来朝见晋景公。景公说:"这是你的功劳啊!"武子回答说:"我栾书从上军主将那里接受命令，用来命令下军的将士，下军的将士服从命令奋勇杀敌，我栾书又有什么功劳可言呢?"

苗贲皇谓郤献子不知礼

靡笄之役也，郤献子伐齐。齐侯来①，献之以得殒命之礼，曰："寡君使克也②，不腆弊邑之礼，为君之辱，敢归诸下执政，以整御人③。"苗棼皇曰④："郤子勇而不知礼，矜其伐而耻国君，其与几何！"

【注释】
　　① 齐侯：齐顷公。
　　② 克：郤克，即郤献子。
　　③ 御人：宫中妇人。
　　④ 苗棼皇：晋国大夫，也作苗贲皇。

【译文】
　　靡笄之战，郤献子率军讨伐齐国。齐顷公来朝见，郤子用对待被俘国君的礼节来招待齐侯说："我们君主派我郤克用敝国一些并不丰厚的礼物，为了你的耻辱，赠送给你手下各位办事人，以此来整肃你宫中的妇人。"苗棼皇说："郤子勇敢而不懂礼节，居功自傲而羞辱齐国的国君，这样能维持多久呢？"

车者论梁山崩

梁山崩①，以传召伯宗②，遇大车当道而覆，立而辟之，曰："避传。"对曰："传为速也，若俟吾避，则加迟矣，不如捷而行。"伯宗喜，问其居，曰："绛人也③。"伯宗曰："何闻?"曰："梁山崩而以传召伯宗。"伯宗问曰："乃将若何?"对曰："山有朽壤而崩，将若何? 夫国主山川，故川涸山崩，君为之降服、出次、乘缦、不举④，策于上帝，国三日哭，以礼焉。虽伯宗亦如是而已，其若之何?"问其名，不告; 请以见，不许。伯宗及绛，以告，而从之。

【注释】

① 梁山：晋国的山名，在今陕西韩城县境。
② 传：传车，古代驿站的专用车。伯宗：晋国大夫，孙伯纠的儿子。
③ 绛：绛城，晋国国都，在今山西翼城东。
④ 缦：没有采绘的帛，此指没有彩饰的车。

【译文】

梁山发生山崩，晋景公用驿车召见伯宗，遇见一辆载重的大车在路中翻了，伯宗站起身来要它让路，说："避开我的驿车。"大车的车夫说："驿车求的是速度快，如果等我这辆大车让路，那反倒慢了，不如从旁边走快。"伯宗听了很惊讶，问车夫是哪里人，车夫说："是绛城人。"伯宗就问："在绛城听到什么情况啊?"车夫回答说："由于梁山发生了山崩，所以国君用驿车召见伯宗来商量。"伯宗问道："那怎么办好呢?"车夫回答说："梁山因为土壤松了才发生崩塌，又能怎么办呢? 国家以山川为主，因此一旦遇到河干山崩，国君就要穿素服，到郊外去居住，乘坐没有彩画的车子，取消平日的饮酒作乐，在简策上写文章向上天祈祷，国人要哭三天，以礼祭山川之神。即使是伯宗也只不过如此而已，还能有什么办法呢?"伯宗问他的姓名，车夫不肯讲；想请他一起去见晋景公，车夫也不答应。伯宗到了绛城，就把车夫的话报告给晋景公，景公照办了。

伯宗妻谓民不戴其上难必及

伯宗朝，以喜归。其妻曰：“子貌有喜，何也?”曰：“吾言于朝，诸大夫皆谓我智似阳子①。”对曰：“阳子华而不实，主言而无谋，是以难及其身。子何喜焉?”伯宗曰：“吾饮诸大夫酒，而与之语，尔试听之。”曰：“诺。”既饮，其妻曰：“诸大夫莫子若也。然而民不能戴其上久矣，难必及子乎! 盍亟索士整庇州犁焉②。”得毕阳③。

及栾弗忌之难④，诸大夫害伯宗，将谋而杀之。毕阳实送州犁于荆⑤。

【注释】
　　① 阳子：即阳处父，晋国太傅。
　　② 州犁：伯州犁，伯宗的儿子。
　　③ 毕阳：晋国的贤人。
　　④ 栾弗忌：晋国大夫。栾弗忌之难：指鲁成公十五年（前576）晋国的“三郤”即郤锜、郤犨和郤至谋杀栾弗忌的事件，并因此连及伯宗。
　　⑤ 荆：楚国。

【译文】
　　伯宗退朝以后，喜气洋洋地回到家中。他的妻子问道：“你今天面露喜色，是什么原因啊?"伯宗回答说:"我在朝廷中发言，大夫们都称赞我像阳处父那样机智善辩。"妻子回答说:"阳子这个人华而不实，善于谈论而无谋略，因此遭到杀身之难。你高兴什么呢?"伯宗说:"我设宴请大夫们一起饮酒，和他们谈话，你不妨听一听。"妻子说:"那好吧。"宴会结束以后，他的妻子说:"那些大夫们确实不如你。但是人们不能拥戴才智在人之上的贤者，这种情况已经持续很久了，灾难必然因此要降到你头上! 何不赶快物色一个能干的人来保护你的儿子伯州犁呀。"伯宗找到了贤人毕阳。

等到栾弗忌被害，那些大夫们妒恨伯宗，将他谋害处死。毕阳把伯州犁护送到了楚国。

赵 文 子 冠

赵文子冠①，见栾武子，武子曰："美哉！昔吾逮事庄主②，华则荣矣，实之不知，请务实乎。"

见中行宣子③，宣子曰："美哉！惜也，吾老矣。"

见范文子，文子曰："而今可以戒矣，夫贤者宠至而益戒，不足者为宠骄。故兴王赏谏臣，逸王罚之。吾闻古之王者，政德既成，又听于民，于是乎使工诵谏于朝④，在列者献诗使勿兜，风听胪言于市，辨袄祥于谣，考百事于朝，问谤誉于路，有邪而正之，尽戒之术也。先王疾是骄也。"

见邰驹伯⑤，驹伯曰："美哉！然而壮不若老者多矣。"

见韩献子，献子曰："戒之，此谓成人。成人在始与善。始与善，善进善，不善蔑由至矣；始与不善，不善进不善，善亦蔑由至矣。如草木之产也，各以其物。人之有冠，犹宫室之有墙屋也，粪除而已，又何加焉。"

见智武子⑥，武子曰："吾子勉之，成、宣之后而老为大夫⑦，非耻乎！成子之文，宣子之忠，其可忘乎！夫成子导前志以佐先君，导法而卒以政，可不谓文乎！

夫宣子尽谏于襄、灵⑧，以谏取恶，不惮死进，可不谓忠乎！吾子勉之，有宣子之忠，而纳之以成子之文，事君必济。"

见苦成叔子⑨，叔子曰："抑年少而执官者众，吾安容子。"

见温季子⑩，季子曰："谁之不如，可以求之。"

见张老而语之⑪，张老曰："善矣，从栾伯之言⑫，可以滋；范叔之教⑬，可以大；韩子之戒⑭，可以成。物备矣，志在子。若夫三郤⑮，亡人之言也，何称述焉！智子之道善矣⑯，是先主覆露子也。"

【注释】

①　赵文子：即赵武，赵盾的孙子。冠：冠礼，古代男子二十岁举行成人礼，结发戴冠。

②　庄：赵文子的父亲赵朔，庄是他的谥号。

③　中行宣子：即荀庚，晋国大夫。

④　工：乐师。

⑤　郤驹伯：即郤锜，晋国的卿。

⑥　智武子：即智罃，晋国的卿。

⑦　成：指赵成子，赵文子的曾祖赵衰。宣：指赵宣子，赵文子的祖父赵盾。

⑧　襄：晋襄公。灵：晋灵公。

⑨　苦成叔子：即郤犨。

⑩　温季子：即郤至，晋国的卿。

⑪　张老：张孟，晋国大夫。

⑫　栾伯：指栾武子，名书。

⑬　范叔：指范文子，名燮。

⑭　韩子：指韩献子，名厥。

⑮　三郤：即郤驹伯郤锜，苦成叔子郤犨，温叔子郤至。

⑯　智子：指智罃。

【译文】

　　赵文子举行了加冠典礼后，去拜见栾武子，武子说："美啊！以前我赶上作你父亲庄子的副手，他外表很美，但华而不实，请你努力讲求实效吧！"

　　赵文子去见中行宣子，宣子说："美啊！可惜我老了。"

　　去见范文子，文子说："现在你可要警惕啦，贤明的人受到宠爱而更加警戒，智慧不足的人因为得宠而骄傲起来。所以振兴事业的君王奖赏那些敢于进谏的臣子，而贪图享乐的君王却惩罚他们。我听说古时候的君王，在建立了德政之后，又能听取百姓的意见，于是叫瞎眼乐师在朝廷上诵读前代的箴言，在位的百官献诗讽谏，使自己不受蒙蔽，在市场上采听商旅的传言，在歌谣中辨别吉凶，在朝廷上考察百官职事，在道路上询问毁誉，有邪曲不正的地方就纠正过来，这一切就是警惕戒备的全部方法了。先王最痛恨的就是骄傲。"

　　去见郤驹伯，驹伯说："美啊！但是壮年人不如老年人的地方多得很哪。"

　　去见韩献子，献子说："要谨慎警诫啊，这就叫做成人。成人的关键在一开始就要亲近善人。一开始就亲近善人，善人再推荐善人，那么，不善的人就没法到自己身边了。一开始就亲近不善的人，不善的人又引进不善的人，那么，善人也就没法到自己身边了。这就好像草木的生长一样，各以其类聚在一起。人戴上冠冕，就如同宫室有了墙屋，只是去除污秽、保持清洁罢了，其他还有什么可增益的呢？"

　　去见智武子，武子说："你好好努力吧！作为赵成子、宣子的后代，老大了还在做大夫，这不是耻辱吗！成子的文才，宣子的忠心，难道可以忘记吗！成子通晓前代的典章，用来辅佐文公，精通法令而终于执政，这能说不是文吗！宣子在襄公、灵公时尽心谏诤，由于强谏而被灵公所憎恨，还是冒死进谏，这能说不是忠吗！你好好努力吧，有宣子的忠心，同时加上成子的文才，事奉君王就一定能成功。"

　　去见苦成叔子郤犨，叔子说："年少而当官的人很多，我怎么安排你呢。"

　　去见温季子郤至，季子说："你比不上别人，那么可以退而求其次。"

　　赵文子去见张老，把各位卿大夫的话告诉了他。张孟说："好呀，听从栾伯的话，可以使自己不断进步；听范叔的教诲，可以恢宏自己的德行；听韩子的告诫，有助于你成就事业。条件都具备了，能否做到就要看你自己的志向了。至于三郤的话，是使人丧气的言论，有什么值得称道的呢？智子的话说得对呀，是先人的恩泽庇护、滋润着你啊。"

范文子不欲伐郑

厉公将伐郑①，范文子不欲，曰："若以吾意，诸侯皆叛，则晋可为也。唯有诸侯，故扰扰焉。凡诸侯，难之本也。得郑忧滋长，焉用郑！"郤至曰："然则王者多忧乎？"文子曰："我王者也乎哉？夫王者成其德，而远人以其方贿归之，故无忧。今我寡德而求王者之功，故多忧。子见无土而欲富者，乐乎哉？"

【注释】

① 厉公：晋厉公，名州蒲，公元前580至前573年在位。

【译文】

晋厉公准备讨伐郑国，范文子不想动用武力，说："假如按照我的想法，诸侯都背叛，那么我国就可以有所作为了。正因为有些诸侯归附我们，所以搞得纷纷扰扰。这些诸侯，是祸乱的根源。得到了郑国，忧患会更加增多，何必要对郑国用兵呢？"郤至说："那么，称王天下的君王忧患就多吗？"文子回答说："我们晋国是称王天下的君主吗？称王天下的君主建立功德，远方的诸侯自会把本地的财货进贡给他，因此没有忧患。如今我们晋国少德，而要求得称王天下的功业，所以有很多的忧患。你看那些没有土地而想求得富有的国家，会安乐吗？"

晋败楚师于鄢陵

厉公六年①，伐郑，且使苦成叔及栾黡兴齐、鲁之师②。楚恭王帅东夷救郑③。楚半阵，公使击之。栾书曰："君使黡也兴齐、鲁之师，请俟之。"郤至曰："不可。楚师将退，我击之，必以胜归。夫阵不违忌，一间也；夫南夷与楚来而不与阵④，二间也；夫楚与郑阵而不与整，三间也；且其士卒在阵而哗，四间也；夫众闻哗则必惧，五间也。郑将顾楚，楚将顾夷，莫有斗心，不可失也。"公说。于是败楚师于鄢陵⑤，栾书是以怨郤至。

【注释】

① 厉公：晋厉公。厉公六年：即鲁成公十六年，前575年。

② 栾黡：栾书的儿子桓子。

③ 楚恭王：楚国国君，即楚共王，名审，公元前590至前560年在位。东夷：指楚国东面的少数民族。

④ 南夷：南方的少数民族。因东夷在楚国的东面，在晋国的南面，所以也称为南夷。

⑤ 鄢陵：晋邑名，在今河南鄢陵西北。

【译文】

晋厉公六年，晋国讨伐郑国，并且派苦成叔和栾黡分别前往齐国、鲁国要求出兵。楚恭王率领东方的夷人来救郑国。楚军还未摆好阵势，晋厉公下令发动进攻。栾书说："君王已派栾黡他们到齐国、鲁国去发兵，请等它们一起到来后再发动进攻。"郤至说："不行。楚军就要撤退，我们这时进攻，必然获胜而归。楚军列阵而不避忌月底的晦日，这是第一个可乘之机。南方的夷人与楚军一起来，而不列阵作战，这是第二个可乘之机。楚军与郑军虽然摆出阵势，却很不整齐，是第三个可乘之机。而且他们的士兵在阵地上大声喧哗，是第四个可乘之机。众人听到喧哗必然恐惧，这是第五个可乘之机。郑军观望楚军，楚军观望夷人，都没有斗志，我们不可坐失良机啊。"晋厉公听了很高兴。于是在鄢陵大败楚军，栾书因此而怨恨郤至。

郤至勇而知礼

鄢之战^①，郤至以韎韦之跗注^②，三逐楚平王卒^③，见王必下奔退战。王使工尹襄问之以弓^④，曰:"方事之殷也，有韎韦之跗注，君子也，属见不穀而下，无乃伤乎?"郤至甲胄而见客，免胄而听命，曰:"君之外臣至，以寡君之灵，间蒙甲胄，不敢当拜君命之辱，为使者故，敢三肃之^⑤。"君子曰:勇以知礼。

【注释】

①鄢:即鄢陵。

②韎韦:浅赤色的柔牛皮。跗注:古代的一种军服，衣裤相连，裤长至脚背。

③楚平王:当作楚共王。

④工尹:楚国官名，掌管百工和手工业。襄:人名。

⑤肃:肃拜之礼，作揖垂手至地。

【译文】

鄢陵之战时，郤至穿着浅红色的皮军服，三次追赶楚共王的士兵，他望见了楚共王，总要跳下战车奔走，退出战斗的行列。楚共王派工尹襄送一张弓给郤至，说:"当战斗正激烈的时候，有一位穿浅红皮军服的，是个君子，当他遇见寡人就下车飞奔，这不太累了吗?"郤至身披盔甲接见了工尹襄，脱去头盔听他传达楚共王的话，说:"贵国君主的外臣郤至，托我们国君的威福，正穿戴着盔甲，因此不能下拜接受贤君的下问。为了贤君所派的使者，谨行三个肃拜之礼!"君子评论说：郤至真是既勇敢又懂得礼仪啊!

范文子论内睦而后图外

鄢之役，晋人欲争郑，范文子不欲，曰："吾闻之，为人臣者，能内睦而后图外，不睦内而图外，必有内争，盍姑谋睦乎！考讯其阜以出，则怨靖。"

【译文】
　　在鄢陵之战中，晋国想争取郑国的归附。范文子不同意，说："我听说，做人臣的，能够内部团结然后才能图谋国外，内部不团结而去图谋国外，必然会出现内部纷争，何不姑且想办法争取国内的团结呢！事先考查询问一下民情，然后再决定是否出兵，那国内的怨声就会平息了。"

范文子论外患与内忧

　　鄢之役，晋伐郑，荆救之①。大夫欲战，范文子不欲，曰："吾闻之，君人者刑其民，成，而后振武于外，是以内和而外威。今吾司寇之刀锯日弊②，而斧钺不行③。内犹有不刑，而况外乎？夫战，刑也，刑之过也。过由大，而怨由细，故以惠诛怨，以忍去过。细无怨而大不过，而后可以武，刑外之不服者。今吾刑外乎大人，而忍于小民，将谁行武？武不行而胜，幸也。幸以为政，必有内忧。且唯圣人能无外患，又无内忧，讵非圣人，必偏而后可。偏而在外，犹可救也，疾自中起，是难。盍姑释荆与郑以为外患乎。"

【注释】

　　① 荆：楚国。

　　② 司寇：官名，掌管刑狱、纠察等事。

　　③ 斧钺：古代杀人的刑具。钺是大斧。

【译文】

　　在鄢陵之战时，晋国讨伐郑国，楚国出兵救郑。大夫们都想作战，范文子不同意，说："我听说，统治人民要使用刑罚来端正臣民，这件事做到了，然后才能对外显示武力，因此能做到国内团结，国外畏惧。现在我国司法官用来惩罚小民的刀锯，天天使用得快要坏了，而用来惩罚大臣的斧钺却并不使用。在国内尚且有不能施以刑典的，又何况对外呢？战争，就是一种刑罚，是用来惩罚过错的。过错是由大臣造成的，而怨恨来自一般小民，因此要用恩惠来消除小民的怨恨，下狠心禁止大臣的过错。小民没有怨恨，大臣不犯过失，然后可以用兵，去惩罚国外那些不顺服的人。如今我国的刑罚施加不到大臣，却下狠心来对付小民，那么，想靠谁来振作军威呢？军威不振而打胜仗，只是一种侥幸。依靠侥幸成功来治理国家，一定会有内忧。况且只有圣人才能做到既无外患，又无内忧，如果不是圣人，必然只有偏于一头才行。如果偏失的一头在国外，那还可以补救，如果毛病在国内发生，那就难于应付了。我们何不姑且撇开楚国和郑国，把它们作为外患呢。"

范文子论胜楚必有内忧

鄢之役，晋伐郑，荆救之。栾武子将上军，范文子将下军。栾武子欲战，范文子不欲，曰："吾闻之，唯厚德者能受多福，无德而服者众，必自伤也。称晋之德，诸侯皆叛，国可以少安。唯有诸侯，故扰扰焉，凡诸侯，难之本也。且唯圣人能无外患又无内忧，讵非圣人，不有外患，必有内忧，盍姑释荆与郑以为外患乎！诸臣之内相与，必将辑睦。今我战又胜荆与郑，吾君将伐智而多力，怠教而重敛，大其私暱而益妇人田，不夺诸大夫田，则焉取以益此？诸臣之委室而徒退者，将与几人？战若不胜，则晋国之福也；战若胜，乱地之秩者也，其产将害大，盍姑无战乎！"

栾武子曰："昔韩之役[①]，惠公不复舍[②]；邲之役[③]，三军不振旅；箕之役[④]，先轸不复命[⑤]：晋国固有大耻三。今我任晋国之政，不毁晋耻，又以违蛮、夷重之[⑥]，虽有后患，非吾所知也。"

范文子曰："择福莫若重，择祸莫若轻，福无所用轻，祸无所用重，晋国故有大耻，与其君臣不相听以为诸侯笑也，盍姑以违蛮、夷为耻乎。"

栾武子不听，遂与荆人战于鄢陵，大胜之。于是乎君伐智而多力，怠教而重敛，大其私暱，杀三郤而尸诸朝⑦，纳其室以分妇人，于是乎国人不蠲，遂弑诸翼⑧，葬于翼东门之外，以车一乘。厉公之所以死者⑨，唯无德而功烈多，服者众也。

【注释】

① 韩之役：指鲁僖公十五年（前645）十月秦、晋两国发生在韩原的战役。韩，韩原。在今山西芮城。

② 惠公：晋惠公，在韩原战役中，晋惠公被俘。

③ 邲之役：指鲁宣公十二年（前597）六月晋、楚两国发生在邲地的著名战役。邲，郑邑名，在今河南荥阳北。

④ 箕之役：指鲁僖公三十三年（前627）六月晋、狄两国发生在箕地的战役。箕，晋邑名，在今山西蒲县东北。

⑤ 先轸：即原轸，晋国大将，在箕地战役中战死。

⑥ 蛮、夷：指楚国。

⑦ 三郤：郤锜、郤犨、郤至，都是晋卿。

⑧ 翼：晋国故都，在今山西翼城南。

⑨ 厉公：晋厉公。

【译文】

在鄢陵战役中，晋国讨伐郑国，楚国发兵来救。栾武子统帅上军，范文子统帅下军。栾武子想出战，范文子不同意，说："我听说，只有德行纯厚的人能够享受大福，没有德行而归服的人众多，肯定会对自己造成伤害。衡量晋国的德行，如果诸侯都背叛了，国内才可以稍微获得安宁。正因为有些诸侯归附我们，所以搞得纷纷扰扰，这些诸侯，是祸乱的根源。况且只有圣人才能做到既无外患，又无内忧，如果不是圣人，没有外患，必有内忧，我们何不姑且撇开楚国和郑国，把它们作为外患呢！大臣之间相处，肯定会和睦。如今我们攻打并且战胜了楚国和郑国，那么我们的国君就将会夸耀自己的智慧和武功，疏忽教化而加重赋税，增加宠臣俸禄，多赐爱妾田地，那么不夺取诸大夫的田地，又能从哪里获取而赏赐给宠臣、爱妾们呢？大臣们肯交出田地而白白引退的人，能有几个呢？如果仗没打胜，那是晋国的福气；如果打胜了，那么分配土地的常规就要被打乱了，这将产生变乱危害大臣，何不姑且别打呢。"

栾武子回答道："以前在韩原之战时，惠公被俘不能回国；在邲之战中，三军溃不成军；在箕之战时，先轸不能生还复命。这是晋国原先的三大耻辱。现在我主持晋国的大政，不能为晋国洗雪耻辱，反倒再避开蛮夷楚国来加重耻辱，即使有后患，我也顾不了那么远了。"

范文子说："选择福没有不拣重的，选择祸没有不拣轻的，福不能要轻的，祸不能要重的，晋国本来有奇耻大辱，与其君臣不相一致而失败被诸侯们耻笑，何不姑且选择躲避蛮夷楚国这个耻辱呢。"

栾武子不听范文子的意见，就与楚国在鄢陵交战，大获全胜。于是这样一来，国君夸耀自己的智慧和武功，疏忽教化而加重赋税，增加宠臣的俸禄，杀了三郤并陈尸于朝，收取了他们的妻妾，将财宝分给爱妻。这样国人都不满他的所作所为，于是在翼城杀了他，埋葬在翼城的东门外，只用一车四马陪葬。晋厉公之所以死，就是因为他没有德行而战功多，归服的诸侯众多的缘故。

范文子论德为福之基

鄢之役，荆压晋军，军吏患之，将谋。范匄自公族趋过之^①，曰："夷灶堙井，非退而何？"范文子执戈逐之，曰："国之存亡，天命也，童子何知焉？且不及而言，奸也，必为戮。"苗贲皇曰^②："善逃难哉！"既退荆师于鄢，将谷，范文子立于戎马之前，曰："君幼弱，诸臣不佞，吾何福以及此！吾闻之，'天道无亲，唯德是授。'吾庸知天之不授晋且以劝楚乎，君与二三臣其戒之！夫德，福之基也，无德而福隆，犹无基而厚墉也，其坏也无日矣。"

【注释】
① 范匄：范文子的儿子，也称范宣子。公族：指公族大夫。
② 苗贲皇：即苗棼皇，晋国大夫。

【译文】
鄢陵之战时，楚军逼近晋军摆开阵势，晋军将士都很担忧，打算谋划如何应战。范匄以公族大夫的身份赶紧走上前说："楚军现在把营地上的炉灶摧毁，把水井填平，不撤退又能怎样呢？"范文子拿起戈来就追打范匄，说："国家的存亡是出于天意，你小孩子懂得什么？而且并未征求你的意见，你就胡乱发言，这是奸行，一定要执行刑戮。"苗贲皇称道:"范文子善于逃避灾难啊!"在鄢陵打败楚军之后,晋军将要吃楚军囤积的军粮,这时范文子站在大队兵马前面说:"我们的国君年幼,各位大臣又都没才干,我们凭什么福分能得到这一战果呢?我听说《周书》上有句话说:'天意并不特别亲近哪一个人,只授福给有德的人。'我怎么知道这是上天授福给晋国并且以此来勉励楚国呢?国君和各位将士应当警惕啊!德是福的基础,没有德业而享的福太多,就好像地基没有打好,却在上面筑起了高墙,不知道哪一天它就倒塌了。"

范文子论私难必作

反自鄢，范文子谓其宗、祝曰[①]："君骄泰而有烈，夫以德胜者犹惧失之，而况骄泰乎？君多私，今以胜归，私必昭。昭私，难必作，吾恐及焉。凡吾宗、祝，为我祈死，先难为免。"七年夏[②]，范文子卒。冬，难作，始于三郤，卒于公[③]。

【注释】

① 宗：宗人，掌家祭之礼。祝：家祝，祭祀时司告鬼神的人。

② 七年：指晋厉公七年，公元前574年。

③ 公：晋厉公。

【译文】

从鄢陵回国以后，范文子对自己族里主持祭祀的宗人、祝史说："我们国君傲慢奢侈却战胜立功，那些以德行获取胜利的人尚且害怕失掉它，更何况傲慢奢侈的人呢？国君宠幸的人太多，现在获胜归来，这种情况肯定会显得更严重。这样的话，祸难必然要发生，我恐怕要轮到我头上。凡是我的宗人、祝史，请你们为我祈祷，赶快让我死，以免遭到祸难。"晋厉公七年的夏天，范文子死。冬天，晋国发生了祸难，起先是厉公杀三郤，最后厉公也被杀害。

栾书发郤至之罪

　　既战，获王子发钩^①。栾书谓王子发钩曰："子告君曰：'郤至使人劝王战，及齐、鲁之未至也。且夫战也，微郤至王必不克。'吾归子。"发钩告君，君告栾书，栾书曰："臣固闻之，郤至欲为难，使苦成叔缓齐、鲁之师^②，已劝君战，战败，将纳孙周^③，事不成，故免楚王。然战而擅舍国君，而受其问，不亦大罪乎？且今君若使之于周，必见孙周。"君曰："诺。"栾书使人谓孙周曰："郤至将往，必见之！"郤至聘于周，公使觇之，见孙周。是故使胥之昧与夷羊五刺郤至、苦成叔及郤锜^④，郤锜谓郤至曰："君不道于我，我欲以吾宗与吾党夹而攻之，虽死必败，君必危，其可乎？"郤至曰："不可。至闻之，武人不乱，智人不诈，仁人不党。夫利君之富，富以聚党，利党以危君，君之杀我也后矣。且众何罪，钩之死也，不若听君之命。"是故皆自杀。既刺三郤，栾书弑厉公，乃纳孙周而立之，实为悼公。

【注释】
　　① 发钩：楚国公子，名茷。

② 苦成叔：即郤犨。
③ 孙周：晋襄公的曾孙，名周。后即位为晋悼公。
④ 胥之昧：即胥童，与夷羊五都是晋厉公的宠臣。

【译文】

　　鄢陵之战打起来后，俘获了楚国王子发钩。栾书对王子发钩说："你对晋厉公说：'郤至曾私下派人劝说楚王，趁着齐、鲁两国军队还未到来的时候，就和晋国开战。而且在打仗时，如果不是郤至望见楚王就下车奔跑的话，那楚王一定逃脱不了。'只要你这样说，我就设法放你回国。"发钩就这样对晋厉公说了，厉公告诉了栾书，栾书回答说："我早已听说了，郤至准备作乱，叫苦成叔故意延缓齐、鲁两国出兵，自己却劝君王作战，一旦晋军战败，就迎接孙周回国为君，后来事情没有成功，因此故意放楚王逃走。但是在战争中擅自放走楚王，并接受楚王送来的礼物，这不是犯了大罪吗？而且如果现在您派他出使到周的话，他肯定要去见孙周。"厉公说："对。"栾书又派人对孙周说："郤至将要来了，你一定要去见他！"后来郤至出使到周，晋厉公派人暗中监视，郤至果然去见了孙周。因此厉公便派胥之昧、夷羊五两人去刺杀郤至、郤犨和郤锜，郤锜对郤至说："晋厉公对我们不讲道义，我想率领我的同族和同党一起攻打他，即使我们死了，国家也肯定败亡，国君也必然会陷入危险。这样可以吗？"郤至说："不行。我听说，勇敢知义的人不发动叛乱，有智慧的人不采用欺诈手段，讲仁义的人不结党营私。如果利用国君的宠幸和俸禄得以致富，凭借着财富来聚集同党，利用同党去危害国君，那么现在国君派人来杀我们已算晚了。况且众人又有什么罪过？同样是一死，不如听从国君的命令而死。"所以三郤都不抵抗而死。在杀了三郤以后，栾书又杀害了晋厉公，于是迎接孙周回国，将他立为新君，那就是晋悼公。

长鱼矫胁栾中行

　　长鱼矫既杀三郤^①，乃胁栾、中行而言于公曰^②：
"不杀此二子者，忧必及君。"公曰："一旦而尸三卿，
不可益也。"对曰："臣闻之，乱在内为宄，在外为奸，
御宄以德，御奸以刑。今治政而内乱，不可谓德。除鲠
而避强，不可谓刑。德刑不立，奸宄并至，臣脆弱，不
能忍俟也。"乃奔狄^③。三月，厉公弑。

【注释】
　　① 长鱼矫：晋国大夫，厉公的近臣。
　　② 栾：栾书。中行：中行偃，也称中行献子，晋国大夫。
　　③ 狄：指邻近晋国的一个少数民族邦国。

【译文】
　　长鱼矫杀了三郤以后，又劫持了栾书、中行偃，对晋厉公说：
"假如不杀掉这两个人，忧患必然会降临到国君身上。"厉公说："一
天之内已经使三位卿陈尸示众，不能再多杀了。"长鱼矫回答说：
"我听说，祸乱发生在内叫做宄，发生在外叫做奸，制止内乱要用
德教，消除外乱要用刑罚。如今掌握国政而发生内乱，不能说是有
德。要除祸害却避开强暴之徒，不可称之为威刑。德教和刑罚都没
有建立，内乱外乱就会一起发生，小臣脆弱，不能再这样耽下去
了。"于是就亡命到了狄国。过了三个月，晋厉公就被杀害了。

韩献子不从栾中行召

栾武子、中行献子围公于匠丽氏^①，乃召韩献子^②，献子辞曰："弑君以求威，非吾所能为也。威行为不仁，事废为不智，享一利亦得一恶，非所务也。昔者吾蓄于赵氏^③，赵孟姬之谗^④，吾能违兵。人有言曰：'杀老牛莫之敢尸。'而况君乎？二三子不能事君，安用厥也！"中行偃欲伐之，栾书曰："不可。其身果而辞顺。顺无不行，果无不彻，犯顺不祥，伐果不克，夫以果戾顺行，民不犯也，吾虽欲攻之，其能乎！"乃止。

【注释】
① 栾武子：即栾书。中行献子：即中行偃。匠丽氏：晋厉公的嬖臣。
② 韩献子：即韩厥。
③ 赵氏：指赵盾。
④ 孟姬：赵盾儿子赵朔的妻子，晋景公的姐姐。孟姬之谗：指鲁成公八年(前583)孟姬向晋景公进谗言，杀害赵同、赵括一事。

【译文】
栾武子、中行献子把晋厉公包围在匠丽氏家，然后召见韩献子，韩献子拒绝说："杀害国君来立威，这是我所不能做的。对国君施威是不仁，办事不成是不明智。虽然得到一种好处，但也得了一个恶名，这我不能干。从前我在赵氏家里养大，孟姬进谗言陷害赵氏，我能顶住不出兵。人们有一句俗话说:'即使杀一头老牛，尚且没有人愿意作主。'更何况要杀的是国君呢? 你们几位既然不愿事奉国君，何必要用我韩厥呢!"中行偃准备讨伐韩献子，栾书说:"不行。韩厥办事果断，说话有道理。有道理办事没有行不通的，办事果断没有达不到目的的。违犯了道理不吉祥，讨伐果断的人不会成功。他果断而又顺理行事，百姓不会违犯他，我们虽然想进攻他，能办得到吗?"于是便取消讨伐。

卷十三　晋语　七

栾武子立悼公

既弑厉公，栾武子使智武子、彘恭子如周迎悼公[①]。庚午，大夫逆于清原[②]。公言于诸大夫曰："孤始愿不及此，孤之及此，天也。抑人之有元君，将禀命焉。若禀而弃之，是焚谷也；其禀而不材，是谷不成也。谷之不成，孤之咎也；成而焚之，二三子之虐也。孤欲长处其愿，出令将不敢不成，二三子为令之不从，故求元君而访焉。孤之不元，废也，其谁怨？元而以虐奉之，二三子之制也。若欲奉元以济大义，将在今日；若欲暴虐以离百姓，反易民常，亦在今日。图之进退，愿由今日。"大夫对曰："君镇抚群臣而大庇荫之，无乃不堪君训而陷于大戮，以烦刑、史[③]，辱君之允令，敢不承业。"乃盟而入。

辛巳，朝于武宫[④]。定百事，立百官，育门子，选贤良，兴旧族，出滞赏，毕故刑，赦囚系，宥闲罪，荐积德，逮鳏寡，振废淹，养老幼，恤孤疾，年过七十，公亲见之，称曰王父，敢不承。

【注释】

　　① 智武子：即智䓨。彘恭子：即士鲂，士会的儿子。食邑在彘，恭

是他的谥号。悼公：晋悼公，即前文的孙周。

②　清原：晋地名，在今山西稷山东南。

③　刑：指掌管刑法的官。史：负责记事的史官。

④　武宫：晋武公的庙。

【译文】

　　在杀害晋厉公以后，栾武子派荀罃、士鲂到周都迎接晋悼公。庚午那天，大夫们都到清原去迎接。晋悼公对大夫们说：“我本来没想到能有今天，现在即位为君，这是天命。臣民所以要拥立贤明的国君，想来就是为了接受国君的命令。假如接受了命令又不听从，那就好比把谷子烧掉；如果得到的命令不合理，那好比谷子没有成熟。谷子没有成熟，那是寡人的罪过；谷子成熟了却将它烧掉，那就是你们的暴虐了。我想长久地维持君位，发号施令不敢不成熟，你们大家发布命令百姓不听从，所以要求助于明君。寡人如果不成器，被废除君位的话，那又能怨谁呢？如果国君贤明而你们暴虐地对待他，那就是你们太专横了。如果想拥立贤君以成大义，就在今天；如果想施行暴虐使百姓离散，颠倒百姓事奉国君的常法，也在今天。你们好好图谋一下，是尊奉我为国君还是废黜我，今天都由你们决定。”大夫们回答说：“国君安抚群臣而且大力保护我们，只怕我们不能很好地接受国君的训令，从而陷于犯罪而被处死，以至于麻烦法官、史官来为我们定罪记过，有辱国君的信令。我们怎敢不受命奉事呢？”于是就订结盟约，进入了国都。

　　辛巳那天，悼公到武公庙朝祭。议定国家大事，任命百官，培育大夫的嫡子，选用贤良，提拔旧臣的子孙，补赏前朝的有功之臣，停止过去的刑罚，大赦囚犯，对嫌疑犯予以宽免，录用积德的人，救济鳏夫寡妇，起用被废黜不用的贤才，抚养老人儿童，抚恤孤儿残疾，年过七十的老人，悼公亲自接见，敬称他们为王父，那些老人们都乐于服从命令。

悼 公 即 位

二月乙酉，公即位。使吕宣子将下军①，曰："邲之役，吕锜佐智庄子于上军②，获楚公子谷臣与连尹襄老③，以免子羽④。鄢之役，亲射楚王而败楚师，以定晋国而无后，其子孙不可不崇也。"使彘恭子将新军，曰："武子之季、文子之母弟也⑤。武子宣法以定晋国，至于今是用。文子勤身以定诸侯，至于今是赖。夫二子之德，其可忘乎！"故以彘季屏其宗⑥。使令狐文子佐之⑦，曰："昔克潞之役⑧，秦来图败晋功，魏颗以其身却退秦师于辅氏⑨，亲止杜回⑩，其勋铭于景钟⑪。至于今不育，其子不可不兴也。"

君知士贞子之帅志博闻而宣惠于教也⑫，使为太傅⑬。知右行辛之能以数宣物定功也⑭，使为元司空⑮。知栾纠之能御以和于政也⑯，使为戎御。知荀宾之有力而不暴也⑰，使为戎右。

栾伯请公族大夫⑱，公曰："荀家惇惠⑲，荀会文敏⑳，黡也果敢㉑，无忌镇静㉒，使兹四人者为之。夫膏粱之性难正也，故使惇惠者教之，使文敏者导之，使果敢者谂之，使镇静者修之。惇惠者教之，则遍而不倦；

文敏者导之，则婉而入；果敢者谂之，则过不隐；镇静者修之，则壹。"使兹四人者为公族大夫。

公知祁奚之果而不淫也㉓，使为元尉㉔。知羊舌职之聪敏肃给也㉕，使佐之。知魏绛之勇而不乱也㉖，使为元司马㉗。知张老之智而不诈也㉘，使为元候㉙。知铎遏寇之恭敬而信强也㉚，使为舆尉㉛。知籍偃之惇帅旧职而恭给也㉜，使为舆司马㉝。知程郑端而不淫㉞，且好谏而不隐也，使为赞仆㉟。

【注释】

① 吕宣子：吕相，宣是他的谥号。

② 吕锜：吕相的父亲。智庄子：即荀首，晋国下军大夫，食邑在智。

③ 谷臣：楚庄王的儿子。连尹：官名。春秋时楚国主射官。襄老：楚臣。

④ 子羽：智庄子的儿子，名智罃，子羽是他的字。在邲之战时，子羽被楚军俘虏，晋军也俘获了楚公子谷臣，射死了连尹襄老，后晋国以谷臣和襄老的尸体作为交换，换回子羽。

⑤ 武子：范武子，名士会，士鲂的父亲。文子：范文子，名士燮，士鲂的哥哥。

⑥ 彘季：即彘恭子，因他是士会的小儿子，故又称彘季。

⑦ 令狐：晋地名，在今山西临猗西。文子：魏颗的儿子魏颉。因食邑在令狐，文子是他的谥号，故称令狐文子。

⑧ 潞：邻近晋国的狄族邦国名。

⑨ 魏颗：令狐文子的父亲。辅氏：晋地名，在今陕西大荔东。

⑩ 杜回：秦国的大力士。

⑪ 景钟：景公钟。

⑫ 士贞子：即士渥浊，士穆子的儿子。

⑬ 太傅：官名。辅导王子的官。

⑭ 右行辛：贾辛，晋国大夫。

⑮ 司空：官名。负责掌管工程建筑等。

⑯ 栾纠：即弁纠，晋国大夫。

⑰ 荀宾：晋国大夫。

⑱ 公族大夫：官名，掌管教育公族与卿的子弟。

⑲ 荀家：晋国大夫。

⑳ 荀会：荀家的族人。

㉑ 黡：栾书的儿子栾桓子。

㉒ 无忌：韩厥的儿子公族穆子。

㉓ 祁奚：晋国大夫，字黄羊。

㉔ 元尉：中军尉。

㉕ 羊舌职：晋国大夫。

㉖ 魏绛：魏颗的弟弟，晋国大夫。

㉗ 元司马：中军司马。

㉘ 张老：即张孟，晋国大夫。

㉙ 元候：中军负责侦探谍报的官。

㉚ 铎遏寇：晋国大夫。

㉛ 舆尉：上军尉。

㉜ 籍偃：即籍游，晋国大夫。

㉝ 舆司马：上军司马。

㉞ 程郑：晋国大夫。

㉟ 赞仆：官名，乘马御。

【译文】

　　二月乙酉那天，晋悼公即位。任命吕宣子为下军元帅，说："在邲之战中，吕锜在上军辅佐智庄子，俘获了楚国公子谷臣与连尹襄老，才使子羽免难归国。在鄢陵之战中，吕锜亲自射中了楚恭王的眼睛，打败了楚军，安定了晋国，而他的后代却没有当大官的，他的子孙不能不提拔。"任命郤恭子为新军元帅，说："他是范武子的小儿子，范文子的同母兄弟。范武子申明法令，安定了晋国，直到今天还在用他的法令。范文子劳苦身子，平定了诸侯，直到今天还仰赖他的功劳。这两个人的功德，难道可以忘记吗？"因此让郤季卫护他的宗族。任命令狐文子为新军副帅，说："在以前战胜潞国的战役中，秦国曾图谋打败晋国，魏颗亲自在辅氏击退了秦军，俘虏了杜回，他的功勋铭刻在景公钟上。直到今天后代还没得到举荐，他的儿子不能不起用。"

悼公知道士贞子专心致志，博学多闻，而且致力于教育，让他任太傅。知道右行辛擅长计算，明白物理而成就功业，让他任司空。知道栾纠善于驾车来配合军政，让他任国君战车的御者。知道荀宾力气大而不暴虐，让他任车右。

栾伯请求委任公族大夫，悼公说："荀家朴实宽厚，荀会好学聪明，栾黡果敢决断，无忌沉着镇定，让这四个人当公族大夫。那些富家子弟生性骄横难以矫正，所以让朴实宽厚的人教育他们，让好学聪明的人辅导他们，让果敢决断的人告诫他们，让沉着镇定的人修正他们。由朴实宽厚的人教育他们，就会变得虑事周全而不懈怠；由好学聪明的人辅导他们，就会变得柔顺而明事理；由果敢决断的人告诫他们，就会知道过失而不隐瞒；由沉着镇定的人修正他们，就会变得稳重专一。"于是让这四个人任公族大夫。

悼公知道祁奚果断而不过度，让他任中军尉。知道羊舌职聪明敏捷，让他辅佐祁奚。知道魏绛勇敢而不乱纪，让他任中军司马。知道张老智慧而不欺诈，让他任中军的候正。知道铎遏寇恭敬而诚实坚强，让他任上军尉。知道籍偃忠于职守而恭顺有礼，让他任上军司马。知道程郑端庄不邪，而且敢于进谏，毫不隐瞒，让他任赞仆。

悼公始合诸侯

始合诸侯于虚杅以救宋①，使张老延君誉于四方，且观道逆者。吕宣子卒②，公以赵文子为文也③，而能恤大事，使佐新军。三年④，公始合诸侯。四年，诸侯会于鸡丘⑤，于是乎布命、结援、修好、申盟而还。令狐文子卒⑥，公以魏绛为不犯，使佐新军。使张老为司马，使范献子为候奄⑦。公誉达于戎⑧。五年，诸戎来请服，使魏庄子盟之⑨，于是乎始复霸。

四年，会诸侯于鸡丘，魏绛为中军司马，公子扬干乱行于曲梁⑩，魏绛斩其仆。公谓羊舌赤曰⑪："寡人属诸侯，魏绛戮寡人之弟，为我勿失。"赤对曰："臣闻绛之志，有事不避难，有罪不避刑，其将来辞。"言终，魏绛至，授仆人书而伏剑。士鲂、张老交止之。仆人授公，公读书曰："臣诛于扬干，不忘其死。日君乏使，使臣狃中军之司马。臣闻师众以顺为武，军事有死无犯为敬，君合诸侯，臣敢不敬，君不说，请死之。"公跣而出，曰："寡人之言，兄弟之礼也。子之诛，军旅之事也，请无重寡人之过。"反役，与之礼食，令之佐新军。

【注释】

① 虚杅：宋地名，确址不详。旧传在今山东泗水县境。一说在今河南睢县。

② 吕宣子：即吕相。

③ 赵文子：即赵武，赵盾的孙子。

④ 三年：指晋悼公三年（前570）。

⑤ 鸡丘：晋地名，在今河北邯郸东南。

⑥ 令狐文子：即魏颉。

⑦ 范献子：即士匄，范文子的族弟。候奄：即元候，也叫候正，军中负责侦探谍报的官。

⑧ 戎：邻近晋国的少数民族。

⑨ 魏庄子：即魏绛。

⑩ 扬干：晋悼公的弟弟。曲梁：晋地名，在今河北邯郸东南鸡丘附近。

⑪ 羊舌赤：羊舌职的儿子，即铜鞮伯华。

【译文】

晋悼公初次会合诸侯是在虚杅，目的是援救宋国。他派遣张老到各诸侯国去宣扬国君的声誉，并且观察哪些诸侯是有德的，哪些诸侯是逆乱的。吕宣子死，悼公认为赵文子有文德，而且能够关心军国大事，便派他辅佐新军。悼公三年，悼公开始会合各国诸侯。悼公四年，诸侯在鸡丘会盟，于是就发布命令，缔结援助条约，加强友好，重申盟约，然后回国。令狐文子死，悼公认为魏绛军纪严整，派他辅佐新军。任命张老为司马，范献子为候奄。悼公的声誉传到了戎族部落。悼公五年，各戎族部落前来请求归服，悼公派魏庄子与他们结盟，于是晋国开始重新称霸诸侯。

悼公四年，在鸡丘会盟诸侯，当时魏绛任中军司马，公子扬干在曲梁扰乱了军队的行列，魏绛杀了他的车夫。悼公对羊舌赤说：“寡人会合诸侯，魏绛却羞辱寡人的弟弟，给我抓起来，不要让他跑掉。”羊舌职回答说：“我听说魏绛的志向，他遇事不避危难，有了罪过不避刑罚，恐怕他会自己来说明情况。”话刚说完，魏绛就到了，他把信交给仆人，就准备拔剑自刎。士鲂和张老一齐劝阻他。仆人把信交给了悼公，悼公读了他的信，内容说：“我惩罚扬干，知道犯了死罪。日前国君缺乏使唤的人，让我担任中军的司马。我听说军队服从命令才能显出力量，宁死不犯军法才是敬肃。君主会合诸侯，我怎敢不敬奉职守？君主为此不高兴，我愿请求一死。"悼公光着脚赶紧跑出来，说："寡人所说的话，是出于兄弟之礼。你对扬干的治罪，是按军法办事，请您不要加重寡人的过错。"从盟会回国后，悼公在太庙设宴招待魏绛，任命他为新军副帅。

祁奚荐子午以自代

祁奚辞于军尉，公问焉，曰："孰可?"对曰："臣之子午可[1]。人有言曰:'择臣莫若君，择子莫若父。'午之少也，婉以从令，游有乡，处有所，好学而不戏。其壮也，强志而用命，守业而不淫。其冠也[2]，和安而好敬，柔惠小物，而镇定大事，有直质而无流心，非义不变，非上不举。若临大事，其可以贤于臣。臣请荐所能择而君比义焉。"公使祁午为军尉，殁平公[3]，军无秕政。

【注释】
① 午：祁午，祁奚的儿子。
② 冠：指男子二十岁举行冠礼。
③ 平公：晋平公，名彪，公元前557至前532年在位。

【译文】
祁奚请求辞去军尉之职，晋悼公问他："谁可以接替你?"祁奚回答说："我的儿子祁午可以。人们说:'选择臣子莫如君主，选择儿子莫如父母。'祁午小时候，婉顺听话，外出游戏事先告诉父母去向，有事逗留告知场所，喜欢学习，不爱开玩笑。长大后，博闻强记，遵从父母的命令，能够坚守学业而不胡乱旁骛。二十岁举行冠礼之后，为人和气安详，恭敬有礼，对小事情表现出仁爱的态度，面临大事镇静不慌，性格质朴耿直而不放纵自己，不符合义的事不做，没有长上的命令不擅自行动。如果叫他处理国家大事，可以比我做得更好。请允许小臣推荐自己的儿子，由君王决定是否妥当。"于是悼公便委任祁午为军尉。一直到晋平公死，军队中没有出现过错误的政令。

魏绛谏悼公伐诸戎

　　五年①，无终子嘉父使孟乐因魏庄子纳虎豹之皮以和诸戎②。公曰:"戎、狄无亲而好得，不若伐之。"魏绛曰:"劳师于戎，而失诸华③，虽有功，犹得兽而失人也，安用之? 且夫戎、狄荐处，贵货而易土。予之货而获其土，其利一也; 边鄙耕农不儆，其利二也; 戎、狄事晋，四邻莫不震动，其利三也。君其图之!"公说，故使魏绛抚诸戎，于是乎遂伯。

【注释】
　　① 五年:晋悼公五年，公元前568年。
　　② 无终:邻近晋国的戎族邦国名。嘉父:无终国的国君。孟乐:无终国的大臣。魏庄子:即魏绛。
　　③ 华:华夏，指中原地区国家。

【译文】
　　晋悼公五年，无终国国君嘉父派孟乐通过魏绛的关系献虎豹皮，请求晋国与戎族各部落和好。悼公说:"戎人、狄人与我们没有亲缘恩义而贪得财货，不如讨伐它们。"魏绛说:"对戎人用兵，而失掉中原各国，即使成功，就像获得禽兽而失掉了人一样，有什么用处呢? 而且戎人、狄人聚族而居，重视财货而轻视土地。

给予它们财货而获得他们的土地，这是第一个好处；边境一带耕作的农民不再警戒担忧，这是第二个好处；戎人、狄人奉事晋国，四方的邻国没有不恐惧的，这是第三个好处。请君王仔细地考虑考虑。"悼公听了很高兴，便派魏绛安抚戎族各部落，于是就称霸天下。

悼公使韩穆子掌公族大夫

韩献子老，使公族穆子受事于朝①。辞曰："厉公之乱②，无忌备公族，不能死。臣闻之曰：'无功庸者，不敢居高位。'今无忌，智不能匡君，使至于难，仁不能救，勇不能死，敢辱君朝以忝韩宗，请退也。"固辞不立。悼公闻之，曰："难虽不能死君而能让，不可不赏也。"使掌公族大夫。

【注释】
　①穆子：韩厥的长子，名无忌，晋国的公族大夫。
　②厉公之乱：指鲁成公十八年（前573）栾书、中行偃杀害晋厉公的事件。

【译文】
　韩献子年老辞位，晋悼公让公族穆子继任卿位在朝中掌管政事。穆子推辞说："在厉公被杀时，我作为公族大夫，不能以身殉难。我听说：'没有功劳的人，不敢居于高位。'现在我论智慧不能匡正国君，使他遭到祸难，论仁义不能拯救君王，论勇气不能以身殉国，怎敢再玷辱君朝并辱没韩氏宗族呢？请允许我辞退。"一再推辞而不肯就任。悼公听说后，说："虽然不能为君殉难，但能谦让，不可以不奖赏。"就让他主管公族大夫。

悼公使魏绛佐新军

悼公使张老为卿^①，辞曰："臣不如魏绛。夫绛之智能治大官，其仁可以利公室不忘，其勇不疚于刑，其学不废先人之职。若在卿位，外内必平。且鸡丘之会^②，其官不犯而辞顺，不可不赏也。"公五命之，固辞，乃使为司马。使魏绛佐新军。

【注释】

① 张老：即张孟，晋国大夫。

② 鸡丘之会：指晋悼公四年（前569）悼公在鸡丘与诸侯会盟。

【译文】

晋悼公任命张老为卿，张老辞谢说："我不如魏绛。魏绛的智慧能胜任卿这样的大官，他的仁爱能够不忘记有利于国家，他的勇敢果断无愧于执法，他爱好学习能不废弃先人的职事。如果他担任卿的职位，无论内外都必然平安。而且在鸡丘之会上，他能居官严行执法，而言辞却很逊顺，因此不可不奖赏他。"悼公五次任命张老为卿，他都坚决推辞，于是便让他任中军司马。命魏绛为新军副帅。

悼公赐魏绛女乐歌钟

　　十二年①，公伐郑，军于萧鱼②。郑伯嘉来纳女、工、妾三十人③，女乐二八，歌钟二肆，及宝镈④，辂车十五乘⑤。公锡魏绛女乐一八、歌钟一肆，曰："子教寡人和诸戎、狄而正诸华，于今八年，七合诸侯，寡人无不得志，请与子共乐之。"魏绛辞曰："夫和戎、狄，君之幸也。八年之中，七合诸侯，君之灵也。二三子之劳也，臣焉得之？"公曰："微子，寡人无以待戎，无以济河，二三子何劳焉！子其受之。"君子曰："能志善也。"

【注释】
　　① 十二年：晋悼公十二年，公元前 561 年。
　　② 萧鱼：郑邑名，在今河南许昌附近。
　　③ 郑伯：郑简公，名嘉，前 565 至前 530 年在位。工：乐师。
　　④ 镈：古代青铜制的一种乐器，形状似钟而较小。
　　⑤ 辂车：大车。

【译文】
　　晋悼公十二年，悼公讨伐郑国，军队驻扎在萧鱼。郑简公嘉送来美女、乐师、妾三十人，女乐十六人，歌钟二架，以及珍贵的镈和辂车十五辆。悼公赐给魏绛女乐八人，歌钟一架，说："你教寡人与戎、狄各部落媾和，整顿中原各国，到现在八年之内，七次会合诸侯，寡人没有不得意的，请与你共同分享这些礼物。"魏绛辞谢说："与戎、狄部落媾和，这是君王的幸运。八年中间，七次会合诸侯，这是由于君王的威灵，以及其他各位大夫的功劳，我怎么能得到这些礼物呢？"悼公说："要是没有你，寡人是无法怀柔戎、狄的，也不能渡过黄河征服郑国，其他大夫们又有什么功劳呢！你还是接受吧。"君子评论说："悼公能记住别人的好处。"

司马侯荐叔向

悼公与司马侯升台而望曰①:"乐夫!"对曰:"临下之乐则乐矣,德义之乐则未也。"公曰:"何谓德义?"对曰:"诸侯之为,日在君侧,以其善行,以其恶戒,可谓德义矣。"公曰:"孰能?"对曰:"羊舌肸习于春秋②。"乃召叔向使傅太子彪③。

【注释】
①　司马侯:即汝叔齐,晋国大夫。
②　羊舌肸:即叔向,晋国大夫。
③　太子彪:晋悼公的太子,名彪,即后来的晋平公。

【译文】
晋悼公与司马侯一起登上高台眺望,说:"真快乐啊!"司马侯说:"居高临下观景的快乐是快乐了,然而,德义的快乐却还说不上。"悼公问道:"什么叫做德义?"司马侯回答说:"诸侯的所作所为,天天在国君的旁边,以他们的善行作为效法的榜样,以他们的恶行作为自己的鉴戒,可称得上德义了。"悼公问道:"怎么才能做到这样呢?"司马侯回答说:"叔向熟悉历史书籍。"于是悼公就召见叔向,叫他辅导太子彪。

阳平教平公灭栾氏

　　平公六年①，箕遗及黄渊、嘉父作乱②，不克而死。公遂逐群贼，谓阳毕曰③："自穆侯以至于今④，乱兵不辍，民志不厌，祸败无已。离民且速寇，恐及吾身，若之何？"阳毕对曰："本根犹树，枝叶益长，本根益茂，是以难已也。今若大其柯，去其枝叶，绝其本根，可以少闲。"

　　公曰："子实图之。"对曰："图在明训，明训在威权，威权在君。君抡贤人之后有常位于国者而立之，亦抡逞志亏君以乱国者之后而去之，是遂威而远权。民畏其威，而怀其德，莫能勿从。若从，则民心皆可畜。畜其心而知其欲恶，人孰偷生？若不偷生，则莫思乱矣。且夫栾氏之诬晋国久也，栾书实覆宗，弑厉公以厚其家，若灭栾氏，则民威矣，今吾若起瑕、原、韩、魏之后而赏立之⑤，则民怀矣。威与怀各当其所，则国安矣，君治而国安，欲作乱者谁与？"

　　君曰："栾书立吾先君⑥，栾盈不获罪⑦，如何？"阳毕曰："夫正国者，不可以曛于权，行权不可以隐于私。曛于权，则民不导；行权隐于私，则政不行。政不行，何以导民？民之不导，亦无君也，则其为暗与隐也，复害矣，且勤身。君其图之。若爱栾盈，则明逐群贼，而以国伦数而遣之，厚箴戒图以待之。彼若求逞志而报于君，罪孰大焉，灭之犹少。彼若不敢而远逃，乃厚其外交而勉之，以报其德，不亦可乎？"

公许诺，尽逐群贼而使祁午及阳毕适曲沃逐栾盈，栾盈出奔楚。遂令于国人曰："自文公以来有力于先君而子孙不立者，将授立之，得之者赏。"居三年，栾盈昼入，为贼于绛⑧。范宣子以公入于襄公之宫⑨，栾盈不克，出奔曲沃，遂刺栾盈，灭栾氏。是以没平公之身无内乱也。

【注释】

① 平公六年：晋平公六年，公元前 522 年。

② 箕遗、黄渊、嘉父：三人都是晋国大夫，是栾盈的党羽。

③ 阳毕：晋国大夫。

④ 穆侯：桓叔的父亲。

⑤ 瑕：瑕嘉。原：原轸。韩：韩万。魏：毕万，晋厉公灭魏，封毕万于魏。以上四人都有功于晋国。

⑥ 先君：指晋悼公。

⑦ 栾盈：即栾怀子，栾书的孙子，栾黡的儿子。

⑧ 绛：晋国首都，在今山西侯马市。

⑨ 范宣子：即范匄，晋国正卿。

【译文】

晋平公六年，箕遗、黄渊、嘉父发动叛乱，没有成功就被杀了。平公于是驱逐了他们的同党，对阳毕说："自从穆侯以来到现在，叛乱没有停止过，民心不足，祸乱不断。背弃百姓将招致外患，恐怕要落在我身上，怎么办？"阳毕回答说："祸乱的本根还树立在那里，枝叶越长，本根也就更加茂盛，因此祸乱难以止息。现在如果用大斧，砍去它的枝叶，断绝它的本根，可以稍微平息一下。"

平公说："请你设法谋划这件事。"阳毕回答说："谋划的关键在于有明确的教令，明确的教令在于是否有权威，权威掌握在国君手中。国君要选择那些世代对晋国有功的贤人的后代扶持起来，还要挑出那些肆意妄为损君乱国者的后代予以驱逐，这样就能申展国君的权威，使政权长存。百姓害怕国君的权威，怀念他的恩德，就没有不服从的了。如果都服从的话，那民心就可以培养教导了。培养教导民心而知道他们的欲望好恶，那谁还会苟且偷生呢？如果不苟且偷生，那民心就不会思乱了。而且栾氏欺罔晋国已经很久了，栾书颠覆了晋国的大宗，杀害了厉公增加了他自家的权势。如果消灭了栾氏，那百姓就害怕国君的权威了。现在如果重新起用瑕嘉、原轸、韩万、毕万的后代，赏赐扶持他们，那么百姓就会怀念君王的恩德。权威与怀恩各得其所的话，那国家就安定了，您治国而国家安定，尽管有想搞叛乱的人，又有谁来附和他呢？"

平公说："栾书曾拥立我的先君，栾盈本身也并没有犯罪，怎么能够灭绝栾氏呢？"阳毕回答说："治国的人，不能只图眼前的权宜之计，谋划国家大事，不可以因为有私恩便隐蔽罪过。只图眼前的权宜之计，百姓便得不到训导；因为有私恩便隐蔽罪过，政事便不能推行。政事不能推行，那用什么来训导人民？人民不可训导，也就等于没有君主一样。只图眼前权宜之计与由于私恩而隐蔽罪过，反而害国，而且还要劳苦君主。您好好考虑考虑吧。如果喜爱栾盈，那就公开驱逐他的同党，用治国的大道理说明他的罪过，然后把他打发走，严厉地规诫他，防备他图谋不轨。如果栾盈肆意妄为要报复您的话，那罪行就没有比它再大了，即使灭绝了他的宗族还嫌不够。如果他不敢谋反而逃到远方，那就给他所逃往的国家多送些礼物，请他们给予照顾，以此来报答他的恩德，这样做不是也可以吗？"

平公同意了阳毕的建议，驱逐了栾氏所有的党羽，并派祁午、阳毕到曲沃去驱逐栾盈，栾盈出奔到了楚国。平公于是对国人下令说:"自从晋文公以来,凡是对先君有功而他的子孙没有做官的,将授予爵位官职,能访得有功者子孙的给以奖赏。"过了三年,栾盈在大白天进入晋国,到首都绛城作乱。范宣子把平公送到襄公的祀庙去避难,栾盈没有成功,逃到曲沃,于是晋军杀死了栾盈,灭掉了栾氏的族党。因此直到平公死,晋国没有发生过内乱。

辛俞从栾氏出奔

栾怀子之出①，执政使栾子之臣勿从②，从栾氏者为大戮施。栾氏之臣辛俞行③，吏执之，献诸公。公曰："国有大令，何故犯之？"对曰："臣顺之也，岂敢犯之？执政曰'无从栾氏而从君'，是明令必从君也。臣闻之曰：'三世事家，君之；再世以下，主之。'事君以死，事主以勤，君之明令也。自臣之祖，以无大援于晋国，世隶于栾氏，于今三世矣，臣故不敢不君。今执政曰'不从君者为大戮'，臣敢忘其死而叛其君，以烦司寇。"公说，固止之，不可，厚赂之。辞曰："臣尝陈辞矣，心以守志，辞以行之，所以事君也。若受君赐，是堕其前言。君问而陈辞，未退而逆之，何以事君？"君知其不可得也，乃遣之。

【注释】

① 栾怀子：即栾盈。
② 执政：指正卿范宣子。
③ 辛俞：栾盈的家臣。

【译文】

栾盈出奔到楚国，执政的范宣子下令栾氏的家臣不得随从，随从栾氏的一律杀戮，陈尸示众。栾氏的家臣辛俞追随栾盈出奔，被官吏抓住，献给了晋平公。平公说："国家有禁令，你为什么要触犯它？"辛俞回答说："我是服从命令，哪里敢触犯它呢？执政说'不要跟从栾氏，而要跟从国君'，这是明确规定必须服从国君。我听说：'三代为大夫的家臣，要事奉大夫如国君，两代以下，要事奉大夫如主人。'事奉国君要不惜以死殉职，事奉主人要勤勉尽责，这是国君明确的命令。从我的祖父起，因为在晋国没有多大的依靠，世代隶属于栾氏，到现在已经三代了，我因此不敢不把栾氏当作国君来看待。如今执政说'不随从国君的要杀戮'，我怎敢忘掉死而背叛我的君主，来麻烦司法官呢？"平公听了很高兴，一再制止他跟随栾氏，辛俞不肯，便用厚礼来笼络他，辛俞辞谢说："我已经陈述过了，人心是用来守住志向的，言辞要付诸实行，这样才能事奉君主。如果接受了您的赏赐，那就毁坏了我先前说过的话。您问起来我是这样陈述的，还未退下就违背了它，那凭什么来事奉您呢？"平公知道不可能得到辛俞，于是便放他走了。

叔向母谓羊舌氏必灭

叔鱼生[①]，其母视之，曰："是虎目而豕喙，鸢肩而牛腹，溪壑可盈，是不可餍也，必以贿死。"遂不视。杨食我生[②]，叔向之母闻之，往，及堂，闻其号也，乃还，曰："其声，豺狼之声，终灭羊舌氏之宗者，必是子也。"

【注释】
① 叔鱼：即羊舌鲋，叔向的同母弟弟，晋国大夫。
② 杨食我：叔向的儿子，名伯石。叔向的封邑在杨，故以此作为子孙的姓氏。

【译文】
叔鱼刚生下来，他的母亲仔细看后，说："这孩子虎眼猪嘴，鹰肩牛腹，溪壑尚有盈满的时候，他的欲望却不会满足，将来必然为贪财受贿而死。"于是就不亲自养育。杨食我出生的时候，叔向的母亲闻讯前往看望，刚走到堂前，听到婴儿的哭声就往回走，说："这哭声像是豺狼的叫声，最终使羊舌氏一族灭亡的，一定是这个孩子了。"

叔孙穆子论死而不朽

鲁襄公使叔孙穆子来聘^①，范宣子问焉，曰：“人有言曰‘死而不朽’，何谓也？”穆子未对。宣子曰：“昔匄之祖^②，自虞以上为陶唐氏^③，在夏为御龙氏^④，在商为豕韦氏^⑤，在周为唐、杜氏^⑥。周卑，晋继之，为范氏，其此之谓也？”对曰：“以豹所闻，此之谓世禄，非不朽也。鲁先大夫臧文仲^⑦，其身殁矣，其言立于后世，此之谓死而不朽。”

【注释】

①　叔孙穆子：叔孙豹，鲁国的卿。

②　匄：范匄，即范宣子。

③　虞：虞舜，相传舜是有虞部落的首领，故史称虞舜。陶唐氏：即尧，尧最初居于陶，后封在唐，故史称陶唐氏。

④　御龙氏：陶唐氏的后代，传说夏代时刘累学养龙，以事孔甲，孔甲赐姓为御龙氏。

⑤　豕韦氏：尧的后代，在商时为豕韦氏。

⑥　唐、杜：二国名。豕韦氏在商末改国号为唐，周成王灭唐后迁至杜，称杜伯。

⑦　臧文仲：鲁国的卿。

【译文】

鲁襄公派叔孙穆子出使晋国，范宣子问他说：“古人有句话说

'死而不朽'，这是什么意思呢？"穆子没有回答。范宣子说："从前我的祖先，在虞舜以前是陶唐氏，在夏朝时是御龙氏，在商朝是豕韦氏，在周朝是唐、杜氏。周王室衰微以后，晋国继为盟主，叫做范氏。所谓'死而不朽'，恐怕就是指此而言吧？"穆子回答说："据我所听到的，这叫做世代享有禄位，并非不朽。鲁国已故大夫臧文仲，他身虽死，言论还流传在后世，这才叫做'死而不朽'。"

范宣子与和大夫争田

范宣子与和大夫争田[①]，久而无成。宣子欲攻之，问于伯华[②]。伯华曰："外有军，内有事。赤也，外事也，不敢侵官。且吾子之心有出焉，可征讯也。"问于孙林甫[③]，孙林甫曰："旅人，所以事子也，唯事是待。"问于张老，张老曰："老也以军事承子，非戎，则非吾所知也。"问于祁奚，祁奚曰："公族之不恭，公室之有回，内事之邪，大夫之贪，是吾罪也。若以君官从子之私，惧子之应且憎也。"问于籍偃[④]，籍偃曰："偃也以斧钺从于张孟，日听命焉，若夫子之命也，何二之有？释夫子而举，是反吾子也。"问于叔鱼，叔鱼曰："待吾为子杀之。"

叔向闻之，见宣子曰："闻子与和未宁，遍问于大夫，又无决，盍访之訾祐[⑤]。訾祐实直而博，直能端辨之，博能上下比之，且吾子之家老也。吾闻国家有大事，必顺于典刑，而访谘于耇老，而后行之。"司马侯见[⑥]，曰："吾闻子有和之怒，吾以为不信。诸侯皆有二心，是之不忧，而怒和大夫，非子之任也。"祁午见，曰："晋为诸侯盟主，子为正卿，若能靖端诸侯，使服听命于晋，晋国其谁不为子从，何必和？盍密和，和大以平小乎！"

宣子问于訾祏，訾祏对曰："昔隰叔子违周难于晋国⑦，生子舆为理⑧，以正于朝，朝无奸官；为司空，以正于国，国无败绩。世及武子⑨，佐文、襄为诸侯⑩，诸侯无二心。及为卿，以辅成、景⑪，军无败政。及为成师⑫，居太傅，端刑法，缉训典，国无奸民，后之人可则，是以受随、范⑬。及文子成晋、荆之盟⑭，丰兄弟之国，使无有间隙，是以受郇、栎⑮。今吾子嗣位，于朝无奸行，于国无邪民，于是无四方之患，而无外内之忧，赖三子之功而飨其禄位。今既无事矣，而非和，于是加宠，将何治为？"宣子说，乃益和田而与之和。

【注释】

① 和大夫：晋国和邑的大夫。

② 伯华：即羊舌赤，伯华是他的字。

③ 孙林甫：即孙文子，原为卫国大夫，后因内乱叛卫至晋。

④ 籍偃：即籍游，晋国上军司马。

⑤ 訾祏：范宣子的家臣。

⑥ 司马侯：即汝叔齐，晋国大夫。

⑦ 隰叔子：杜伯的儿子。周宣王杀杜伯，隰叔子避难至晋国。

⑧ 子舆：即士蒍，字子舆，晋国大夫。

⑨ 武子：即范武子，名士会，是士蒍的孙子。

⑩ 文、襄：晋文公、晋襄公。

⑪ 成、景：晋成公、晋景公。

⑫ 成：当为"景"。韦昭注："此'成'当为'景'字误耳。鲁宣九年，晋成公卒，至十六年，晋景公请于王，以黻冕命士会将中军，且为太傅。"

⑬ 随、范：晋邑名，士会的封邑。他初封随，故称随武子，后改封

范，故称范武子。随在今山西介休东南。范，其地不详。顾栋高《春秋大事表》认为在山东范县(今已废)，但不可信、

⑭ 文子：范文子，名士燮。晋、荆之盟：指鲁成公十二年(前579)晋国派范文子至宋国西门之外和楚国结盟。

⑮ 郇、栎：晋国邑名，范文子的封邑。郇在今山西临猗西南。栎在今河北，顾祖禹《读史方舆纪要》谓在临潼北，不可信。

【译文】

范宣子与和大夫争讼田地的边界，很久没有解决争端。宣子想攻打他，询问伯华。伯华说："对外有军事行动，对内有政事。我是管对外军事行动的，不敢侵犯职权干涉内政。您如果有心对外用兵，可以把我召来询问。"问到孙林甫，孙林甫说："我是客居晋国的人，是事奉您的，只等待着为您做事。"问到张老，张老说："我从军事上辅佐您，不是军事问题，就不是我所知道的了。"问到祁奚，祁奚说："公族中有不恭敬的事，公室中有不公正的事，朝廷里的事不正当，大夫们贪得无厌，这是我的罪过。如果作为国君的官而给您办私事，那么恐怕您表面上应承我，而内心却要憎恨我。"问到籍偃，籍偃说："我是为张老执掌刑法的，每天都听他的命令，如果是他的命令，那还有什么二话可说的？丢开张老的命令而擅自行动，那也就违反了您的命令。"问到叔鱼，叔鱼说："等我替你杀了他。"

叔向听说后，去见宣子说："听说您与和大夫的事没有平息，问遍了大夫们，仍没有一个解决办法，何不去询访詧祏。詧祏正直而且知识渊博，正直就能公正地分辨是非，知识渊博就能上下进行比较，而且他又是您的老家臣。我听说国家发生大事，一定要遵循常规办事，还要寻访咨询年老的长者，然后才能行动。"司马侯来进见宣子，说："我听说您对和大夫很恼怒，我不相信有这回事。诸侯们对晋国有二心，您不忧虑这个，反而恼怒和大夫，这不是您应该做的。"祁午来进见，说："晋国是诸侯的盟主，您是正卿，如果能够平定端正诸侯，使他们归顺听从晋国的命令，那晋国还有谁不听从您，岂止是和大夫呢？何不同他亲密和好，用大德来平息小怨呢！"

　　宣子问到訾祏，訾祏回答说："从前隰叔子躲避周难到了晋国，生下子舆当了法官，整肃朝政，朝廷没有奸佞的官员；当了司空，治理国家，国家没有败坏的功业。传到范武子，辅佐文公、襄公称霸诸侯，诸侯没有二心。等做了卿，辅佐成公、景公，军队中没有败坏的政事。及至做了景公的军师，官居太傅，端正刑法，汇合训导的法规，国中没有奸刁的百姓，后人可以遵从效法，因此受封随、范二邑。到范文子时，完成了晋、楚的会盟，加深了兄弟国家间的友谊，使各国之间没有嫌隙，因此受封郇、栎二邑。现在您继承了职位，在朝中没有奸诈的行为，国内没有邪恶的百姓，此时四方没有灾害，又没有外患内忧，仰赖着三位先辈的功劳享受禄位。如今国家太平无事，您却怨恨和大夫，如果此时君王加宠于您，您将怎样治理国事呢？"宣子听了很高兴，于是就多给和大夫田地与他和好。

訾祏死范宣子勉范献子

訾祏死，范宣子谓献子曰^①："鞅乎！昔者吾有訾祏
也，吾朝夕顾焉，以相晋国，且为吾家。今吾观女也，
专则不能，谋则无与也，将若之何？"对曰："鞅也，居
处恭，不敢安易，敬学而好仁，和于政而好其道，谋于
众不以贾好，私志虽衷，不敢谓是也，必长者之由。"
宣子曰："可以免身。"

【注释】
　　① 献子：范献子，名鞅，是范宣子的儿子。

【译文】
　　訾祏死了，范宣子对范献子说："范鞅呀，以前我有訾祏作为
谋臣，我早晚都要询问他，来辅佐晋国，同时也为了自己的家族。
如今我看你，独自不能办事，要商量又没有人，你打算怎么办？"
献子说："我呀，平时处事要恭恭敬敬，不敢草率，贪图安逸，认
真学习而喜爱仁义，和洽搞好政事而遵循正道，有事和大家商量，
而不是以此求得好感，自己的想法虽然好，但不敢自以为是，一
定要听从长者的意见。" 宣子说："这样可以免遭祸害了。"

师 旷 论 乐

　　平公说新声①，师旷曰②："公室其将卑乎！君之明兆于衰矣。夫乐以开山川之风也，以耀德于广远也。风德以广之，风山川以远之，风物以听之，修诗以咏之，修礼以节之。夫德广远而有时节，是以远服而迩不迁。"

【注释】
　　① 平公：晋平公。新声：指郑、卫等地民间流行的新音乐。
　　② 师旷：晋国的乐师，名旷，字子野。

【译文】
　　晋平公喜欢一种新乐曲，师旷说："晋国恐怕要没落了吧！君王已经出现衰亡的征兆了。音乐是用来交流各地的风化的，以便将德行传播到广阔辽远的地方。宣扬德行来推广音乐，教化各地使音乐到达远方，使万物都受到音乐的感化，作诗来歌咏它，制礼来节制它。德行传播到四方，使劳作遵照时节，举动符合礼节，因此远方的人来归服，近处的人不迁居。"

叔向谏杀竖襄

平公射鹑①，不死，使竖襄搏之②，失。公怒，拘将杀之。叔向闻之，夕，君告之。叔向曰："君必杀之。昔吾先君唐叔射兕于徒林③，殪，以为大甲，以封于晋。今君嗣吾先君唐叔，射鹑不死，搏之不得，是扬吾君之耻者也。君其必速杀之，勿令远闻。"君忸怩，乃趣赦之。

【注释】

① 鹑：一种小鸟，即今所谓鹌鹑。
② 竖襄：竖是宫中的小臣，名襄。
③ 兕：犀牛。徒林：林名。

【译文】

晋平公射鹌鹑，没有射死，派竖襄去捕捉，也没捉到。平公大怒，把竖襄拘禁起来，准备杀掉。叔向听说后，晚上去见平公，平公把这件事告诉了叔向。叔向说："你一定要杀掉他。从前我们先君唐叔在徒林射犀牛，一箭就射死了，用它的皮做成一副大铠甲，所以被封于晋国。现在您继承了先君唐叔的王位，射鹌鹑没有射死，派人去捉也没有捉到，这是张扬我们君王的耻辱啊。君主一定要赶快杀掉他，不要让这件事传到远处去。"平公脸上露出羞愧的神色，于是赶快赦免了竖襄。

叔向论比而不别

叔向见司马侯之子①，抚而泣之，曰："自此其父之死，吾蔑与比而事君矣！昔者此其父始之，我终之，我始之，夫子终之，无不可。"籍偃在侧，曰："君子有比乎？"叔向曰："君子比而不别。比德以赞事，比也；引党以封己，利己而忘君，别也。"

【注释】
① 司马侯：即汝叔齐，晋国大夫。

【译文】
叔向看到司马侯的儿子，抚摸着他哭了，说："自从他的父亲死后，再也没有和我协力合作去事奉国君的人了。以前他父亲倡导于前，我完成于后；我倡导于前，他父亲完成于后，没有办不成的事。"这时籍偃在旁边，说："君子也相互接近的吗？"叔向回答说："君子并肩合作，但不别为朋党。同德同心，遇事互相帮助，这叫做'比'；拉拢同党以自肥，营私利己而忘记君王，这叫做'别'。"

叔向与子朱不心竞而力争

秦景公使其弟铖来求成①，叔向命召行人子员②。行人子朱曰③："朱也在此。"叔向曰："召子员。"子朱曰："朱也当御。"叔向曰："肸也欲子员之对客也④。"子朱怒曰："皆君之臣也，班爵同，何以黜朱也？"抚剑就之。叔向曰："秦、晋不和久矣，今日之事幸而集，子孙飨之。不集，三军之士暴骨。夫子员导宾主之言无私，子常易之。奸以事君者，吾所能御也。"拂衣从之，人救之。平公闻之曰⑤："晋其庶乎！吾臣之所争者大。"师旷侍，曰："公室惧卑，其臣不心竞而力争。"

【注释】

① 秦景公：秦国国君，据《史记·秦本纪》集解引《世本》名后伯东，公元前 576 至前 537 年在位。铖：秦景公的弟弟。

② 行人：掌朝觐聘问的外交官。子员：晋国外交官。

③ 子朱：晋国外交官。

④ 肸：羊舌肸，即叔向。

⑤ 平公：晋平公。

【译文】

秦景公派他的弟弟铖到晋国订立盟约，叔向命令把行人子员召来。行人子朱说:"我子朱也在这里。"叔向仍说:"把子员召来。"子朱说:"我子朱是当班值日的。"叔向说:"我想叫子员来应接宾客。"子朱发怒说:"我和子员都是君王的臣子,官爵职位都相同,为什么要贬斥我呢?"说完就拿着剑挺身向前。叔向说:"秦、晋两国邦交不和已经很久了,今天的事情幸而能够成功,子子孙孙都享其福,不成功的话,三军将士将暴骨沙场。子员传答宾主两国的话没有私心,而你却常常改变原意。一个用奸诈之术来事奉国君的人,我是能加以抵御的。"说着提起衣襟就上前搏斗,人们把他们拉开了。平公听说这件事后,说:"晋国应该要大治了吧!我的臣下所争论的都是国家大事。"师旷在一旁侍候,说:"公室的地位恐怕要衰落了,因为这两位大臣不是斗智而是斗力。"

叔向论忠信而本固

诸侯之大夫盟于宋，楚令尹子木欲袭晋军[1]，曰："若尽晋师而杀赵武[2]，则晋可弱也。"文子闻之[3]，谓叔向曰："若之何？"叔向曰："子何患焉。忠不可暴，信不可犯，忠自中，而信自身，其为德也深矣，其为本也固矣，故不可拐也。今我以忠谋诸侯，而以信覆之，荆之逆诸侯也亦云，是以在此。若袭我，是自背其信而塞其忠也。信反必毙，忠塞无用，安能害我？且夫合诸侯以为不信，诸侯何望焉。为此行也，荆败我，诸侯必叛之，子何爱于死，死而可以固晋国之盟主，何惧焉？"是行也，以藩为军，攀辇即利而舍，候遮扞卫不行，楚人不敢谋，畏晋之信也。自是没平公无楚患。

【注释】
　　① 子木：名屈建。
　　② 赵武：即赵文子，晋国正卿。
　　③ 文子：赵文子。

【译文】
　　各诸侯国的大夫在宋国会盟，楚国的令尹子木想偷袭晋军，

说:"如果消灭晋军,杀了赵武,那么晋国就可以削弱了。"赵武
听说后,对叔向说:"怎么办?"叔向回答说:"你担心什么呢? 忠
诚就不会被侵暴,信义就不怕别人陵犯。忠诚出自内心,信义出
于自身,它们作为道德来说够深厚的了,作为根基来说够坚固的
了,所以是不可动摇的。现在我们忠心为诸侯作打算,用守信义
去证明我们的忠诚,楚国迎接诸侯时也是这么说的,因此在这里
结盟。如果楚国偷袭我们,那就自己违背了信义而自绝了忠诚。
背弃信义必然垮台,自绝忠诚诸侯就不能为其所用,怎么能对我
们造成危害呢? 况且会合诸侯而不讲信义,那诸侯们还指望什么
呢? 这一次前去,即使楚国打败了我们,诸侯们也一定会背叛他
们,你何必如此贪恋生命呢。如果死了可以巩固晋国的盟主地位,
有什么可害怕的呢?"在这次行动中,晋军只设藩篱为营,牵引战
车到水草便利的地方驻扎,白天不用瞭望和掩蔽,夜里不设岗哨
捍卫,楚国没敢图谋晋军,是因为害怕晋军讲信义。从这之后直
到晋平公死,始终没有楚国挑起的战患。

叔向论务德无争先

宋之盟^①，楚人固请先歃^②。叔向谓赵文子曰："夫霸王之势，在德不在先歃，子若能以忠信赞君，而裨诸侯之阙，歃虽在后，诸侯将载之，何争于先？若违于德而以贿成事，今虽先歃，诸侯将弃之，何欲于先？昔成王盟诸侯于岐阳^③，楚为荆蛮，置茅蕝^④，设望表^⑤，与鲜卑守燎^⑥，故不与盟。今将与狎主诸侯之盟，唯有德也，子务德无争先，务德，所以服楚也。"乃先楚人。

【注释】
　　① 宋之盟：指鲁襄公二十七年(前546)诸侯国在宋会盟，签订停战和约。
　　② 歃：歃血。指口含牲畜的血。一说，以指蘸血，涂于口旁。是古代订盟时的一种仪式。
　　③ 成王：周成王。岐阳：岐山的南面，岐山在今陕西岐山县东北。
　　④ 茅蕝：古代滤酒时用的茅束。
　　⑤ 望表：祭祀山川时所立的木制牌位。
　　⑥ 鲜卑：古代东北方的少数民族。燎：庭燎，庭院中点燃的柴薪。

【译文】
　　在宋国那次会盟中，楚国代表坚决请求领先歃血盟誓。叔向对赵文子说："霸主的威势，关键在于德行，而不在于谁领先歃血，如果你能用忠信来辅佐国君，补救诸侯的缺失，即使歃血在后，各国的诸侯也都会拥戴你，何必一定要争先呢？如果违背德行，而靠财货来成就事情，今天即使领先歃血，到头来各国的诸侯也都会抛弃你，何必一定想要领先呢？以前周成王在岐山的南面与诸侯会盟，楚国被认为是荆蛮，只负责放置茅草束，设立望表，与鲜卑一起守候庭院中点燃的火堆，还不能参与盟会。而现在他们竟然能够和我们晋国轮流着主持诸侯的盟会，那只是因为楚国积德的缘故啊。你要努力修德，不必去争谁先歃血，只有努力修德，才能压倒楚国。"于是就让楚国先歃血。

赵文子请免叔孙穆子

虢之会①，鲁人食言，楚令尹围将以鲁叔孙穆子为戮②，乐王鲋求货焉不予③。赵文子谓叔孙曰："夫楚令尹有欲于楚，少懦于诸侯。诸侯之故，求治之，不求致也。其为人也，刚而尚宠，若及，必不避也。子盍逃之？不幸，必及于子。"对曰："豹也受命于君④，以从诸侯之盟，为社稷也。若鲁有罪，而受盟者逃，必不免，是吾出而危之也。若为诸侯戮者，鲁诛尽矣，必不加师，请为戮也。夫戮出于身实难，自他及之何害？苟可以安君利国，美恶一心也。"

文子将请之于楚，乐王鲋曰："诸侯有盟未退，而鲁背之，安用齐盟？纵不能讨，又免其受盟者，晋何以为盟主矣，必杀叔孙豹。"文子曰："有人不难以死安利其国，可无爱乎！若皆恤国如是，则大不丧威，而小不见陵矣。若是道也果，可以教训，何败国之有！吾闻之曰：'善人在患，弗救不祥；恶人在位，不去亦不祥。'必免叔孙。"固请于楚而免之。

【注释】

① 虢之会：指鲁昭公元年（前 541）诸侯国在东虢会盟，再次提出要停止战争。

② 令尹围：楚恭王的儿子。叔孙穆子：即叔孙豹。

③ 乐王鲋：即乐桓子，晋国大夫。

④ 豹：叔孙豹。

【译文】

在郑国虢地会盟时，鲁国人自食其言。楚国的令尹围要把鲁国的叔孙穆子杀掉，乐王鲋向叔孙穆子索取财货，穆子不肯给。赵文子对叔孙穆子说："楚国的令尹围想得到楚国的王位，认为诸侯们都很弱小。诸侯会盟的事，是求得解决问题，不仅仅是要求都到会就行了。令尹围的为人，刚愎自用，好自尊宠，如果被他碰上，肯定无法躲避。你何不逃走呢？万一发生不幸，一定会危及到你。"叔孙穆子回答说："我奉国君的命令，来参加诸侯的会盟，是为了国家。如果鲁国有罪，而来参加会盟的使者逃了，那鲁国一定免不了要遭到讨伐，这样我出来反倒危害了国家。如果我被诸侯们杀害，那对鲁国的诛伐也就到此为止了，必定不会再兴师问罪了，请杀我吧。杀害是出于自身犯罪的话，那确实难堪，如果是由于他人连累到自己，又有什么妨害？如果可以使国君平安，对国家有利，生与死都是一样的。"

赵文子将向楚国求情，乐王鲋说："诸侯缔结盟约，还没散会，而鲁国就违背它，那又何必缔结盟约呢？纵然不能出兵讨伐鲁国，却又要赦免鲁国来参加会盟的使者，那晋国还凭什么作为盟主呢？一定要杀死叔孙豹。"文子说："有人不惜一死以保卫国家利益，这样的人难道可以不加爱护吗？如果都能这样爱护国家，那么大国就不会丧失威严，小国也不会受到欺侮。如果按照这个道理去实行，就可以教训百姓，又怎么会败坏国家呢！我听说：'好人有患难，不救他不吉祥；恶人在位，不除掉也不吉祥。'因此，一定要赦免叔孙豹。"赵武子坚决向楚国请求，而赦免了叔孙豹。

赵文子为室张老谓应从礼

赵文子为室，斫其椽而砻之，张老夕焉而见之，不谒而归。文子闻之，驾而往，曰："吾不善，子亦告我，何其速也？"对曰："天子之室，斫其椽而砻之，加密石焉①；诸侯砻之；大夫斫之；士首之。备其物，义也；从其等，礼也。今子贵而忘义，富而忘礼，吾惧不免，何敢以告。"文子归，令之勿砻也。匠人请皆斫之，文子曰："止。为后世之见之也，其斫者，仁者之为也，其砻者，不仁者之为也。"

【注释】
　　① 密石：纹理细密的磨石。

【译文】
　　赵文子建造宫室，砍削房椽后又加以磨光，张老傍晚到文子那里看见后，没有拜见文子就回来了。文子听说，乘车去见张老，说："我有不对的地方，你也应当告诉我，为什么走得这么快呢？"张老回答说："天子的宫殿，砍削房椽后要粗磨，然后再用密纹石细磨；诸侯宫室的房椽要粗磨；大夫家的房椽要加砍削；士的房子只要砍掉椽头就可以了。备物得其所宜，这是义；遵从尊卑的等级，这是礼。现在你显贵了却忘掉义，富有了却忘掉礼，我恐怕你不能免祸，怎么敢告诉你呢。"文子回家后，命令停止磨光房椽。木匠建议把它们全部砍掉，文子说："不必这样。为的是让后代人看到，那些砍削的，是知仁义的人做的，那些打磨的，是不仁的人做的。"

赵文子称贤随武子

赵文子与叔向游于九原^①，曰：“死者若可作也，吾谁与归？”叔向曰：“其阳子乎^②！”文子曰：“夫阳子行廉直于晋国，不免其身，其知不足称也。”叔向曰：“其舅犯乎！”文子曰：“夫舅犯见利而不顾其君，其仁不足称也。其随武子乎^③！纳谏不忘其师，言身不失其友，事君不援而进，不阿而退。”

【注释】
①九原：当作九京，晋国的墓地。
②阳子：阳处父，晋国太傅。
③随武子：即范武子，范文子的父亲。范武子有封邑在随，故又称随武子。

【译文】
赵文子与叔向到晋国的墓地游玩，文子说：“如果死者可以复生的话，我们跟谁在一起呢？”叔向回答说：“那应该是阳子了！”文子说：“阳子在晋国处事廉洁正直，然而不免身亡，他的智慧不值得称道。”叔向说：“那应该是晋文公的舅舅子犯了！”文子说：“子犯只看到保全自身的利益，而不顾及辅佐国君治国，他的仁义不值得称道。应该是随武子吧！他向国君进谏不忘记自己的老师，讲自身的行为不遗漏自己的朋友，事奉国君不结纳党羽，而推举贤人，不阿谀奉承，而辞退不贤的人。”

秦后子谓赵孟将死

　　秦后子来奔①，赵文子见之，问曰："秦君道乎②?"对曰："不识。"文子曰："公子辱于敝邑，必避不道也。"对曰："有焉。"文子曰："犹可以久乎?"对曰："铖闻之，国无道而年谷和熟，鲜不五稔。"文子视日曰："朝夕不相及，谁能俟五!"文子出，后子谓其徒曰："赵孟将死矣③! 夫君子宽惠以恤后，犹恐不济。今赵孟相晋国，以主诸侯之盟，思长世之德，历远年之数，犹惧不终其身; 今忨日而激岁，怠偷甚矣，非死逮之，必有大咎。"冬，赵文子卒。

【注释】
　　① 秦后子：名铖，秦景公的弟弟。鲁昭公元年(前541)为避害出奔至晋国。
　　② 秦君：指秦景公。
　　③ 赵孟：即赵文子。

【译文】
　　秦后子出奔到晋国，赵文子见到他，问道："秦国的国君有道吗?"后子回答说："不知道。"文子说："公子屈尊来到敝地，一定是为了避开无道之君吧!"后子回答:"有那么一回事。"文子说:

"秦国还能维持多久呢?"后子回答说:"我听说,国君无道而能五谷丰登的,至少可以维持五年。"文子看着太阳的影子说:"早晨到不了晚上,谁还能等待五年呢!"文子出去后,后子对他的随从说:"赵孟快要死了!君子宽和惠爱而忧念将来,还恐怕不能成功。现在赵孟辅佐晋国,主持各国诸侯的会盟,思考如何才能建立长久的功德,使它能经历长远的年代,还怕不能很好地度过一生;如今他旷废时日,懈怠苟且够厉害了,如果不是死亡降临,必然有大难临头。"到了冬天,赵文子便死了。

医和视平公疾

平公有疾①，秦景公使医和视之②，出曰："不可为也。是谓远男而近女，惑以生蛊；非鬼非食，惑以丧志。良臣不生，天命不祐。若君不死，必失诸侯。"赵文子闻之曰："武从二三子以佐君为诸侯盟主③，于今八年矣，内无苟慝，诸侯不二，子胡曰'良臣不生，天命不祐'？"对曰："自今之谓。和闻之曰：'直不辅曲，明不规闇，拱木不生危，松柏不生埤。'吾子不能谏惑，使至于生疾，又不自退而宠其政，八年之谓多矣，何以能久！"文子曰："医及国家乎？"对曰："上医医国，其次疾人，固医官也。"文子曰："子称蛊，何实生之？"对曰："蛊之慝，谷之飞实生之。物莫伏于蛊，莫嘉于谷，谷兴蛊伏而章明者也。故食谷者，昼选男德以象谷明，宵静女德以伏蛊慝，今君一之，是不飨谷而食蛊也，是不昭谷明而皿蛊也。夫文，'虫''皿'为'蛊'，吾是以云。"文子曰："君其几何？"对曰："若诸侯服不过三年，不服不过十年，过是，晋之殃也。"是岁也，赵文子卒，诸侯叛晋，十年，平公薨。

【注释】

　　① 平公：晋平公。
　　② 医和：秦国医生，名和。
　　③ 武：赵文子，名武。

【译义】

　　晋平公生了病，秦景公派医和来给他诊断，医和出来后说："病已经不能治了。这叫做疏远男人而亲近女人，受了迷惑而生了蛊病。不是因为鬼神作祟，也不是出于饮食不当，而是由于贪恋女色而丧失意志。良臣将要死去，上天也不能保佑。如果国君不死，必然要失掉诸侯的拥护。"赵文子听说后，说："我随从诸位卿大夫辅佐国君成为诸侯的盟主，到如今已八年了，国内没有暴乱邪恶，诸侯同心同德，你为什么说'良臣将要死去，上天也不能保佑'呢？"医和回答说："我说的是自今以后的情况，我听说：'正直的不能辅佐邪曲的，明智的不能规谏昏暗的，大树不能长在又高又险的地方，松柏不能生长在低洼潮湿的地方。'你不能谏诤君主贪恋女色，以至于使他生了病，又不能自己引退，而以执政为荣，认为八年已够多了，这怎么能长久呢！"文子问："当医生的能医治国家吗？"医和回答说："上等的医生能够医治国家，次一等的只会医治病人，这本来就是医生的职守。"文子又问："你所说的蛊，是从哪里生出来的呢？"医和回答说："蛊伤害嘉谷，是从谷子扬起的灰尘中生出来的。物体中没有不隐藏蛊的，也没有比谷子更好的东西，谷气兴起，蛊就隐藏起来，谷子不霉烂生虫，人吃了就得益聪明。所以吃谷子的人，白天选择有德的男子亲近，就好像因吃谷子而聪明起来，夜晚与有德的女子一起休息而有节制，才能避免蛊惑。如今君王不分昼夜亲近女人，这就如同不享用谷子而去吃蛊虫，就不会像吃谷的人那样聪明，而是做了接受蛊的器皿。在文字中，'虫'和'皿'二字合成'蛊'字，因此我才这么说。"文子说："那平公还能活多久呢？"医和回答说："如果诸侯都服从，最多活上三年，诸侯不服，顶多不会超过十年，超过了这个限度，就是晋国的灾难。"这一年，赵文子死了，诸侯都背叛了晋国，十年以后，平公死去。

叔向均秦楚二公子之禄

秦后子来仕，其车千乘。楚公子干来仕[1]，其车五乘。叔向为太傅，实赋禄，韩宣子问二公子之禄焉[2]，对曰："大国之卿，一旅之田[3]，上大夫，一卒之田[4]。夫二公子者，上大夫也，皆一卒可也。"宣子曰："秦公子富，若之何其钧之？"对曰："夫爵以建事，禄以食爵，德以赋之，功庸以称之，若之何以富赋禄也！夫绛之富商[5]，韦藩木楗以过于朝[6]，唯其功庸少也，而能金玉其车，文错其服，能行诸侯之贿，而无寻尺之禄，无大绩于民故也。且秦、楚匹也，若之何其回于富也。"乃均其禄。

【注释】

① 公子干：楚恭王的庶子，名比，也称公子比。鲁昭公元年（前541）楚公子围杀害楚王郏敖，公子干出奔至晋国。

② 韩宣子：韩起，晋国的卿，宣子是他的谥号。

③ 一旅之田：五百顷。五百人为一旅。

④ 一卒之田：一百顷。一百人称一卒。

⑤ 绛：晋国都城，在今山西侯马市。

⑥ 韦藩：用熟皮革遮蔽的车子。木楗：韦昭注："木檐也。"

【译文】

秦后子来晋国做官，随从的车子有一千辆。楚国的公子干来晋国做官，随从的车子仅有五辆。叔向任太傅，掌管俸禄，韩宣子问起这二位公子俸禄的情况，叔向回答说："大国的卿，可以享受五百顷田赋的俸禄，上大夫可以享受一百顷田赋的俸禄。两位公子都是上大夫，享受一百顷田赋的俸禄就可以了。"宣子说："秦公子富有，为什么两人都授与同等的俸禄？"叔向回答说："按照职务设立爵位，按爵位的高低享受俸禄，根据德行的高下给予俸禄，使功德与俸禄相称，怎么能因为富有而给以厚禄呢？国都绛城的富商，只能乘坐用皮革遮蔽木制的车子，来往于闹市，只因为他们没什么功劳，然而凭他们的财富足以用黄金宝玉来装饰车子，穿上刺绣花纹的衣服，用丰厚的礼物与诸侯交往，但这些人并不能得到半点的俸禄，就是因为他们对人民没什么大的功劳。况且秦国、楚国是地位相等的国家，怎么能因为富有而加以偏袒呢？"于是授与两位公子相同的俸禄。

郑子产来聘

　　郑简公使公孙成子来聘①，平公有疾，韩宣子赞授客馆。客问君疾，对曰："寡君之疾久矣，上下神祇不遍谕，而无除。今梦黄熊入于寝门，不知人杀乎，抑厉鬼邪！"子产曰："以君之明，子为大政，其何厉之有？侨闻之，昔者鲧违帝命②，殛之于羽山③，化为黄熊，以入于羽渊④，实为夏郊⑤，三代举之⑥。夫鬼神之所及，非其族类，则绍其同位，是故天子祀上帝，公侯祀百辟，自卿以下不过其族。今周室少卑，晋实继之，其或者未举夏郊邪？"宣子以告，祀夏郊，董伯为尸⑦，五日，公见子产⑧，赐之莒鼎。

【注释】
　　① 公孙成子：即子产，名侨，郑国的卿，成子是他的谥号。
　　② 鲧：大禹的父亲。
　　③ 羽山：相传为舜诛鲧的地方，在今山东郯城东北。
　　④ 羽渊：羽山下的深潭。
　　⑤ 郊：郊祀。
　　⑥ 三代：指夏、商、周三代。
　　⑦ 董伯：晋国大夫。尸：祭祀时的神主。
　　⑧ 公：晋平公。

【译文】

郑简公派子产出使晋国，晋平公患病，由韩宣子引导安排住在宾馆。客人问起平公的病，宣子回答说："我们国君生病已经很久了。天地上下的鬼神都一一祭祀祈祷过了，但病还是未除。如今梦见黄熊跑进他的卧室，不知道是主杀人呢，还是恶鬼在作祟呢？"子产说："凭你们国君的贤明，又有你主持国家大政，哪有什么恶鬼作祟之事呢？我听说，以前鲧违背了天帝的命令，被杀死在羽山，变成了黄熊，钻进了羽渊，成为夏禹郊祭的对象，夏、商、周三代都举行祭祀。鬼神凶吉所涉及的，不是他的同族，就是继承他的同样地位的人，所以天子祭祀天帝，公侯祭祀诸侯身份的神灵，从卿以下不过祭祀他的亲族。现在周王室逐渐衰落，晋国实际上继承了霸主的地位，恐怕是因为没有祭祀夏郊吧？"宣子把子产的话报告了晋平公，于是便举行祭祀夏郊的仪式，由董伯作为祭祀的尸主，五天以后，平公病愈接见了子产，赐给他莒鼎。

叔向论忧德不忧贫

　　叔向见韩宣子，宣子忧贫，叔向贺之，宣子曰："吾有卿之名，而无其实，无以从二三子，吾是以忧，子贺我何故？"对曰："昔栾武子无一卒之田[①]，其宫不备其宗器[②]，宣其德行，顺其宪则，使越于诸侯，诸侯亲之，戎、狄怀之，以正晋国，行刑不疚，以免于难。及桓子骄泰奢侈[③]，贪欲无艺，略则行志，假贷居贿，宜及于难，而赖武之德[④]，以没其身。及怀子改桓之行[⑤]，而修武之德，可以免于难，而离桓之罪，以亡于楚。夫郤昭子[⑥]，其富半公室，其家半三军，恃其富宠，以泰于国，其身尸于朝，其宗灭于绛。不然，夫八郤，五大夫三卿，其宠大矣，一朝而灭，莫之哀也，唯无德也。今吾子有栾武子之贫，吾以为能其德矣，是以贺。若不忧德之不建，而患货之不足，将吊不暇，何贺之有？"宣子拜稽首焉，曰："起也将亡[⑦]，赖子存之，非起也敢专承之，其自桓叔以下嘉吾子之赐[⑧]。"

【注释】
　　① 栾武子：即栾书，晋国的上卿。

② 宗器：祭祀用的礼器。

③ 桓子：栾桓子，栾书的儿子栾黡。

④ 武：指栾武子。

⑤ 怀子：栾怀子，栾黡的儿子栾盈。桓：指栾桓子。

⑥ 郤昭子：即郤至，晋国的卿。

⑦ 起：韩起，即韩宣子。

⑧ 桓叔：晋穆侯之子，名成师，号桓叔，因封在曲沃，也称曲沃桓叔。桓叔的儿子名万，封邑在韩，称韩万。所以韩宣子尊桓叔为韩氏的祖先。

【译文】

叔向去见韩宣子，宣子正为自己贫困而忧愁，叔向反而祝贺他。韩宣子说："我只有正卿的虚名，却没有正卿的财产，无法和卿大夫们交际往来，我正因此发愁，而你却祝贺我，是什么缘故呢？"叔向回答说："从前栾武子没有百顷的田产，家里置备不齐祭祀的礼器，可是他能宣扬德行，遵循法制，使名声传播到各诸侯国，诸侯亲近他，戎、狄归附他，依靠这点治好了晋国，执行法令没有弊病，所以避免了灾难。传到他儿子桓子，骄傲奢侈，贪得无厌，违法乱纪，任意妄为，借贷牟利，囤积财物，本该遭到祸难，依赖了他父亲武子的余德，才得以善终。到了怀子，改变了桓子的行为，发扬武子的美德，本可以凭此免除祸难，但是受到他父亲桓子罪恶的连累，因而逃亡到楚国去了。那位郤昭子，他的财富抵得上晋国王室的一半，他家的人在三军将帅中占了一半，依仗着他的财富和宠荣，在晋国骄横跋扈。结果他自己被杀，在朝廷陈尸示众，他的宗族也在绛城被灭绝。如果不是这样的话，郤氏八人，有五个做大夫，三个做卿，他们受到的宠幸够大了，可是一旦被消灭，没有谁来同情他们，就是因为没有德行啊。如今你像栾武子那样清贫，我认为你也能具备他的美德，所以向你道贺。如果你不去忧虑自己不能立德，而只为财物不足而发愁，我恐怕哀悼还来不及，又有什么可以祝贺的呢？"韩宣子下拜叩头，说："我韩起将要灭亡之际，幸亏您保全了我，这不是我韩起一个人敢单独承受的，恐怕从我的祖宗桓叔以下的子孙，都要感激您的恩赐。"

叔向论三奸同罪

　　士景伯如楚①，叔鱼为赞理。邢侯与雍子争田②，雍子纳其女于叔鱼以求直。及断狱之日，叔鱼抑邢侯，邢侯杀叔鱼与雍子于朝。韩宣子患之，叔向曰："三奸同罪，请杀其生者而戮其死者。"宣子曰："若何？"对曰："鲋也鬻狱③，雍子贾之以其子，邢侯非其官也而干之。夫以回鬻国之中，与绝亲以买直，与非司寇而擅杀，其罪一也。"邢侯闻之，逃。遂施邢侯氏，而尸叔鱼与雍子于市。

【注释】
　　① 士景伯：士弥牟，晋国的刑法官。
　　② 邢侯：晋国大夫。雍子：晋国大夫。
　　③ 鲋：羊舌鲋，即叔鱼。

【译文】
　　士景伯到楚国去，由叔鱼代理他审理案件。邢侯和雍子争夺田地，雍子把自己的女儿嫁给叔鱼，以求得诉讼的胜利。等到判决的那天，叔鱼枉法判决邢侯败诉，邢侯在朝廷上杀了叔鱼和雍子。韩宣子忧虑这件事，叔向说："三个奸人罪状相同，请杀了活着的人，把死了的陈尸示众。"宣子问："为什么要这样？"叔向回答说:"叔鱼贪赃枉法,雍子用女儿收买法官,邢侯不是法官而干预刑法。以奸邪出卖国家的法律,和弃绝亲人来换得胜诉,与不是法官而擅自杀人,其罪状都是相同的。"邢侯听说后,赶紧逃了。于是就处罚邢侯家属,并把叔鱼和雍子的尸体陈列在市场上示众。

中行穆子帅师伐狄围鼓

中行穆子帅师伐狄①，围鼓②。鼓人或请以城叛，穆子不受，军吏曰：“可无劳师而得城，子何不为？”穆子曰：“非事君之礼也。夫以城来者，必将求利于我。夫守而二心，奸之大者也；赏善罚奸，国之宪法也。许而弗予，失吾信也；若其予之，赏大奸也。奸而盈禄，善将若何？且夫狄之憾者以城来盈愿，晋岂其无？是我以鼓教吾边鄙贰也。夫事君者，量力而进，不能则退，不以安贾贰。”令军吏呼城，儆将攻之，未傅而鼓降。中行伯既克鼓，以鼓子苑支来③。令鼓人各复其所，非僚勿从。

鼓子之臣曰夙沙厘④，以其孥行，军吏执之，辞曰：“我君是事，非事土也。名曰君臣，岂曰土臣？今君实迁，臣何赖于鼓？”穆子召之，曰：“鼓有君矣⑤，尔心事君，吾定而禄爵。”对曰：“臣委质于狄之鼓，未委质于晋之鼓也。臣闻之：委质为臣，无有二心。委质而策死，古之法也。君有烈名，臣无叛质。敢即私利以烦司寇而乱旧法，其若不虞何！”穆子叹而谓其左右曰：“吾何德之务而有是臣也？”乃使行。既献，言于公⑥，与鼓子田于河阴⑦，使夙沙厘相之。

【注释】

① 中行穆子：名荀吴，中行偃的儿子，又称中行伯，晋国的卿，穆子是他的谥号。狄：白狄，此指鲜虞国，在今河北境内。

② 鼓：国名，姬姓，是白狄的别种。在今河北晋县境。

③ 苑支：鸢鞮，鼓国国君。

④ 夙沙厘：鼓国的大臣。

⑤ 君：指鼓国的新君沙陀。

⑥ 公：晋顷公，名去疾，公元前 525 至前 512 年在位。

⑦ 河阴：晋国黄河以南地区。

【译文】

中行穆子率领军队讨伐狄人，包围了鼓国。鼓国有人请求献城叛降，穆子不接受。军吏说："可以不兴师动众而得到城邑，您为什么不干？"穆子回答说："这不是事奉君主的礼节。献城来叛降的人，一定想在我们这里得到好处。守城而怀有二心，这是最奸猾的。奖赏善良，惩罚奸恶，这是国家的大法。如果允许献城投降而不予奖赏，就是我们失信；如果给予奖赏，就是奖赏大奸。奸邪而获得优厚的利禄，那善良的人又将会怎样呢？况且狄人中心怀不满的人以献城来满足他们的愿望，晋国难道就没有这样的人了吗？我这样做，就是用鼓国的例子来教我们边疆的人怀有二心啊。事奉君主，要量力而行，实力达得到就进攻，达不到就撤退，不能为了获得成功而收买怀有二心的叛降者。"于是就命令军吏向城中呼喊，告诫他们将要进攻，结果还未交战，鼓人就投降了。中行穆子在攻克鼓国以后，带了鼓国国君苑支回晋国。命令鼓人各自回到自己的住处，不是鼓君的侍役不准随从。

鼓国国君的臣子中有个叫夙沙厘的，带领妻子跟从鼓君，军吏抓住了他，他说："我事奉我的国君，不是事奉国土。名称叫做君臣，难道能叫土臣吗？如今国君迁徙了，我在鼓国还干什么呢？"穆子召见了他，说："鼓国已有新的国君，你一心事奉新君，我安排你俸禄和爵位。"夙沙厘回答说："我是狄族鼓君的臣子，而不是晋国鼓君的臣子。我听说：向君主献礼称臣，就不能再有二心。委身成为臣属，就要效忠到死，这是古代的法则。君主有显赫的名声，臣子没有背叛的事实。我怎敢追求私利而扰乱旧法来烦劳法官定罪呢？如果都这样，遇到意料不到的祸患晋国将怎么办呢？"穆子感叹地对其左右的人说："我应当怎样修德才能得到这样的臣子呢？"于是就让夙沙厘随行。穆子献了战功之后，对晋顷公说了这件事，顷公把黄河以南一带的田地给了鼓君，让夙沙厘辅佐鼓君。

范献子戒人不可以不学

范献子聘于鲁①，问具山、敖山②，鲁人以其乡对。献子曰："不为具，敖乎？"对曰："先君献、武之讳也③。"献子归，遍戒其所知曰："人不可以不学。吾适鲁而名其二讳，为笑焉，唯不学也。人之有学也，犹木之有枝叶也。木有枝叶，犹庇荫人，而况君子之学乎？"

【注释】
①范献子：即范鞅，范宣子的儿子。
②具山、敖山：鲁国的两座山名。
③献、武之讳：鲁献公名具，鲁武公名敖。

【译文】
范献子到鲁国出使访问，问及具山和敖山，鲁国人用两山的乡名来回答。献子说："难道不叫做具山和敖山吗？"鲁人回答说："那是我们先君鲁献公、鲁武公的名讳啊。"献子回国后，普遍告诫他所相识的人说："一个人不可以不学习。我到鲁国去就犯了他们二位先君的讳，惹人家笑话，就因为我不学习啊。一个人有学问，就好像树木上长满了枝叶。树木长满了枝叶，还可以让人遮阳乘凉，更何况是君子有学问呢？"

董叔欲为系援

董叔将娶于范氏^①，叔向曰："范氏富，盍已乎！"曰："欲为系援焉。"他日，董祁愬于范献子曰^②："不吾敬也。"献子执而纺于庭之槐，叔向过之，曰："子盍为我请乎？"叔向曰："求系，既系矣；求援，既援矣。欲而得之，又何请焉？"

【注释】

①董叔：晋国大夫。范氏：指范宣子的女儿，范献子的妹妹，名祁。

②董祁：董叔的妻子，即范宣子的女儿祁，因嫁给董叔，故称董祁。

【译文】

董叔将要娶范献子的妹妹范祁做妻子，叔向说："范家富有，我看这门亲事就算了吧！"董叔回答说："我正想借婚姻的联系来攀附范氏家族呢。"婚后某一天，范祁向范献子诉说："董叔不尊敬我。"献子就把董叔抓来捆绑了，吊在院子里的槐树上。正巧叔向经过那里，董叔说："你何不替我去求求情呢？"叔向说："你过去谋求联系，现在已经系上了；想求攀援，已经攀援上了。你想得到的都已经得到了，还有什么可请求的呢？"

赵简子欲有斗臣

赵简子曰①:"鲁孟献子有斗臣五人②。我无一,何也?"叔向曰:"子不欲也。若欲之,肸也待交捽可也③。"

【注释】

① 赵简子:赵鞅,赵文子的孙子,也称赵孟,晋国的卿。
② 孟献子:即仲孙蔑,鲁国大夫。
③ 肸:羊舌肸,即叔向。

【译文】

赵简子问道:"鲁国的孟献子有五个勇士,而我却一个也没有,是什么缘故呢?"叔向回答说:"这是因为你不想要啊。如果想要的话,那么我叔向都准备去相交揪斗呢。"

阎没、叔宽谏魏献子无受贿

梗阳人有狱①，将不胜，请纳赂于魏献之②，献子将许之。阎没谓叔宽曰③："与子谏乎！吾主以不贿闻于诸侯，今以梗阳之贿殄之，不可。"二人朝，而不退。献子将食，问谁于庭，曰："阎明、叔褒在。"召之，使佐食。比已食，三叹。既饱，献子问焉，曰："人有言曰：'唯食可以忘忧。'吾子一食之间而三叹，何也？"同辞对曰："吾小人也，贪。馈之始至，惧其不足，故叹。中食而自咎也，曰：岂主之食而有不足？是以再叹。主之既已食，愿以小人之腹，为君子之心，属餍而已，是以三叹。"献子曰："善。"乃辞梗阳人。

【注释】
① 梗阳：魏氏封邑，在今山西清源南。
② 魏献之：魏舒，晋国的正卿。
③ 阎没：阎明。叔宽：叔褒。两人都是晋国大夫。

【译文】
有个梗阳人与别人打官司，眼看就要败讼，于是就向魏献子纳贿托情，魏献子打算答应下来。他的下属阎没对叔宽说："我与你一同去劝谏吧！我们的主人一向以不受贿赂闻名于诸侯，现在因为梗阳人行贿而损害了名声，那是万万不可以的。"两人朝见魏献子之后，留在那里不走。魏献子将要吃饭了，问谁还在庭院里，侍从回答说:"阎明、叔褒在。"魏献子叫他俩进来，让他们陪自己一起用膳。两人在吃饭之间，先后叹息了三次。吃完后，魏献子问起这件事，说:"人们常说:'只有吃东西可以忘记忧愁。'你们在吃一顿饭的时间里叹息了三次，是什么原因呢?"两人异口同声地答道:"我们都是小人，贪心不足。食物刚送上来的时候，担心不够吃，因此叹息。吃到一半，不禁私下责备自己:主人赐给我们食物，哪有不够吃的道理呢? 因此再次叹息。等到您吃完了，我们想到，但愿我们小人的胃口，也像君子的心思一样，只要吃饱也就知足了。因此第三次叹息。"魏献子说:"讲得好。"于是拒绝了梗阳人的贿赂。

董安于辞赵简子赏

下邑之役①，董安于多②。赵简子赏之，辞，固赏之，对曰："方臣之少也，进秉笔，赞为名命，称于前世，立义于诸侯，而主弗志。及臣之壮也，耆其股肱以从司马，苟懑不产。及臣之长也，端委韠带以随宰人③，民无二心。今臣一旦为狂疾，而曰'必赏女'，与余以狂疾赏也，不如亡！"趋而出，乃释之。

【注释】

① 下邑：即晋阳，晋邑名，在今山西太原南晋源镇。下邑之役：指鲁定公十三年(前497)赵简子杀邯郸大夫赵午，赵午的舅舅荀寅与其婿范吉射作乱，围攻赵简子，简子出奔至自己的封邑晋阳，由于董安于力战，赵简子才得解围。

② 董安于：赵简子的家臣。

③ 端委：端，玄端，黑赤色的礼服；委，委貌，礼帽。韠：皮制的蔽膝。宰人：宰官。掌王家内外事务，有在王的左右而赞王命者，卿大夫总管家务的家臣，也称宰人。

【译文】

在卜邑战役中，董安于立了战功。赵简子要奖赏他，他推辞不受，一再要奖赏他，他说："当我年轻的时候，在朝廷担任文书工作，帮助撰写文告命令，在前朝得到称赞，各国的诸侯都认为有义，但是您却不重视。当我到了壮年的时候，招致得力的股肱之臣来随从司马治理军队，使军中没有发生暴虐邪恶的事情。等到我年老了，穿上宽衣大带的朝服，跟随宰官治理民事，使百姓没有二心。如今我一旦参加战争，如同得了疯狂症，却说：'一定要奖赏你'，我与其因为狂疾受到奖赏，还不如逃跑！"说完便快步走了出去，于是赵简子放弃了赏赐董安于的打算。

赵简子以晋阳为保鄣

赵简子使尹铎为晋阳^①。请曰："以为茧丝乎？抑为保鄣乎？"简子曰："保鄣哉！"尹铎损其户数。简子戒襄子曰^②："晋国有难，而无以尹铎为少，无以晋阳为远，必以为归。"

【注释】
① 尹铎：赵简子的家臣。晋阳：赵氏的封邑，在今山西太原南。
② 襄子：赵襄子，名无恤，赵简子的儿子。

【译文】
赵简子派尹铎治理晋阳。尹铎请示说："是让晋阳提供赋税呢？还是使它成为您可靠的保障？"简子说："当然是保障！"尹铎便减少了户税的数目。简子告诫他的儿子襄子说："晋国一旦发生了祸乱，请你不要认为尹铎年轻，也不要嫌晋阳距这里太远，一定要前往投奔。"

邮无正谏赵简子无杀尹铎

赵简子使尹铎为晋阳，曰：“必堕其垒培。吾将往焉，若见垒培，是见寅与吉射也①。”尹铎往而增之。简子如晋阳，见垒，怒曰：“必杀铎也而后入。”大夫辞之，不可，曰：“是昭余仇也。”邮无正进②，曰：“昔先主文子少蚡于难③，从姬氏于公宫④，有孝德以出在公族⑤，有恭德以开在位，有武德以羞为正卿，有温德以成其名誉，失赵氏之典刑，而去其师保⑥，基于其身，以克复其所。及景子长于公宫⑦，未及教训而嗣立矣，亦能纂修其身以受先业，无谤于国，顺德以学子，择言以教子，择师保以相子。今吾子嗣位，有文之典刑⑧，有景之教训⑨，重之以师保，加之以父兄，子皆疏之，以及此难。夫尹铎曰：‘思乐而喜，思难而惧，人之道也。委土可以为师保，吾何为不增？’是以修之，庶日可以鉴而鸠赵宗乎！若罚之，是罚善也。罚善必赏恶。臣何望矣！”简子说，曰：“微子，吾几不为人矣！”以免难之赏赏尹铎。初，伯乐与尹铎有怨⑩，以其赏如伯乐氏，曰：“子免吾死，敢不归禄。”辞曰：“吾为主图，非为子也。怨若怨焉。”

【注释】

　①　寅：荀寅，赵午的舅舅。吉射：范吉射，荀寅的女婿。
　②　邮无正：邮良伯乐，晋国大夫。
　③　文子：赵文子，即赵武，赵简子的祖父。
　④　姬氏：庄姬，赵文子的母亲，晋景公的女儿。
　⑤　公族：指公族大夫。
　⑥　师保：太师、太傅、太保、少师、少傅、少保等官，统称为师保。
　⑦　景子：赵成，赵文子的儿子，赵简子的父亲。
　⑧　文：指赵文子。
　⑨　景：指赵景子。
　⑩　伯乐：即邮无正，伯乐是他的字。

【译文】

　　赵简子派尹铎治理晋阳，说："一定要拆毁那里的壁垒。我将要到那儿去，如果看见了壁垒，那就等于又见到了荀寅和范吉射。"尹铎到晋阳后就增高了壁垒。赵简子到晋阳，看见了壁垒，发怒说："一定要杀了尹铎以后我再入城。"大夫们请求不要杀，简子不肯，说："这是炫耀我的仇敌啊。"邮无正走上前，说："从前先主赵文子年轻时遭受祸难，随从母亲姬氏在公宫，因为有孝顺之德做了公族大夫，有恭敬之德而晋升为卿，有勇武之德而担任正卿，有温顺之德而成就美名，虽然他未能得到赵氏的常法，又失去了师保的教养，但是由于自身的修养，却能恢复先人的德业。到您的父亲景子，也生长在公宫，没有受到师保的教诲，就继承了先主的官爵，他也能加强自身的修养来承受先人的德业，国中没有人说他的坏话，又能顺从道德来教养儿子，选择善言来教育儿子，挑选师保来辅导儿子。现在您继承了爵位，有祖父赵文子的常法，有父亲景子的教诲，再加上有师保的教养，同族父兄的指导，而您却疏忽这些，从而遭到这场祸难。尹铎说：'想到安乐而感到高兴，想到危难而产生恐惧，这是人的常情。壁垒可以作为师保，我为什么不把它增高呢？'所以他修筑增高了壁垒，这样可以作为鉴戒而安定赵氏宗族啊！如果处罚尹铎，那就是处罚好人。处罚好人就必定奖赏坏人，做臣的还有什么指望呢！"简子听了很高兴，说："如果没有你，我几乎不能算是人了！"于是就用免除祸难的军功来奖赏尹铎。起初，邮无正与尹铎有怨仇，尹铎带着奖赏到邮无正那里，说："您救了我的命，怎能不把这奖赏归你呢。"邮无正辞谢说："我是为君主考虑，不是为你。怨仇还是怨仇。"

铁之战赵简子等三人夸功

铁之战[①]，赵简子曰："郑人击我，吾伏弢衉血[②]，鼓音不衰。今日之事，莫我若也。"卫庄公为右[③]，曰："吾九上九下，击人尽殪。今日之事，莫我加也。"邮无正御，曰："吾两鞁将绝[④]，吾能止之。今日之事，我上之次也。"驾而乘材，两鞁皆绝。

【注释】

① 铁之战：指鲁哀公二年（前493），齐国运粮给晋国的范氏，范吉射前往迎接，赵简子率军拦阻，双方在铁丘进行的战役。铁：卫地名，在今河南濮阳北。

② 弢：藏弓的袋。

③ 卫庄公：卫灵公的太子蒯聩，因图谋弑母未成功，逃亡至晋国。右：车右。

④ 鞁：驾马马具的总称。此指马肚带。

【译文】

在铁丘战役后，赵简子说："当郑国军队攻击我军时，我伏在弓袋上吐血，但是我打战鼓的声音却一直未停。今天的战事，没有人比得上我的功劳大。"卫庄公担任战车的车右，说："我在车上九上九下，凡是被我打击的敌人都死了。今天的战事，没有人能超过我的功劳。"邮无正为赵简子驾御战车，说："我车上两匹马的肚带快要断了,我却能控制它。今日的战事,我的功劳仅次于最有功的。"他驾车辗过了一根横木,两根马肚带立即就都断了。

卫 庄 公 祷

卫庄公祷，曰:"曾孙蒯聩以谆赵鞅之故^①，敢昭告于皇祖文王、烈祖康叔、文祖襄公、昭考灵公^②，夷请无筋无骨，无面伤，无败用，无陨惧，死不敢请。"简子曰:"志父寄也^③。"

【注释】

① 蒯聩:即卫庄公。

② 文王:周文王。康叔:周文王的儿子，卫国的始祖。襄公:卫襄公，卫庄公的祖父。灵公:卫灵公，卫庄公的父亲。

③ 志父:即赵简子，是他后来所改的名字。

【译文】

卫庄公祷告，说:"曾孙蒯聩因为辅佐赵鞅的缘故，谨敢向我皇祖文王、烈祖康叔、文祖襄公、英明的父亲灵公祈告，不要让我断筋折骨，不要毁伤我的面容，不要失败，不要出现摔到车下的惨状，至于生死，就不敢请求祖宗保佑。"赵简子说:"我就托你一块儿祈祷了。"

史黯谏赵简子田于蝼

赵简子田于蝼^①，史黯闻之^②，以犬待于门。简子见之，曰："何为？"曰："有所得犬，欲试之兹囿。"简子曰："何为不告？"对曰："君行臣不从，不顺。主将适蝼而麓不闻^③，臣敢烦当日。"简子乃还。

【注释】
① 蝼：晋国国君的园囿。
② 史黯：即史墨，晋国的太史，当时任赵简子的史官。
③ 麓：主管苑囿的官。

【译文】
赵简子到国君的园囿打猎，史黯听说以后，牵着一条狗守候在园门外面。赵简子看到他，就问："这是干什么呀？"史黯回答说："我得到这条狗，想叫它在这园囿中试一试。"简子说："那你为什么不禀告我呢？"史黯回答说："君主出行，臣下不随从，那是违背礼。现在您将要到园囿打猎，而主管园囿的麓官却不知道，因此小臣怎敢麻烦值日官通报呢。"赵简子便回去了。

少室周知贤而让

　　少室周为赵简子之右①，闻牛谈有力②，请与之戏，弗胜，致右焉。简子许之，使少室周为宰③，曰："知贤而让，可以训矣。"

【注释】
　　① 少室周：赵简子的臣。右：车右。
　　② 牛谈：赵简子的臣。
　　③ 宰：家宰，卿大夫家中总管家务的家臣。

【译文】
　　少室周担任赵简子的车右，听说牛谈力气很大，要求和他比试一番，没有获胜，便将车右的位置让给了牛谈。赵简子很称许这件事，委任少室周为家里的总管，说："知道他人贤能而能让位，这是可以作为效法的榜样的。"

史黯论良臣

赵简子曰:"吾愿得范、中行之良臣①。"史黯侍,曰:"将焉用之?"简子曰:"良臣,人之所愿也,又何问焉?"对曰:"臣以为不良故也。夫事君者,谏过而赏善,荐可而替否,献能而进贤,择材而荐之,朝夕诵善败而纳之。道之以文,行之以顺,勤之以力,致之以死。听则进,否则退。今范、中行氏之臣不能匡相其君,使至于难;君出在外,又不能定,而弃之,则何良之为? 若弗乘,则主焉得之? 夫二子之良,将勤营其君,复使立于外,死而后止,何日以来? 若来,乃非良臣也。"简子曰:"善。吾言实过矣。"

【注释】
　　① 范:范吉射。中行:中行寅,即荀寅。

【译文】
　　赵简子说:"我希望能得到范吉射、中行寅手下的良臣。"史黯在一旁侍候,说:"用范氏、中行氏的良臣做什么?"简子说:"良臣是人所希望的,又有什么可问的呢?"史黯回答说:"我认为他们算不上良臣,所以才问的。事奉君主的人,应当谏正君主的过失，鼓励君主的善行，赞同好的，去除不好的，贡献自己的才能，进荐贤人，选择有才能的加以推荐，早晚讲述善恶成败的事迹给君主听。用文德来引导君主，帮助君主实行正道，勤心尽力为君主效劳，不惜以生命来捍卫君主。君主能听从采纳，就在朝任事，不能听从采纳，就辞官退去。现在范氏、中行氏的臣子，不能匡正辅助他们的君主，以至于使君主遭到祸难；君主出奔到国外，又不能使他获得安定，反而弃君而去，那么又算什么良臣呢？倘若他们不抛弃君主的话，你又怎么能得到他们呢？如果真是范氏、中行氏的良臣，就应当辛勤地为君主谋划经营，使君主在国外重新获得土地、爵位，一直到死为止，这样的话，哪一天能到你这儿来呢？倘若来了，那也就算不上是什么良臣了。”赵简子说：“讲得好，我的话确实错了。”

赵简子问贤于壮驰兹

赵简子问于壮驰兹曰[①]："东方之士孰为愈?"壮驰兹拜曰："敢贺!"简子曰："未应吾问,何贺?"对曰："臣闻之:国家之将兴也,君子自以为不足;其亡也,若有余。今主任晋国之政而问及小人,又求贤人,吾是以贺。"

【注释】
① 壮驰兹:晋国大夫。

【译文】
赵简子问壮驰兹说:"东方的人士哪个贤能?"壮驰兹下拜说:"祝贺您!"简子说:"你还未回答我的发问,为什么就祝贺呢?"壮驰兹回答说:"我听说:国家将要兴盛,君子自以为有很多不足之处;国家将要衰亡,便觉得自己很了不起。现在您掌管晋国的国政,而问及我这样的小人,又寻求贤能之士,我因此祝贺您。"

窦犨谓君子哀无人

赵简子叹曰:"雀入于海为蛤①,雉入于淮为蜃②。鼋鼍鱼鳖③,莫不能化,唯人不能。哀夫!"窦犨侍④,曰:"臣闻之:君子哀无人,不哀无贿;哀无德,不哀无宠;哀名之不令,不哀年之不登。夫范、中行氏不恤庶难⑤,欲擅晋国,今其子孙将耕于齐,宗庙之牺为畎亩之勤⑥,人之化也,何日之有!"

【注释】
① 蛤:蛤蜊。
② 雉:野鸡。淮:淮水。蜃:大蛤蜊。
③ 鼋:俗称癞头鼋。鼍:即扬子鳄。
④ 窦犨:晋国大夫。
⑤ 范:范吉射。中行氏:中行寅,即荀寅。
⑥ 牺:古代宗庙祭祀用的纯色牲。

【译文】
赵简子感叹说:"鸟雀飞到海里变成了蚌蛤,野鸡飞入淮河变成大蛤,癞头鼋、扬子鳄和鱼鳖,没有不能变化的。只有人不能变化,真可悲哀啊!"窦犨在一旁侍奉,说:"我听说:君子哀叹没有贤人,不哀叹没有钱财;哀叹没有德行,不哀叹得不到宠爱;哀叹名声不美,不哀叹不能长寿。范氏、中行氏不体恤百姓的苦难，想在晋国擅政，如今他的子孙流落到齐国务农耕地，这就如同原本是祭祀宗庙的牛，现在变成在田亩中辛勤耕作。人的变化，何日不在发生呢！"

赵襄子使新稚穆子伐狄

赵襄子使新稚穆子伐狄①，胜左人、中人②，遽人来告③，襄子将食，寻饭有恐色④。侍者曰：“狗之事大矣，而主之色不怡，何也？”襄子曰：“吾闻之：德不纯而福禄并至，谓之幸。夫幸非福，非德不当雍，雍不为幸，吾以是惧。”

【注释】

① 赵襄子：即赵无恤，赵简子的儿子，晋国正卿。新稚穆子：即新稚狗，晋国大夫，穆子是他的谥号。

② 左人：古邑名，在今河北唐县西北。中人：古邑名，在今河北唐县西南。

③ 遽人：传递消息和命令的人。

④ 寻饭：当作“抟饭”。“抟”即古“抟”字。

【译文】

赵襄子派新稚穆子去讨伐狄人，攻取了左人、中人二地，传人来报告此事，赵襄子正准备吃饭，将饭捏成团，脸上露出恐惧的神色。侍者说：“新稚狗获胜的事够大了，而您的脸色却露出不高兴的样子，是什么原因呢？”赵襄子答道：“我听说：没有纯厚的德行，而福禄两者一齐来到，这叫做侥幸。侥幸不是福，没有德行担当不起和睦快乐，和睦快乐不是靠侥幸获得的，我因此感到恐惧。”

智果论智瑶必灭宗

智宣子将以瑶为后^①，智果曰^②："不如宵也^③。"宣子曰："宵也很。"对曰："宵之很在面，瑶之很在心。心很败国，面很不害。瑶之贤于人者五，其不逮者一也。美鬓长大则贤，射御足力则贤，伎艺毕给则贤，巧文辩惠则贤，强毅果敢则贤。如是而甚不仁。以其五贤陵人，而以不仁行之，其谁能待之？若果立瑶也，智宗必灭。"弗听。智果别族于太史为辅氏^④。及智氏之亡也，唯辅果在。

【注释】

① 智宣子：智甲，晋国的卿。瑶：智瑶，即智伯，智宣子的儿子。

② 智果：晋国大夫。

③ 宵：智宵，智宣子的庶子。

④ 太史：官名，掌管起草文书，记载史事等职。姓氏也归其所管。

【译文】

智宣子想要立儿子智瑶为继承人，智果说："立智瑶不如立智宵。"宣子说："智宵刚愎凶狠。"智果回答说："智宵的凶狠在表面，智瑶的凶狠在心里。内心凶狠要败坏国家，表面凶狠并不要紧。智瑶比别人好的地方有五项，赶不上别人的有一样。鬓发美观，身材高大是一好；能射箭驾车，力气充沛是一好；各种技艺无不通晓是一好；巧于文辞，善辩聪慧是一好；刚毅果断是一好。他有这些长处却很不仁爱。用他的这五种过人之处去欺凌别人，而干不仁的事，那么谁又能够宽容他呢？如果真的立智瑶为继承人，智氏家族必然灭亡。"智宣子不听。智果于是到太史那里和智氏分族，改姓为辅氏。等到智氏灭亡时，只有辅果一支保全下来。

士茁谓土木胜惧其不安人

智襄子为室美①，士茁夕焉②。智伯曰："室美夫!"对曰："美则美矣，抑臣亦有惧也。"智伯曰："何惧?"对曰："臣以秉笔事君。志有之曰:'高山峻原，不生草木。松柏之地，其土不肥。'今土木胜，臣惧其不安人也。"室成，三年而智氏亡。

【注释】

① 智襄子：即智伯，襄子是他的谥号。

② 士茁：智伯的家臣。

【译文】

智襄子建造的房屋很华美，士茁晚上到襄子那里。智伯说："这所房子美吗?"士茁回答说："美是美极了，但是我也有点担忧。"智伯说："有什么可担忧的呢?"士茁回答道:"我以掌管文笔来事奉您。传记上有句话说:'极高的山和陡峭的峻岭，不生长草木。松柏下面的土地，土质不肥。'现在房子造得太华丽了，我恐怕它不会让人安宁啊。"房屋建成后三年，智氏就灭亡了。

智伯国谏智襄子

　　还自卫，三卿宴于蓝台^①，智襄子戏韩康子而侮段规^②。智伯国闻之^③，谏曰："主不备，难必至矣。"曰："难将由我，我不为难，谁敢兴之！"对曰："异于是。夫郤氏有车辕之难^④，赵有孟姬之谗^⑤，栾有叔祁之愬^⑥，范、中行有亟治之难^⑦，皆主之所知也。《夏书》有之曰^⑧：'一人三失，怨岂在明？不见是图。'《周书》有之曰^⑨：'怨不在大，亦不在小。'夫君子能勤小物，故无大患。今主一宴而耻人之君相，又弗备，曰'不敢兴难'，无乃不可乎？夫谁不可喜，而谁不可惧？蝏蚁蜂虿^⑩，皆能害人，况君相乎！"弗听。自是五年，乃有晋阳之难^⑪。段规反，首难，而杀智伯于师，遂灭智氏。

【注释】
　　① 三卿：指智襄子、韩康子、魏桓子。蓝台：晋地名，今所在地不详。
　　② 韩康子：韩虎，韩宣子的曾孙，韩庄子的儿子。段规：魏桓子的相。
　　③ 智伯国：晋国大夫。

④ 车辕之难：指郤犨和长鱼矫争田，郤氏抓住长鱼矫，并把其父母妻子都绑在车辕上，后长鱼矫得宠于晋厉公，杀害了三郤。

⑤ 赵：指赵同、赵括。孟姬：赵文子之母庄姬。庄姬与赵婴私通，赵婴被哥哥赵同、赵括放逐。庄姬向晋景公进谗，杀害了赵同、赵括。

⑥ 栾：栾盈。叔祁之愬：指栾盈的母亲叔祁与人私通，栾盈不满，叔祁便向她父亲范宣子诉说栾盈欲作乱，后阳毕向晋平公献策，栾氏被灭。

⑦ 范：范吉射。中行：中行寅。亟治之难：亟治是范皋夷的封邑，皋夷不受范吉射的宠爱，想在族中作乱，因中行寅和范吉射关系密切，皋夷就设法驱逐他们二人，最后灭掉了范氏和中行氏。

⑧《夏书》：指《尚书·夏书·五子之歌》。

⑨《周书》：指《尚书·周书·康诰》。

⑩ 蜹：蚊子类的小虫。蚳：蝎子类的毒虫。

⑪ 晋阳之难：指周贞定王十六年（前453）智伯联合韩、魏攻赵，赵襄子退保晋阳，三家围之，后韩、魏又与赵联合共灭智伯，瓜分了他的土地，史称三家分晋。

【译文】

智襄子从卫国返回晋国，与韩康子、魏桓子三位卿在蓝台宴会，智襄子戏弄韩康子还侮辱段规。智伯国听说后，劝谏说："主人若不防备的话，灾难必然临头。"智襄子说："是不是有灾难要看我，我不发难，谁敢对我发难呢！"智伯国说："恐怕不是这样。郤氏遭受车辕之难，赵氏被孟姬进谗言致死，栾盈被母亲叔祁诉说他想作乱，范氏、中行氏在亟治被杀害，这些都是主人所知道的。《夏书》上有句话说：'一个人屡犯过失，结下的怨毒不在明处。应当在还不显露时就加以防范。'《周书》上有句话说：'怨恨不在于大，也不在于小。'君子能注意小事情，因此没有大的患难。如今主人在一次宴会上就羞辱了人家的君主和国相，又不加戒备，还说他们'不敢发难'，这恐怕不行吧？谁不可以让人高兴，而谁又不令人惧怕呢？连蚊子、蚂蚁、黄蜂、蝎子都能害人，更何况是君主、国相呢！"但是智襄子不听劝告。从这之后五年，就发生了晋阳之难。段规回国后，首先策划发难，在军中杀了智伯，于是消灭了智氏。

晋 阳 之 围

晋阳之围，张谈曰①："先主为重器也，为国家之难也，盍姑无爱宝于诸侯乎？"襄子曰："吾无使也。"张谈曰："地也可②。"襄子曰："吾不幸有疾，不夷于先子③，不德而贿。夫地也求饮吾欲，是养吾疾而干吾禄也。吾不与皆毙。"襄子出，曰："吾何走乎？"从者曰："长子近④，且城厚完。"襄子曰："民罢力以完之，又毙死以守之，其谁与我？"从者曰："邯郸之仓库实⑤。"襄子曰："浚民之膏泽以实之，又因而杀之，其谁与我？其晋阳乎！先主之所属也⑥，尹铎之所宽也，民必和矣。"乃走晋阳，晋师围而灌之，沈灶产蛙，民无叛意。

【注释】
① 张谈：也称张孟谈，赵襄子的家臣。
② 地：赵襄子的臣。
③ 先子：指赵襄子的父亲赵简子。
④ 长子：晋邑名，在今山西长子西南。
⑤ 邯郸：晋邑名，在今河北邯郸市。
⑥ 先主：指赵简子。

【译文】

晋阳被围之前，张谈说："先主置办各种贵重的礼器，就是为了解救国家危难的，何不姑且不要吝惜财宝，向诸侯求援呢？"襄子说："我没有合适的使者。"张谈说："地可以做使者。"襄子说："不幸的是我德行有缺，比不上我的先人，没有德行却想贿赂诸侯来求援。地这个人只晓得满足我的欲望，这是助长我的过失而求取我的俸禄啊。我不能与他一起败亡。"襄子准备出走，说："我到何处去呢？"侍从说："长子距离近，而且城墙厚实完整。"襄子说："民众精疲力竭修筑了它，再要他们卖命守卫它，谁还肯与我同心协力呢？"侍从说："邯郸的仓库很充实。"襄子说："那是榨取了民脂民膏才充实起来的，现在又要使他们的性命受到伤害，谁还肯帮我出力呢？还是到晋阳吧！那是先主赵简子嘱咐过的地方，尹铎待那里的百姓又宽厚，人民必定能同心同德。"于是便投奔晋阳。晋军包围了晋阳，又决水灌城，民家的炉灶都淹没在水中，生出了虾蟆，然而人民却毫无背叛的意思。

卷十六　郑语

史伯为桓公论兴衰

桓公为司徒①，甚得周众与东土之人②，问于史伯曰③：“王室多故，余惧及焉，其何所可以逃死？”史伯对曰：“王室将卑，戎、狄必昌，不可偪也。当成周者④，南有荆蛮、申、吕、应、邓、陈、蔡、随、唐⑤；北有卫、燕、狄、鲜虞、潞、洛、泉、徐、蒲⑥；西有虞、虢、晋、隗、霍、杨、魏、芮⑦；东有齐、鲁、曹、宋、滕、薛、邹、莒⑧；是非王之支子母弟甥舅也，则皆蛮、荆、戎、狄之人也。非亲则顽，不可入也。其济、洛、河、颍之间乎⑨！是其子男之国，虢、郐为大⑩，虢叔恃势⑪，郐仲恃险⑫，是皆有骄侈怠慢之心，而加之以贪冒。君若以周难之故，寄帑与贿焉，不敢不许。周乱而弊，是骄而贪，必将背君，君若以成周之众，奉辞伐罪，无不克矣。若克二邑，邬、弊、补、舟、依、騄、历、华⑬，君之土也。若前华后河，右洛左济，主芣、騄而食溱、洧⑭，修典刑以守之，是可以少固。”

公曰：“南方不可乎？”对曰：“夫荆子熊严生子四人⑮：伯霜、仲雪、叔熊、季纴⑯。叔熊逃难于濮而蛮[17]，季紃是立，薳氏将起之[18]，祸又不克。是天启之心也，又甚聪明和协，盖其先王。臣闻之，天之所启，十世不替。夫其子孙必光启土，不可偪也。且重、黎之后也[19]，夫黎为高辛氏火正[20]，以淳耀敦大，天明地德，光照四海，故命之曰'祝融'[21]，其功大矣。

"夫成天地之大功者，其子孙未尝不章，虞、夏、商、周是也[22]。虞幕能听协风[23]，以成乐物生者也。夏禹能单平水土，以品处庶类者也。商契能和合五教[24]，以保于百姓者也。周弃能播殖百谷蔬[25]，以衣食民人者也。其后皆为王公侯伯。祝融亦能昭显天地之光明，以生柔嘉材者也，其后八姓于周未有侯伯。佐制物于前代者，昆吾为厦伯矣[26]，大彭、豕韦为商伯矣[27]。当周未有。己姓昆吾、苏、顾、温、董[28]，董姓鬷夷、豢龙[29]，则夏灭之矣。彭姓彭祖、豕韦、诸稽[30]，则商灭之矣。秃姓舟人[31]，则周灭之矣。妘姓邬、郐、路、偪阳[32]，曹姓邹、莒，皆为采卫[33]，或在王室，或在夷、狄，莫之数也。而又无令闻，必不兴矣。斟姓无后。融之兴者[34]，其在芈姓乎？芈姓蔓越不足命也[35]。蛮芈蛮矣[36]，唯荆实有昭德，若周衰，其必兴矣。姜、嬴、荆芈[37]，实与诸姬代相干也。姜，伯夷之后也[38]，嬴，伯翳之后也[39]。伯夷能礼于神以佐尧者也，伯翳能议百物以佐舜者也。其后皆不失祀而未有兴者，周衰其将至矣。"

公曰："谢西之九州[40]，何如？"对曰："其民沓贪而忍，不可因也。唯谢、郏之间[41]，其冢君侈骄，其民怠沓其君，而未必周德；若更君而周训之，是易取也，且可长用也。"

公曰："周其弊乎？"对曰："殆于必弊者也。《泰誓》曰[42]：'民之所欲，天必从之。'今王弃高明昭显[43]，而好谗慝暗昧；恶角犀丰盈，而近顽童穷固。去和而取同。夫和实生物，同则不继。以他平他谓之和，故能丰长而物归之；若以同裨同，尽乃弃矣。故先王以土与金木水火杂，以成百物，是以和五味以调口，刚四支以卫体，和六律以聪耳[44]，正七体以役心[45]，平八索以成人[46]，建九纪以立纯德[47]，合十数以训百体[48]。出千品，具万方，计亿事，材兆物，收经入，行姟极。故王者居九畡之田[49]，收经入以食兆民，周训而能用之，和乐如一。夫如是，和之至也。于是乎先王聘后于异姓，求财于有方，择臣取谏工而讲以多物，务和同也。声一无听，物一无文，味一无果，物一不讲。王将弃是类也而与剸同，天夺之明，欲无弊，得乎？

"夫虢石父谗谄巧从之人也[50]，而立以为卿士，与剸同也；弃聘后而立内妾[51]，好穷固也；侏儒戚施，实御在侧，近顽童也；周法不昭，而妇言是行，用谗慝也；不建立卿士，而妖试幸措，行暗昧也。是物也，不可以久。且宣王之时有童谣[52]，曰：'檿弧箕服[53]，实亡周国。'于是宣王闻之，有夫妇鬻是器者，王使执而戮之。府之小妾生女而非王子也，惧而弃之。此人也，收以奔褒[54]。天之命此久矣，其又何可为乎？《训语》有之曰[55]：'夏之衰也，褒人之神化为二龙，以同于王庭，而言曰：'余，褒之二君也。'夏后卜杀之与去之与止之⑤⑥，莫吉。卜请其漦而藏之，吉。乃布币焉而策告之，龙亡而漦在，椟而藏之，传郊之。'及殷、周，莫之发也。及厉王之末⑤⑦，发而观之，漦流于庭，不可除也。王使妇人不帏而譟之，化为玄鼋⑤⑧，以入于王府。府之童妾未既龀而遭之，既笄而孕⑤⑨，当宣王时而生。不夫而育，故惧而弃之。为弧服者方戮在路，夫妇哀其夜号也，而取之以逸，逃于褒。褒人褒姁有狱⑥⑩，而以为入于王，王遂置之，而嬖是女也，使至于为后而生伯服⑥①。天之生此久矣，其为毒也大矣，将使候淫德而加之焉。毒之酋腊者，其杀也滋速。申、缯、西戎方强⑥②，王室方骚，将以纵欲，不亦难乎？王欲杀太子以成伯服，必求之申，申人弗畀，必伐之。若伐申，而缯与西戎会以伐周，周不守矣！缯与西戎方将德申，申、吕方强，其㦥爱太子亦必可知也，王师若在，其救之亦必然矣。王心怒矣，虢公从矣，凡周存亡，不三稔矣！君若欲避其难，其速规所矣，时至而求用，恐无及也！"

公曰："若周衰，诸姬其孰兴？"对曰："臣闻之，武实昭文之功⑥③，文之祚尽，武其嗣乎！武王之子，应、韩不在⑥④，其在晋乎！距险而邻于小，若加之以德，可以大启。"公曰："姜、嬴其孰兴？"对曰："夫国大而有德者近兴，秦仲、齐侯⑥⑤，姜、嬴之隽也，且大，其将兴乎？"公说，乃东寄帑与贿，虢、郐受之，十邑皆有寄地⑥⑥。

【注释】

　①桓公：郑桓公，名友，周宣王的弟弟。初封于郑，周幽王时在周

室任司徒。公元前 806 至前 771 年在位。

② 东土：指陕西以东地区。

③ 史伯：即伯阳，周的太史。

④ 成周：西周的东都洛邑，在今河南洛阳附近。

⑤ 申：姜姓古国。相传为伯夷的后代，周宣王时东迁至谢，建立申国，在今河南南阳。吕：姜姓古国。相传为四岳的后代所建，在今河南南阳西。应：姬姓古国。始封之君为周武王的儿子，一说是武王的弟弟，在今河南鲁山东。邓：曼姓古国，在今湖北襄樊北邓城镇，一说疆域到达今河南邓县。陈：妫姓古国。始封之君胡公，相传是舜的后代，周武王灭商后所封。建都宛丘，在今河南淮阳一带。蔡：姬姓古国。始封之君为周武王的弟弟叔度。建都上蔡，在今河南上蔡西南。随：姬姓古国，在今湖北随县。唐：姬姓古国，在今湖北随县西北唐县镇。

⑥ 狄：北狄，北方的狄族。鲜虞：姬姓古国，白狄的一支，在今河北境内。潞：隗姓古国，赤狄的一支，在今山西潞城东北。洛、泉、徐、蒲：都是隗姓古国，赤狄的分支。

⑦ 虞：姬姓古国，始封之君是虞仲的后代，在今山西平陆北。虢：姬姓古国，分为东虢、西虢、北虢。此指西虢，在今陕西宝鸡东。隈：姬姓古国，在今湖北秭归东。霍：姬姓古国，始封之君为周武王的弟弟叔处，在今山西霍县西南。杨：姬姓古国，在今山西洪洞东南。魏：姬姓古国，在今山西芮城北。芮：姬姓古国，在今陕西大荔朝邑城南。

⑧ 滕：姬姓古国。始封之君为周文王的儿子错叔绣，在今山东滕县西南。薛：任姓古国。相传是夏代车正奚仲的后代所建，居于薛，在今山东滕县南。邹：曹姓古国。相传为颛顼后代挟所建立，在今山东费、邹一带。莒：己姓古国。始封之君为兹舆期，春秋初迁都于莒，在今山东莒县一带。

⑨ 济：济水。洛：洛水，即今河南洛河。河：黄河。颖：颖水，即今河南、安徽的颖河。

⑩ 邬：妘姓古国，相传为祝融的后代所建，在今河南密县东南。

⑪ 虢叔：指虢国的国君。

⑫ 邻仲：指邻国的国君。

⑬ 邬、弊、补、舟、依、黎、历、华：邻近虢、郐的八个城邑。

⑭ 茉、騩：茉山和騩山。溱：溱水，在今河南密县东南流与洧水相合。洧：洧水，即今河南双洎河。

⑮ 熊严：楚国国君，公元前 837—前 828 年在位。

⑯ 伯霜：即熊霜，熊严的大儿子，楚国国君，公元前 827—前 822

年在位。仲雪：即熊雪，熊严的次子。叔熊：即熊堪，熊严的第三子。熊霜死后，三弟争立，熊雪死，熊堪逃难至濮。季细：即熊细，细也作徇，熊严的小儿子。楚国国君，公元前 821—前 800 年在位。

⑰ 濮：古代少数民族，分布于江汉之南。

⑱ 蓮氏：楚国大夫。

⑲ 重、黎：相传是颛顼的两位大臣。重任南正之官，掌管祭祀天神。黎任火正之官，掌管民事。两人被认为是楚的祖先。

⑳ 高辛氏：即帝喾，号高辛氏，是尧的父亲。火正：火官。

㉑ 祝融：帝喾时火官黎的别称，因他为火官，能光融天下，故称祝融。

㉒ 虞：指虞舜，姚姓，号有虞氏。

㉓ 虞幕：虞舜的祖先。

㉔ 商契：传说中商的始祖，帝喾的儿子。五教：指父义、母慈、兄友、弟恭、子孝。

㉕ 周弃：即后稷，周的始祖。曾在尧舜时代做农官，教民耕种农作物。

㉖ 昆吾：祝融的孙子，己姓，名樊，封在昆吾。

㉗ 大彭：祝融的孙子，彭姓，封在大彭。豕韦：祝融的孙子，彭姓，别封在豕韦。

㉘ 昆吾、苏、顾、温、董：都是己姓的古国。

㉙ 鬷夷、豢龙：都是董姓的古国。

㉚ 彭祖、豕韦、诸稽：都是彭姓的古国。

㉛ 舟人：秃姓的古国。

㉜ 邬、郐、路、偪阳：都是妘姓的古国。

㉝ 采卫：采指采服，离王都二千五百里的地区。卫指卫服，离王都三千里的边远地区。

㉞ 融：祝融。

㉟ 蓑越；芈姓的古国。

㊱ 蛮芈：指楚国叔熊逃难至濮而从蛮俗。

㊲ 姜：齐国的姓。嬴：秦国的姓。芈：楚国的姓。

㊳ 伯夷：炎帝的后代，尧时任秩宗，掌宗庙祭祀。

㊴ 伯翳：即伯益，相传善于畜牧和狩猎，被舜任为虞官，是嬴姓各族的祖先。

㊵ 谢：周宣王舅舅申伯的封国，在今河南唐河南。州：二千五百家。

㊶ 郏：古邑名，在今河南郏县。

㊷《泰誓》：指《尚书·周书·泰誓》。

㊸ 王：指周幽王。

㊹ 六律：指十二律中阳声之律，即黄钟、大簇、姑洗、蕤宾、夷则六种音律。

㊺ 七体：指人的耳、目、口、鼻七窍。

㊻ 八索：指人的首、腹、足、股、目、口、耳、手八个部分。古人以人体八个部分应八卦。

㊼ 九纪：指人的内脏，即心、肺、肝、脾、肾、胃、肠、胆、膀胱。

㊽ 十数：指王、公、大夫、士、皂、隶、僚、仆、台十等人。

㊾ 九畡：中央加上八极为九畡，指九州辽阔的土地。

㊿ 虢石父：虢国的国君，名石父。

(51) 后：指申后，周幽王的王后。内妾：指褒姒。

(52) 宣王：周宣王。

(53) 檿弧：山桑木做的弓。箕服：箕草编的箭囊。

(54) 褒：姒姓古国，在今陕西勉县东南。

(55)《训语》：指《周书·训语》。

(56) 夏后：夏君，指夏桀。

(57) 厉王：周厉王。

(58) 鼋：俗称癞头鼋。

(59) 笄：古时女子十五岁举行笄礼，盘发插簪，表示成年。

(60) 褒姁：褒国国君。

(61) 伯服：周幽王与褒姒所生的儿子。

(62) 缯：姒姓古国，在今河南方城一带。西戎：古代西北戎族的总称。

(63) 武：周武王。文：周文王。

(64) 应：应侯。韩：韩侯。都是周武王的后代。

(65) 秦仲：秦国国君，嬴姓，周宣王时任大夫。公元前 844 至前 822 年在位。齐侯：指齐庄公，名购，前 794 至前 731 年在位。

(66) 十邑：指虢、郐、邬、弊、补、舟、依、黩、历、华。

【译文】

郑桓公任周幽王的司徒，很得西周民众和周土以东百姓的心，他问史伯说："周王室多灾多难，我担心落在我身上，到哪里才可以逃避一死呢？"史伯回答说："周王室将要衰败，戎、狄肯定会昌盛起来，不能靠近它们。在周都洛邑，南面有楚蛮、申、吕、应、邓、陈、蔡、随、唐九国；北面有卫、燕、狄、鲜虞、潞、洛、泉、徐、蒲九国；西面有虞、虢、晋、隗、霍、杨、魏、芮八国；东面有齐、鲁、曹、宋、滕、薛、邹、莒八国；这些国家若不是周王的同姓支族、母弟甥舅之类的亲戚，就是蛮、夷、戎、狄之类的少数民族。不是亲属就是凶顽之民，不能到那里去。该去的应是在济水、洛水、黄河、颍水之间那一带吧！这一地带都是封为子、男爵位的国家，其中虢国和郐国最大，虢叔凭仗着地势，郐仲依恃着险要，他们都有骄傲奢侈疏忽怠慢的思想，又加上很贪婪。您如果因为周王室遭难的缘故，想把妻子、财物寄放到那里，他们不敢不答应。周王室混乱而衰败，这些人骄侈贪婪，必然会背叛您，您如果率领洛邑的民众，奉天子之命去讨伐他们的罪恶，没有不成功的。如果攻克了两国，那么邬、弊、补、舟、依、𪩘、历、华八邑，就都是您的国土了。如果前面有华邑，后面有黄河，右面有洛水，左面有济水，主祭茅山和骓山，饮溱、洧两河的水，遵循旧法来守卫这片土地，那就可以稍稍稳固了。”

桓公说：“那南方不可以吗？”史伯回答说：“楚王熊严生了伯霜、仲雪、叔熊、季纻四个儿子。叔熊逃难到了濮地随从了蛮俗，季纻被立为国君，莄氏打算重新立叔熊为君，又遭祸难没有成功。这是上天开导季纻的心啊，他又聪明，能团结和好臣民的心，功德超过了他的先王。我听说，上天所开导的，十代也不能废。他的子孙必然大大开拓疆土，不可以靠近。而且他们是重、黎的后代，黎是高辛氏的火官，因为他纯洁博大，有如日月的光明、大地的美德，光辉普照四海，所以命名为‘祝融’，他的功劳算是大了。

“凡是帮助天地完成大功的人，他的子孙后代没有不显耀的，虞、夏、商、周都是这样。虞幕能倾听和风，育成万物很好地生长。夏禹能治理水土，使万物生长各得其所。商契能协和五教，教养安抚百姓。周弃能播种百谷、蔬菜，供给百姓衣食。他们的后代都成为王公侯伯。祝融也能显扬天地的光明，培育滋润嘉美的五谷材木，他的后代八姓在周朝没有做诸侯之长的。在前代辅助治理国事的，昆吾是夏朝的诸侯之长，大彭、豕韦是商朝的诸侯之长。在周朝还没有。己姓的昆吾、苏、顾、温、董，董姓的豷夷、縢龙，在夏代就灭亡了。彭姓的彭祖、豕韦、诸稽，在商代就灭亡了。秃姓的舟人，在周代就灭亡了。妘姓的邬、郐、路、偪阳，曹姓的邹、莒，都属采服、卫服的边远地区，有的在王室附近，有的在夷、狄境内，统计不清楚。而他们又没有美名显扬，肯定不能兴起了。斟姓没有后嗣。祝融的后代能够兴起的，恐怕是在芈姓吧？芈姓的蔓越不足以受命。处在蛮地的芈姓已经蛮化了，只有楚国确实有明德，如果周朝衰亡，楚国必然会兴盛起来。姜姓、嬴姓和楚国的芈姓，他们实与姬姓交相更替干犯。姜姓是伯夷的后代，嬴姓是伯益的后代。伯夷能礼敬神灵来辅佐尧，伯益能使百物各得其宜来辅佐舜。他们的后代都没有失掉祭祀，却没有兴盛的，周朝的衰亡将要来临了。"

桓公说："谢国西面的九州，怎么样？"史伯回答说："那里的百姓贪婪残忍，不能接近他们。只有谢国和郏地之间的国家，那里的国君奢侈骄横，百姓怠慢他们的君王，还不具有忠信的德行；如果更换国君而用忠信来教导他们，那是容易获取的，而且可以长久住下去。"

桓公说："周朝将会衰败吗？"史伯回答说："差不多一定要衰败了。《尚书·泰誓》上说：'老百姓所向往的，上天必定会遵从。'现在周幽王抛弃光明正大有德行的人，喜欢挑拨是非、奸邪阴险的人，讨厌贤明正直的人，亲近愚顽鄙陋的人。排斥与自己意见不一致的正确主张，采纳与自己相同的错误说法。其实和谐才能生成万物，同一就不能发展。把不同的东西加以协调平衡叫做和谐，所以能丰富发展而使万物归于统一；如果把相同的东西相加，用尽了之后就完了。所以先王把土和金、木、水、火相配合，而生成万物。因此调配五种滋味以适合人的口味，强健四肢来保卫身体，调和六种音律使它动听悦耳，端正七窍来为心服务，协调身体的八个部分使人完整，设置九脏以树立纯正的德行，合成十种等级来训导百官。于是产生了千种品位，具备了上万方法，计算成亿的事物，经营万亿的财物，取得万兆的收入，采取无数的行动。所以君王拥有九州辽阔的土地，取得收入来供养万民，用忠信来教化和使用他们，使他们协和安乐如一家人。这样的话，就是和谐的顶点了。于是先王从异姓的家族中聘娶王后，向四方各地求取财货，选择敢于直谏的人来做官吏，处理众多的事情，努力做到和谐而不是同一。只是一种声音就没有听头，只是一种颜色就没有文采，只是一种味道就不成其为美味，只是一种事物就无法进行衡量比较。周幽王却要抛弃这种和谐的法则，而专门喜欢同一。上天夺取了他的聪明，要想不衰败，可能吗？

"虢石父是个挑拨离间、巴结奉承、巧于媚从的人，幽王却立他为卿士，这是专门喜欢同一；抛弃了聘娶的王后而立内妾褒姒，是喜欢鄙陋无识的人；把侏儒、驼背置于身边取乐，这是亲近愚顽昏暗的人；使周朝的法制不明，却听女人的话行事，这是任用挑拨是非、奸邪的人；不任用卿士，却宠信任用佞幸的人，是行为暗昧。这些做法，都是不能够长久的。而且周宣王时有一首童谣说：'山桑木弓，箕草箭袋，要灭亡周朝。'那时宣王听了后，有一对夫妇在卖这种器物，宣王便派人要把他们抓来杀掉。王府里有小妾生个女孩而不是周王的孩子，她因为害怕而抛弃了女婴。那对夫妇捡到了女婴，逃亡到了褒国。上天使这件事出现已经很久了，又怎么能够改变它呢？《周书·训语》上说：'夏朝衰亡的时候，褒国的神变成两条龙，聚居于王庭，说道："我们是褒国的二位君王。"'夏王占卜问是杀掉，还是放走或是留下它们，都不吉利。占卜请把龙的唾液贮藏起来，结果吉利。于是就陈列玉帛，用简策书写告诉龙，龙跑了而唾液还在，就把它用柜子贮藏起来，在郊外祭祀它。'到了商代、周代，都没有打开过。到周厉王末年，打开来看，唾液流到了庭前，清除不掉。周王叫妇人不穿下衣欢叫呼喊，唾液变成了一只黑鼋，进入了王府。王府里有一个童妾还未换牙，遇上了它，等她十五岁的时候就怀了孕，在宣王时生下了婴儿。没有丈夫却生了孩子，所以害怕而抛弃了婴儿。卖弓和箭袋的一对夫妇正在路上受到追杀，夫妇可怜那女婴夜里啼哭，就捡了她躲藏起来，逃亡到了褒国。褒国国君褒姁犯了罪，就把褒姒献给了周王，周王便赦免了褒姁，而十分宠爱褒姒，立她为王后生了伯服。上天降生这个祸害已经很久了，它的毒害够大了，将要趁周王失德而留下这个女人。毒性厉害的醇酒，它害人也越快。申国、缯国和西戎正强盛，周王室正扰乱不安，幽王还要放纵私欲，要不衰败不是很难吗？幽王想要杀掉太子宜白，改立伯服，肯定要求申国交出太子，申国不交，幽王一定会去讨伐申国。如果讨伐申国，缯国与西戎就会联合起来攻打周幽王，周王朝就保不住了。缯国与西戎正要报答申国，申国、吕国正强盛，它们深爱太子也是可以预料的。幽王的军队如果攻打申国，它们去救援申国也是必然的。幽王心中愤怒了，虢公顺从了，周朝的存亡，不出三年了。您如果想逃避这场灾难，要赶快考虑好逃亡的地方，到灾难来了才想办法，恐怕就来不及了！"

　　桓公说："如果周朝衰败的话，各个姬姓的诸侯中哪个会兴盛？"史伯回答说："我听说，周武王确实发扬了周文王的功德，文王的福祚完了，应该是武王继承吧！武王的儿子，应侯和韩侯已经不在了，恐怕是晋国吧！晋国踞守的地势险要，和它接邻都是小国，如果加上修行德政，可以大大开拓疆土。"桓公说："姜姓和嬴姓诸侯中哪个会兴盛？"史伯回答说："国土广大而且有德的国家差不多都能兴盛，秦仲和齐侯，是姜姓、嬴姓中的俊杰，又是大国，恐怕他们该兴盛吧？"桓公听了很高兴，于是就向东寄放妻儿和财货，虢国、郐国接受了，十邑都有桓公寄放东西的地方。

平王之末秦晋齐楚代兴

幽王八年而桓公为司徒①，九年而王室始骚，十一年而毙。及平王之末②，而秦、晋、齐、楚代兴，秦景、襄于是乎取周土③，晋文侯于是乎定天子，齐庄、僖于是乎小伯④，楚蚡冒于是乎始启濮⑤。

【注释】
① 幽王八年：周幽王八年，公元前 774 年。桓公：郑桓公。
② 平王：周平王。
③ 景：当作"庄"，秦庄公，名其，公元前 821 至前 778 年在位。襄：秦襄公，名失传，公元前 777 至前 766 年在位。
④ 庄：齐庄公。僖：齐僖公，名禄父，公元前 730 至前 698 年在位。
⑤ 蚡冒：楚国国君，名熊眴，公元前 757 至前 741 年在位。

【译文】
周幽王八年，郑桓公任司徒，九年周王室开始扰乱不安，十一年周幽王和郑桓公都死了。到了平王末年，秦国、晋国、齐国、楚国相继兴盛，秦庄公、秦襄公在这时获取了周王室的土地，晋文侯在这时安定了周天子，齐庄公、齐僖公在这时成为诸侯中小的霸主，楚王蚡冒在这时开辟了南蛮的濮地。

申叔时论傅太子之道

庄王使士亹傅太子箴①，辞曰："臣不才，无能益焉。"王曰："赖子之善善之也。"对曰："夫善在太子，太子欲善，善人将至；若不欲善，善则不用。故尧有丹朱②，舜有商均③，启有五观④，汤有太甲，文王有管、蔡⑤。是五王者，皆有元德也，而有奸子。夫岂不欲其善，不能故也。若民烦，可教训。蛮、夷、戎、狄，其不宾也久矣，中国所不能用也。"王卒使傅之。

问于申叔时⑥，叔时曰："教之春秋，而为之耸善而抑恶焉，以戒劝其心；教之世，而为之昭明德而废幽昏焉，以休惧其动；教之诗，而为之导广显德，以耀明其志；教之礼，使知上下之则；教之乐，以疏其秽而镇其浮；教之令，使访物官；教之语，使明其德，而知先王之务用明德于民也；教之故志，使知废兴者而戒惧焉；教之训典，使知族类，行比义焉。

"若是而不从，动而不悛，则文咏物以行之，求贤良以翼之。悛而不摄，则身勤之，多训典刑以纳之，务慎惇笃以固之。摄而不彻，则明施舍以导之忠，明久长以导之信，明度量以导之义，明等级以导之礼，明恭俭以导之孝，明敬戒以导之事，明慈爱以导之仁，明昭利以导之文，明除害以导之武，明精意以导之罚，明正德以导之赏，明齐肃以耀之临。若是而不济，不可为也。

"且夫诵诗以辅相之，威仪以先后之，体貌以左右之，明行以宣翼之，制节义以动行之，恭敬以临监之，勤勉以劝之，孝顺以纳之，忠信以发之，德音以扬之，教备而不从者，非人也。其可兴乎！夫子践位则退[7]，自退则敬，否则赦。"

【注释】

① 庄王：楚庄王，名旅，公元前 613 至前 591 年在位。士亹：楚国大夫。太子箴：楚庄王的儿子，名箴，即后来继位的楚恭王。

② 丹朱：尧的儿子，名朱，因居丹水，故名丹朱。相传他傲慢荒淫，所以尧禅位于舜。

③ 商均：舜的儿子，名均，封在商，故名商均。相传他昏庸无能，所以舜禅位于禹。

④ 启：禹的儿子，传说中夏朝国王。五观：启的五个儿子，行事荒唐，常到洛水北岸狩猎，不理民事，被后羿夺去王位。也有说是一子之名。

⑤ 管、蔡：管叔鲜和蔡叔度，周文王的儿子，周武王的弟弟。武王去世，成王年幼，周公摄政，两人不服，和商纣王的儿子武庚一起发动叛乱，后被周公平定。

⑥ 申叔时：楚国大夫。

⑦ 夫子：夫，发语词；子，指太子。

【译文】

楚庄王委派士亹教导太子箴，士亹辞谢说："我没有才能，不能对太子有所帮助。"庄王说："靠您的才德可以使他变好。"士亹回答说："变好的关键在太子，太子想好，有才德的人就会来了；如果太子不想好，有才德的人教导他也不会听。所以尧有丹朱，舜有商均，启有五规，商汤有太甲，周文王有管叔、蔡叔那样的不肖子孙。这五位君王，都有大德，却有邪恶的子孙。难道他们不想子孙学好，那是因为不能够的缘故。如果百姓纷乱，可以教育训导。蛮、夷、戎、狄少数民族，他们不顺服已经很久了，中原国家并不能使他们听从。"庄王最终还是让士亹教导太子。

士亹询问申叔时，叔时说："用历史来教育他，从而使他懂得褒扬善行而贬抑邪恶，来戒勉他的心；用先王的世系来教育他，从而使他知道有德行的人能名声显扬，昏庸的人要被废黜，来鼓励和约束他的行为；用诗歌来教育他，对他宣扬先王的美德，来指引他的志向；用礼仪来教育他，使他知道尊卑上下的法度；用音乐来教育他，来洗涤他身上的污秽，使他稳重而不轻浮；用法令来教育他，使他懂得百官的职事；用治国的嘉言来教育他，使他发扬美德，知道先王务必以德对待百姓；用古书载记来教育他，使他懂得历代成败兴衰的道理而引起警戒；用先王的训典来教育他，使他知道宗族的发展繁衍，使行为符合道义。

"如果这样教导还不听从，举动失当而不改正，那就用文辞托物讽谏来劝导他，寻求贤良之士来辅佐他。改正了还不稳固，那就身体力行来带动他，经常用常规来教导他让他接受，努力审慎地用笃厚的品德来巩固他。稳固了却不通达，那就阐明推己及人的道理，引导他讲忠恕；阐明如何可以使国祚长久的道理，引导他讲诚信；阐明度量关系上要适度，引导他处事得宜；阐明上下等级的秩序，引导他遵循礼法；阐明谦恭克俭的道理，引导他孝敬亲人；阐明恭敬警戒的原则，引导他办事成功；阐明要以慈爱之心待人，引导他实行仁德；阐明要利人利物，引导他具有文德；阐明要铲恶除暴，引导他树立武德；阐明办案要精心一意，引导他慎加惩罚；阐明待人要无所偏私，引导他正确赏赐；阐明做事要专一严肃，使他明于处事。如果这样教导还不成功，那就不能做他的老师了。

"吟诵诗歌来辅佐他，用礼仪来帮助他，以礼相待来影响他，身体力行来辅助他，制订节义来约束他，端庄恭敬地监督他，殷勤恳切地劝勉他，以孝顺之心对待他，用忠诚信义来启发他，用好的声誉来激扬他，如此全面教导还不听从的话，那就不是一个可以教育好的人了。那还可以教养成人吗？那太子即位您就引退，自己引退就显示出自重，否则就会时常感到惭愧。"

子囊议恭王之谥

恭王有疾^①，召大夫曰："不穀不德，失先君之业，覆楚国之师，不穀之罪也。若得保其首领以殁，唯是春秋所以从先君者，请为'灵'若'厉'。"大夫许诺。

王卒，及葬，子囊议谥^②。大夫曰："王有命矣。"子囊曰："不可。夫事君者，先其善不从其过。赫赫楚国，而君临之，抚征南海^③，训及诸夏，其宠大矣。有是宠也，而知其过，可不谓'恭'乎？若先君善，则请为'恭'。"大夫从之。

【注释】
① 恭王：楚恭王，楚庄王的儿子，名审，公元前590至前560年在位。
② 子囊：即公子贞，楚国的令尹，楚恭王的弟弟。
③ 南海：指南方一带。

【译文】
楚恭王生病，召见大夫们说："我没有德行，丧失了先君的霸业，败坏了楚国的军队，这是我的罪过。如果我能够保全首领而死，在春、秋二季庙祭时能追随先君，请谥作'灵'或者'厉'。"大夫们答应了。

恭王死，等到下葬时，子囊和大家商议谥号。大夫们说："国王已经有过命令了。"子囊说："不行。事奉君王的人，议定谥号时首先要举出他的善行，而不能依从他的过失。威名赫赫的楚国，君王统治它，安抚征服了南方，教令施及到中原各国，他的尊荣可谓大了。有这样的尊荣，而且知道自己的过失，难道不可以称作'恭'吗？如果首先举出君王的善行，那就请定谥号为'恭'。"大夫们听从了他的意见。

屈建祭父不荐芰

　　屈到嗜芰^①。有疾，召其宗老而属之^②，曰："祭我必以芰。"及祥^③，宗老将荐芰，屈建命去之^④。宗老曰："夫子属之。"子木曰："不然。夫子承楚国之政，其法刑在民心而藏在王府，上之可以比先王，下之可以训后世，虽微楚国，诸侯莫不誉。其祭典有之曰：国君有牛享，大夫有羊馈，士有豚犬之奠，庶人有鱼炙之荐，笾豆、脯醢则上下共之^⑤，不羞珍异，不陈庶侈。夫子不以其私欲干国之典。"遂不用。

【注释】
　　① 屈到：楚国的卿，名子夕。芰：菱角。
　　② 宗老：大夫家里掌管祭祀的家臣。
　　③ 祥：祭名，父母死十三个月而祭叫"小祥"，二十五个月而祭叫"大祥"。
　　④ 屈建：屈到的儿子，名子木，楚国大夫。
　　⑤ 笾豆：古代祭祀时盛果品的竹器和盛肉的木器。脯醢：果干和肉酱。

【译文】
　　屈到喜欢吃菱角。他生病时，叫来负责祭祀的家臣嘱咐说：

"祭祀我的时候,一定要用菱角。"到了一周年祭祀时,家臣准备供奉菱角,屈建命令把它拿掉。家臣说:"这是您父亲嘱托的。"屈建说:"不能这样。我父亲执掌楚国的政事,他制定的法令记在百姓的心中,收藏在王府里,对上可以比同于先王,对下可以训导后人,即使没有楚国,各国诸侯也没有谁不称赞的。祭祀的法典上说:祭国君要用牛,祭大夫用羊,祭士用小猪和狗,祭普通人用烤鱼,竹笾木器里装的果干和肉酱,则从国君到普通百姓都可以用。不进献珍贵稀罕的东西,不陈列品类繁多的食品。我父亲也不能因为自己的嗜好而违犯国家的法典。"于是祭祀时便不用菱角。

蔡声子论楚材晋用

椒举娶于申公子牟①，子牟有罪而亡，康王以为椒举遣之②，椒举奔郑，将遂奔晋。蔡声子将如晋③，遇之于郑，飨之以璧侑，曰："子尚良食，二先子其皆相子，尚能事晋君以为诸侯主。"辞曰："非所愿也。若得归骨于楚，死且不朽。"声子曰："子尚良食，吾归子。"椒举降三拜，纳其乘马，声子受之。

还见令尹子木④，子木与之语，曰："子虽兄弟于晋，然蔡吾甥也，二国孰贤？"对曰："晋卿不若楚，其大夫则贤，其大夫皆卿材也。若杞梓、皮革焉⑤，楚实遗之，虽楚有材，不能用也。"子木曰："彼有公族甥、舅，若之何其遗之材也？"对曰："昔令尹子元之难⑥，或谮王孙启于成王⑦，王弗是，王孙启奔晋，晋人用之。及城濮之役，晋将遁矣，王孙启与于军事，谓先轸曰：'是师也，唯子玉欲之⑧，与王心违，故唯东宫与西广实来⑨。诸侯之从者，叛者半矣，若敖氏离矣⑩，楚师必败，何故去之！'先轸从之，大败楚师，则王孙启之为也。

"昔庄王方弱⑪，申公子仪父为师⑫，王子燮为傅⑬，使师崇、子孔帅师以伐舒⑭。燮及仪父施二帅而分其室。师还至，则以王如庐⑮，庐戢黎杀二子而复王⑯。或谮析公臣于王⑰，王弗是，析公奔晋，晋人用之。实谗败楚，使不规东夏⑱，则析公之为也。

"昔雍子之父兄谮雍子于恭王⑲，王弗是，雍子奔晋，晋人用之。及鄢之役⑳，晋将遁矣，雍子与于军事，谓栾书曰：'楚师可料也，在中军王族而已。若易中下，楚必歆之。若合而臽吾中，吾上下必败其左右，则三萃以攻其王族，必大败之。'栾书从之，大败楚师，王亲面伤，则雍子之为也。

"昔陈公子夏为御叔娶于郑穆公㉑，生子南㉒。子南之母乱陈而亡之㉓，使子南戮于诸侯。庄王既以夏氏之室赐申公巫臣㉔，则又界之子反㉕，卒于襄老㉖。襄老死于邲㉗，二子争之，未有成。恭王使巫臣聘于齐，以夏姬行，遂奔晋。晋人用之，实通吴晋。使其子狐庸为行人于吴㉘，而教之射御，导之伐楚。至于今为患，则申公巫臣之为也。

"今椒举娶于子牟，子牟得罪而亡，执政弗是，谓椒举曰：'女实遣之。'彼惧而奔郑，缅然引领南望，曰：'庶几赦吾罪。'又不图也，乃遂奔晋，晋人又用之矣。彼若谋楚，其亦必有丰败也哉。"

子木愀然，曰："夫子何如，召之其来乎？"对曰："亡人得生，又何不来为。"子木曰："不来，则若之何？"对曰："夫子不居矣，春秋相事，以还轸于诸侯。若资东阳之盗使杀之㉙，其可乎？不然，不来矣。"子木曰："不可。我为楚卿，而赂盗以贼一夫于晋，非义也。子为我召之，吾倍其室。"乃使椒鸣召其父而复之㉚。

【注释】

①椒举：即伍举，伍子胥的祖父，楚国大夫。因封邑在椒，故称椒举。申公子牟：即王子牟，曾为申公。

②康王：楚康王，名昭，楚恭王的儿子，公元前559至前545年在位。

③蔡声子：即公孙归生，名子家，蔡国大夫。

④子木：即屈建。

⑤杞梓：杞木和梓木。

⑥子元：王子善，又称公子元，楚武王的儿子，楚文王的弟弟。子元之难：指鲁庄公二十八年(前664)子元想引诱楚文王的夫人息妫和他私通，入王宫时被捕，后被申公斗班杀死。

⑦王孙启：子元的儿子。成王：楚成王。

⑧子玉：即成得臣，字子玉，楚国的令尹，城濮之战中的楚军统帅。

⑨东宫：楚太子的卫队。西广：楚军编制分为东广、西广。广，楚军兵车十五辆为一广。

⑩若敖氏：令尹子玉的家族。

⑪庄王：楚庄王。

⑫子仪父：即斗克，申公斗班的儿子，楚国大司马。子仪是他的字，父是尊称。师：太师。

⑬王子燮：楚国公子。傅：太傅。

⑭师崇：即潘崇，楚国太师。子孔：即成嘉，字子孔，楚国令尹。舒：国名，偃姓，相传是少昊后人，有舒庸、舒鸠、舒蓼等，称为群舒，在今安徽舒城、庐江境内。

⑮庐：楚邑名，又称中庐，在今湖北宜城境内。

⑯戢黎：庐邑的大夫。

⑰析公臣：楚国大夫。

⑱东夏：指楚国东面的蔡、沈两国。

⑲雍子：楚国大夫。恭王：楚恭王。

⑳鄢之役：即鄢陵之战。

㉑ 公子夏：陈宣公的儿子，御叔的父亲。郑穆公：名兰。公元前627至前606年在位。

㉒ 子南：御叔的儿子，即夏徵舒，子南是他的字。

㉓ 子南之母：郑穆公的女儿夏姬。她嫁给御叔，御叔早死，她与陈灵公等私通，子南杀死灵公，后楚庄王率领诸侯讨伐子南而灭陈。

㉔ 申公巫臣：即屈巫，字子灵，楚国大臣。

㉕ 子反：即公子侧，楚国司马。

㉖ 襄老：楚国的臣。

㉗ 邲：指邲之战。

㉘ 狐庸：巫臣的儿子。

㉙ 东阳：韦昭注为楚邑名。疑泛指晋国所属太行山以东地区，今河北邢台、邯郸地区一带。

㉚ 椒鸣：椒举的儿子。

【译文】

椒举娶了申公子牟的女儿，子牟犯罪逃亡，楚康王认为是椒举放他走的，椒举就逃亡到郑国，又打算逃亡到晋国去。蔡声子将出使晋国，在郑国遇见了椒举，拿出璧玉劝他进食，说："您努力加餐饭，我俩的先人在天之灵都会帮助你，你还能事奉晋君成为诸侯的盟主。"椒举辞谢说："这不是我的愿望。如果我的尸骨能回到楚国，那死了也是不朽的。"声子说："您努力加餐饭，我设法让你回到楚国去。"椒举下堂拜谢了三次，送给声子四匹马，声子接受了。

声子回到楚国后会见令尹子木，子木和他谈话，说："你虽然和晋国是同姓兄弟，但蔡君是我们楚君的外甥，你看晋、楚两国谁好呢？"声子回答说："晋国的正卿不如楚国的令尹，但晋国的大夫很贤明，他们都是当卿的人材。就像杞木、梓木和皮革一样，都是楚国送给晋国的，虽然楚国有人材，却不能使用。"子木说："他们有公族和甥、舅之类的亲戚，为什么还要送给他们的人材呢？"声子回答说："以前令尹子元遇难，有人对楚成王说他儿子王孙启的坏话，成王不能正确审理，王孙启就逃亡到晋国，晋国任用了他。等到城濮之战的时候，晋军将要撤退，王孙启当时参与军事谋划，对先轸说：'这次出兵，只是子玉想打，他和楚王的想法不一致，所以只有东宫和西广两支部队前来参战。诸侯随从来的，背叛的有半数以上，连子玉的同族若敖氏都不想打了，楚军一定要失败，为什么要撤退呢！'先轸听从了他的意见，大败楚军，这是王孙启干的。

"以前楚庄王还未成年，申公子仪父任太师，王子燮任太傅，派师崇和子孔率领军队去讨伐舒国。王子燮和仪父给两人施加罪名，瓜分了两家的财产。军队返回国，他们带着庄王跑到庐城。庐城大夫戢黎杀了王子燮和仪父，把庄王送回都城。有人对庄王说析公臣的坏话，庄王不能正确审理，析公逃亡到晋国，晋国任用了他。这些谗言后来使楚国吃了败仗，使它不再占有东夏，这是析公臣干的。

"以前雍子的父兄对楚恭王说雍子的坏话，恭王不能正确审理，雍子逃亡到晋国，晋国任用了他。等到鄢陵之战的时候，晋军将要撤退，雍子当时参与军事谋划，对栾书说：'楚军可以预测，它的主力只是在中军的王族亲兵罢了。如果我们调换中军和下军的位置，楚军必然贪利中计。如果它们来交战，就会遭遇我们的中军，我们上下两军必然打败他们的左右两军，然后我们结集中军、上军、下军和新军攻打他们的王族亲兵，一定把它打得大败。'栾书听从了他的意见，大败楚军，恭王眼睛被射伤，这是雍子干的。

"以前陈公子夏给御叔娶了郑穆公的女儿，生了子南。子南的母亲夏姬给陈国造成了祸乱，导致陈国灭亡，使子南被诸侯所杀。楚庄王把夏姬赏赐给申公巫臣，接着又赏给子反，最后又给了襄老。襄老在邲地战役中死去，巫臣和子反两人争夺夏姬，没有个结果。恭王派巫臣出使齐国，巫臣带着夏姬同行，于是逃亡到晋国。晋国任用了他，沟通了吴国和晋国的关系。巫臣派他的儿子狐庸在吴国当外交官，并且教吴人驾车射箭，引导吴国进攻楚国。一直到今天还成为祸患，这是申公巫臣干的。

"现在椒举娶了子牟的女儿，子牟犯罪逃亡了，执政的不能正确审理，对椒举说：'是你放他跑的。'椒举害怕而逃亡到郑国，远远地伸长脖子望着南方，说：'也许能赦免我的罪。'楚国如不处置好这件事，他就会逃亡到晋国，晋国又将任用他了。他假如谋取楚国，那又势必会给楚国造成惨败。"

　　子木听了很发愁，说："对他怎么办，召他能回来吗?"声子回答说："逃亡的人得到一条生路，又怎么能不回来呢。"子木说："假如他不回来，那怎么办?"声子回答说："椒举不在楚国了，他将一年四季要奉命出去聘问，乘车往返于诸侯各国。如果出钱买通东阳大盗杀了他，可以吗? 不这样，他是不会回来的。"子木说："不行。我作为楚国的卿，却买通大盗到晋国去杀一个人，这是不义。您替我召回他，我加倍给他家产。"于是就派椒鸣召他的父亲回国，恢复了他的职位。

伍举论台美而楚殆

灵王为章华之台^①，与伍举升焉^②，曰："台美夫！"对曰："臣闻国君服宠以为美，安民以为乐，听德以为聪，致远以为明。不闻其以土木之崇高、彤镂为美，而以金石匏竹之昌大、嚣庶为乐^③；不闻其以观大、视侈、淫色以为明，而以察清浊为聪。

"先君庄王为匏居之台^④，高不过望国氛，大不过容宴豆^⑤，木不妨守备，用不烦官府，民不废时务，官不易朝常。问谁宴焉，则宋公、郑伯^⑥；问谁相礼，则华元、驷騑^⑦；问谁赞事，则陈侯、蔡侯、许男、顿子^⑧，其大夫侍之。先君以是除乱克敌，而无恶于诸侯。今君为此台也，国民罢焉，财用尽焉，年谷败焉，百官烦焉，举国留之，数年乃成。愿得诸侯与始升焉，诸侯皆距无有至者。而后使太宰启疆请于鲁侯^⑨，惧之以蜀之役^⑩，而仅得以来。使富都那竖赞焉，而使长鬣之士相焉，臣不知其美也。

"夫美也者，上下、内外、小夫、远近皆无害焉，故曰美。若于目观则美，缩于财用则匮，是聚民利以自封而瘠民也，胡美之为？夫君国者，将民之与处；民实瘠矣，君安得肥？且夫私欲弘侈，则德义鲜少；德义不行，则迩者骚离而远者距违。天子之贵也，唯其以公侯为官正，而以伯子男为师旅。其有美名也，唯其施令德于远近，而小大安之也。若敛民利以成其私欲，使民蒿焉望其安乐，而有远心，其为恶也甚矣，安用目观？

"故先王之为台榭也，榭不过讲军实，台不过望氛祥。故榭度于大卒之居，台度于临观之高。其所不夺穑地，其为不匮财用，其事不烦官业，其日不废时务，瘠硗之地，于是乎为之；城守之木，于是乎用之；官僚之暇，于是乎临之；四时之隙，于是乎成之。故《周诗》曰⑪：'经始灵台⑫，经之营之。庶民攻之，不日成之。经始勿亟，庶民子来。王在灵囿⑬，麀鹿攸伏⑭。'夫为台榭，将以教民利也，不知其以匮之也。若君谓此台美而为之正，楚其殆矣！"

【注释】

① 灵王：楚灵王，名熊虔，公元前540至前529年在位。章华：楚地名，当在今湖北监利离湖上。

② 伍举：即椒举。

③ 金：钟。石：石磬。匏：笙。竹：箫管。

④ 庄王：楚庄王。匏居：台名。

⑤ 豆：盛食品的高脚盘。

⑥ 宋公：指宋文公，名鲍，公元前610至前589年在位。郑伯：指郑襄公，名坚，公元前604至前587年在位。

⑦ 华元：宋国的卿。驷骓：即公子骓，郑穆公的儿子，名骓。

⑧ 陈侯：指陈成公，名午，公元前598至前570年在位。蔡侯：指蔡文公，名申，公元前611至前592年在位，许男：指许昭公，名锡我，公元前622至前593年在位。顿子：顿国的国君。

⑨ 启疆：即薳子，楚国的卿。鲁侯：指鲁昭公，名稠，公元前542

至前 511 年在位。

⑩ 蜀之役：指鲁成公二年（前 590）楚国攻伐鲁国直到蜀地的战役。鲁国恐惧，因此派人和楚国结盟。蜀，鲁地。

⑪《周诗》：指《诗经·大雅·灵台》。

⑫ 灵台：周代台名，故址在今陕西西安西北。

⑬ 灵囿：天子畜养鸟兽的园林。

⑭ 麀鹿：母鹿。

【译文】

楚灵王建造了章华台，和伍举一起登了上去，说："这高台真美啊！"伍举回答说："我听说国君把有德而受到尊崇当作美，把安抚百姓当作快乐，把能听从有德的人当作听觉灵敏，把能招致远方的人归附当作贤明。没有听说把土木建筑的高大和雕梁画栋当作美，把钟磬笙箫等演奏乐队的盛大和喧哗当作快乐；没有听说把观赏的场面大、看到的东西奢侈、迷乱于姿色当作目光明亮，把能分辨音乐的清浊当作耳朵灵敏。

"我们先君楚庄王建造的匏居台，高度不过可以观望国家吉凶的气象，台大不过能够容纳宴会的杯盘，用的木材不占用国家的守备，财用不增加官府的负担，百姓不误农时，官吏不打乱日常的政务。说到宴请的有谁，是宋公和郑伯；说到有谁导引朝见的礼节，是华元和驷骈；说到有谁辅佐宴会事务，是陈侯、蔡侯、许男和顿国国君，他们的大夫们各自陪侍自己的国君。先君就靠这样消除祸乱，战胜敌国，而并不得罪诸侯。现在您建造了这高台，使国家和百姓疲惫不堪，钱财都用光了，年成不好，百官烦忙，举国上下都来建造它，花了好几年才建成。希望有诸侯来庆贺，和他们一起首次登上高台，可是诸侯们都拒绝没有一个来的。后来派太宰启疆去请鲁侯，并用蜀地之战威胁他，他才勉强前来。又叫俊美娴雅的少年辅佐宴会事务，长髯美须的士人导引朝见，我不知道这有什么美。

"所谓美，是指对上下、内外、大小、远近都没有妨害，所以才叫美。如果用眼睛看起来是美的，财用却匮乏，这是收刮民财使自己富有却让百姓贫困，有什么美呢？当国君的人，要与百姓共处，百姓贫瘦了，国君怎么能肥呢？况且私欲太大太多，就会使德义鲜少；德义不能实行，就会使近处的人忧愁叛离，远方的人抗拒违命。天子的尊贵，正是因为他把公、侯当作官长，让伯、子、男统率军队。他享有美名，正是因为他把美德布施给远近的人，使大小国家都得到安定。如果聚敛民财来满足自己的私欲，使百姓贫耗失去安乐从而产生叛离之心，那作恶就大了，眼睛看上去好看又有什么用呢？

"所以先王建造台榭，榭不过是用来讲习军事，台不过是用来观望气象吉凶。因此榭只要能在上面可以检阅士卒，台只要能登临观望气象吉凶的高度就行了。它所在的地方不侵占农田，它的建造不使国家的财用匮乏，它的工作不烦扰正常的政务，它占用的时间不妨碍农时。要在贫瘠的土地上建造它；以建造城防剩余的木料建造它；要让官吏在闲暇的时候前去指挥；在四季农闲的时候建成它。所以《周诗》上说：'经营建造灵台，经营它，建造它。百姓来营造，没用几天就完成了。经营建造的时间不急迫，百姓像孝顺儿子一样都来了。周王来到了园林，母鹿悠然卧伏。'建造台榭，是为了要让百姓得到利益，没听说是为了使百姓匮乏的。如果您认为这高台很美，事情做得正确，那么楚国可就危险了！"

范无宇论国为大城未有利者

灵王城陈、蔡、不羹①，使仆夫子晳问于范无宇②，曰:"吾不服诸夏而独事晋何也，唯晋近我远也。今吾城三国，赋皆千乘，亦当晋矣。又加之以楚，诸侯其来乎?"对曰:"其在志也，国为大城，未有利者。昔郑有京、栎③，卫有蒲、戚④，宋有萧、蒙⑤，鲁有弁、费⑥，齐有渠丘⑦，晋有曲沃，秦有徵、衙⑧。叔段以京患庄公⑨，郑几不克，栎人实使郑子不得其位⑩。卫蒲、戚实出献公⑪，宋萧、蒙实弑昭公⑫，鲁弁、费实弱襄公⑬，齐渠丘实杀无知⑭，晋曲沃实纳齐师，秦徵、衙实难桓、景⑮，皆志于诸侯，此其不利者也。

"且夫制城邑若体性焉，有首领股肱，至于手拇毛脉，大能掉小，故变而不勤。地有高下，天有晦明，民有君臣，国有都鄙，古之制也。先王惧其不帅，故制之以义，旌之以服，行之以礼，辩之以名，书之以文，道之以言。既其失也，易物之由。夫边境者，国之尾也，譬之如牛马，处暑之既至⑯，虻蜹之既多⑰，而不能掉其尾，臣亦惧之。不然，是三城也，岂不使诸侯之心惕惕焉。"

子皙复命，王曰："是知天咫，安知民则？是言诞也。"右尹子革侍⑱，曰："民，天之生也。知天，必知民矣。是其言可以惧哉！"三年，陈、蔡及不羹人纳弃疾而弑灵王⑲。

【注释】

① 灵王：楚灵王。陈：楚地名，原为陈国，鲁昭公八年（前534）被楚国灭后并入楚地。蔡：楚地名，原为蔡国，鲁昭公十一年（前531）被楚国灭后并入楚地。不羹：楚地名，原为不羹国，后被楚国灭后并入楚地，有西、东二不羹，西不羹在今河南襄城东南，东不羹在今河南舞阳北。

② 仆夫子皙：即仆皙父，楚国大夫。范无宇：即申无宇，楚国大夫。

③ 京：郑邑名，郑庄公的弟弟共叔段的封邑，在今河南荥阳东南。栎：郑邑名，郑庄公的儿子子元的封邑，在今河南禹县。

④ 蒲：卫邑名，卫国大夫宁殖的封邑，在今河南长垣。戚：卫邑名，卫国大夫孙林父的封邑，在今河南濮阳北。

⑤ 萧、蒙：宋邑名，公子鲍的封邑。萧在今安徽萧县。蒙在今河南商丘东北。

⑥ 弁、费：鲁邑名，鲁国大夫季氏的封邑。弁在今山东境内。费在今山东费县西南的费城。

⑦ 渠丘：齐邑名，即葵丘，齐国大夫雍廪的封邑，在今山东临淄西。

⑧ 徵、衙：秦邑名，秦公子铖的封邑。有说徵在今陕西澄城西南，衙在今陕西白县，但仅可参考。

⑨ 叔段：郑庄公的弟弟，名段，也称共叔段。庄公：郑庄公。

⑩ 栎人：指郑国大夫傅瑕。郑子：郑庄公的儿子，名子仪。鲁庄公十四年（前680），郑厉公自栎地入侵郑国，俘虏了郑国大夫傅瑕，与他结盟而赦免了他，后傅瑕杀了郑子，接纳郑厉公复位。

⑪ 献公：卫献公。指鲁襄公十四年（前559）蒲地的宁殖和戚地的孙林父驱逐了卫献公，献公逃亡到了晋国。

⑫ 昭公：宋昭公。指鲁文公十六年（前611）宋昭公的哥哥公子鲍杀了昭公，自立为君。

⑬ 襄公：鲁襄公。指鲁襄公十一年（前562）鲁卿季武子自作三军，削弱了鲁襄公的力量。

　⑭ 无知：公孙无知，齐襄公的堂弟。指鲁庄公九年(前685)齐国大夫雍廪杀了公孙无知。

　⑮ 桓、景：秦桓公和秦景公。指秦桓公的儿子公子铖受到桓公的宠爱，景公即位后，和景公如同二君并列。鲁昭公元年(前541)公子铖逃亡到了晋国。

　⑯ 处暑：二十四节气之一。每年8月下旬太阳到达黄经150°开始，此后气温逐渐下降。

　⑰ 蝱蟊：牛虻，大的称蝱，小的称蟊。

　⑱ 右尹：官名，楚国长官多称尹。子革：楚国大夫，也称郑丹或然丹，郑国大夫子然的儿子。

　⑲ 弃疾：公子弃疾，楚恭王的儿子，楚灵王的弟弟，名熊居，即楚平王，公元前528至前516年在位。

【译文】

　　楚灵王修筑陈国、蔡国、不羹的城墙，派子晰去询问范无宇，说："我不能使中原各国归附，它们只事奉晋国，是什么原因呢？只是因为晋国离它们近而我国离它们远。现在我修筑三国的城墙，它们各出一千辆战车，也相当于晋国了。再加上楚国的兵力，诸侯们该来归附了吧？"范无宇回答说："书籍上记载说，国家修筑大城，没有什么好处。以前郑国有京城、栎城，卫国有蒲城、戚城，宋国有萧城、蒙城，鲁国有弁城、费城，齐国有渠丘城，晋国有曲沃城，秦国有徵城、衙城。叔段因为京城而给郑庄公制造忧患，郑国几乎不能战胜他，栎人傅瑕使郑子丢掉了君位。卫国蒲城、戚城的邑主驱逐了卫献公，宋国萧城、蒙城的邑主杀害了宋昭公，鲁国弁城、费城的邑主削弱了鲁襄公的势力，齐国渠丘的邑主杀了公孙无知，晋国曲沃的邑主被齐军接纳而作乱，秦国徵城、衙城的邑主侵逼秦桓公和秦景公，这些在各诸侯国都有记载，都是不利的例子。

　　"而且修筑城邑就像人的身体一样，有头和四肢，一直到手指、毛发和血脉，大的部位能调动小的部位，所以行动起来并不劳累。地势有高有低，天气有阴有晴，人分为君和臣，国家有国都和边邑，这是自古以来的制度。先王恐怕有人不遵守，所以用德义来制约它，用服饰来彰显它，用礼仪来推行它，用名号来分辨它，用文字来记载它，用语言来表述它。及至丧失了它，就是因为改变了尊卑秩序的缘故。边境地区，是国家的尾部，譬如牛马，处暑到了，牛虻聚得多了，就不能摆动它的尾巴了，我也怕国家这样。否则，这三座城岂不能使诸侯的心感到害怕呢。"

子皙回报楚灵王，灵王说："这人稍微懂得天道，哪里知道治民的法则呢？这些话真是虚妄。"右尹子革在旁陪侍，说："百姓是上天生的，懂得天道，必然也懂得百姓。他的这些话应引起警惕啊！"过了三年，陈国、蔡国和不羹的人接纳了弃疾，杀死了楚灵王。

左史倚相儆申公子亹

左史倚相廷见申公子亹[①]，子亹不出，左史谤之，举伯以告[②]。子亹怒而出，曰："女无亦谓我老耄而舍我，而又谤我！"

左史倚相曰："唯子老耄，故欲见以交儆子。若子方壮，能经营百事，倚相将奔走承序，于是不给，而何暇得见？昔卫武公年数九十有五矣[③]，犹箴儆于国，曰：'自卿以下至于师长士[④]，苟在朝者，无谓我老耄而舍我，必恭恪于朝，朝夕以交戒我；闻一二之言，必诵志而纳之，以训导我。'在舆有旅贲之规，位宁有官师之典，倚几有诵训之谏，居寝有亵御之箴，临事有瞽史之导，宴居有师工之诵。史不失书，矇不失诵，以训御之，于是乎作《懿》戒以自儆也[⑤]。及其没也，谓之睿圣武公。子实不睿圣，于倚相何害。《周书》曰[⑥]：'文王至于日中昃[⑦]，不皇暇食。惠于小民，唯政之恭。'文王犹不敢骄。今子老楚国而欲自安也，以御数者，王将何为？若常如此，楚其难哉！"子亹惧，曰："老之过也。"乃骤见左史。

【注释】

①　倚相：楚国的史官。申公子亹：即申公史老，楚国的长老。

②　举伯：楚国大夫。

③　卫武公：卫国国君，名和，公元前812至前757年在位。

④　师长：大夫。

⑤　《懿》：指《诗经·大雅·抑》。

⑥　《周书》：指《尚书·周书·无逸》。

⑦　文王：周文王。

【译文】

左史倚相要在朝廷会见申公子亹，子亹不肯出来，倚相指责他不对，举伯告诉了子亹。子亹发怒，出来见他说："你莫非是认为我老了而舍弃我，而且还说我的坏话！"

左史倚相说："正因为您老了，所以我才想见您来告诫您。如果您正在壮年，能处理各种事务，我倚相将往来奔走受命办事，这样还恐怕不能完成，哪有空闲来见您呢？以前卫武公年龄九十五岁了，还告诫国人，说：'从卿以下到大夫和众士，只要在朝中，不要认为我老了而舍弃我，在朝廷必须恭敬从事，早晚帮助告诫我；哪怕听到一两句谏言，一定要背诵记住，转达给我，来训导我。'在车上有勇士的规谏，在朝廷有官长的法典，在几案旁边有诵训官的进谏，在寝室有近侍的箴言，处理政务有瞽史的引导，平时有乐师的诵诗。史官不停止书写，乐师不停止诵读，用来训导进献，于是作了《懿》这首戒诗来自我警戒。等到他去世后，称他是智慧圣明的武公。您不智慧圣明，对我倚相有什么妨害。《周书》说：'周文王忙到日头西斜，还来不及有空吃饭。恩惠施及小民，恭恭敬敬处理政事。'周文王尚且不敢骄惰。现在您在楚国自恃年老，想求得自己安逸，抵制别人的各种规谏，倘若是君王又将怎样呢？如果长久这样下去，楚国就难治了！"子亹听了感到害怕，说："这是我的过错啊。"于是立即会见了左史。

白公子张讽灵王宜纳谏

灵王虐，白公子张骤谏[①]。王患之，谓史老曰[②]："吾欲已子张之谏，若何？"对曰："用之实难，已之易矣。若谏，君则曰余左执鬼中，右执殇宫，凡百箴谏，吾尽闻之矣，宁闻他言？"

白公又谏，王如史老之言。对曰："昔殷武丁能耸其德[③]，至于神明，以入于河[④]，自河徂亳[⑤]，于是乎三年，默以思道。卿士患之，曰：'王言以出令也，若不言，是无所禀令也。'武丁于是作书，曰：'以余正四方，余恐德之不类，兹故不言。'如是而又使以象梦旁求四方之贤，得傅说以来[⑥]，升以为公，而使朝夕规谏，曰：'若金，用女作砺。若津水，用女作舟。若天旱，用女作霖雨。启乃心，沃朕心。若药不瞑眩，厥疾不瘳。若跣不视地，厥足用伤。'若武丁之神明也，其圣之睿广也，其智之不疚也，犹自谓未乂，故三年默以思道。既得道，犹不敢专制，使以象旁求圣人。既得以为辅，又恐其荒失遗忘，故使朝夕规诲箴谏，曰：'必交修余，无余弃也。'今君或者未及武丁，而恶规谏者，不亦难乎！

"齐桓、晋文，皆非嗣也，还轸诸侯，不敢淫逸，心类德音，以德有国。近臣谏，远臣谤，舆人诵，以自诰也。是以其入也，四封不备一同，而至于有畿田，以属诸侯，至于今为令君。桓、文皆然，君不度忧于二令君，而欲自逸也，无乃不可乎？《周诗》有之曰⑦：'弗躬弗亲，庶民弗信。'臣惧民之不信君也，故不敢不言。不然，何急其以言取罪也？"

王病之，曰："子复语。不榖虽不能用，吾憖置之于耳。"对曰："赖君用之也，故言。不然，巴浦之犀、犛、兕、象⑧，其可尽乎，其又以规为瑱也⑨？"遂趋而退，归，杜门不出。七月，乃有乾溪之乱⑩，灵王死之。

【注释】

① 白公子张：楚国大夫，名子张，因封邑在白，故也称白公。

② 史老：即申公子亹。

③ 武丁：商朝国君，曾重用傅说、甘盘为大臣，励精图治，死后被称为殷高宗。

④ 河：黄河。此指河内，黄河以北地区。

⑤ 亳：商朝都城，在今河南偃师西。

⑥ 傅说：殷高宗武丁的大臣。原是傅岩从事版筑的奴隶，后被任为大臣。

⑦ 《周诗》：指《诗经·小雅·节南山》。

⑧ 巴浦：楚地名，今所在不详。一说巴是巴郡，浦是合浦。犛：牦牛，长髦牛。兕：犀牛一类的兽。

⑨ 瑱：古人冠冕上垂在两侧用以塞耳的玉。

⑩ 乾溪之乱：指鲁昭公十三年（前529）楚灵王东征，驻扎在楚国边境乾溪，其弟弃疾乘机率兵回国，煽动三军叛乱，灵王自杀，弃疾即位为楚平王。乾溪，楚地名，在今安徽亳县东南。

【译文】

楚灵王暴虐无道，白公子张多次劝谏。灵王很讨厌，对史老说："我想制止子张的劝谏，怎么样？"史老回答说："接受劝谏很难，制止它容易。如果他再劝谏，您就说我左手掌握着鬼身，右手掌握着鬼的居处，凡是各种告诫劝谏，我全听到了，哪里需要听别的什么劝告？"

白公又来劝谏，灵王按照史老讲的说了。白公回答说："以前殷高宗武丁能够敬慎德行，和神明相通，先迁到河内，又从河内迁到亳地，从此三年沉默不语，思考治国的道理。卿士们为此担忧，说：'君王讲话才能发出命令，如果不说话，我们就无法接受命令了。'于是武丁就写了文书，说：'要我统治天下，我恐怕德行不好，所以才不讲话。'这样写了以后，又派人根据梦中的形象到四方寻访贤人，得到了傅说，把他请来，提升他为上公，让他早晚规谏，说：'如果我是剑，就把你当作磨刀石。如果我要渡河，就把你当船。如果天旱，就把你当作连绵的雨。敞开你的心扉，滋润我的心田。如果药力不足以使人头晕目眩，那病就不会痊愈。如果光着脚走路不看地面，那脚就要受伤。'像武丁那样和神明相通，他的圣明智慧广博，他的聪明没有毛病，还自认为不能治理好国家，所以三年中沉默不语，思考治国的道理。已经知道了为君之道，还不敢专断独行，派人根据梦中的形象去寻访贤人。已经得到了贤人辅佐自己，还怕疏忽遗忘，所以叫他早晚教诲规谏，说：'一定要教诲帮助我，不要抛弃我。'现在您也许还赶不上武丁，却讨厌规谏您的人，要治理好国家不是太难了吗！

"齐桓公和晋文公，都不是嫡长子，他们流亡周游诸侯各国，不敢骄奢淫逸，心中喜爱有德的言论，因为修养德行做了国君。身旁大臣劝谏，远方臣僚批评，众人诵诫议论，他们都能用来告诫自己。因此他们刚回国即位时，四面的封疆方圆不到一百里，后来发展到方圆一千里，会合诸侯做了霸主，一直到今天还被称为贤君。齐桓公、晋文公都是如此，您不思考担忧赶不上两位贤君，却想贪图安逸，恐怕不行吧？《周诗》上有这样的话：'不亲自处理政事，百姓不会相信。'我怕百姓不信任您，因此不敢不说。不然的话，我何必急着进谏因而获罪呢？"

灵王担忧白公的话，说："你再说下去。我虽然不能照着做，但我愿意把这些话放在耳朵里。"白公回答说:"希望您接受我的规谏,所以我才说。否则,巴浦地方犀牛、牦牛、兕、象的角和牙齿做塞耳的耳瑱,难道用得完吗?还用得着用规谏之词来做耳瑱吗?"于是便快步退下,回到家中,闭门不出。过了七个月,就发生了乾溪之乱,灵王死在这场叛乱之中。

左史倚相儌司马子期唯道是从

司马子期欲以妾为内子①，访之左史倚相，曰："吾有妾而愿，欲笄之，其可乎？"对曰："昔先大夫子囊违王之命谥；子夕嗜芰②，子木有羊馈而无芰荐③。君子曰：违而道。谷阳竖爱子反之劳也④，而献饮焉，以毙于鄢；芋尹申亥从灵王之欲⑤，以陨于乾溪。君子曰：从而逆。君子之行，欲其道也，故进退周旋，唯道是从。夫子木能违若敖之欲⑥，以之道而去芰荐，吾子经营楚国，而欲荐芰以干之，其可乎？"子期乃止。

【注释】

① 子期：即公子结，楚平王的儿子。内子：卿大夫的嫡妻。

② 子夕：即屈到，楚国的卿。

③ 子木：屈到的儿子。

④ 谷阳竖：子反的内臣。子反：即公子侧，楚国的大将。指鲁成公十六年(前575)鄢陵之战时，楚恭王被射伤眼睛，准备召子反再战，谷阳竖献酒给子反，子反喝醉了不能谒见，楚恭王因此率军连夜逃遁，子反自杀。

⑤ 芋尹申亥：申无宇的儿子。指鲁昭公十三年(前529)乾溪战役时，申亥去谒见楚灵王并接回家中，后灵王吊死在申亥家，申亥为报答灵王的恩德，就用自己的两个女儿为灵王殉葬。

⑥ 若敖：即屈到。

【译文】

　　司马子期想把妾立为正妻，去求问于左史倚相，说："我有个妾谨慎老实，想给她戴上内子的首饰，可以吗？"倚相回答说："以前大夫子囊不执行楚恭王遗命要用的谥号；子夕喜欢吃菱角，子木用羊祭祀而不用菱角。君子说：这违反命令却符合道义。谷阳竖心痛子反的辛劳，献给他酒喝，结果子反死在鄢地；芊尹申亥顺从楚灵王的欲望，结果灵王死在乾溪。君子说：这是顺从却违背道理。君子行事，要符合道义，所以进退周旋，只服从道义。子木能够违背子夕的欲望，以符合道义而不用菱角，您经营楚国的政事，却想如同用菱角祭祀那样违犯道义，可以吗？"于是子期放弃了自己的想法。

卷十八　楚语 下

观射父论绝地天通

昭王问于观射父①，曰:"《周书》所谓重、黎实使天地不通者②，何也？若无然，民将能登天乎？"

对曰:"非此之谓也。古者民神不杂。民之精爽不携贰者，而又能齐肃衷正，其智能上下比义，其圣能光远宣朗，其明能光照之，其聪能听彻之，如是则明神降之，在男曰觋，在女曰巫。是使制神之处位次主③，而为之牲器时服，而后使先圣之后之有光烈，而能知山川之号、高祖之主、宗庙之事、昭穆之世、齐敬之勤、礼节之宜、威仪之则、容貌之崇、忠信之质、禋洁之服④，而敬恭明神者，以为之祝⑤。使名姓之后，能知四时之生、牺牲之物、玉帛之类、采服之仪、彝器之量、次主之度、屏摄之位、坛场之所、上下之神、氏姓之出⑥，而心率旧典者为之宗。于是乎有天地神民类物之官，是谓五官，各司其序，不相乱也。民是以能有忠信，神是以能有明德，民神异业，敬而不渎，故神降之嘉生，民以物享，祸灾不至，求用不匮。

"及少皞之衰也⑦，九黎乱德⑧，民神杂糅，不可方物。夫人作享，家为巫史⑨，无有要质。民匮于祀，而不知其福。烝享无度，民神同位。民渎齐盟，无有严威。神狎民则，不蠲其为。嘉生不降，无物以享。祸灾荐臻，莫尽其气。颛顼受之⑩，乃命南正重司天以属神，命火正黎司地以属民，使复旧常，无相侵渎，是谓绝地天通。

"其后，三苗复九黎之德⑪，尧复育重、黎之后，不忘旧者，使复典之。以至于夏、商，故重、黎氏世叙天地，而别其分主者也。其在周，程伯休父其后也⑫，当宣王时⑬，失其官守，而为司马氏。宠神其祖，以取威于民，曰：'重实上天，黎实下地。'遭世之乱，而莫之能御也。不然，夫天地成而不变，何比之有？"

【注释】

① 昭王：楚昭王，名熊轸，公元前 515 至前 488 年在位。观射父：楚国大夫。

②《周书》：指《尚书·吕刑》。

③ 位：指祭位。

④ 禋：洁净的祭祀。

⑤ 祝：太祝，祭祀时司告鬼神的人。

⑥ 彝器：青铅礼器。屏摄之位：指表明上下尊卑祭祀的位置。坛场：祭祀用的高台。

⑦ 少暤：黄帝的儿子，传说中古代东夷族的首领，号金天氏。

⑧ 九黎：古代南方的少数民族部落，相传蚩尤为九黎族的首领。

⑨ 巫史：即巫祝，掌管祭祀祈祷的人。

⑩ 颛顼：黄帝的孙子，传说中古代部落首领，号高阳氏。

⑪ 三苗：古代少数民族，九黎的后裔。

⑫ 程伯休父：黎氏的后代休父，封为程国伯，周宣王时为大司马。

⑬ 宣王：周宣王。

【译文】

　　楚昭王问观射父，说："《周书》上所说的重和黎使天地无法相通，是怎么回事？如果不是这样，人民就能升天吗？"

　　观射父回答说："不是说的这意思。古时候民和神不混杂。人民中精神、专注不二而且又能恭敬中正的人，他们的才智能使天地上下各得其宜，他们的圣明能光芒远射，他们的目光明亮能洞察一切，他们的听觉灵敏能通达四方，这样神明就降临到他那里，男的叫做觋，女的叫做巫。让这些人制定神所处的祭位和尊卑先后，规定祭祀用的牲畜、祭器和服饰，然后让先圣的后代中有功德的，能懂得山川的名位、祖庙的神主、宗庙的事务、昭穆的次序、庄敬的认真、礼节的得当、威仪的规则、容貌的修饰、忠信诚实、祭服洁净，而且能恭敬神明的人，让他们担任太祝。让那些有名的家族的后代，能懂得四季的生长、祭祀用的牲畜、玉帛的种类、采服的礼仪、祭器的多少、尊卑的先后、祭祀的位置、设坛的所处、上上下下的神灵、姓氏的出处，而且能遵循旧法的人，让他们担任宗伯。于是就有了掌管天、地、民、神、物的官员，这就是五官，各自主管它的职事，不相杂乱。百姓因此能讲忠信，神灵因此能有明德，民和神的事不相混同，恭敬而不轻慢，所以神灵降福，谷物生长，百姓把食物献祭给神，祸乱灾害不来，财用也不匮乏。

　　"等到少暤氏衰落，九黎族扰乱德政，民和神相混杂，不能分辨名实。人人都举行祭祀，家家都自为巫史，没有了相约诚信。百姓穷于祭祀，而得不到福。祭祀没有法度，民和神处于同等地位。百姓轻慢盟誓，没有敬畏之心。神对人的一套习以为常，也不求祭祀洁净。谷物不受神灵降福，没有食物来献祭。祸乱灾害频频到来，不能尽情发挥人的生机。颛顼承受了这些，于是命令南正重主管天来会合神，命令火正黎主管地来会合民，以恢复原来的秩序，不再互相侵犯轻慢，这就是所说的断绝地上的民和天上的神相通。

　　"后来，三苗继承了九黎的凶德，尧重新培育了重、黎的后代，不忘记他们先人的事业，让他们再度主管天地。一直到夏朝、商朝，仍旧由重氏和黎氏世代主管天地，分辨民与神的祭位和尊卑先后。在周朝，程伯休父是他们的后代，在周宣王时，失去了掌管天地的官位，变成了司马氏。休父的后代神化他们的祖先，以此向百姓显威，说：'重能把天向上举，黎能把地向下抑。'逢到周幽王时的乱世，没有谁能阻挡。否则，天地形成以后不再变化，怎么能相接近呢？"

观射父论祀牲

　　子期祀平王①，祭以牛俎于王，王问于观射父②，曰："祀牲何及？"对曰："祀加于举③。天子举以大牢④，祀以会；诸侯举以特牛，祀以太牢；卿举以少牢⑤，祀以特牛；大夫举以特牲，祀以少牢；士食鱼炙，祀以特牲；庶人食菜，祀以鱼。上下有序，则民不慢。"

　　王曰："其小大何如？"对曰："郊禘不过茧栗⑥，烝尝不过把握⑦。"王曰："何其小也？"对曰："夫神以精明临民者也，故求备物，不求丰大。是以先王之祀也，以一纯、二精、三牲、四时、五色、六律、七事、八种、九祭、十日、十二辰以致之⑧，百姓、千品、万官、亿丑⑨，兆民经入畡数以奉之，明德以昭之，和声以听之，以告遍至，则无不受休。毛以示物，血以告杀，接诚拔取以献具，为齐敬也。敬不可久，民力不堪，故齐肃以承之。"

　　王曰："刍豢几何⑩？"对曰："远不过三月，近不过浃日⑪。"王曰："祀不可以已乎？"对曰："祀所以昭孝息民、抚国家、定百姓也，不可以已。夫民气纵则底，底则滞，滞久而不振，生乃不殖。其用不从，其生不殖，不可以封。是以古者先王日祭、月享、时类、岁祀⑫。诸侯舍日，卿、大夫舍月，士、庶人舍时。天子遍祀群神品物，诸侯祀天地、三辰及其土之山川⑬，卿、大夫祀其礼，士、庶人不过其祖。日月会于龙𩖜⑭，土气含收，天明昌作，百嘉备舍，群神频行。国于是乎蒸尝，家于是乎尝祀，百姓夫妇择其令辰，奉其牺牲⑮，敬其粢盛⑯，洁其粪除，慎其采服，禋其酒醴，帅其子姓，从其时享⑰，虔其宗祝⑱，道其顺辞，以昭祀其先祖，肃肃济济，如或临之。于是乎合其州乡朋友婚姻，比尔兄弟亲戚。于是乎弭其百苛，殄其谗慝，合其嘉好，结其亲暱，亿其上下，以申固其姓。上所以教民虔也，下所以昭事上也。天子禘郊之事，必自射其牲，王后必自舂其粢；诸侯宗庙之事，必自射牛、刲羊、击豕，夫人必自舂其盛。况其下之人，其谁敢不战战兢兢，以事百神！天子亲舂禘郊之盛，王后亲缲其服，自公以下至于庶人，其谁敢不齐肃恭敬致力于神！民所以摄固者也，若之何其舍之也！"

王曰："所谓一纯、二精、七事者，何也？"对曰："圣王正端冕⑲，以其不违心，帅其群臣精物以临监享祀，无有苛慝于神者，谓之一纯。玉、帛为二精。天、地、民及四时之务为七事。"王曰："三事者，何也？"对曰："天事武，地事文，民事忠信。"王曰："所谓百姓、千品、万官、亿丑、兆民经入畡数者，何也？"对曰："民之彻官百。王公之子弟之质能言能听彻其官者，而物赐之姓，以监其官，是为百姓。姓有彻品，十于王谓之千品。五物之官㉒，陪属万为万官。官有十丑，为亿丑。天子之田九畡㉑，以食兆民，王取经入焉，以食万官。"

【注释】

　①平王：楚平王。

　②王：指楚昭王。

　③举：指平时杀牲畜作为丰盛的食品。

　④大牢：即太牢，祭祀时牛、羊、猪三牲全备称为大牢。

　⑤少牢：祭祀时仅用猪、羊称少牢。

　⑥郊禘：宗庙四时祭之一，指每年夏天举行的夏祭。茧栗：蚕茧和栗子。此形容牲畜的角初生时的形状。

　⑦烝尝：冬祭称烝，秋祭称尝。

　⑧二精：指玉和帛。七事：指天、地、民和四季。八种：指金、石、丝、竹、匏、土、革、木八音。九祭：九州助祭。十日：指天干从甲至癸十个日数。十二辰：指地支从子至亥十二个时辰。

　⑨百姓：指受姓氏的百官。

　⑩刍豢：吃草的牲畜称刍，吃谷的牲畜称豢。

　⑪浃日：古代以干支记日，称从甲至癸一周十天为浃日。

　⑫月亨：每月的祭祀。时类：四季的祭祀。

　⑬三辰：指日、月、星。

　⑭狒：指龙尾星宿。

　⑮牺牲：古时祭祀用牲的通称，色纯的称为牺，体全的称为牲。

　⑯粢盛：盛在祭器里的黍稷。

　⑰时享：四季的祭祀。

　⑱宗祝：掌祭祀之礼和司告鬼神的人。

　⑲端冕：朝服和大冠。

　⑳五物：指天、地、民、神、物。

　㉑九畡：九州土地。

【译文】

　　子期祭祀楚平王，把祭祀的牛肉送给楚昭王，昭王问观射父，说:"祭祀所用的牲畜有些什么?"观射父回答说:"祭祀比平时杀牲的盛馔要多。天子平时的盛馔用牛、羊、猪齐全的太牢,祭祀时要供上三份太牢;诸侯平时的盛馔用一头牛,祭祀时要供上太牢;卿平时的盛馔用一羊、一猪的少牢,祭祀时用一头牛;大夫平时的盛馔用一头猪,祭祀时要供上一羊、一猪的少牢;士平时的盛馔用鱼肉,祭祀时要供上一头猪;百姓平时吃菜蔬,祭祀时要供上烤鱼。尊卑上下有等级秩序,那么百姓就不敢轻慢。"

昭王说:"祭祀用的牲畜大小如何?"观射父回答说:"春祭夏祭所用的牲畜,它的角不超过蚕茧、栗子那么大;冬祭秋祭所用的牲畜,它的角不超过一把那么长。"昭王说:"怎么那么小呢?"观射父回答说:"神依靠精细明察监临百姓,所以要求祭品齐备,不要求硕大。因此先王的祭祀,用一颗纯洁的心、玉和帛二精、牛羊猪三牲、四季所生谷物、五种色彩、六种音律、七件大事、金石等八音、九州的助祭、从干支十日和十二时辰中选择吉日良辰请神来享祭,百姓、千品、万官、亿类、万兆民众以全部收入来奉献神灵,用光明的德行来昭示孝敬,演奏和谐的乐声给神听,遍告神灵都来到,都来享受吉庆。用毛表示颜色,用血表明是刚杀的牲畜,拔毛取血来奉献完备的祭品,以向神表明诚心,为的是显示严肃恭敬。敬神不能太久,民力承受不了,所以幼牲稍微长成就赶快奉献给神。"

昭王说:"祭祀的牲畜要豢养多长时间?"观射父回答说:"大的不过三个月,小的不过十天。"昭王说:"祭祀不可以废除吗?"观射父回答说:"祭祀是用来宣扬孝道、繁育人口、安抚国家、安定百姓的,不可以废除。人民放纵就会堕落,堕落就会停滞不前,停滞久了就振作不起来,万物就不会繁殖生长。不服从上面的命令,又不能使万物繁殖生长,就没有可以授予的封地。因此古时候先王有每天的祭祀、每月的祭祀、四季的祭祀和每年的祭祀。诸侯舍去每天的祭祀,卿和大夫舍去每月的祭祀,士和百姓舍去四季的祭祀。天子普遍祭祀群神万物,诸侯祭祀天地、日月星辰以及他们封国的山川,卿和大夫祭祀礼仪规定的五祀和祖先,士和百姓只祭祀自己的祖先。日月交会在苍龙七宿的尾宿时,地气收敛,天气晴爽,各种作物都收回家储藏,群神都频频活动。国这时举行秋祭和冬祭，家这时也举行秋祭和冬祭，百姓之家的夫妇们选择良辰，供奉祭牲，敬献黍稷，打扫清洁，郑重穿好祭服，滤清甜酒，率领自己的子弟和同族，举行四季的祭祀，主祭的宗祝虔诚地念着祝福的祭辞，来隆重祭祀他们的祖先，恭恭敬敬，济济一堂，如同神灵降临。这时会合了在各处的亲朋好友和亲属，兄弟、亲戚相互亲近，于是消除了各种纠纷，去除了怨恨邪恶，大家和谐友好，团结亲近，上下安定，来发展巩固自己的族姓。君上用祭祀来教育百姓虔诚，下民用祭祀显示事奉长上。天子祭天的事，一定要亲自射杀牲畜，王后一定要亲自春好祭祀的黍稷；诸侯祭祀宗庙的事，一定要亲自射牛、宰羊、杀猪，夫人一定要亲自春好祭祀的黍稷。更何况是在他们之下的人，谁敢不小心畏慎，来事奉百神呢！天子亲自春好祭天用的黍稷。王后亲自缫丝做成祭服，自公卿以下直到百姓，谁敢不严肃恭敬地为神出力呢！民众依靠祭祀来维持巩固，怎么能废除祭祀呢？"

昭王说："所说的一纯、二精、七事，指的是什么？"观射父回答说："圣明的君王要端庄地穿戴朝服大冠，用他专注不二的心，率领群臣用精致的物品来监临祭祀，对神没有一点不正当的念头，这称为一纯。玉和帛称为二精。天、地、民和四季的事务称为七事。"昭王说："三事是什么？"观射父回答说："上天的事刚健威武，大地的事柔顺温文，百姓的事忠诚有信。"昭王说："所说的百姓、千品、万官、亿类和兆民经入畡数，指的是什么？"观射父说："民众呈上名字做官的有上百。王公贵族的子弟本质好能恪于职守而呈上名字做官的，根据功劳职事赐给姓氏，让他们监守自己的官职，这叫做百姓。有姓氏的百官有众多僚属，十倍于王者的百官，叫做千品。管理天、地、神、民、物五事的官，陪属有上万，叫做万官。万官有十类，就是亿类。天子管辖的土地有九州，来养活万兆民众，君王收取经常的赋税，来养活万官。"

子常问蓄货聚马鬪且论其必亡

鬪且廷见令尹子常①，子常与之语，问蓄货聚马。归以语其弟，曰："楚其亡乎！不然，令尹其不免乎。吾见令尹，令尹问蓄聚积实，如饿豺狼焉，殆必亡者也。

"夫古者聚货不妨民衣食之利，聚马不害民之财用，国马足以行军，公马足以称赋，不是过也。公货足以宾献，家货足以共用，不是过也。夫货、马邮则阙于民，民多阙则有离叛之心，将何以封矣。

"昔鬪子文三舍令尹②，无一日之积，恤民之故也。成王闻子文之朝不及夕也③，于是乎每朝设脯一束、糗一筐④，以羞子文。至于今秩之。成王每出子文之禄，必逃，王止而后复。人谓子文曰：'人生求富，而子逃之，何也？'对曰：'夫从政者，以庇民也。民多旷者，而我取富焉，是勤民以自封也，死无日矣。我逃死，非逃富也。'故庄王之世⑤，灭若敖氏⑥，唯子文之后在，至于今处郧⑦，为楚良臣。是不先恤民而后己之富乎？

"今子常，先大夫之后也，而相楚君无令名于四方。民之羸馁，日已甚矣。四境盈垒，道殣相望，盗贼司目，民无所放。是之不恤，而蓄聚不厌，其速怨于民多矣。积货滋多，蓄怨滋厚，不亡何待。

　　"夫民心之愠也，若防大川焉，溃而所犯必大矣。子常其能贤于成、灵乎⑧？成不礼于穆⑨，愿食熊蹯⑩，不获而死。灵不顾于民，一国弃之，如遗迹焉。子常为政，而无礼不顾甚于成、灵，其独何力以待之！"期年，乃有柏举之战⑪，子常奔郑，昭王奔随⑫。

【注释】

　　① 鬬且：楚国大夫。子常：子囊的孙子，名囊瓦。

　　② 鬬子文：即鬬谷於菟，字子文，鬬伯比的儿子，楚国大夫。

　　③ 成王：楚成王，名熊頵，公元前671至前626年在位。

　　④ 脯：肉干。糗：干粮。

　　⑤ 庄王：楚庄王。

　　⑥ 若敖氏：鬬子文的家族。鲁宣公四年（前605）子文的侄子鬬椒作乱，楚庄王灭掉若敖氏。子文的孙子克黄奉命出使齐国回楚，自拘请罪，楚庄王念子文治楚有功，因此赦免了克黄。

　　⑦ 郧：楚地名，在今湖北安陆。子文的后代在楚昭王时封为郧公。

　　⑧ 成、灵：楚成王和楚灵王。

　　⑨ 穆：楚穆王，楚成王的儿子，名商臣，公元前625至前614年在位。

　　⑩ 熊蹯：熊掌。指楚成王想废世子商臣，商臣率兵围攻成王，成王要求吃了熊掌以后再死，商臣不允，成王自杀。

　　⑪ 柏举之战：蔡昭侯朝见楚昭王，子常想要他的佩玉；唐成公也来朝见，子常想要他骑的骕骦马。二人不给，被拘禁在楚国三年，交出后才被放回国。后蔡侯、唐公联合吴国攻楚，鲁定公四年（前506）在柏举打败楚军。柏举，楚地名，在今湖北麻城东北。

　　⑫ 随：随国，在今湖北随县。

【译文】

　　鬬且在朝廷见了令尹子常，子常和他谈话，询问怎样才能聚敛财宝和马匹。鬬且回家后告诉了他的弟弟，说："楚国恐怕要灭亡了吧！如果不是这样，令尹恐怕不免于难。我见到令尹，令尹询问怎样积聚财宝，像饥饿的豺狼一样，恐怕是一定要败亡的。

"古时候积聚财货不妨害百姓衣食的利益，聚敛马匹不损害百姓的财物，国家征收的马匹能满足行军所用，公卿的戎马能与兵赋的需要相称，不超过这个限度。公卿的财货足够馈赠贡献所用，大夫家的财货足够供给使用，不超过这个限度，财货与马匹过多百姓就会穷困，百姓过于穷困就会产生背叛之心，那凭什么来立国呢？

"以前鬭子文三次辞去令尹的职务，家里没有一天的储粮，是由于体恤百姓的缘故。楚成王听说子文吃了早饭就没有晚饭，因此每逢朝见时就准备一束肉干、一筐粮食，用来送给子文。直到现在已成为对待令尹的惯例。成王每次颁下子文的俸禄，子文一定要逃避，等到成王不再这样做，然后他才回来任职。有人对子文说：'人活着都追求富贵，但您却逃避它，为什么呢？'子文回答说：'从政的人，是保护人民的。民众都很贫困，而我却取得富贵，这是劳苦了百姓而使自己富厚，不知哪天就会遭祸而死了。我是逃避死亡，不是逃避富贵。'所以楚庄王在位的时候，灭掉了若敖氏家族，只有子文的后代还在，一直到现在还住在郧地，做楚国的良臣。这不是首先体恤百姓然后自己才富有吗？

"现在子常，是先大夫的后代，辅佐楚国国君却在四方没有好名声。百姓饥瘦挨饿，一天比一天更厉害了。四周边境布满了堡垒，道路上饿死的人到处可见，盗贼张目窥伺，民众无所依靠。他不去顾恤这些，反而聚敛不已，招致民众怨恨的太多了。积累的财货越多，蓄积的怨恨也就越深，不灭亡还等待什么？

"对待百姓心中的愤怒，就像堤防大河一样，一旦崩溃了破坏一定很大。子常的下场能比成王和灵王好吗？成王对穆王无礼，临死时想吃熊掌，都没有得到就死了。灵王不顾百姓死活，全国的人都抛弃了他，就像丢下脚印一样。子常执政，他对别人的无礼和不顾百姓死活，比成王、灵王还厉害，他独自一个人有什么力量来抵御呢？"一年以后，就发生了柏举之战，子常逃亡到了郑国，楚昭王逃到随国。

蓝尹亹避昭王而不载

吴人入楚，昭王出奔^①，济于成臼^②，见蓝尹亹载其孥^③。王曰："载予。"对曰："自先王莫坠其国，当君而亡之，君之过也。"遂去王。王归，又求见，王欲执之，子西曰^④："请听其辞，夫其有故。"王使谓之曰："成臼之役，而弃不穀，今而敢来，何也？"对曰："昔瓦唯长旧怨^⑤，以败于柏举，故君及此。今又效之，无乃不可乎？臣避于成臼，以儆君也，庶悛而更乎？今之敢见，观君之德也，曰：庶忆惧而鉴前恶乎？君若不鉴而长之，君实有国而不爱，臣何有于死，死在司败矣^⑥！惟君图之！"子西曰："使复其位，以无忘前败。"王乃见之。

【注释】

① 昭王：楚昭王。

② 成臼：即臼水，也名臼成河，在今湖北京山、钟祥一带。

③ 蓝尹亹：楚国大夫。

④ 子西：令尹子申，也称公子申，楚平王的儿子，楚昭王的庶兄。

⑤ 瓦：囊瓦，子常的名。

⑥ 司败：楚国的官名，即司寇，掌管刑狱。

【译文】

　　吴国军队攻入楚国，楚昭王出逃，在成白渡河，看见蓝尹亹用船载着妻子儿女。昭王说:"载我过河。"蓝尹亹回答说:"自先王以来没有一个失掉国家的，到了您在位而失国出逃，这是您的罪过。"于是抛下昭王走了。昭王回国后，蓝尹亹又来求见，昭王想把他逮捕起来，子西说:"请听听他说些什么，他来总有缘故。"昭王派人对他说:"在成白战役时，你抛下我，现在你还敢来，是为什么?"他回答说:"以前囊瓦只会助长过去的怨恨，以致在柏举被打败，所以您才落到了这种地步。如今您又仿效他，恐怕不行吧! 我在成白避开您，是为了儆戒您，如此总该悔改了吧? 现在我敢来求见，是为了观察您的德行，我说:总该回忆战败的可怕，把以前的过失作为借鉴了吧? 您如果不以此为鉴，反而发展它，您实在是有了国家而不爱它，我又何惜一死，就是死在司法官那儿罢了! 希望您考虑考虑!"子西说:"让他官复原职，使我们不要忘记以前的失败。"昭王于是接见了他。

鄖公辛与弟怀或礼于君或礼于父

吴人入楚，昭王奔鄖，鄖公之弟怀将弑王①，鄖公辛止之。怀曰："平王杀吾父②，在国则君，在外则仇也。见仇弗杀，非人也。"鄖公曰："夫事君者，不为外内行，不为丰约举，苟君之，尊卑一也。且夫自敌以下则有仇，非是不仇。下虐上为弑，上虐下为讨，而况君乎！君而讨臣，何仇之为？若皆仇君，则何上下之有乎？吾先人以善事君，成名于诸侯，自鬬伯比以来③，未之失也。今尔以是殃之，不可。"怀弗听，曰："吾思父，不能顾矣。"鄖公以王奔随。

王归而赏及鄖、怀，子西谏曰："君有二臣，或可赏也，或可戮也。君王均之，群臣惧矣。"王曰："夫子期之二子耶④？吾知之矣。或礼于君，或礼于父，均之，不亦可乎！"

【注释】
① 鄖公：令尹子文的后代鬬辛。怀：鬬怀，鬬辛的弟弟。
② 平王：楚平王，楚昭王的父亲。吾父：指鬬辛的父亲蔓成然。
③ 鬬伯比：令尹子文的父亲。
④ 子期：蔓成然的字。

【译文】

吴国军队攻入楚国,楚昭王出奔到郧地,郧公的弟弟鬭怀想要杀害昭王,郧公鬭辛阻止他。鬭怀说:"楚平王杀了我的父亲,在国都内昭王是国君,在国都外他就是我的仇人。见到仇人不杀,那就不算是人了。"郧公说:"事奉君王,不能因为在国都内和国都外就改变自己的行为,不能因为国君的兴盛和衰亡而有不同的举动,如果尊奉他为君王,尊卑就定下来了。而且是敌人才谈得上有仇,不是敌人便不记仇。下杀上称作弑,上杀下称为讨,更何况是君王呢!作为君而讨伐臣,怎么能记仇呢?如果大家都去仇恨君王,那么还有什么上下之别呢?我们先人用善行来事奉君王,在各诸侯国都很出名,从鬭伯比以来,一直没有丧失过。现在你因为这件事而败坏名声,那不行。"鬭怀不听,说:"我思念父亲,不能顾及那些了。"郧公便跟昭王一起逃亡到了随国。

昭王回国后对郧公和鬭怀都赏赐,子西进谏说:"您有两个臣子,有一个应该赏他,有一个应该杀掉。君王却同样对待他们,群臣就要害怕了。"昭王说:"您是指子期的两个儿子吗?我知道了。他们有一个对君王有礼,有一个对父亲有礼,我同样对待他们,不是也可以嘛!"

蓝尹亹论吴将毙

　　子西叹于朝，蓝尹亹曰："吾闻君子唯独居思念前世之崇替，与哀殡丧，于是有叹，其余则否。君子临政思义，饮食思礼，同宴思乐，在乐思善，无有叹焉。今吾子临政而叹，何也?"子西曰："阖庐能败吾师①。阖庐即世，吾闻其嗣又甚焉。吾是以叹。"

　　对曰："子患政德之不修，无患吴矣。夫阖庐口不贪嘉味，耳不乐逸声，目不淫于色，身不怀于安，朝夕勤志，恤民之羸，闻一善若惊，得一士若赏，有过必悛，有不善必惧，是故得民以济其志。今吾闻夫差好罢民力以成私好，纵过而翳谏，一夕之宿，台榭陂池必成，六畜玩好必从。夫差先自败也已②，焉能败人。子修德以待吴，吴将毙矣。"

【注释】

　　① 阖庐：即阖闾，吴国国君，名光，公元前514至前496年在位。
　　② 夫差：吴国国君，吴王阖闾的儿子，公元前495至前473年在位。

【译文】

　　子西在朝廷上叹息，蓝尹亹说："我听说君子只有在独居思考前代的兴衰成败，或者殡殓发丧悲伤时，才发出叹息，在其他时候并不叹息。君子处理政事时想到道义，饮食时想到礼仪，共同宴会时想到欢乐，在欢乐时想到要做善事，没有可叹息的。现在您临朝理政而发出叹息，是什么缘故呢？"子西说："吴王阖闾能打败我们的军队，阖闾去世了，我听说他的继承人比他还厉害。我因此叹息。"

蓝尹亹回答说："您应该担心自己的政事德行没有搞好，不必担心吴国。阖闾嘴不贪美味佳肴，耳不喜欢听靡靡之音，眼睛不贪恋美色，身体不贪图安逸，从早到晚勤劳国事，体恤百姓的疾苦。听到一句有益的话就很惊喜，得到一位贤士如同得到了赏赐，犯了过失必定改正，有不好的行为必然感到担忧，所以得到百姓的支持，实现了战胜楚国的志愿。如今我听说夫差喜欢滥用民力来满足个人的爱好，纵容自己的过失，拒绝别人的进谏，即使是在某处只住一夜，台榭园池等都必须建好，声色狗马之类的玩物也必须随行。夫差这样做首先搞垮了自己，又怎么能打败别人呢。您修治德行对付吴国，吴国就要灭亡了。"

王孙圉论国之宝

王孙圉聘于晋①，定公飨之②，赵简子鸣玉以相，问于王孙圉曰："楚之白珩犹在乎③？"对曰："然。"简子曰："其为宝也，几何矣。"

曰："未尝为宝。楚之所宝者，曰观射父，能作训辞，以行事于诸侯，使无以寡君为口实。又有左史倚相，能道训典，以叙百物，以朝夕献善败于寡君，使寡君无忘先王之业；又能上下说于鬼神，顺道其欲恶，使神无有怨痛于楚国。又有薮曰云连徒洲④，金木竹箭之所生也⑤。龟、珠、角、齿、皮、革、羽、毛⑥，所以备赋，以戒不虞者也。所以共币帛，以宾享于诸侯者也。若诸侯之好币具，而导之以训辞，有不虞之备，而皇神相之，寡君其可以免罪于诸侯，而国民保焉。此楚国之宝也。若夫白珩，先王之玩也，何宝之焉？

"圉闻国之宝六而已。明王圣人能制议百物，以辅相国家，则宝之；玉足以庇荫嘉谷，使无水旱之灾，则宝之；龟足以宪臧否，则宝之；珠足以御火灾，则宝之；金足以御兵乱，则宝之；山林薮泽足以备财用，则宝之。若夫哗嚣之美，楚虽蛮夷，不能宝也。"

【注释】

① 王孙圉：楚国大夫。

② 定公：晋定公，名午，公元前511至前476年在位。

③ 珩：系在玉佩上部的横玉，形略似磬而小。

④ 云连徒洲：即云梦泽。也称云土、云杜，在今湖北监利北。

⑤ 箭：箭竹，细小坚实，可作箭杆。

⑥ 角：兽角。齿：象牙。革：犀牛皮。毛：旄牛尾。

【译文】

　　王孙圉到晋国访问，晋定公设宴招待他，赵简子佩戴着叮咚作声的玉饰担任傧相，问王孙圉说："楚国的白珩还在吗？"王孙圉回答说："在。"简子说："它作为楚国的珍宝，有多久了？"

　　王孙圉说："并未曾把它当作珍宝。楚国所宝贵的，叫观射父，他擅长辞令，能到各诸侯国交往办事，使诸侯无法拿我们国君作为话柄。又有位左史倚相，能述说古代的典籍，来说明各种事物，早晚向国君提供成败得失的教训，使国君不忘记先王的功业；又能取悦于天上地下的鬼神，顺应它们的好恶，使神灵对楚国没有怨恨。又有个大泽叫云连徒洲，是金、木、竹、箭出产的地方。又有龟甲、珍珠、兽角、象牙、虎豹皮、犀牛皮、鸟羽和牦牛尾，是用来提供兵赋，预防不测之患的。还可提供币帛，用来招待献赠给诸侯。如果诸侯喜爱这些物品，而又用辞令来疏导，有预防不测的准备，又得到天神的保佑，那我们国君就可以避免得罪诸侯，而国家、百姓也得以保全了。这些才是楚国的珍宝。至于洁白的玉珩，不过是先王的玩物，有什么可宝贵的呢？

　　"我听说国家的珍宝不过六种而已。明智的人能裁断评议各种事物，用来辅佐治理国家，就把他作为珍宝；祭祀的玉器足以庇荫嘉美的五谷，使没有水旱灾害，就把它作为珍宝；龟甲足以表明善恶凶吉，就把它作为珍宝；珍珠足以防御火灾，就把它作为珍宝；金属足以抵御兵乱，就把它作为珍宝；山林湖泽足以提供财物器用，就把它作为珍宝。至于发出喧哗的声响的美玉，楚国虽然是蛮夷之邦，也不能把它当作珍宝啊。"

鲁阳文子辞惠王所与梁

惠王以梁与鲁阳文子^①，文子辞，曰："梁险而在境，惧子孙之有贰者也。夫事君无憾，憾则惧偪，偪则惧贰。夫盈而不偪，憾而不贰者，臣能自寿，不知其他。纵臣而得全其首领以没，惧子孙之以梁之险，而乏臣之祀也。"王曰："子之仁，不忘子孙，施及楚国，敢不从子。"与之鲁阳^②。

【注释】

① 惠王：楚惠王，名章，公元前488至前432年在位。梁：楚地名，位于楚国北部边境。鲁阳文子：楚平王的孙子，也称鲁阳公。

② 鲁阳：楚邑名，在今河南鲁山。

【译文】

楚惠王把梁地赐给鲁阳文子，文子辞谢，说："梁地险要而又位于边境，我担忧子孙后代会有背叛之心。事奉君王不能有怨恨，有怨恨就会因担忧而侵凌君上，侵凌君上就会因担忧而生背叛之心。得志却不侵凌，怨恨却没有二心，这在我自己能够保证，但不知子孙能否做到。纵然我能够保全首领而死，还担忧子孙仗恃梁地的险要而背叛，从而断绝了对我的祭祀。"惠王说："您的仁爱，不忘记子孙后代，施及到了楚国，我怎敢不听从您。"于是就赐给了他鲁阳之地。

叶公子高论白公胜必乱楚国

子西使人召王孙胜①，沈诸梁闻之②，见子西曰："闻子召王孙胜，信乎？"曰："然。"子高曰："将焉用之？"曰："吾闻之，胜直而刚，欲置之境。"

子高曰："不可。其为人也，展而不信，爱而不仁，诈而不智，毅而不勇，直而不衷，周而不淑。复言而不谋身，展也；爱而不谋长，不仁也；以谋盖人，诈也；强忍犯义，毅也；直而不顾，不衷也；周言弃德，不淑也。是六德者，皆有其华而不实者也，将焉用之。

"彼其父为戮于楚，其心又狷而不洁。若其狷也，不忘旧怨，而不以洁悛德，思报怨而已。则其爱也足以得人，其展也足以复之，其诈也足以谋之，其直也足以帅之，其周也足以盖之，其不洁也足以行之，而加之以不仁，奉之以不义，蔑不克矣。

"夫造胜之怨者③，皆不在矣。若来而无宠，速其怨也。若其宠之，毅贪无厌，既能得人，而耀之以大利，不仁以长之，思旧怨以修其心，苟国有衅，必不居矣。非子职之，其谁乎？彼将思旧怨而欲大宠，动而得人，怨而有术，若果用之，害可待也。余爱子与司马④，故不敢不言。"

子西曰："德其忘怨乎！余善之，夫乃其宁。"子高曰："不然。吾闻之，唯仁者可好也，可恶也，可高也，可下也。好之不偪，恶之不怨，高之不骄，下之不惧。不仁者则不然。人好之则偪，恶之则怨，高之则骄，下之则惧。骄有欲焉，惧有恶焉，欲恶怨偪，所以生诈谋也。子将若何？若召而下之，将戚而惧；为之上者，将怒而怨。诈谋之心，无所靖矣。有一不义，犹败国家，今壹五六，而必欲用之，不亦难乎？吾闻国家将败，必用奸人，而嗜其疾味，其子之谓乎？

"夫谁无疾眚！能者早除之。旧怨灭宗，国之疾眚也，为之关籥蕃篱而远备闲之⑤，犹恐其至也，是之为日惕。若召而近之，死无日矣。人有言曰：'狼子野心，怨贼之人也。'其又何善乎？若子不我信，盍求若敖氏与子干、子皙之族而近之⑥？安用胜也，其能几何？

"昔齐驺马繻以胡公入于具水⑦，邴歜、阎职戕懿公于囵竹⑧，晋长鱼矫杀三郤于榭，鲁圉人荦杀子般于次⑨，夫是谁之故也，非唯旧怨乎？是皆子之所闻也。人求多闻善败，以监戒也。今子闻而弃之，犹蒙耳也。吾语子何益，吾知逃也已。"

子西笑曰："子之尚胜也。"不从，遂使为白公。子高以疾闲居于蔡⑩。及白公之乱⑪，子西、子期死。叶公闻之，曰："吾怨其弃吾言，而德其治楚国，楚国之能平均以复先王之业者，夫子也。以小怨置大德，吾不义也，将入杀之。"帅方城之外以入，杀白公而定王室，葬二子之族。

【注释】

① 王孙胜：即白公胜，楚平王的孙子。

② 沈诸梁：即叶公子高。楚国左司马沈尹戍的儿子。

③ 造胜之怨：指诬陷白公胜的父亲太子建一事。费无忌任太子少师，辅导太子建，太子建娶了秦国的一个美女，费无忌劝平王纳娶，并进谗言诬陷太子要叛乱，于是太子建逃亡到了郑国。后来他与晋国密谋袭击郑国，被郑人所杀，其子白公胜逃亡到了吴国。

④ 司马：指子西的弟弟子期，任楚国司马。

⑤ 关籥：门闩和锁钥。

⑥ 若敖氏：即鬬椒。子干：即公子比。子皙：即公子黑肱。两人是楚恭王非嫡生的儿子。

⑦ 驺马繻：齐国大夫。胡公：姜太公的后代胡公靖。具水：即巨洋水，在今山东境内。此指胡公虐待马繻，后来马繻杀了胡公，把他的尸体扔入了具水。

⑧ 邴歜、阎职：二人都是齐国大臣。懿公：齐懿公，名商人，齐桓公的儿子，公元前612至前609年在位。齐懿公为太子时，与邴歜的父亲争夺田地，没有获胜，后来他即位后，掘了邴歜父亲的坟墓，并让邴歜的仆人纳娶阎职的妻子。鲁文公十八年（前609），齐懿公到申池出游，邴歜和阎职杀了懿公，把他的尸体扔到了竹林里。

⑨ 圉人：养马的人。子般：鲁庄公的太子。子般为太子时，曾因事鞭打过养马人荦。后来子般即位，公子庆父和子般的夫人私通，鲁庄公三十二年（前662），庆父派荦杀死了子般。

⑩ 蔡：楚地名，原是独立小国，后为楚所灭，并入楚地，在今安徽凤台。

⑪ 白公之乱：指鲁哀公十六年（前479）白公胜请求讨伐郑国为父报仇，子西答应后，还未发兵，晋国又攻郑国，楚国反而出兵援救郑国，并和郑国签订盟约，白公胜因此大怒，发动叛乱，杀了子西和子期。

【译文】

子西派人召来王孙胜，叶公子高听说后，去见子西说："我所说您要召来王孙胜，是真的吗？"子西说："是的。"子高问："您打算怎样用他?"子西说:"我听说,王孙胜正直而刚强,想把他安置在边境。"

子高说:"不行。王孙胜的为人,展而不可信,爱而不仁慈,诈而不明智,毅而不勇敢,直率而不衷,言谈周全而不淑。实践诺言而不考虑自身的利害,叫做展;外表爱人而不为人作长远打算,叫做不仁;用计谋掩盖别人,叫做诈;狠心违背信义,叫做毅;直率而不顾及隐讳,叫做不衷;言谈周全却抛弃德行,叫做不淑。他这六种品性,都徒有其表而无其实,怎么能用他呢。

"他的父亲在楚国被杀,他的心地狭隘偏执而不纯洁。如果他的心地狭隘偏执,不忘旧日的怨仇,而又不能用纯洁的心改变他的德行,那么他想的只是报仇罢了。那么他的爱人足以得到人们的拥护,他的讲信用足以实践他的诺言,他的直率足以统帅众人,他的言谈周全足以掩盖他的罪恶,他的内心肮脏足以支配他的行动,再加上他的不仁,奉行他的不义,那没有不成功的。

"那些造成王孙胜怨恨的人,现在都不在了。如果召他来而不宠爱他,只会加速他的怨恨。如果宠爱他,他会贪得无厌,设法得到人心,还会以更大的利益引诱别人,用不仁慈来助长他们的私欲,想着旧日的怨仇来激起复仇之心,一旦国家有些事端,他肯定不会安分。那不是您主要承受祸患,又会是谁呢?他将想着旧日的怨仇,又想得到大的宠幸,行动起来会得到人心,怨恨复仇也有办法,如果您真的用他,祸害是指日可待的。我爱您和您的弟弟子期,所以不敢不说。"

子西说:"用德安抚可以忘掉旧怨吧!我好好待他,他就会安宁。"子高说:"不是这样。我听说,只有仁心的人对他好也可以,对他坏也可以,让他地位高也可以,让他地位低也可以。对他好不会凌逼君上,对他坏不会抱怨,地位高不会骄傲,地位低不会忧惧。不仁的人就不是这样。别人对他好就会凌逼人,对他不好就会抱怨恨,地位高了就会骄傲,地位低了就会忧惧。骄傲就会有贪欲,忧惧就会抱怨恨,贪欲、怨恨和威逼,是所以产生诈谋的原因。您准备怎么办?如果召他来而安排在你下面,他将不安而忧惧;对在他上面的人,也将愤怒和抱怨。他的狡诈的心,将无法安定。有一种不义的品行,就会败坏国家,如今他一身而兼有五六种不义的品行，而您却一定要任用他，不是很危难吗？我听说国家将要败亡，必定任用坏人，而嗜好使人生病的美味，说的大概就是你吧？

"谁能没有灾病！有才能的人能及早除掉它。因为旧日的怨恨而灭了宗庙，是国家的病灾，设置关钥、篱笆来远远地防备它，还恐怕它的来到，为此要天天警惕。如果您召他来而亲近他，那离死期就没有几天了。人们有句俗语说：'狼子野心，是有怨而生害心的人啊。'他又有什么好呢？如果您不相信我，何不寻求若敖氏和子干、子晳的族人来亲近他们呢？何必要任用公孙胜呢，这样能维持多久呢？

"以前齐国的驺马缟把胡公的尸体扔进了具水，邴歜和阎职在竹林里杀害了鲁懿公，晋国的长鱼矫在台榭上杀了三郤，鲁国的养马人荦在住所杀了子般，这些都是什么缘故呢，不都是因为旧日的怨恨吗？这些都是您听到过的。人们想多听到善恶成败的教训，来作为自己的借鉴。现在您听了却抛弃它，就像蒙上了耳朵。我告诉您有什么好处，我只是想逃避灾难罢了。"

子西笑着说："您把王孙胜说得过分了。"没有听从子高的劝告，于是封公子胜为白公。子高推托生病闲居在蔡地。等到白公叛乱，子西和子期都被杀死了。叶公听闻后，说："我恨他不听我的话，而感激他治理楚国，楚国能够得以治理、恢复了先王的功业的人，就是子西。因为小怨忘了大德，是我的不义，我要入京城杀了白公。"于是就率领方城之外的人进入京城，杀死了白公，安定了王室，埋葬了子西和子期被害的家族。

卷十九　吴语

越王勾践命诸稽郢行成于吴

吴王夫差起师伐越①，越王勾践起师逆之②。大夫种乃献谋曰③："夫吴之与越，唯天所授，王其无庸战。夫申胥、华登简服吴国之士于甲兵④，而未尝有所挫也。夫一人善射，百夫决拾，胜未可成也。夫谋必素见成事焉，而后履之，不可以授命。王不如设戎，约辞行成，以喜其民，以广侈吴王之心。吾以卜之于天，天若弃吴，必许吾成而不吾足也，将必宽然有伯诸侯之心焉。既罢弊其民，而天夺之食，安受其烬，乃无有命矣。"

越王许诺，乃命诸稽郢行成于吴⑤，曰："寡君勾践使下臣郢不敢显然布币行礼，敢私告于下执事曰：昔者越国见祸，得罪于天王。天王亲趋玉趾，以心孤勾践，而又宥赦之。君王之于越也，繄起死人而肉白骨也。孤不敢忘天灾，其敢忘君王之大赐乎！今勾践申祸无良，草鄙之人，敢忘天王之大德，而思边垂之小怨，以重得罪于下执事？勾践用帅二三之老，亲委重罪，顿颡于边。

"今君王不察，盛怒属兵，将残伐越国。越国固贡献之邑也，君王不以鞭箠使之，而辱军士使寇令焉。勾践请盟：一介嫡女，执箕帚以晐姓于王宫；一介嫡男，奉槃匜以随诸御；春秋贡献，不解于王府。天王岂辱裁之？亦征诸侯之礼也。

"夫谚曰：'狐埋之而狐搰之，是以无成功。'今天王既封植越国，以明闻于天下，而又刘亡之，是天王之无成劳也。虽四方之诸侯，则何实以事吴？敢使下臣尽辞，唯天王秉利度义焉！"

【注释】

① 吴：古国名。疆域有今江苏大部和安徽、浙江的一部分，公元前473年为越国所灭。夫差：吴国国君，公元前495至前473年在位。

② 越：古国名。全盛时期的疆域有今江苏北部运河以东、江苏南部和安徽、江西、浙江的部分地区。战国时国力衰弱，约在公元前306年为楚国所灭。勾践：越国国君，公元前497至前465年在位。

③ 大夫种：即文种，字少禽，越国大夫。

④ 申胥：即伍子胥，名员，吴国大夫。因吴王把申邑封给他，所以又称申胥。华登：吴国大夫。

⑤ 诸稽郢：越国大夫。

【译文】

吴王夫差出兵进攻越国，越王勾践起兵对抗。大夫文种向勾践献计说："吴国与越国的命运，只凭天意决定，您无须通过战争来解决问题。申胥和华登选拔训练吴国的青年把他们组编成军队，还不曾被打败过。一个人善于射箭，就会有一百个人拉紧弓弦跟着仿效，吴国有这样的良将指挥，我们能否获胜还没有把握。凡要谋划一件事，一定要预见到成功的把握，然后才可以去做，不能冒险玩命。您不如勒兵自守，同时用谦卑的辞令向对方求和，让吴国的百姓高兴，让吴王的野心膨胀。我们可以为此卜问上天，上天倘若要抛弃吴国，必定会让吴国答应我们的求和并且不以我们的求和为满足，进一步膨胀它称霸诸侯的野心。等到它的百姓疲惫，天灾又夺去它的粮食后，就可以安安稳稳地收拾它的残局，吴国就失去上天的眷顾了。"

越王同意了，于是派诸稽郢去吴国求和，说："我们国君派我来，不敢公开以玉帛表达敬意，只敢私下对贵国的办事人员说：过去越国遭祸，得罪了天王。天王亲自起兵，打算灭掉勾践，却又宽宥了他。天王对于我们越国，如同让死人复活，让白骨重新长肉一样地恩德啊。勾践不敢忘记上天降下的灾祸，又怎敢忘记天王的恩赐呢！勾践现在重遭灾祸，没有善良的德行，草野鄙贱之人，岂敢忘记天王的大恩大德，而计较边境上的小怨，以至再次获罪于天王的办事人员呢？勾践特地率领几个老家臣，亲自承认犯下的重罪，在边境上叩头求饶。

"现在天王没有细察，在盛怒之下调集军队，打算狠狠地讨伐越国。越国本来就是给吴国纳贡的城邑，天王用鞭子驱使它就可以了，何必让您的军士屈尊来侵犯呢？勾践请求缔结盟约，并送上一个嫡生女儿，拿着箕帚到王宫里侍奉您；送上一个嫡生儿子，捧着盘匜跟仆人一起伺候您；春秋两季的贡品，决不懈怠。天王又何须屈尊来制裁越国呢？我们进献的贡品也是按照天子向诸侯征税的礼制啊。

"谚语说：'狐狸埋了东西，狐狸又把它掘出来，所以没有成功。'现在天王既已扶植越国，以圣明闻达于天下，却又要消灭它，这是天王对越国的扶植徒劳无功。即使四方的诸侯想臣事吴国，又怎么使他们相信呢？我冒昧地把话说透彻，只希望天王根据利来考虑怎样合适。"

吴王夫差与越荒成不盟

吴王夫差乃告诸大夫曰:"孤将有大志于齐,吾将许越成,而无拂吾虑。若越既改,吾又何求?若其不改,反行,吾振旅焉。"

申胥谏曰:"不可许也。夫越非实忠心好吴也,又非慑畏吾兵甲之强也。大夫种勇而善谋,将还玩吴国于股掌之上,以得其志。夫固知君王之盖威以好胜也,故婉约其辞,以从逸王志,使淫乐于诸夏之国①,以自伤也。使吾甲兵钝弊,民人离落,而日以憔悴,然后安受吾烬。夫越王好信以爱民,四方归之,年谷时熟,日长炎炎。及吾犹可以战也,为虺弗摧,为蛇将若何?"

吴王曰:"大夫奚隆于越,越曾足以为大虞乎?若无越,则吾何以春秋曜吾军士?"②乃许之成。

将盟,越王又使诸稽郢辞曰:"以盟为有益乎?前盟口血未干,足以结信矣。以盟为无益乎?君王舍甲兵之威以临使之,而胡重于鬼神而自轻也?"吴王乃许之,荒成不盟。

【注释】

① 诸夏之国：周代王室所分封的诸国。夏，古代中国的自称。

② 春秋：此处指吴国按古制举行的春秋两季的阅兵。

【译文】

吴王夫差于是对大夫们说："我将要实行征服齐国的宏大志向，为此我将允许越国讲和的请求，你们不要干扰我的考虑。假如越国已经改弦更张，我还要求它什么？假如越国不改正，从齐国返回后，我还可以整顿军队教训它。"

伍子胥劝告说："不可以允许越国的求和。越国并非真心与吴国友好，也并非害怕慑服于我们军队的强大。越国的大夫文种勇敢而善于谋略，他是想玩弄吴国于股掌之上，以实现其野心。他本来就知道您崇尚武力，好胜心强，所以就用委婉动听的话来放纵您的意志，让您贪图中原各国的安乐，以自取败亡。使我们的军队疲惫，兵器损耗，民众背弃逃亡，国力日趋衰竭，然后安安稳稳地收拾我们的残局。越王重信义，爱民众，四方的人都归附于他。那里年年丰收，国势隆盛。现在我们还有力量战胜他，好比一条小蛇，不打死它，长成了大蛇可怎么办？"

吴王说："子胥大夫何必把越国讲得那么强大，越国难道会成为我们的心腹大患吗？如果越国不存在，那么春秋两季阅兵时，我向谁去炫耀我们的军威呢？"于是就答应了越国的求和。

两国将要举行盟誓时，越王又派诸稽郢推辞说："你们认为盟誓有用吗？先前盟誓时留在嘴边的血迹还没有干，足够表示结盟的信义了。你们认为盟誓没有用吗？君王可以放弃武力威胁，亲自来役使我们就行了，何必看重鬼神的威力而看轻自己的力量呢？"吴王于是同意了，达成了讲和的口头协议而没有举行正式的盟誓。

夫差伐齐不听申胥之谏

　　吴王夫差既许越成，乃大戒师徒，将以伐齐。申胥进谏曰："昔天以越赐吴，而王弗受。夫天命有反，今越王勾践恐惧而改其谋，舍其愆令，轻其征赋，施民所善，去民所恶，身自约也，裕其众庶，其民殷众，以多甲兵。越之在吴，犹人之有腹心之疾也。夫越王之不忘败吴，于其心也戚然，服士以伺吾闲。今王非越是图，而齐、鲁以为忧。夫齐、鲁譬诸疾，疥癣也，岂能涉江、淮而与我争此地哉？将必越实有吴土。

　　"王其盍亦鉴于人，无鉴于水。昔楚灵王不君①，其臣箴谏以不入。乃筑台于章华之上②，阙为石郭，陂汉，以象帝舜。罢弊楚国，以闲陈、蔡。不修方城之内，逾诸夏而图东国③，三岁于沮、汾以服吴、越④。其民不忍饥劳之殃，三军叛王于乾谿⑤。王亲独行，屏营仿偟于山林之中，三日乃见其涓人畴⑥。王呼之曰：'余不食三日矣。'畴趋而进，王枕其股以寝于地。王寐，畴枕王以墣而去之。王觉而无见也，乃匍匐将入于棘闱⑦，棘闱不纳，乃入芋尹申亥氏焉⑧。王缢，申亥负王以归，而土埋之其室。此志也，岂遽忘于诸侯之耳乎？

"今王既变鲧、禹之功，而高高下下，以罢民于姑苏。天夺吾食，都鄙荐饥。今王将很天而伐齐。夫吴民离矣，体有所倾，譬如群兽然，一个负矢，将百群皆奔，王其无方收也。越人必来袭我，王虽悔之，其犹有及乎？"

王弗听。十二年，遂伐齐。齐人与战于艾陵^⑨，齐师败绩，吴人有功。

【注释】

①　楚灵王：楚国国君，公元前540至前529年在位。

②　章华：古地名，今湖北省监利县西北。

③　东国：指位于中原东面的吴、越两国。

④　沮：水名。源出湖北省保康县西南部，南流至江陵县西入长江。汾：水名。源出山西省宁武县，在万荣县西入黄河。

⑤　乾谿：古地名，今安徽省亳县东南。

⑥　涓人畴：涓人，宫中侍从的近臣。畴，人名。

⑦　棘：古邑名，在今河南省永城县南。

⑧　芋尹申亥：楚国大夫，芋尹无宇的儿子。

⑨　艾陵：古地名，在今山东省莱芜县东北，一说在今山东省泰安县东南。

【译文】

吴王夫差同意越国的求和之后，就大规模地整顿士卒，打算攻打齐国。伍子胥进谏说："过去上天把越国送给吴国，而您没有接受。天命也会有反复，现在越王勾践因为恐惧而改变了他的谋略，废弃错误的法令，减轻民众的税负，实施民众所喜欢的，除去民众所讨厌的，自己很节俭，让民众富裕起来。他的民众数量庞大，足以充实军队。越国对于吴国，就像一个人的心腹之患。越王不忘被吴国打败的前鉴，内心一直耿耿于怀。他让士兵勤于操习，窥伺对我们报复的时机。现在您不考虑对付越国，却去操心征服齐国和鲁国的事。那齐国和鲁国如果比作疾病的话，只不过是疥癣一类的小病，它们难道会渡过长江和淮河来与我们争夺这儿的土地吗？将来一定是越国才会夺占吴国的土地。

"您何不也以人为鉴，不要只是用水作镜子。过去楚灵王不行君道，臣下的告诫劝谏都听不进去。他在章华这个地方建造台榭，凿石为椁，引来汉水，仿效舜的陵墓。他使楚国疲惫不堪，还窥伺着消灭陈国和蔡国。他不修内政，却想越过邻国去征服东方的诸侯，他花了三年时间才渡过沮河和汾河，想征服吴越两国。他的民众再也忍受不了饥饿劳累的痛苦，全军在乾谿发动了叛乱。楚灵王只身逃亡，惶惶不安地流窜于山林之中，三天后才碰见侍卫的涓人畴。楚灵王向他呼救说：'我已经三天没有吃东西了。'畴赶快走到灵王面前，灵王枕着他的腿就在地上睡着了。灵王睡着后，畴用土块代替枕头抽身离去。灵王醒后不见畴，就自己爬着想进棘城的大门，棘城的人不接纳他，最后总算被申亥收容。灵王上吊自杀，申亥背着灵王的尸体回到家中，用土把他埋在屋内。这些应该牢记的事，难道很快就被诸侯们遗忘了吗？

"现在您改变了当年鲧和禹治水的功业，筑台修池以享乐，使民众为修姑苏台而疲惫不堪。上天又用灾荒夺去了我们的食粮，都城边邑连年饥荒。您违背天意而去攻打齐国，吴国的民众都要离弃你。国家的倾覆，就像一群野兽那样，一个野兽中了箭，整群野兽都会逃去，您还有什么方法收拾局面呢。越国人必定会来侵袭我们，那时您即使后悔，还来得及吗？"

吴王不听劝谏。在他执政的第十二年起兵攻打齐国。齐国与吴国军队在艾陵交锋，齐军战败，吴国暂时取得成功。

夫差胜于艾陵使奚斯释言于齐

　　吴王夫差既胜齐人于艾陵，乃使行人奚斯释言于齐①，曰："寡人帅不腆吴国之役，遵汶之上②，不敢左右，唯好之故。今大夫国子兴其众庶，以犯猎吴国之师徒，天若不知有罪，则何以使下国胜！"

【注释】
　　① 行人：官名。《周礼》有秋官大行人、小行人，主管朝觐聘问。奚斯：吴国大夫。
　　② 汶：水名。源出山东省莱芜县北，流入济水。

【译文】
　　吴王夫差在艾陵战胜齐国军队后，便派主管外交的官员奚斯向齐国解释说："我率领的吴国军队不算多，沿着汶水北上，一路不敢放纵士兵左右抢掠，只因为我们两国友好的缘故。现在贵国大夫国子发动大批军队，来侵犯我国的军队，上天如果不知道罪在贵国，怎么会让我们吴国获胜呢！"

申 胥 自 杀

吴王还自伐齐，乃讯申胥曰："昔吾先王体德明圣，达于上帝，譬如农夫作耦，以刈杀四方之蓬蒿，以立名于荆①，此则大夫之力也。今大夫老，而又不自安恬逸，而处以念恶，出则罪吾众，挠乱百度，以妖孽吴国。今天降衷于吴，齐师受服。孤岂敢自多，先王之钟鼓，实式灵之。敢告于大夫。"

申胥释剑而对曰："昔吾先王世有辅弼之臣②，以能遂疑计恶，以不陷于大难。今王播弃黎老，而孩童焉比谋，曰：'余令而不违。'夫不违，乃违也。夫不违，亡之阶也。夫天之所弃，必骤近其小喜，而远其大忧。王若不得志于齐，而以觉寤王心，而吴国犹世。吾先君得之也，必有以取之；其亡之也，亦有以弃之。用能援持盈以没，而骤救倾以时。今王无以取之，而天禄亟至，是吴命之短也。员不忍称疾辟易③，以见王之亲为越之擒也。员请先死。"遂自杀。将死，曰："以悬吾目于东门，以见越之入，吴国之亡也。"王愠曰："孤不使大夫得有见也。"乃使取申胥之尸，盛以鸱鵊④，而投之于江⑤。

【注释】

① 荆：古代楚国的别称。因其原来建国于荆山一带，故名。

② 先王：指吴王阖闾。

③ 员：伍员。申胥的自称。

④ 鸱鹕：皮制的口袋，可以盛酒，亦作鸱夷。

⑤ 江：即长江。

【译文】

吴王夫差伐齐获胜归来后，便责问伍子胥说："过去我的先王德高圣明，通达上天的意旨，就像农夫并排耕作一样，与你一起割除我国四方的蒿草，打败了楚国并在那里立下了威名，这是你出的力。如今你老了，却又不肯自安于闲适的生活，在家尽动些坏脑筋，出外使我的部众遭受苦难，扰乱法度，来加害于吴国。现在上天降福吴国，使齐国归顺了。我岂敢自夸，这是因为先王的军队，得到神灵佑助的缘故。我冒昧告诉你这个消息。"

伍子胥解下佩剑回答说："过去我们先王一直有辅佐的贤臣，用来帮助决断疑难，权衡得失，所以没有陷入大难。如今你抛弃老臣，去和幼稚的年轻人共商国策，说：'我的命令不得违背。'这样的不违背，恰恰是对天意的违背。这样的不违背，正是导致败亡的阶梯啊。那上天所要抛弃的，必定在眼前先给它小小的欢喜，而把大的忧患留在后面。您如果伐齐不顺利，反而会内心有所觉悟，这样吴国还可以世代延续。我们先王凡是取得成就，必定有成功的条件；凡是遭到失败，也自有失败的原因。凭借有才能的人辅佐可以保住成业，而且及时挽回危局。现在你没有取得成功的条件，而上天赐给你的福禄却屡屡降临，说明吴国的国运已经很短了。我不忍心称病退避一边，看到你被越国人所生擒，我只有请求先死！"于是就自杀了。临死前，说："把我的眼睛悬挂在国都的东门上，让我看到越国入侵，吴国的灭亡。"吴王恼怒地说："我不让他有看到什么的机会。"便派人拿伍子胥的尸体，装到皮口袋中，投入长江。

吴晋争长未成勾践袭吴

吴王夫差既杀申胥，不稔于岁，乃起师北征。阙为深沟，通于商①、鲁之间，北属之沂②，西属之济③，以会晋公午于黄池④。

于是越王勾践乃命范蠡、舌庸⑤，率师沿海溯淮以绝吴路。败王子友于姑熊夷⑥。越王勾践乃率中军溯江以袭吴，入其郛，焚其姑苏，徙其大舟。

吴、晋争长未成，边遽乃至，以越乱告。吴王惧，乃合大夫而谋曰："越为不道，背其齐盟。今吾道路修远，无会而归，与会而先晋，孰利？"王孙雒曰⑦："夫危事不齿，洛敢先对。二者莫利。无会而归，越闻章矣，民惧而走，远无正就。齐、宋、徐、夷曰：'吴既败矣！'将夹沟而膐我，我无生命矣。会而先晋，晋既执诸侯之柄以临我，将成其志以见天子。吾须之不能，去之不忍。若越闻愈章，吾民恐叛。必会而先之。"

王乃步就王孙雒曰："先之，图之将若何？"王孙雒曰："王其无疑，吾道路悠远，必无有二命，焉可以济事。"王孙雒进，顾揖诸大夫曰："危事不可以为安，死事不可以为生，则无为贵智矣。民之恶死而欲富贵以长没也，与我同。虽然，彼近其国，有迁；我绝虑，无迁。彼岂能与我行此危事也哉？事君勇谋，于此用之。今夕必挑战，以广民心。请王励士，以奋其朋势，劝之以高位重畜，备刑戮以辱其不励者，令各轻其死。彼将不战而先我，我既执诸侯之柄，以岁之不获也，无有诛焉，而先罢之，诸侯必说。既而皆入其地，王安挺志，一日惕，一日留，以安步王志。必设以此民也，封于江、淮之间，乃能至于吴。"吴王许诺。

【注释】

① 商：古地名。在今河南省商丘县，当时属宋国所辖。

② 沂：水名。源出山东省沂源县鲁山，南流入苏北平原。

③ 济：水名。源出河南省济源县西王屋山，下游河道屡经变迁，在温县附近入黄河。

④ 黄池：古地名。亦称黄亭，在今河南省封丘县西南。公元前482年，吴王夫差与晋、鲁等国诸侯会盟于此。晋公午：即晋定公，公元前511至前475年在位。

⑤ 范蠡、舌庸：均为越国大夫。

⑥ 王子友：吴王夫差的太子。姑熊夷：吴国地名，在国都的郊外。

⑦ 王孙雒：吴国大夫。

【译文】

吴王夫差杀了伍子胥以后，不等庄稼成熟，便出兵北征。他下令开掘沟渠，直通宋国和鲁国的地界，北面连接沂水，西面连接济水，然后约会晋定公在黄池这个地方举行盟会。

与此同时，越王勾践则命令范蠡和舌庸，率兵沿海岸上行至淮河，以断绝吴军的归路。越军在姑熊夷打败了王子友。越王勾践率中军逆江而上袭击吴国，攻陷国都的外城，烧毁姑苏台，运走吴国的大船。

吴晋两国争当盟主的事还未见分晓，吴国边境的驿车就到了，报告越国入侵的消息。吴王很害怕，便召集大夫商讨对策，说："越国不守信用，背弃盟约。如今我们离本国路途遥远，或者不去参加盟会就赶快归国，或者参加盟会，而让晋国当盟主，哪个有利？"王孙雒说："面对紧急的事情，不必讲究年龄长幼，我冒昧地先来回答。我认为这两种方案都没有利。如果不参加盟会就回国，越国的声望就大了，民众就会因害怕而逃亡，远走他方而没有立足之处。齐、宋、徐、夷这些国家也会说：'吴国已经失败了！'将从沟渠两侧对我们发动攻击，我们就没命了。如果参加盟会但让晋国当盟主，晋国掌握了诸侯之长的权柄后就会居高临下地控制我们，踌躇满志地带领我们一起朝见周天子。那样的话我们既没有时间逗留，离开又感到无法容忍。如果越国的声望更大，我国的民众恐怕会背叛。因此一定要参加盟会并且争当盟主。"

吴王走到王孙雒面前问："要当盟主，得想什么办法？"王孙雒回答说："请君王不要犹豫，我们回去路途遥远，决不会有第二条出路，只有赶快决定才能成功。"王孙雒前进一步，环视众大夫并作揖说："面对危局不能转为平安，在死亡面前不能求生，那就不能称作高超的智慧了。晋国的百姓怕死而希望富贵长寿，这一点和我们是相同的。既然如此，晋军离本国近，有退却的余地；我们距本国遥远，没有退却的可能。晋国怎么能和我们进行危险的较量呢？事奉君王要有勇有谋，在此时就用上了。今天晚上一定要向晋国挑战，来安定人心。请君王激励士卒，振奋大家的气势，用爵位和财宝来勉励大家，同时准备刑戮来惩治那些不努力作战的人，让大家都不怕死。那样晋国将会不战而把盟主让给我们，我们掌握了诸侯之长的权柄后，以年成不好为由，不责求诸侯的贡赋，让他们先回国，诸侯们一定会高兴。等到他们都回到本国以后，君王就可以安下心，一天紧走，一天慢走，安安稳稳地实现你回国的计划了。一定要许诺那些出了力的士卒，让他们得到江淮一带的封地，这样我们就能安全回到吴国了。"吴王夫差同意他的看法。

吴欲与晋战得为盟主

　　吴王昏乃戒[①]，令秣马食士。夜中，乃令服兵擐甲，系马舌，出火灶，陈士卒百人，以为彻行百行。行头皆官师[②]，拥铎拱稽，建肥胡，奉文犀之渠。十行一嬖大夫[③]，建旌提鼓，挟经秉枹。十旌一将军，载常建鼓，挟经秉枹。万人以为方阵，皆白裳、白旂、素甲、白羽之矰，望之如荼。王亲秉钺，载白旗以中阵而立。左军亦如之，皆赤裳，赤旟、丹甲、朱羽之矰，望之如火。右军亦如之，皆玄裳、玄旗、黑甲、乌羽之矰，望之如墨。为带甲三万，以势攻，鸡鸣乃定。既陈，去晋军一里。昧明，王乃秉枹，亲就鸣钟鼓、丁宁、錞于振铎，勇怯尽应，三军皆哗釦以振旅，其声动天地。

　　晋师大骇不出，周军饬垒，乃令董褐请事[④]，曰："两君偃兵接好，日中为期。今大国越录，而造于弊邑之军垒，敢请乱故。"

　　吴王亲对之曰："天子有命，周室卑约，贡献莫入，上帝鬼神而不可以告。无姬姓之振也，徒遽来告。孤日夜相继，匍匐就君。君今非王室不平安是忧，亿负晋众庶，不式诸戎、狄、楚、秦；将不长弟，以力征一二兄弟之国。孤欲守吾先君之班爵，进则不敢，退则不可。今会日薄矣，恐事之不集，以为诸侯笑。孤之事君在今日，不得事君亦在今日。为使者之无远也，孤用亲听命于藩篱之外。"

董褐将还，王称左畸曰："摄少司马兹与王士五人⑤，坐于王前。"乃皆进，自刭于客前以酬客。

董褐既致命，乃告赵鞅曰⑥："臣观吴王之色，类有大忧，小则嬖妾、嫡子死，不则国有大难；大则越入吴。将毒，不可与战。主其许之先，无以待危，然而不可徒许也。"赵鞅许诺。

晋乃令董褐复命曰："寡君未敢观兵身见，使褐复命曰：'曩君之言，周室既卑，诸侯失礼于天子，请贞于阳卜⑦，收文、武之诸侯。孤以下密迩于天子，无所逃罪，讯让日至，曰：昔吴伯父不失⑧，春秋必率诸侯以顾在余一人。今伯父有蛮、荆之虞，礼世不续，用命孤礼佐周公⑨，以见我一二兄弟之国，以休君忧。今君掩王东海，以淫名闻于天子，君有短垣，而自逾之，况蛮、荆则何有于周室？夫命圭有命⑩，固曰吴伯，不曰吴王。诸侯是以敢辞。夫诸侯无二君，而周无二王，君若无卑天子，以干其不祥，而曰吴公，孤敢不顺从君命长弟！'"

吴王许诺，乃退就幕而会。吴公先歃，晋侯亚之。吴王既会，越闻愈章，恐齐、宋之为己害也，乃命王孙雒先与勇获帅徒师⑪，以为过宾于宋，以焚其北郛焉而过之。

【注释】

　　① 吴王：指吴王夫差，公元前 496 至前 473 年在位。

　　② 官师：相当于士一级的官吏。

　　③ 嬖大夫：下大夫。

　　④ 董褐：晋国大夫。

　　⑤ 少司马：官名。兹：人名。

　　⑥ 赵鞅：即赵简子，晋国正卿。

　　⑦ 阳卜：古人用火烧龟甲以预测祸福。

　　⑧ 吴伯父：晋国对同姓诸侯尊称伯父，此处指吴国的先君。

　　⑨ 周公：周王室的太宰。

　　⑩ 命圭：古代天子授给诸侯大臣的玉制品。

　　⑪ 勇获：吴国大夫。

【译文】

　　吴王夫差于是在黄昏时发布命令，让士卒饱餐并喂足战马。半夜时分下令全军穿好铠甲，缚住马舌，把行军灶里的火移出来照明，一百名士卒排成一行，共排成一百行。每行排头的都是官师，抱着金属做的大铃，捧着士兵名册，旁边树着幡旗和犀牛皮做的盾牌。每十行由一名下大夫率领，竖着旌旗，提着战鼓，挟着兵书，拿着鼓槌。一百行由一名将军率领，竖着日月旗，支起战鼓，将军挟着兵书，拿着鼓槌。一万人组成一个方阵，都穿着白色的下衣，打着白色的旗帜，披着白色的铠甲，带着白羽毛制作的箭，远看像一片白色的茅草花。吴王亲自拿着钺，身旁树着白色军旗在方阵中间站立。左军也像中军这样列阵，但都穿着红色的下衣，打着红色的旗帜，披着红色的铠甲，带着红羽毛制作的箭，远看像一片鲜红的火焰。右军也像中军这样列阵，但都穿着黑色的下衣，打着黑色的旗帜，披着黑色的铠甲，带着黑羽毛制作的箭，远看像一片黑色的乌云。左中右三军披戴铠甲的将士共三万人，气势十足向前进攻，鸡叫时就摆定阵势，距晋军只有一里路。天未大亮，吴王便拿起鼓槌亲自擂鼓，敲响了铜钲、金镯和金铎，三军勇敢的、胆怯的一起响应，齐声呐喊鼓动，声浪震动天地。

　　晋军大惊，不敢出来应战，加强戒备，修缮营垒，派董褐前去问话，说："两国君主商定撤兵和好，以中午为期，现在贵国违反约定，来到敝国的军营外，请问乱了次序是为何原因？"

吴王亲自回答说："周天子有命令，眼下王室衰微，没有诸侯纳贡，连告祭天地鬼神的牺牲也缺乏，又没有姬姓的本家来救援。有人步行或乘车来告诉我这个命令，所以我日夜兼程，赶到晋君这儿。如今晋君不为王室的困难忧虑，虽拥有晋国的兵众，却不去征讨藐视王室的戎狄、楚、秦等国，还不讲长幼的礼节，攻打同姓的兄弟国家。我想保住我先君的爵位，超越先君我不敢，不及先君我也不愿。现在盟会的日期已临近了，我恐怕事情不成功而被诸侯耻笑，我是屈服于晋君，还是战胜晋君当盟主，都决定于今天。你这个使者就在我旁边不远，我将亲自在军营外听取你们的决定。"

董褐将要返回，吴王召唤左部的军吏说："把少司马兹和五个王士抓来，坐在我面前。"六人便一齐向前，在客使董褐面前自杀以谢客。

董褐向晋君复命后，便告诉赵鞅说："我观察吴王的气色，似乎有大的忧患，从小的方面说也许是他的宠妾或嫡子死了，不然就是国内有叛乱；从大的方面说也许是越国已攻入吴国。被逼到困境的人将会非常残暴，不可与这样的人作战。你还是答应让他先歃血作盟主，不要等着冒风险，但不能白白答应他。"赵鞅表示同意。

晋国于是令董褐去复命说："敝国国君不敢显示军威，也不敢亲自露面，派我来复命说：'如同刚才贵国国君所言，眼下周室已经衰微，诸侯大夫们对天子失礼，贵国国君准备用龟甲占卜，恢复周文王、周武王时期诸侯们事奉天子的义务。我们晋国接近天子，没有逃避罪责的理由，不断听到天子对我们的责备，说：从前吴国的先君不失礼，一年四季必定率领诸侯朝见我。如今的吴国国君有蛮荆威胁，不能继续先君的朝聘之礼，所以让我们晋国效劳辅助周太宰，并邀集同姓的兄弟国家朝聘天子，消除他的忧虑。现在贵国国君的权威覆盖东海，僭越的名声已经传到天子耳中，虽有礼仪之防，可是贵国国君却自己逾越了，更何况蛮荆之人，他们对周室还讲什么礼仪呢？天子命圭时早有命令，称吴国的国君为吴伯而不称吴王，所以诸侯才敢不尊事吴。诸侯不可有两个盟主，周室也不可有两个王，贵国国君如果不鄙视和冒犯天子，并以吴公自称的话，我们晋国怎敢不顺从他的命令让他先歃血呢！'"

吴王同意了，便退兵然后进入幕帐举行盟会。吴王先歃血，晋侯排在他后面。吴王参加盟会以后，越国的声威更大了，吴王恐怕齐、宋两国给他造成危害，便派王孙雒先和勇获率领步兵，以回国路过为名来到宋国，焚烧了宋国国都北面的外城作为恫吓然后才过境。

夫差退于黄池使王孙苟告于周

吴王夫差既退于黄池①，乃使王孙苟告劳于周②，曰："昔者楚人为不道，不承共王事，以远我一二兄弟之国。吾先君阖庐不贯不忍③，被甲带剑，挺铍搢铎④，以与楚昭王毒逐于中原柏举⑤。天舍其衷，楚师败绩，王去其国，遂至于郢⑥。王总其百执事⑦，以奉其社稷之祭。其父子、昆弟不相能，夫概王作乱⑧，是以复归于吴。今齐侯壬不鉴于楚⑨，又不承共王命，以远我一二兄弟之国。夫差不贯不忍，被甲带剑，挺铍搢铎，遵汶伐博⑩。篡笠相望于艾陵。天舍其衷，齐师还。夫差岂敢自多，文、武实舍其衷。归不稔于岁，余沿江溯淮，阙沟深水，出于商、鲁之间，以彻于兄弟之国。夫差克有成事，敢使苟告于下执事。"

周王答曰："苟，伯父令女来，明绍享余一人，若余嘉之。昔周室逢天之降祸，遭民之不祥⑪，余心岂忘忧恤，不唯下土之不康靖。今伯父曰：'戮力同德。'伯父若能然，余一人兼受而介福。伯父多历年以设元身，伯父秉德已侈大哉！"

【注释】

① 黄池：古地名。在今河南省封丘县西南。

② 王孙苟：吴国大夫。

③ 阖庐：即吴王阖闾，公元前514至前496年在位。

④ 铍：一种形如刀的两刃剑。铎：一种大铃，军中用来指挥士兵，宣布命令。

⑤ 楚昭王：楚国国君，公元前515至前489年在位。柏举：古地名。位于楚国境内。其地在今湖北省麻城县，公元前506年吴国在柏举击败楚昭王的军队。

⑥ 郢：楚国国都，其址在今湖北省江陵市西北。

⑦ 百执事：指百官。

⑧ 夫概王：吴王阖闾的弟弟。

⑨ 壬：齐简公的名字。公元前484至前481年在位。

⑩ 汶：水名，详见前注。博：古地名。春秋齐邑。在今山东省泰安市东南。

⑪ 不祥：指周景王的庶子王子朝篡位，周敬王出奔的事。

【译文】

　　吴王夫差从黄池盟会返回后，便派王孙苟向周天子报功，说："过去楚国人不遵守礼仪，不共同承担天子的贡赋，疏远我们这些同姓诸侯国。我们先君阖闾不愿宽赦容忍这种行为，披甲佩剑，拿起武器，指挥军队，与楚昭王在中原柏举一带展开激战。上天赐福给吴，楚军被打败，楚昭王逃离本国，吴军攻进楚国的国都。阖闾集合楚国的百官，让他们恢复对社稷的祭祀。因为阖闾和弟弟夫概王关系不好，夫概王在国内作乱，所以才回到吴国。现在齐侯壬不吸取楚国的教训，也不共同承担向天子纳贡的义务，疏远我们这些同姓诸侯国。我夫差不愿宽赦容忍这种行为，披甲佩剑，拿起武器，指挥军队沿着汶水北上去攻打齐国的博邑，冒雨在艾陵与齐军交战。上天赐福给吴，齐军被打败。我夫差怎敢自夸，其实是周文王、周武王赐福给吴国啊。回国后不等庄稼成熟，我又沿江溯淮河而上，挖掘长沟，直抵宋国和鲁国，来沟通同姓诸侯国。我夫差终于能成就大事，冒昧地派王孙苟向您的手下官员报告。"

　　周天子回答说:"王孙苟,吴伯父派你来,说明他要继承先君的传统拥戴我,我嘉勉他的做法。过去周王室遭逢天降之祸,王子朝率民众作乱,我心里哪能忘记忧患,不仅是忧虑下面的诸侯不安宁哩。现在吴伯父说:'与我同心合力。'他如果真能这样做,那真是我的福气啊。希望他健康长寿,他的德行真是伟大啊!"

勾践灭吴夫差自杀

吴王夫差还自黄池，息民不戒。越大夫种乃唱谋曰："吾谓吴王将遂涉吾地，今罢师而不戒以忘我，我不可以息。日臣尝卜于天，今吴民既罢，而大荒荐饥，市无赤米，而囷鹿空虚，其民必移就蒲蠃于东海之滨。天占既兆，人事又见，我蔑卜筮矣。王若今起师以会，夺之利，无使夫悛。夫吴之边鄙远者，罢而未至，吴王将耻不战，必不须至之会也，而以中国之师与我战。若事幸而从我，我遂践其地，其至者亦将不能之会也已，吾用御儿临之①。吴王若愠而又战，奔遂可出。若不战而结成，王安厚取名而去之。"越王曰："善哉！"乃大戒师，将伐吴。

楚申包胥使于越②，越王勾践问焉，曰："吴国为不道，求残我社稷宗庙，以为平原，弗使血食。吾欲与之徼天之衷，唯是车马、兵甲、卒伍既具，无以行之。请问战奚以而可？"包胥辞曰："不知。"王固问焉，乃对曰："夫吴，良国也，能博取于诸侯。敢问君王之所以与之战者？"王曰："在孤之侧者，觞酒、豆肉、箪食，未尝敢不分也。饮食不致味，听乐不尽声，求以报吴。愿以此战。"包胥曰:"善则善矣,未可以战也。"王曰:"越国之中,疾者吾问之,死者吾葬之,老其老,慈其幼,长其孤,问其病,求以报吴。愿以此战。"包胥曰:"善则善矣,未可以战也。"王曰:"越国之中,吾宽民以子之,忠惠以善之。吾修令宽刑,施民所欲,去民所恶,称其善,掩其恶,求以报吴,愿以此战。"包胥曰:"善则善矣,未可以战也。"王曰:"越国之中,富者吾安之,贫者吾与之,救其不足,裁其有余,使贫富皆利之,求以报吴。愿以此战。"包胥曰:"善则善矣,未可以战也。"王曰:"越国南则楚,西则晋,北则齐,春秋皮币、玉帛、子女以宾服焉,未尝敢绝,求以报吴,愿以此战。"包胥曰:"善哉,蔑以加焉,然犹未可以战也。夫战,智为始,仁次之,勇次之。不智,则不知民之极,无以铨度天下之众寡;不仁,则不能与三军共饥劳之殃;不勇,则不能断疑以发大计。"越王曰:"诺。"

越王勾践乃召五大夫③,曰:"吴为不道,求残吾社稷宗庙,以为平原,不使血食。吾欲与之徼天之衷,唯是车马、兵甲、卒伍既具,无以行之。吾问于王孙包胥,既命孤矣;敢访诸大夫,问战奚以而可?勾践愿诸大夫言之,皆以情告,无阿孤,孤将以举大事。"大夫舌庸乃进对曰:"审赏则可以战乎?"王曰:"圣。"大夫苦成进对曰:"审罚则可以战乎?"王曰:"猛。"大夫种进对曰:"审物则可以战乎?"王曰:"辩。"大夫蠡进对曰:"审备则可以战乎?"王曰:"巧。"大夫皋如进对曰:"审声则可以战乎?"王曰:"可矣。"王乃命有司大令于国曰："苟任戎者，皆造于国门之外。"王乃命于国曰："国人欲告者来告，告孤不审，将为戮不利，及五日必审之，过五日，道将不行。"

王乃入命夫人。王背屏而立，夫人向屏。王曰："自今日以后，内政无出，外政无入。内有辱，是子也；外有辱，是我也。吾见子于此止矣。"王遂出，夫人送王，不出屏，乃阖左阖，填之以土。去笄侧席而坐，不扫。王背檐而立，大夫向檐。王命大夫曰："食土不均，地之不修，内有辱于国，是子也；军士不死，外有辱，是我也。自今日以后，内政无出，外政无入，吾见子于此止矣。"王遂出，大夫送王不出檐，乃阖左阖，填之以土，侧席而坐，不扫。

王乃之坛列，鼓而行之，至于军，斩有罪者以徇，曰："莫如此以环瑱通相问也。"明日徙舍，斩有罪者以徇，曰："莫如此不从其伍之令。"明日徙舍，斩有罪者以徇，曰："莫如此不用王命。"明日徙舍，至于御儿，斩有罪者以徇，曰："莫如此淫逸不可禁也。"

王乃命有司大徇于军，曰："有父母耆老而无昆弟者，以告。"王亲命之曰："我有大事，子有父母耆老，而子为我死，子之父母将转于沟壑，子为我礼已重矣。子归，殁而父母之世。后若有事，吾与子图之。"明日徇于军，曰："有兄弟四五人皆在此者，以告。"王亲命之曰："我有大事，子有昆弟四五人皆在此，事若不捷，则是尽也。择子之所欲归者一人。"明日徇于军，曰："有眩瞀之疾者，以告。"王亲命之曰："我有大事，子有眩瞀之疾，其归若已。后若有事，吾与子图之。"明日徇于军，曰："筋力不足以胜甲兵，志行不足以听命者归，莫告。"明日，迁军接和，斩有罪者以徇，曰："莫如此志行不果。"于是人有致死之心。王乃命有司大徇于军，曰："谓二三子归而不归，处而不处，进而不进，退而不退，左而不左，右而不右，身斩，妻子鬻。"

于是吴王起师，军于江北，越王军于江南。越王乃中分其师以为左右军，以其私卒君子六千人为中军。明日将舟战于江，及昏，乃令左军衔枚溯江五里以须，亦令右军衔枚逾江五里以须。夜中，乃命左军、右军涉江鸣鼓中水以须。吴师闻之，大骇，曰："越人分为二师。将以夹攻我师。"乃不待旦，亦中分其师，将以御越。越王乃令其中军衔枚潜涉，不鼓不噪以袭攻之。吴师大北。越之左军、右军乃遂涉而从之，又大败之于没，又郊败之，三战三北，乃至于吴。越师遂入吴国，围王台④。

吴王惧，使人行成，曰："昔不穀先委制于越君，君告孤请成，男女服从。孤无奈越之先君何，畏天之不祥，不敢绝祀，许君成，以至于今。今孤不道，得罪于君王，君王以亲辱于弊邑。孤敢请成，男女服为臣御。"越王曰："昔天以越赐吴，而吴不受；今天以吴赐越，孤敢不听天之命，而听君之令乎？"乃不许成。因使人告于吴王曰："天以吴赐越，孤不敢不受。以民生之不长，王其无死！民生于地上，寓也，其与几何？寡人其达王于甬句东⑤，夫妇三百，唯王所安，以没王年。"夫差辞曰："天既降祸于吴国，不在前后，当孤之身，实失宗庙社稷。凡吴土地人民，越既有之矣，孤何以视于天下！"夫差将死，使人说于子胥曰："使死者无知，则已矣；若其有知，吾何面目以见员也！"遂自杀。

越灭吴，上征上国，宋、郑、鲁、卫、陈、蔡执玉之君皆入朝。夫唯能下其群臣，以集其谋故也。

【注释】

① 御儿：古地名，在今浙江省嘉兴市一带，当时为越国北部边境地区。

② 申包胥：即王孙包胥，楚国大夫。

③ 五大夫：指越国的五位重臣舌庸、苦成、文种、范蠡、皋如。

④ 王台：指吴王夫差修建的姑苏台。

⑤ 甬句东：即甬东，在今浙江省沿海舟山群岛。

【译文】

吴王夫差从黄池回国后，让士兵休息而不加戒备。越国大夫文种于是倡议说："我以为吴王下一步将会进攻我们，现在他休兵不动，毫不戒备，想使我们忘了他，我们不可因此而懈怠。往日我曾卜问上天，现在吴国的民众已经疲乏，而且连年饥荒，市场上连糙米也没有，粮仓都空了。他们的民众一定得迁移到东海边靠拣蛤蚌求生。上天已有预兆，民众的不满也出现，我无须再加卜问了。国王如果现在发兵和吴国交战，可以夺得有利时机，不让吴国有改变被动处境的机会。吴国边远地区的士兵，因为回家休整一时不能赶回，吴王将会以不应战为耻，他肯定不等远兵到达，而只用国都现有的军队与我们作战。倘若事情真能这样顺从我们的意愿，我们就可以攻入吴国，吴国边远地区的援兵即使赶来，也不能再与吴军会合了，我们可以用在御儿的驻军牵制他们。吴王如果发怒再战，只有兵败逃亡。如果不战求和，国王就可以安稳地获取厚利和名誉然后放了他。"越王说："太好了！"于是大规模动员军队，准备征伐吴国。

楚国大夫申包胥出使到越国，越王勾践问他说："吴国不行正道，图谋灭亡我国，摧毁我们的宗庙，把它夷为平地，不让我们祖宗神灵得到应有的祭祀。我想和吴国一起求上天评判，看它赐福给哪个国家。现在我已准备好了车马、武器装备和士兵，只差没有动用，请问还要具备什么条件才能动用军队去进攻？"申包胥推却说："不知道。"越王再三问他，才回答说："吴国很强大，能凭实力取得诸侯国的贡赋。冒昧地问一下，君王您凭什么跟它开战？"越王说："在我周围的人，凡是杯中的酒，碗中的肉，竹篮里的饭，从来不敢不与他们分享。我对饮食不讲究，也不迷恋美妙的音乐，一心想以此报复吴国，希望凭这些能取胜。"申包胥说："好倒是好，可单靠这些还不行。"越王说："越国之中，有病的我慰问，死去的我替他埋葬，我敬重老人，爱护儿童，抚养孤儿长大，访问民间的疾苦，一心想以此报复吴国，希望凭这些能取胜。"申包胥说："好倒是好，可单靠这些还不行。"越王说："在国中，我宽厚待民，像对自己的子女一样，忠心慈惠地善待他们。我修订法令，放宽刑法，实施民众所想要的，去除民众所厌恶的，称赞民众的优点，制止民众的恶行，一心想以此报复吴国，希望凭这些能取胜。"申包胥说："好倒是好，可单靠这些还不行。"越王说："在国中，对富人我让他们安心营生，对穷人我则接济他们。补救不足，调剂剩余，使贫富都得到利益，一心想以此报复吴国，希望凭这些能取胜。"申包胥说："好倒是好，可单靠这些还不行。"越王说："越国南邻楚，西接晋，北连齐，每年四季，我都向它们贡献财货、玉帛和童男童女以表示服从，从未间断过。一心想以此报复吴国，希望凭这些能取胜。"申包胥说："好了，不必再增加了。可单靠这些还是不行。从事战争，智谋是最重要的，仁义次之，勇敢又次之。没有智谋，就不会知道民心的向背，也就不会衡量双方的力量对比；不仁义，就不会和三军将士共同分担饥饿劳累的痛苦；不勇敢，就不会果断排除疑难以决定大计。"越王说："我同意。"

于是越王勾践召见五位辅政的大夫说："吴国不行正道，图谋灭亡我国，摧毁我们的宗庙，把它夷为平地，不让我们祖宗神灵得到应有的祭祀。我想和吴国一起求上天评判，看它赐福给哪个国家。现在我已准备好了车马、武器装备和士兵，只差没有动用。我向申包胥请教伐吴大计，他已给了我告诫。现在我再冒昧咨询诸位大夫，请问还要具备什么条件才可以取胜？希望诸位大夫发表意见，都讲真心话，不要虚伪迎合我。我将依靠你们的帮助打一场大仗。"大夫舌庸上前回答说："切实地做到奖赏就可以取胜了吧？"越王说："真是通达的办法。"大夫苦成上前回答说："切实地做到惩罚就可以取胜了吧？"越王说："这样可以使士兵勇猛。"大夫文种上前回答说："切实地制定军旗的颜色就可以取胜了吧？"越王说："这样可以使士兵辨别自己部队的旗帜而统一行动。"大夫范蠡上前回答说："切实地安排好守备就可以取胜了吧？"越王说："这样考虑是很巧妙周全的。"大夫皋如上前回答说："切实明确指挥进退的金鼓声就可以取胜了吧？"越王说："可以了。"于是越王命令管事的臣子向国人传达命令说："如愿加入军队的，都去国都门外集合。"越王在那儿命令说："你们中有好的主意想来报告的，都请报告我。报告不实将受罚，请在五天内一定慎重考虑，超过五天你的主意就不被采用了。"

越王又进后宫命令夫人。越王背向屏风而立，夫人面向屏风。越王说："从今以后，后宫的内务不许出宫，外界的政事不许进宫。后宫的内务有差错，是你的责任；外界的政事有差错，是我的责任。我见你就在这里为止了。"越王于是离开后宫出来，夫人送他，不走出屏风，便关上左侧的门户，用土填死，摘去头上的首饰，侧身而坐，不再洒扫庭除。越王出宫后来到朝堂，背着屋檐而立，大夫面向屋檐。越王命令大夫说："田地分配不平均，土地垦殖得不好，国家的内政有差错，是你们的责任；士兵们不拼死作战，国家对外征伐的战事有差错，是我的责任。从今以后，对内的国政不干预外面，对外的军政也不干预国内，我见你们就在这里为止了。"越王于是离开朝堂，大夫们送他，不走出屋檐，便关上左侧的门户，用土填死，侧身而坐，不再洒扫庭除。

越王于是去郊外的土坛，从那儿击鼓出发，来到军营，杀了犯罪的人，当众宣告说："不准有人像他这样用金玉饰物贿赂，破坏军纪。"第二天军队移驻新的营地，杀了犯罪的人，当众宣告说：“不准有人像他这样不服从军令。”第三天军队又移驻新的营地，杀了犯罪的人，当众宣告说：“不准有人像他这样不听君王的命令。”第四天军队移驻到靠近边境的御儿这个地方，杀了有罪的人，当众宣告说：“不准有人像他这样放纵自流。”

越王又命令管事的臣下向全军宣告说：“有父母老人而没有兄弟的，报告上来。”越王亲自对他们说：“我要打一场大仗，你们有父母老人，为我效力而死，你们的父母将无人照顾，你们为我所尽的礼已经很重了。请你们回去，以便为父母送终。今后如果国家有事，我再跟你们商量。”第二天又向全军宣告说：“有兄弟四五人都在这里当兵的，报告上来。”越王亲自对他们说：“我要打一场大仗，你们兄弟四五人都在军队里，如果打不赢，就可能全部牺牲，选一个你们当中想回去的，让他回家。”第三天又向全军宣告说：“有眼睛昏花，目力不佳的，报告上来。”越王亲自命令他们说：“我要打一场大仗，你们眼睛有病，就请回去吧。今后如果国家有事，再跟你们商量。”第四天又向全军宣告说：“有体力虚弱，不能胜任打仗，智力低下不能听懂命令的，回家去吧，不必报告。”第五天全军转移，杀了有罪的人，当众宣告说：“不准像他这样畏首畏尾胆子小。”于是军中人人有决死的准备。越王又命令管事的臣下向全军宣告说：“你们中有让回去而不回去，让留下而不安心，让前进而不前进，让撤退而不撤退，让向左而不向左，让向右而不向右的，一律处死，妻子卖掉。”

当时，吴王起兵，驻扎在吴淞江北岸。越王军队驻扎在吴淞江南岸。越王把军队分成左右两军，把亲近他又有志气的六千士兵组编成中军。第二天将在江上进行船战，到黄昏时，越王便命令左军衔枚，逆江上行五里待命；又命令右军衔枚，沿江下行五里待命。夜半时，命令左右两军同时击鼓渡江，在中流待命。吴军听到鼓声大惊道：“越国人分为两部分准备夹击我们了。”于是不等到天明，也把军队分成两部分，准备抵抗越军。越王就命令中军衔枚偷偷渡江，不击鼓，不喧哗，奇袭敌人，吴军大败。这时越国的左军、右军乘机渡江掩袭，又在没这个地方把吴军打得大败。最后，在吴的国都郊外又大败吴军。吴军三战三负，越军便进入吴国都，包围了吴王藏身的姑苏台。

　　吴王害怕，派人求和说："过去我臣服于越君，越君向我求和，愿将宫中男女送来供我驱使。我碍于我们两国先君的友好关系，害怕上天降下不祥，所以不敢灭绝越国宗庙的祭祀，答应了越君的求和，一直到现在。如今我不遵天道，得罪了君王，君王亲自来到敝国。我冒昧地请求讲和，宫中男女都交给君王驱使。"越王说："过去上天把越国赐给吴国，而吴国没有接受。现在上天又把吴国赐给越国，我岂敢不听上天的命令而去听你的命令呢？"就没有答应求和。为此派人告诉吴王说："上天把吴国赐给越国，我不敢不接受。人的生命并不长，希望吴王不要轻易去死。人活在世界上，不过是一个过客，能有多少时日？我将把吴王安排到甬句东这个地方养老，让吴王挑选三百对夫妇，随同前去侍候终生。"夫差推辞说："上天给吴国降下的大祸，不在前不在后，正在我执政的时候，国家的宗庙社稷实际上是我失掉的。凡是吴国的土地和人民，越国已经全都占有了，我还有什么资格活在这个世界上！"夫差临死前，让人去告祭伍子胥说："假使死去的人什么也不知道，也就罢了；假使人死后还有知，我还有什么脸去见你啊！"于是便自杀了。

　　越王灭了吴国，又北上征服了中原几个诸侯国。宋、郑、鲁、卫、陈、蔡等国的国君都拿着玉器来朝拜。这是因为勾践能谦虚地对待群臣，集中他们智谋的缘故。

卷二十　越语　上

勾 践 灭 吴

越王勾践栖于会稽之上①，乃号令于三军曰："凡我父兄昆弟及国子姓②，有能助寡人谋而退吴者，吾与之共知越国之政。"大夫种进对曰："臣闻之贾人，夏则资皮，冬则资絺，旱则资舟，水则资车，以待乏也。夫虽无四方之忧，然谋臣与爪牙之士，不可不养而择也。譬如蓑笠，时雨既至必求之。今君王既栖于会稽之上，然后乃求谋臣，无乃后乎？"勾践曰："苟得闻子大夫之言，何后之有。"执其手而与之谋。

遂使之行成于吴，曰："寡君勾践乏无所使，使其下臣种，不敢彻声闻于天王，私于下执事曰：寡君之师徒不足以辱君矣。愿以金玉、子女赂君之辱；请勾践女女于王，大夫女女于大夫，士女女于士。越国之宝器毕从，寡君帅越国之众，以从君之师徒，唯君左右之。若以越国之罪为不可赦也，将焚宗庙，系妻孥，沈金玉于江，有带甲五千人将以致死，乃必有偶。是以带甲万人事君也，无乃即伤君王之所爱乎？与其杀是人也，宁其得此国也，其孰利乎？"

夫差将欲听与之成，子胥谏曰："不可。夫吴之与越，仇雠敌战之国也。三江环之③，民无所移，有吴则无越，有越则无吴，将不可改于是矣。员闻之，陆人居陆，水人居水。夫上党之国④，我攻而胜之，吾不能居其地，不能乘其车。夫越国，吾攻而胜之，吾能居其地，吾能乘其舟。此其利也，不可失也已，君必灭之。失此利也，虽悔之，必无及已。”

越人饰美女八人纳之太宰嚭⑤，曰："子苟赦越国之罪，又有美于此者将进之。"太宰嚭谏曰："嚭闻古之伐国者，服之而已。今已服矣，又何求焉？"夫差与之成，而去之。

勾践说于国人曰："寡人不知其力之不足也，而又与大国执雠，以暴露百姓之骨于中原，此则寡人之罪也。寡人请更。"于是葬死者，问伤者，养生者，吊有忧，贺有喜，送往者，迎来者，去民之所恶，补民之不足。然后卑事夫差，宦士三百人于吴，其身亲为夫差前马。

勾践之地，南至于句无⑥，北至于御儿，东至于鄞，西至于姑蔑⑦，广运百里。乃致其父母昆弟而誓之曰："寡人闻，古之贤君，四方之民归之，若水之归下也。今寡人不能，将帅二三子夫妇以蕃。"令壮者无取老妇，令老者无取壮妻。女子十七不嫁，其父母有罪；丈夫二十不娶，其父母有罪。将免者以告，公令医守之。生丈夫，二壶酒，一犬；生女子，二壶酒，一豚。生三人，公与之母；生二人，公与之饩。当室者死，三年释其政；支子死，三月释其政。必哭泣葬埋之，如其子。令孤子、寡妇、疾疹、贫病者，纳宦其子。其达士，洁其居，美其服，饱其食，而摩厉之于义。四方之士来者，必庙礼之。勾践载稻与脂于舟以行，国之孺子之游者，无不铺也，无不歠也，必问其名。非其身之所种则不食，非其夫人之所织则不衣，十年不收于国，民俱有三年之食。

国之父兄请曰："昔者夫差耻吾君于诸侯之国，今越国亦节矣，请报之。"勾践辞曰："昔者之战也，非二三子之罪也，寡人之罪也。如寡人者，安与知耻？请姑无庸战。"父兄又请曰："越四封之内，亲吾君也，犹父母也。子而思报父母之仇，臣而思报君之雠，其有敢不尽力者乎？请复战。"勾践既许之，乃致其众而誓之曰："寡人闻古之贤君，不患其众之不足也，而患其志行之少耻也。今夫差衣水犀之甲者亿有三千，不患其志行之少耻也，而患其众之不足也。今寡人将助天灭之。吾不欲匹夫之勇也，欲其旅进旅退。进则思赏，退则思刑，如此则有常赏。进不用命，退则无耻，如此则有常刑。"果行，国人皆劝，父勉其子，兄勉其弟，妇勉其夫，曰："孰是君也，而可无死乎？"是故败吴于囿⑧，又败之于没⑨，又郊败之。

夫差行成，曰："寡人之师徒，不足以辱君矣。请以金玉、子女赂君之辱。"勾践对曰："昔天以越赐吴，而吴不受命；今天以吴予越，越可以无听天之命，而听君之令乎？吾请达王甬句东，吾与君为二君乎。"夫差对曰："寡人礼先壹饭矣，君若不忘周室，而为弊邑宸宇，亦寡人之愿也。君若曰：'吾将残汝社稷，灭汝宗庙。'寡人请死，余何面目以视于天下乎！越君其次也。"遂灭吴。

【注释】

① 会稽：山名，在今浙江省绍兴市南，属四明山脉。

② 国子姓：与王同姓的宗族。

③ 三江：指浙江（即钱塘江）、松江（即吴淞江）和浦阳江。近人认为三江也可理解为多条水道的总称。

④ 上党之国：党，处所；上党即高地。这里泛指中原各诸侯国。

⑤ 太宰嚭：太宰，官名，相当于正卿。嚭，人名，姓伯，本为楚人，因避祸奔吴。

⑥ 句无：古地名，在今浙江省诸暨县南。

⑦ 姑蔑：古地名，在今浙江省衢县北。

⑧ 圄：即笠泽。后人一般用作吴江县或吴淞江的别称。

⑨ 没：古地名，今地未详。

【译文】

越王勾践兵败退守于会稽山上，于是向三军传令说："凡是我父老兄弟及同姓的宗族中，有能帮助我谋划打退吴国军队的，我愿同他共同管理越国的国政。"大夫文种进前回答说："我听说做生意的人，夏天就储备皮货，冬天就储备麻布，旱季就储备舟船，雨季就储备车辆，等待缺货时卖大价钱。平时即使没有四方的袭扰，但谋臣和武将一类的人才，不可不事先选拔培养。譬如蓑衣和笠帽，雨季到来后一定会派上用场。现在君王退守到会稽山上以后，才想到寻找谋臣，不也太晚了吗？"勾践说："如果能听到您的高论，有什么晚的。"拉着他的手便和他商量起来。

于是派文种去吴国求和，说："我们国君勾践没有人可派遣，派下臣我来，不敢当面与吴王谈，私下里跟他的办事人员说：我们国君的军队已不值得屈辱吴王亲自来讨伐了。我们愿意把金玉、美女奉献给吴王作为赔罪；请让勾践的女儿给吴王做女奴，大夫的女儿给吴国的大夫做女奴，士的女儿给吴国的士人做女奴。越国的财宝重器全都献上，我们国君率领越国的军队，随从吴王的军队，听凭吴王调遣。如果你们认为越国的罪不可宽恕，那我们将烧掉本国的宗庙，与妻子百姓死生同命，把金玉沉入江中。我们有披甲的士兵五千人准备拼死抵抗，那就必定一个顶俩，等于有披甲的士兵一万人为国君效死，这不就会伤了吴王所爱的部下吗？你们与其杀了这些越国人，还不如得到这个国家的臣服，哪个更有利呢？"

夫差准备听从文种的话跟越国讲和，伍子胥劝告说："不行。吴国和越国，是天生的敌国。三条大江环绕着吴越两国，百姓无处迁移，有吴就不能有越，有越就不能有吴，这是不可改变的事情。我听说，陆地上的人习惯住在陆地，水边的人习惯住在水边。那些高地上的诸侯国，我们即使进攻并战胜了它，也不能居住在它们的土地上，不能乘坐它们的车辆。而越国，我们进攻并战胜它，就能居住它的土地，乘坐它的舟船。这是有利的事情，不可失掉良机，君王一定要灭了它。失掉这个利益，以后虽然后悔，也必定来不及了。"

越国人把打扮好的八个美女进献给太宰嚭，说："您如果宽赦越国的罪，还有比这些更美的女子进献给您。"于是太宰嚭劝谏吴王说："我听说古代讨伐别的国家，只要它降服就可以了。如今越国已经服从，还要求什么呢？"夫差跟越国讲和后，就打发文种回去了。

勾践对国人说："我不知道我们的国力不足，却与大国结仇，因此连累百姓的尸骨暴露在原野上，这是我的罪过，请允许我改正。"于是就埋葬那些战死的人，照顾那些受伤的人，教养活着的人，慰问有丧事的人，祝贺有喜事的人，对离去的人给予帮助，对迁来的人给予安排，废弃百姓所厌恶的规章制度，补充百姓认为不够的事情。然后卑躬屈膝地事奉夫差，派遣三百个士人到吴国当奴仆，他还亲自走在夫差的马车前为他开路。

当时勾践统治的土地，南面到句无，北面到御儿，东面到鄞，西面到姑蔑，方圆百里。勾践召集了父老兄弟然后发誓说："我听说，古代的贤君，四方的民众都愿意归附他，好比水往低处流一样。现在我没有这个能耐，但要带领你们各个家庭多生儿育女，使人口繁殖增加起来。"于是下令壮年男子不准娶老妇，老年男子不准娶壮妻。姑娘十七岁还不嫁人，她的父母就要论罪；小伙二十岁不娶妻，他的父母也要论罪。有要生孩子的报告上去，公家派医生守护。生了男孩，赏两壶酒，一条狗；生了女孩，赏两壶酒，一头小猪。生三胞胎的，公家供给乳母；生双胞胎的，公家供给食物。嫡子死了，免除三年徭役；庶子死了，免除三个月的徭役，而且勾践一定亲自哭着参加埋葬，像对待自己的儿子一样。命令凡是鳏夫、寡妇、有病和贫弱的家庭，由公家供给其子女生活费用。对那些有才干的人，提供他们整洁的住房，给他们穿好的，吃好的，让他们切磋磨练以崇尚正义。对各地来投奔的士人，一定在庙堂里以礼接待。勾践还坐着装载粮食和肥肉的船出行，遇到流浪的年轻人，没有不给吃，不给喝的，一定记下他们的姓名。不是他亲自种出的粮食就不吃；不是他夫人亲自织成的布就不穿。整整十年在国内不收赋税，百姓家里备有三年的存粮。

越国的父老兄弟向勾践请求说："过去夫差在诸侯面前使您蒙受耻辱，如今越国已恢复国力，我们请求报复吴国！"勾践辞谢说："过去的战争失利，不是你们的罪过，而是我的罪过。像我这样的人，哪里值得你们跟我共同承担耻辱，请你们姑且不要言战。"父兄们又请求说："越国四境之内，百姓爱我们的国君，就像爱自己的父母一样。儿子想为父母报仇，臣下想为国君报仇，哪有敢不尽全力！请再和吴国打一仗。"勾践于是答应了他们的请求，召集国人发誓说："我听说古代的贤君，不担忧他的军队不够，而担忧他本人的志向操行不够高尚。现在夫差拥有穿着水牛皮铠甲的军队十万三千人，不担忧自己的志向操行不够高尚，却还担忧他的军队不够。现在我将帮助上天灭掉它。我不想要匹夫之勇的士兵，而希望大家统一步调，共同行动。前进时就想到奖赏，后退时就想到刑罚，这样才能有赏赐。前进时不听号令，后退时还不知羞耻，这样就会有惩罚。"军队出发了，国人都彼此勉励。父亲勉励儿子，哥哥勉励弟弟，妻子勉励丈夫，大家说："谁有我们这样好的国君啊，还能不为他拼死作战吗？"所以在囿这个地方打败了吴军，又在没这个地方打败了吴军，最后在吴国国都的郊外第三次打败了吴军。

　　夫差请求讲和，说："我的军队已经不值得屈辱您亲自讨伐了，请允许我把金玉美女进献给您作为赔罪。"勾践回答说："过去上天把越国赐给吴国，而吴国没有接受天命；现在上天又把吴国交给越国，越国难道可以不听天命，却听你的命令吗？请让我把你送到甬句东去，我和你共同做越国的国君吧。"夫差回答说："从情礼说，以前我曾有恩于越国，您如果不忘周王室的情面，而给吴国一点屋檐下的地方立脚，也是我的愿望。您如果说：'我将摧残你的社稷，毁坏你的宗庙。'我就只有请求一死，我还有什么脸给天下人看笑话啊！您就带领军队进占吴国吧。"于是越国就灭了吴国。

范蠡进谏勾践持盈定倾节事

越王勾践即位三年而欲伐吴。范蠡进谏曰①："夫国家之事，有持盈，有定倾，有节事。"王曰："为三者，奈何？"对曰："持盈者与天，定倾者与人，节事者与地。王不问，蠡不敢言。天道盈而不溢，盛而不骄，劳而不矜其功。夫圣人随时以行，是谓守时。天时不作，弗为人客；人事不起，弗为之始。今君王未盈而溢，未胜而骄，不劳而矜其功，天时不作而先为人客，人事不起而创为之始，此逆于天而不和于人。王若行之，将妨于国家，靡王躬身。"王弗听。

范蠡进谏曰："夫勇者，逆德也；兵者，凶器也；争者，事之末也。阴谋逆德，好用凶器，始于人者，人之所卒也。淫佚之事，上帝之禁也。先行此者，不利。"王曰："无是贰言也，吾已断之矣！"果兴师而伐吴，战于五湖②，不胜，栖于会稽。

王召范蠡而问焉，曰："吾不用子之言，以至于此，为之奈何？"范蠡对曰："君王其忘之乎？持盈者与天，定倾者与人，节事者与地。"王曰："与人奈何？"对曰："卑辞尊礼，玩好女乐，尊之以名，如此不已，又身与之市。"王曰:"诺。"乃命大夫种行成于吴,曰:"请士女女于士,大夫女女于大夫,随之以国家之重器。"吴人不许。大夫种来而复往,曰:"请委管籥③,属国家,以身随之,君王制之。"吴人许诺。王曰:"蠡为我守于国。"对曰:"四封之内,百姓之事,蠡不如种也。四封之外,敌国之制,立断之事,种亦不如蠡也。"王曰:"诺。"令大夫种守于国,与范蠡入宦于吴。

三年,而吴人遣之归。及至于国,王问于范蠡曰:"节事奈何?"对曰:"节事者与地。唯地能包万物以为一,其事不失。生万物,容畜禽兽,然后受其名而兼其利。美恶皆成,以养其生。时不至,不可强生;事不究,不可强成。自若以处,以度天下。待其来者而正之,因时之所宜而定之。同男女之功,除民之害,以避天殃。田野开辟,府仓实,民众殷。无旷其众,以为乱梯。时将有反,事将有间,必有以知天地之恒制,乃可以有天下之成利。事无间,时无反,则抚民保教以须之。"

王曰:"不穀之国家,蠡之国家也,蠡其图之!"对曰:"四封之内,百姓之事,时节三乐,不乱民功,不逆天时,五谷睦熟,民乃蕃滋,君臣上下交得其志,蠡不如种也。四封之外,敌国之制,立断之事,因阴阳之恒,顺天地之常,柔而不屈,强而不刚,德虐之行,因以为常;死生因天地之刑,天因人,圣人因天;人自生之,天地形之,圣人因而成之,是故战胜而不报,取地而不反,兵胜于外,福生于内,用力甚少,而名声章明，种亦不如蠡也。”王曰：“诺。”令大夫种为之。

【注释】

① 范蠡：越国大夫，字少伯。
② 五湖：韦昭注以为即今之太湖。
③ 管籥：籥同钥，国库的钥匙。

【译文】

越王勾践继承王位后的第三年就想去攻打吴国。范蠡进谏说："治理国家有三件事要注意：国家强盛时要设法保持下去；国家将倾复时要设法转危为安；平时处理国家政事要得当。"越王问："要做到这三点该怎么办呢？"回答说："要保持国家强盛就应顺从天道，要使国家转危为安就应顺从人道，要妥善地处理国家政事就应顺从地道。君王不问我，我不敢说。天道要求我们盈满而不过分，气盛而不骄傲，辛劳而不自夸有功。圣人顺着天时行事，这就叫守时。对方没有天灾，不要发动进攻；对方没有人祸，不要挑起事端。现在君王没有等到国家殷富，就要采取过分的举动；没有等到国势强盛，就骄傲起来；没有辛劳，就夸耀自己的功劳；对方没有天灾，就想发动进攻；对方没有人祸，就要挑起事端。这样会违背天意，而且失掉人和。君王如果这样做，必将危害国家，损害自身。"越王不肯听范蠡的话。

范蠡又进谏说："好勇斗狠是违反道德的行为；攻战的兵器是不吉祥的器物；战争是一种最后的手段。阴谋做不道德的事情，喜欢使用不吉祥的器物，首先向别人挑起事端的人，最终反要被人所害。做得过分的事情是上天所禁止的。首先挑起战争，决不会有好处。"越王说："不要再说这些惑乱视听的话了，我已经拿定主意！"越王果然出兵攻打吴国，在五湖之战中打了败仗，退守到会稽山上。

越王召见范蠡向他请教说："我没有听从你的话，以至到了这步田地，现在该怎么办呢？"范蠡答道："君王难道忘了吗？保持强盛要顺从天道，转危为安要顺从人道，处理政事得当要顺从地道。"越王问："要顺从人道，该如何去做？"回答说："现在应该用极谦卑的辞令，极恭敬的礼节，带上珍宝和女乐，去向吴王求和，用高贵的名号推崇他。如果这样还不行，君王那就只有亲自去做他的奴仆。"越王说："好吧。"于是派大夫文种去吴国求和，说："越国愿意把士人的女儿都送给贵国的士做女奴，大夫的女儿都送给贵国的大夫做女奴，并且把国家最珍贵的宝货重器都献上。"吴国不答应。文种回国汇报后又去求和，说："越王愿意把国库的钥匙都交出来，把整个国家托付给贵国，自己亲自到贵国，听凭吴王处置。"吴国答应了。越王对范蠡说："你替我看守国家吧。"范蠡回答说："在国境以内，治理百姓的事，我比不上文种。在国境以外，对付敌国，需要当机立断的事，文种也比不上我。"越王说："好吧。"于是就叫文种留守在越国，自己带着范蠡到吴国给吴王做臣仆。

三年后，吴王打发他们回国。一回到越国，越王就向范蠡请教说："现在要妥善处理政事，该怎么办呢？"回答说："处理政事得当应顺从大道。只有大地能包容万物成为一个整体，同时完成自己的功能而不失时机。大地生长万物，畜养飞禽走兽，然后享受它应得的名声和利益。凡物不论好坏，都使之成长以养活人的生命。时令不到，不能勉强让人生长；功夫不够，也不能勉强成事。顺乎自然，权衡天下大势，以等待时机的来临，再加以匡正，才能在适宜的时机下使天下稳定。君王应和男女百姓共同从事耕织，消除百姓的祸害，以防止上天降下灾殃。还要开辟荒地，充实仓库，让百姓富足。不要让民众旷时废业，以致成为祸乱的阶梯。天时将会有反复，吴国的事情也会有间隙可乘，只有懂得天地的常规，才能取得天下既成的利益。如果吴国的事情一时还没有间隙可乘，天时还没有转化的迹象，君王就应专心安抚和教育民众，等待报复的时机。"

越王说："我的国家就是你范蠡的国家，你好好谋划吧！"范蠡答道："在国境以内，那些治理百姓的事，比如怎样限制春、夏、秋三季的游乐活动，不扰乱农事，不违反天时，使五谷丰登，人口繁衍增加，让君臣上下都满意：这些事情我比不上文种。在国境以外，对付敌国，决断大事。顺应阴阳的变化和天地的常规，做到柔顺而不屈服，坚强而不僵硬。赏和罚的施行以天地为常法，生和杀的掌握以天地为准则。天根据人，圣人也根据天。人怎么行动，天地就显示怎样的征兆，圣人根据天地的征兆去完成大事。所以能战胜敌人而不给它报复的机会，夺取敌人的土地而不让它夺回；军队在国外取得胜利，给国内带来幸福，用力很少，而名声卓著：这些事情，文种却也不如我。"越王说："好吧。"于是就叫文种治理内政。

范蠡劝勾践无蚤图吴

四年①，王召范蠡而问焉，曰："先人就世②，不穀即位。吾年既少，未有恒常，出则禽荒，入则酒荒。吾百姓之不图，唯舟与车。上天降祸于越，委制于吴。吴人之那不穀，亦又甚焉。吾欲与子谋之，其可乎？"对曰："未可也。蠡闻之，上帝不考，时反是守，强索者不祥，得时不成，反受其殃。失德灭名，流走死亡。有夺，有予，有不予，王无蚤图。夫吴，君王之吴也，王若蚤图之，其事又将未可知也。"王曰："诺。"

【注释】
　① 四年：指越王勾践由吴国回国后的第四年，即公元前486年。
　② 先人：指勾践的父亲允常。

【译文】
　越王从吴国回来的第四年，召见范蠡，向他请教说："先王去世，我刚继承王位。我年纪轻，没有定性，出外就迷恋于打猎，在家就迷恋于饮酒，不考虑百姓的事，只是坐着车和船游逛。因此上天给越国降下灾祸，使越国被迫接受吴国的管制。吴国对于我，压迫也太过分。我想同你商量，现在报仇可以吗？"范蠡答道："现在还不可以。我听说，上天不肯成全的时候，应该等待天意的转变。勉强要求的事不吉祥，时机来了不顺着去做，也会有灾难。不守天时，将丧失威德、身败名裂，逃亡在外以至死亡。上天有时会夺回已经赐予的东西，有时肯赐予帮助，有时又不肯赐予，请君王不要过早地图谋吴国。那吴国，迟早会是您的吴国，要是主意打得过早，事情就反而难以预料了。"越王说："好吧。"

范蠡谓人事至而天应未至

又一年①，王召范蠡而问焉，曰："吾与子谋吴，子曰'未可也'。今吴王淫于乐而忘其百姓，乱民功，逆天时；信谗喜优，憎辅远弼②，圣人不出，忠臣解骨；皆曲相御，莫适相非，上下相偷。其可乎?"对曰："人事至矣，天应未也，王姑待之。"王曰:"诺。"

【注释】
① 又一年:指越王勾践回国的第五年，即公元前485年。
② 辅，弼:指辅佐君王的重臣，君王左边的叫辅，右边的叫弼。

【译文】
又过了一年，越王召见范蠡，向他请教说:"我以前同你商量报复吴国，你说还不可以。现在吴王沉湎声色，不顾百姓，扰乱民事，违反天时；相信谗言，喜欢倡优一类的艺人，憎恨疏远那些敢于诤谏的大臣，因此贤能之士隐居不出，忠良之臣精神涣散。其他人都曲意逢迎，国内是非不分，上下苟且偷安，你看现在可以报仇了吗?"范蠡说:"人事方面是可以了，只是上天还没有征兆，君王姑且等一等吧。"越王说:"好吧。"

范蠡谓先为之征其事不成

又一年①，王召范蠡而问焉，曰："吾与子谋吴，子曰'未可也'。今申胥骤谏其王，王怒而杀之，其可乎？"对曰："逆节萌生，天地未形，而先为之征，其事是以不成，杂受其刑。王姑待之。"王曰："诺。"

【注释】
① 又一年：指越王勾践回国的第六年，即公元前484年。

【译文】
又过了一年，越王召见范蠡，向他请教说："前次我同你商讨报复吴国，你说还不可以。如今伍子胥屡次向吴王进谏，吴王竟恼怒而杀了他。你看现在可以行动了吗？"范蠡答道："吴王失道的行为还刚刚萌芽，天地还没有明显表示出什么征兆。如果我们现在先去攻打，事情不会成功，反而会连带一起受害。君王姑且等一等吧。"越王说："好吧。"

范蠡谓人事与天地相参乃可以成功

又一年①，王召范蠡而问焉，曰："吾与子谋吴，子曰'未可也'。今其稻蟹不遗种，其可乎？"对曰："天应至矣，人事未尽也，王姑待之。"王怒曰："道固然乎，妄其欺不穀耶？吾与子言人事，子应我以天时；今天应至矣，子应我以人事，何也？"范蠡对曰："王姑勿怪。夫人事必将与天地相参②，然后乃可以成功。今其祸新民恐，其君臣上下，皆知其资财之不足以支长久也，彼将同其力，致其死，犹尚殆。王其且驰骋弋猎，无至禽荒；宫中之乐，无至酒荒；肆与大夫觞饮，无忘国常。彼其上将薄其德，民将尽其力，又使之望而不得食，乃可以致天地之殛，王姑待之。"

【注释】

① 又一年：指越王勾践回国的第七年，即公元前483年。

② 参：即三。古人认为天时地利人和三者配合，事情才能成功。

【译文】

又过了一年，越王召见范蠡，向他请教说："前次我同你商讨报复吴国，你说还不可以。如今吴国天灾严重，稻和蟹都吃得没有剩余了，你看现在可以行动了吗?"范蠡答道:"上天的报应可说已经来到了，可是人事方面还没有完全成熟，君王还是再等一等吧。"越王发怒说:"道理果然是这样的吗? 还是你在欺骗我呢? 我跟你谈人事，你对我说要等天时;现在天的报应到了，你又说要等人事，这是为什么?"范蠡答道:"君王先不要见怪。那人事一定要和天地相互配合起来，然后才可以成功。如今吴国的天灾新发生不久，人民都有戒惧之心，他们君臣上下都晓得本国的物资不能持久，一定会同心合力，拼命对付我们，所以现在打起来还有危险。君王暂且只管外出跑马打猎，但不要真正沉湎在狩猎上;只管在宫中饮酒取乐，但不要真正沉湎在酒色上;只管随意和臣僚们大摆酒宴，但不要忘记国家的正事。这样，吴国上层的统治者将会放松警惕而更加荒淫无道，百姓将被弄得精疲力尽，使他们心怀怨恨而又得不到粮食，那时我们就可以执行天地的惩罚去诛灭吴国了。君王暂且再等一等吧。"

越兴师伐吴而弗与战

至于玄月^①，王召范蠡而问焉，曰："谚有之曰，觥饭不及壶飧。今岁晚矣，子将奈何？"对曰："微君王之言，臣故将谒之。臣闻从时者，犹救火、追亡人也，蹶而趋之，唯恐弗及。"王曰："诺。"遂兴师伐吴，至于五湖。

吴人闻之，出而挑战，一日五反。王弗忍，欲许之，范蠡进谏曰："夫谋之廊庙，失之中原，其可乎？王姑勿许也。臣闻之，得时无怠，时不再来，天予不取，反为之灾。赢缩转化^②，后将悔之。天节固然，唯谋不迁。"王曰："诺。"弗许。

范蠡曰："臣闻古之善用兵者，赢缩以为常，四时以为纪，无过天极，究数而止。天道皇皇，日月以为常，明者以为法，微者则是行。阳至而阴，阴至而阳；日困而还，月盈而匡。古之善用兵者，因天地之常，与之俱行。后则用阴，先则用阳；近则用柔，远则用刚。后无阴蔽，先无阳察，用人无艺，往从其所。刚强以御，阳节不尽，不死其野。彼来从我，固守勿与。若将与之，必因天地之灾，又观其民之饥饱劳逸以参之。尽其阳节，盈吾阴节而夺之。宜为人客，刚强而力疾；阳节不尽，轻而不可取。宜为人主，安徐而重固；阴节不尽，柔而不可迫。凡陈之道，设右以为牝，益左以为牡，蚤晏无失，必顺天道，周旋无究。今其来也，刚强而力疾，王姑待之。"王曰："诺。"弗与战。

【注释】

① 玄月：阴历九月。《尔雅·释天》："九月为玄。"此处玄月，指公元前479年的九月。

② 赢缩：岁星趋舍而前为赢，退舍为缩，借指进退。

【译文】

到了这年的九月，越王召见范蠡，向他请教说："俗话说得好，饿着肚子等好吃的，还不如先吃到一碗粗米饭。如今一年快要完了，你看怎么办呢？"范蠡说："君王不说这话，我也要请求君王攻打吴国了。我听说，捕捉机遇，好像扑灭大火和追捕逃犯一样，拼命追赶还怕来不及呢。"越王说："好。"于是马上起兵攻打吴国，进军到五湖。

吴国人听说越军来了，出兵挑战，一天之内来回五次。越王按捺不住，准备答应交战。范蠡进谏说："在朝廷里谋划得好好的，一到战场就失算，这行吗？君王暂且不要答应交战。我听说，得到了时机不能怠慢，时机一失不会再来。上天赐予而不收受，反而会有灾难。进退变化中，如果拿不准主意，后来一定会懊悔。天道变化本来就是这样，谋划好了的事不要再更改了。"越王说："好吧。"就没有同意交战。

范蠡又说："我听说古代善于用兵的人，以星辰出没和四时转换的规律为准则，不越过天道的极限，到了一定的限度就停止。天道非常显明，日月的运行是天道的常规。日月光明时可以作前进的法则，日月晦暗时可以作隐蔽的榜样。阳到极点一定会转为阴，阴到极点一定会转为阳。太阳落了又升，月亮圆了又缺。古代善于用兵的人，遵循着天地的常规，和它一起行动。被动防守时用阴道，主动进攻时用阳道。敌人逼近时用柔道，敌人远离时用刚道。但被动防守时不能过于隐蔽，主动进攻时也不能过于显露。用兵没有一定的格式，需要根据具体情况来作决定。如果敌方顽强抵抗，说明他们的阳气还没有耗尽，就不同他们死战。当敌方来寻我交战时，我们就坚守不战。如果准备出战，一定要乘敌方遭到灾祸的时候，而且还要看他们的民众是饥是饱，是劳是逸，作为决定出战与否的参考。直到敌方的阳气耗尽，我方的阴气积蓄饱满，然后才可夺取胜利。采取攻势的时候，应该勇猛顽强而行动迅速。敌方阳气没有耗尽前，不要轻易地攻取。采取守势的时候，应该从容不迫而稳重坚定。我方阴气没有耗尽前，虽然柔弱也不可能被困迫。布阵的方法也很重要，右翼可以布阵严整，但不是主力所在。左翼应该加强一些，使它成为主力。早晚都不能有疏忽，顺着天道，进退周旋而变化无穷。如今敌方的来势凶猛而迅速，君王还是暂且等一等吧。"越王说："好。"于是没有和吴军交战。

范蠡谏勾践勿许吴成卒灭吴

　　居军三年，吴师自溃。吴王帅其贤良^①，与其重禄^②，以上姑苏。使王孙雒行成于越^③，曰："昔者上天降祸于吴，得罪于会稽。今君王其图不穀，不穀请复会稽之和。"王弗忍，欲许之。范蠡进谏曰："臣闻之，圣人之功，时为之庸。得时不成，天有还形。天节不远，五年复反，小凶则近，大凶则远。先人有言曰：'伐柯者其则不远。'今君王不断，其忘会稽之事乎？"王曰："诺。"不许。

　　使者往而复来，辞愈卑，礼愈尊，王又欲许之。范蠡谏曰："孰使我蚤朝而晏罢者，非吴乎？与我争三江、五湖之利者，非吴耶？夫十年谋之，一朝而弃之，其可乎？王姑勿许，其事将易冀已。"王曰："吾欲勿许，而难对其使者，子其对之。"范蠡乃左提鼓，右援枹，以应使者，曰："昔者上天降祸于越，委制于吴，而吴不受。今将反此义而报此祸，吾王敢无听天之命，而听君王之命乎？"王孙雒曰："子范子，先人有言曰：'无助天为虐，助天为虐者不祥。'今吴稻蟹不遗种，子将助天为虐，不忌其不祥乎？"范蠡曰："王孙子，昔吾先君固周室之不成子也④，故滨于东海之陂，鼋鼍鱼鳖之与处，而鼃黾之与同渚。余虽觍然而人面哉，吾犹禽兽也，又安知是浅浅者乎?"王孙雒曰:"子范子将助天为虐，助天为虐不祥。雒请反辞于王。"范蠡曰:"君王已委制于执事之人矣。子往矣，无使执事之人得罪于子。"

使者辞反。范蠡不报于王，击鼓兴师以随使者，至于姑苏之宫，不伤越民，遂灭吴。

【注释】

① 贤良:指谋臣。

② 重禄:指贵族。

③ 王孙雒:吴国大夫。

④ 子:古爵位名。为五等爵的第四等，沿用至清代后废止。

【译文】

越王出兵围困吴国三年后，吴军终于自己崩溃了。吴王带着他的谋臣和贵族们逃到姑苏台上，派王孙雒向越国求和说:"过去上天给吴国降下灾祸，使我在会稽得罪了贵国。现在越王如果肯照顾我的话，我请求恢复当年在会稽实行的和好。"越王有点不忍心，打算答应讲和。范蠡进谏说:"我听说圣人的成功，由于他能利用天时。得了天时还不成功，上天就转到相反的方面去了。天时的转变为期不很远，五年转化一次。小的灾难来得快，大的灾难来得慢。前人有一句话说:'砍树干做斧柄，手里拿的斧柄就是式样，不必去远处寻找。'现在君王迟迟不能决断，难道忘记了在会稽蒙受的国耻吗?"越王说:"好吧。"就不答应与吴国讲和。

吴国的使者去了又回来，求和的措辞越发谦卑，礼节越发恭敬，越王又打算答应他。范蠡进谏说:"谁使我们一早就上朝，很晚才罢朝而忧劳国事的呢? 不是吴国吗? 同我们争夺三江五湖利益的，不也是吴国吗? 我们辛辛苦苦谋划了十年，却又一旦丢弃前功，怎么可以呢? 君王暂且不要答应，事情很快就有希望了。"

越王说:"我想不答应,但难以答复吴国的使者,你去答复他吧。"范蠡于是左手提着鼓,右手拿着鼓槌,答复吴国的使者说:"过去上天给越国降下灾祸,让越国落在吴国的手中,而吴国却不接受。现在上天一反此道,叫我们报复吴国。我们君王怎敢不听从上天的命令,而听从吴王的命令呢?"王孙雒说:"尊敬的范大夫呀!古人有句话说:'不要助天作恶。助天作恶的人不吉祥。'现在我们吴国的稻和蟹都吃得精光了,您还要助天作恶,不怕遭厄运吗?"范蠡说:"尊敬的王孙大夫呀!从前我们的先君原是周朝不大够格的子爵,所以只能住在东海岸边,和鼋鼍鱼鳖相处,同水边的虾蟆共居。我们虽然面貌俨然像个人,实际上跟禽兽差不多,怎么懂得你说的这些巧辩的话呢?"王孙雒说:"尊敬的范先生一定要助天为恶,助天为恶可是要遭到厄运的。请让我再见越王一面向他告辞。"范蠡说:"我们君王已经把全权委托给管事的人了。你走吧,免得管事的人得罪你。"

吴国使者只得告辞回去。范蠡不再报告越王,擂起战鼓,出兵跟在吴国使者的后面,一直追到姑苏的吴国王宫,越国人没有什么伤亡,就灭掉了吴国。

范蠡乘轻舟以浮于五湖

反至五湖，范蠡辞于王曰："君王勉之，臣不复入越国矣。"王曰："不穀疑子之所谓者何也？"对曰："臣闻之，为人臣者，君忧臣劳，君辱臣死。昔者君王辱于会稽，臣所以不死者，为此事也。今事已济矣，蠡请从会稽之罚。"王曰："所不掩子之恶，扬子之美者，使其身无终没于越国。子听吾言，与子分国。不听吾言，身死，妻子为戮。"范蠡对曰："臣闻命矣。君行制，臣行意。"遂乘轻舟以浮于五湖，莫知其所终极。

王命工以良金写范蠡之状而朝礼之，浃日而令大夫朝之[①]，环会稽三百里者以为范蠡地，曰："后世子孙，有敢侵蠡之地者，使无终没于越国，皇天后土、四乡地主正之[②]。"

【注释】
  ① 浃日：十天。按古代的干支纪日法，从甲至癸为一轮，正好十天。
  ② 地主：指地方军政首长。

【译文】
  越王灭吴返回五湖时，范蠡向越王告辞说："君王努力治国吧，我不回越国了。"越王惊奇地问:"我不明白你这样说是为了什么?"范蠡答道:"我听说,做臣子的,君王忧虑,臣子就要为他操劳;君王受辱,臣子就要为他去死。过去君王困守会稽受到兵败之辱时,我所以没有去死,为的是报仇。如今仇已报,请让我补受在会稽时就应该受到的惩罚。"越王说:"如果有不原谅你的过失,不称赞你的美德的人,我将让他在越国不得善终。你听我的话,我要把国政分一部分给你主管。你若不听,将被处死,妻子也一起杀了。"范蠡回答说:"我听到您的命令了。您可以执行您的法令,我按照我的意志行动。"于是就乘着小船泛游于五湖之上,没有人知道他最后的去向。

越王命令工匠用上等的金属制成范蠡的像,每天礼拜它,命令大夫们每十天也要礼拜一次,同时把会稽山四周三百里土地划为范蠡的封土,说:"后代子孙,有敢侵占范蠡这块封土的,让他在越国不得善终,天地神灵,四方的官长都可以为我的话作证。"